NATURZEIT MIT KINDERN

MECKLENBURGISCHE SEENPLATTE

Stefanie Holtkamp

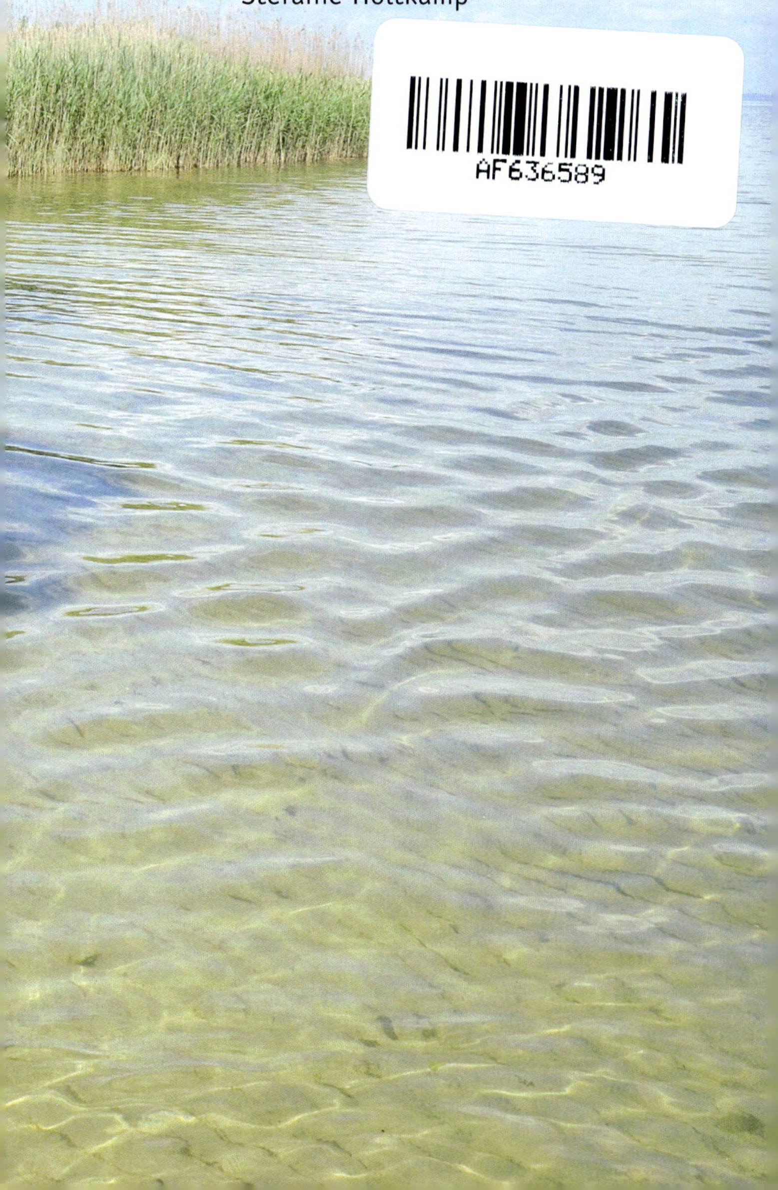

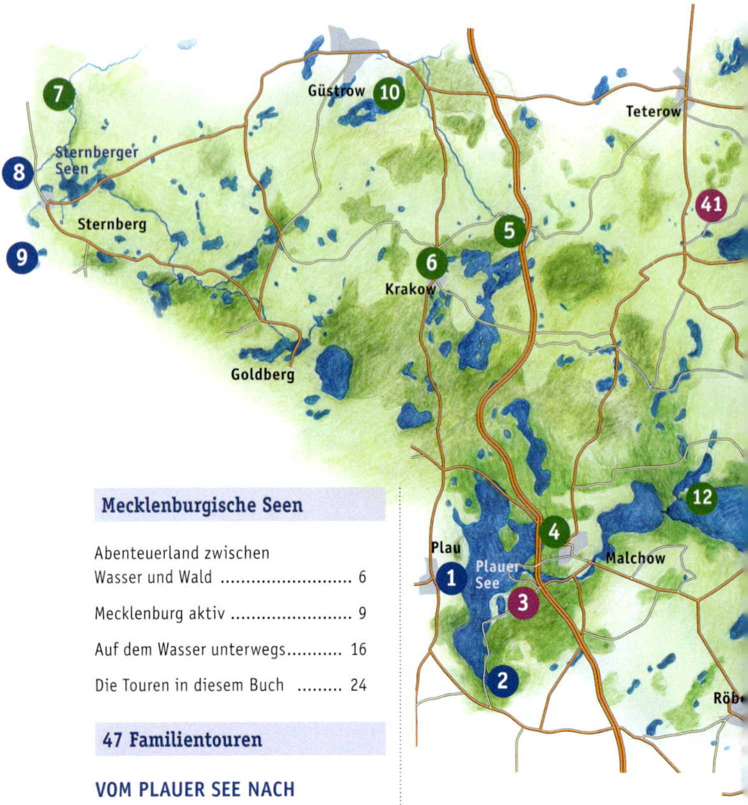

Mecklenburgische Seen

47 Familientouren

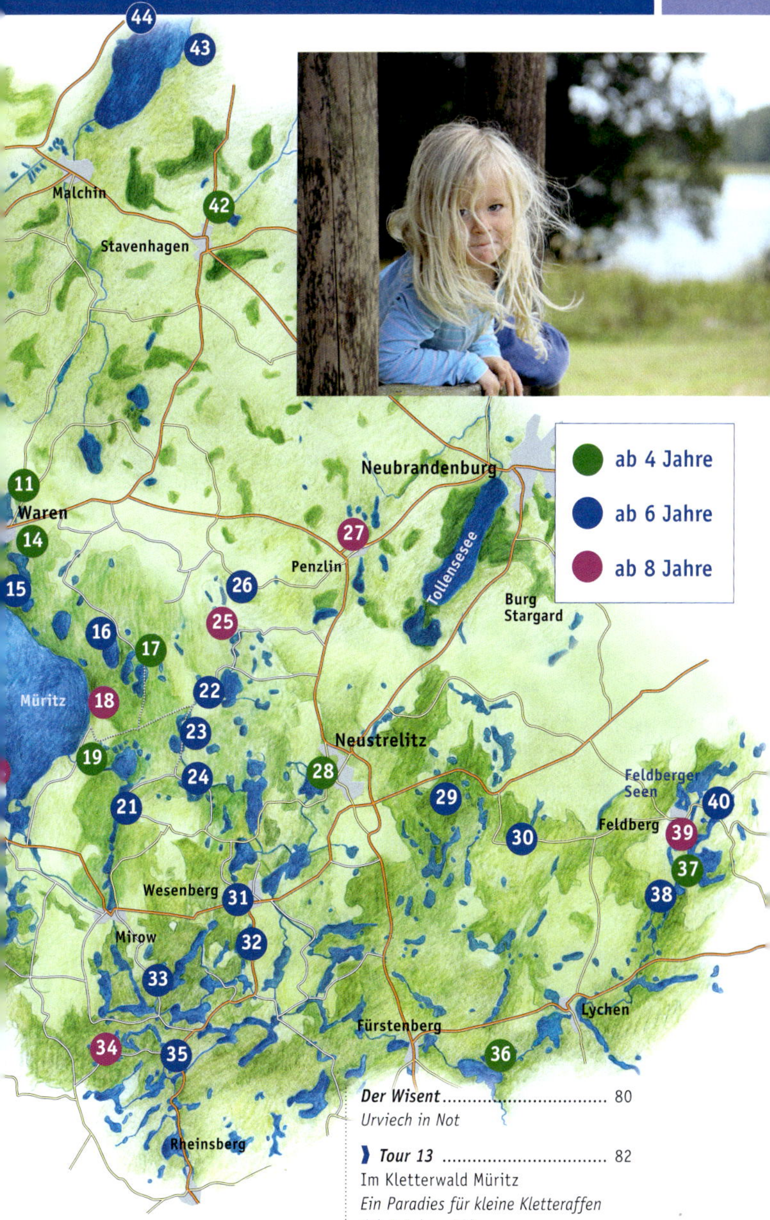

WAREN UND DER MÜRITZ NATIONALPARK

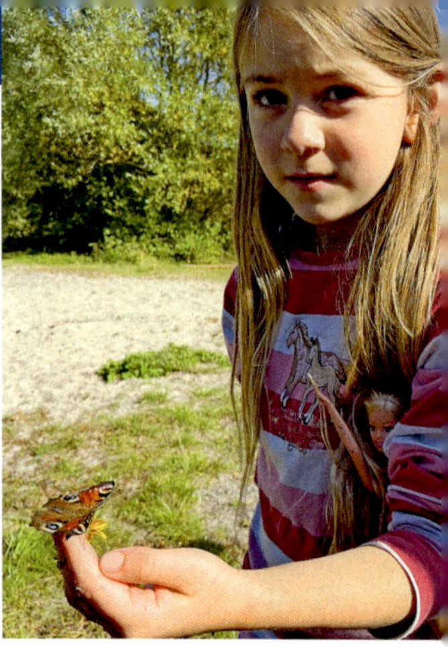

Unterkunft und Übernachtung

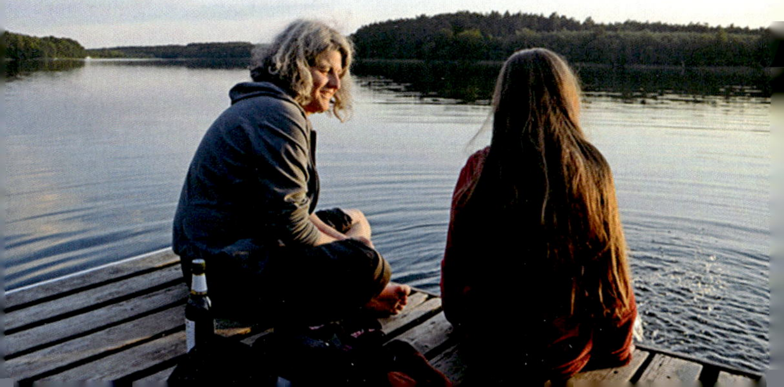

Abenteuerland zwischen Wasser und Wald

Die Mecklenburgischen Seen als Urlaubsgebiet

Über tausend große und kleine Seen verstecken sich eingebettet in grüne Hügel und alte Wälder im Süden des Bundeslandes Mecklenburg-Vorpommern – auch liebevoll MeckPomm genannt. Sie machen die Region zu einem Paradies für Wasserfreunde. Mit nur 69 Einwohnern pro Quadratkilometer ist Mecklenburg die am dünnsten besiedelte Region Deutschlands. Viele der Seen sind gänzlich unverbaut und nur zu Fuß oder mit dem Fahrrad zugänglich. Unzählige Badeplätze verbergen sich an ihren Ufern.

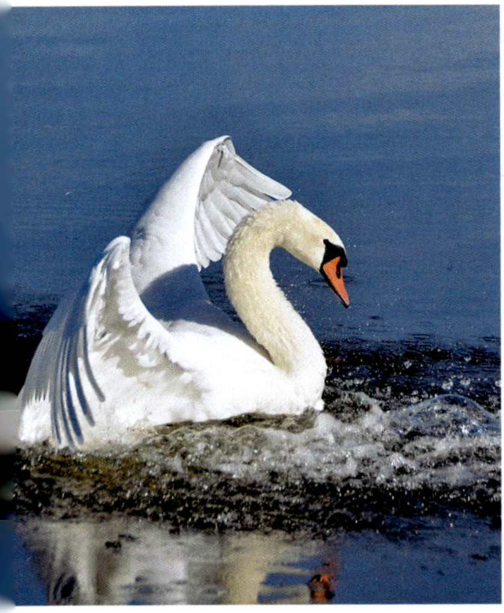

Im Zentrum der Seenplatte befindet sich das kleine Meer, wie der slawische Name Müritz übersetzt werden kann. Der Name ist durchaus berechtigt. Mit einer Fläche von 112 Quadratkilometern ist die Müritz der zweitgrößte deutsche See. Steht man an ihrem Ufer, fühlt es sich auch ein bisschen an wie Meer – nicht nur wegen der vielen Sandbuchten, die man dort finden kann. Die Müritz ist ein beliebtes Revier bei Surfern und Seglern. An ihrem Ostufer bildet der Müritz-Nationalpark das Herz einer wenig berührten Landschaft, in der viele Vögel und Kleinsäuger ihren Lebensraum finden. Etwa 60 Brutpaare des in Deutschland seltenen Fischadlers sind hier zu Hause. Auch Seeadler, Eisvögel, Kraniche, verschiedene Entenarten sowie die in ihrem Bestand gefährdete große Rohrdommel brüten im Gebiet des Nationalparks. Seit seiner Gründung im Jahr 1990 wird die Natur weitgehend sich selbst überlassen, ohne Einflussnahme des Menschen. Mehrere Nationalpark-Informationen bieten für Besucher Führungen und Leihfahrräder an, es gibt ein gut markiertes Wegenetz und viele Beobachtungstürme im Park. Eine Kamera am Fischadlerhorst gibt direkten Einblick in die Kinderstube der schwarz-weißen Greife. Im Herbst ist das Sammeln der Kraniche zum Abflug in den Süden ein einmaliges Schauspiel für Naturfreunde.

Ganz anders im Charakter ist die Region südlich der Müritz, wo hunderte kleinerer Seen ein durch Kanäle und Flüsschen miteinander verbundenes Wasserreich bilden. Von den Straßen kann man die meisten Seen gar nicht sehen, so verborgen liegen sie im Wald. An ihren Ufern findet man Campingplätze, die, fern von jeder Ansiedlung, nur über geschotterte Waldwege zu erreichen sind. Auf den größeren Seen im Zentrum herrscht reger Bootsverkehr. Seen, die nicht an das Wassersystem angeschlossen oder für Motorboote gesperrt sind, bleiben dagegen ruhig. Die Seen selbst sind von ganz unterschiedlicher Art. Vom stillen grünen Tümpel bis zum glasklaren tiefen Wasserbecken, wie dem Wummsee bei Zechlin oder dem Schmalen Luzin bei Feldberg, ist alles zu finden. Bei Feldberg und am Plauer See kann man im klaren Wasser auch tauchen.

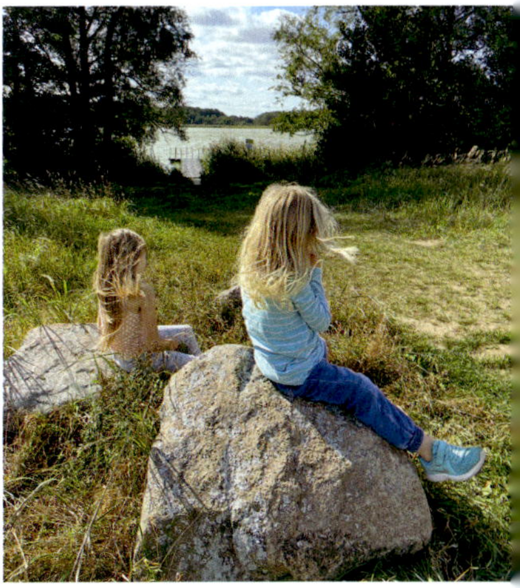

Neben stillen Plätzen in der Natur gibt es auch reizvolle kleine Örtchen und Städte zu entdecken. Ein Bummel durch die Altstadt von Waren, Plau oder Röbel gehört genauso zu einer Mecklenburgreise wie der Besuch in einer der Fischereien, die an den Seeufern ihren Fang frisch und geräuchert zum Kauf anbieten. Und wer schon immer mal in einem Schloss übernachten wollte, wird im Land der tausend Seen ebenso fündig wie Fans von einfachen Camps in der Natur.

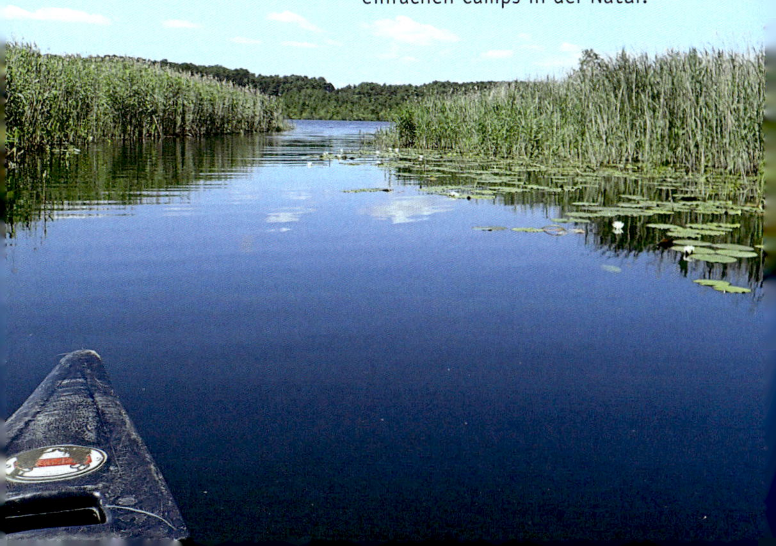

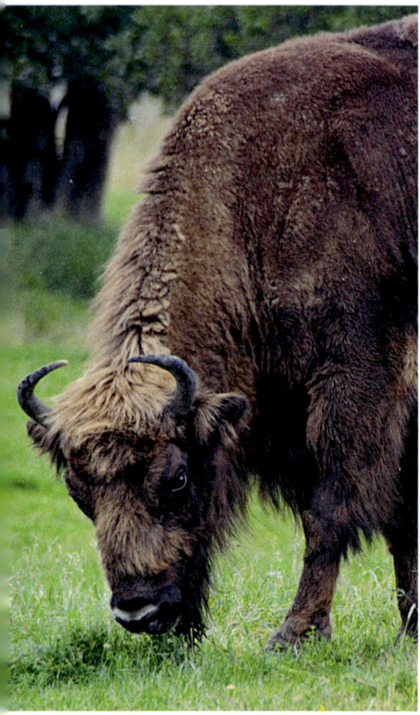

In der dünn besiedelten Landschaft um die Seen fand sich auch immer wieder Platz für bedrohte Tierarten, sodass man hier heute einige recht ungewöhnliche Tierparks besuchen kann. Die Zucht der vom Aussterben bedrohten Wisente auf dem vor 50 Jahren noch völlig abgelegenen Damerower Werder nordwestlich von Waren war der Anfang. Viel neuer ist der Bärenwald am Plauer See, wo man seit 2006 artgerechten Lebensraum für Braunbären aus zu engen Gehegen von Zoos und Privathaltern einrichtete. Auch die Berberaffen, die im Affenwald gezüchtet werden, gehören in ihrer Heimat zu den bedrohten Tierarten. Im besonders schön und tiergerecht angelegten Wildpark in Güstrow kann man dagegen fast allen Tierarten, die in unseren Wäldern einmal heimisch waren, begegnen. Tierfans kommen in Mecklenburg also voll auf ihre Kosten.

Nur etwa 100 Kilometer entfernt von Berlin und knapp 200 Kilometer von Hamburg sind die tausend Seen südlich der Ostsee für viele ein leicht erreichbares Ausflugs- und Urlaubsziel, das für eine Ferienreise aber auch für einen Wochenendbesuch lohnt.

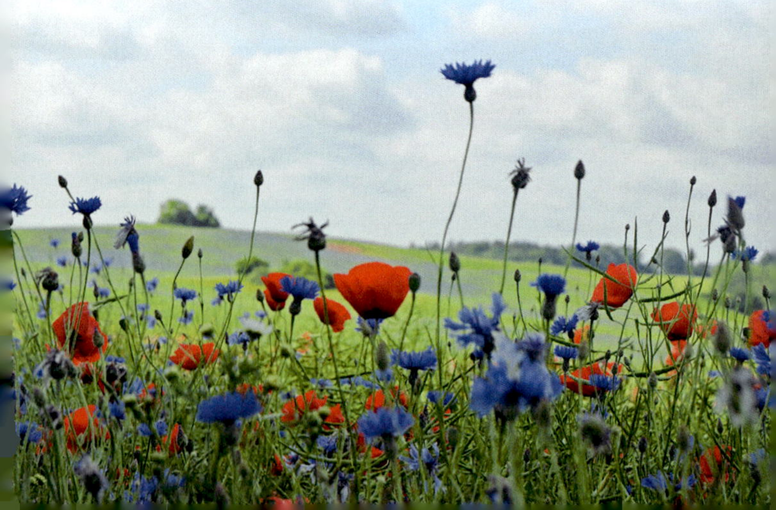

Mecklenburg aktiv

Sport und Spiel für Familien

Neben Wander-, Fahrrad- und Kanutouren, wie wir sie in diesem Buch vorstellen, gibt es an den Mecklenburgischen Seen viele weitere Möglichkeiten zur Freizeitgestaltung. Man kann hier sehr gut angeln, tauchen, segeln oder surfen. Das beste Surf- und Segelrevier sind die großen Seen im Müritzgebiet. Tauchen kann man besonders gut an den tiefen und klaren Feldberger Seen. Für Pferdefans wird außerdem in allen Regionen der Seenplatte die Möglichkeit zum Reiten angeboten. Konkrete Details zum Programm und die Adressen der Anbieter nennen wir bei den Übersichtskarten der einzelnen Regionen.

Baden und Schwimmen

Die Ufer der meisten Seen sind von dichtem Schilf umgeben und nicht überall zugänglich, sodass man zum Baden und Schwimmen auf Badestellen angewiesen ist. In den Naturschutzgebieten ist das Baden außerhalb der ausgewiesenen Badebuchten sogar verboten. Da es an den vielen Ufern genug schöne Plätze am Wasser gibt, hat man trotzdem jede Menge Auswahl. Einige besonders schöne Badeplätze haben wir als Ziel für unsere Touren gewählt. Außerdem ist in den Regionenkarten auch eine Auswahl schöner Badestellen eingezeichnet.

Angeln

Das Land der tausend Seen ist ein Traumland für Angler. Neben den großen Seen, in denen sich Hechte und Barsche tummeln, findet man auch jede Menge kleine Angelteiche, die sich gut für den ersten Angelausflug mit Kindern eignen. Angeln darf man in Deutschland nur mit gültigem Fischereischein. Sinn der Sache ist, dass nur Sachkundige einen Fisch vom Haken nehmen. An der Mecklenburgischen Seenplatte kann man aber auch ohne Nachweis der Fachkenntnisse einen Touristenfischereischein erwerben. Dieser ist 28 Tage gültig und kostet € 24. Trotzdem sollte man natürlich wissen, wie es geht. Zusätzlich zum Fischerei- oder Angelschein brauchen alle Angler eine Angelerlaubnis für das konkrete Gewässer, in dem sie fischen wollen.

Die Regelungen für das Angeln mit Kindern unterscheiden sich in Deutschland von Bundesland zu Bundesland. In Mecklenburg darf, wer selbst einen Angelschein hat, Kinder unter zehn Jahren unter Aufsicht mitangeln lassen. Das Abködern und Töten der Fische müssen dabei aber immer die Erwachsenen übernehmen. Kinder ab zehn Jahren dürfen selbst die

Die **Nitrokids** in Plau am See haben sich auf Tauch- und Schwimmunterricht für Kinder spezialisiert. Kids ab acht Jahre können hier in den Ferien an Tauchkursen teilnehmen und in der Obhut erfahrener Tauchlehrer ihre ersten Tauchscheine machen.
Tel. 0173 6094515, www.nitrokids.de.

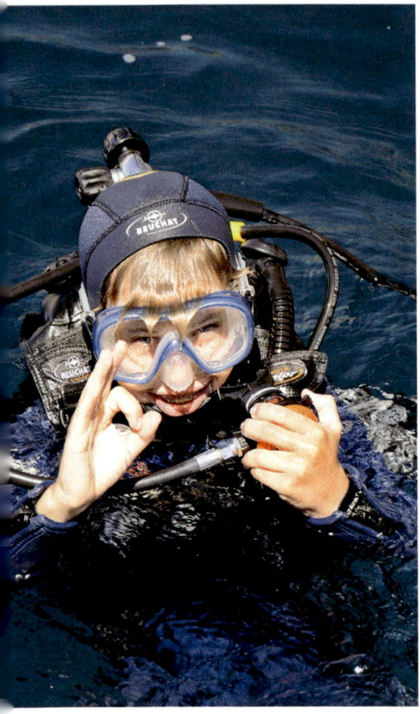

Fischereiprüfung ablegen und dann mit eigener Angel am See sitzen. Wer mit jüngeren Kindern angeln will, muss es also selber können oder einen Angler finden, der die Kinder unter seine Fittiche nimmt. So gibt es zum Beispiel Angelausflüge im Kinderprogramm der Campingplätze Sternberger Seen und Havelberge. Alternativ kann man auch an einer geführten Angeltour teilnehmen – zum Beispiel bei den Müritzfischern.

Tauchen

Einem Hecht oder einem dicken Karpfen kann man an den Mecklenburgischen Seen auch von Angesicht zu Angesicht begegnen, ohne ihn an der Angelschnur aus dem Wasser zu ziehen. Mehrere Tauchbasen bieten Tauchgänge für erfahrene Taucher*innen und Kurse für Anfänger ab acht oder zehn Jahren an. Das reizvollste Tauchgebiet sind dabei die Feldberger Seen, und dort vor allem der Schmale Luzin. Langgestreckt liegt er in einer Rinne zwischen zwei Hügeln und ist nicht nur glasklar, sondern auch bis zu 34 Meter tief. Eine Tauchschule findet man direkt in Feldberg und auf dem Campingplatz am Dreetzsee.

Die Verbände Padi und VDST haben für ihre Tauchschulen eine standardisierte Kinderausbildung entwickelt: Ab acht Jahre geht es los mit dem »Bubblemaker«, einer spielerischen Einführung zum Kennenlernen der Ausrüstung mit kurzen Tauchgängen im sicheren Pool. Auch der erste Teil der Ausbildung zum Junior Scuba Diver (ab zehn Jahre) findet noch im Pool statt.

Hinaus in den See geht es dann beim Lehrgang zum Junior Open Water Diver. Die Tauchtiefe ist dabei für Kinder auf zwölf Meter beschränkt. Auch zertifizierte Junior Diver dürfen grundsätzlich nur an der Seite eines erfahrenen

Tauchlehrers oder eines entsprechend ausgebildeten Elternteils tauchen.

Segeln und Surfen

Ein bevorzugtes Surfrevier für Anfänger*innen ist das flache Ostufer der Müritz (Bolter Ufer) oder auch die geschützten Buchten am Plauer See. Beide Seen sind bei der entsprechenden Windstärke auch für Profis hochinteressant. Die Surfschulen Quetzin nördlich von Plau am See, Surfmühle am Bolter Ufer und »fun müritz« im Campingpark Kamerun bei Waren verleihen Ausrüstung und bieten auch Kurse an. Ein Junior-Surfkurs (zehn Stunden) kostet bei der Surfmühle etwa €250.

Wo Surfer ein Revier finden, kann man meist auch segeln. Segelkurse speziell für Kinder ab acht Jahren gibt es im Segelcenter Müritz in Röbel oder ebenfalls an der Surfmühle. Ein Segelgrundkurs mit zehn Übungsstunden für Junior*innen kostet hier etwa €250.

Reiten

Sandig weiche Wege und viel Naturlandschaft sorgen zwischen den vielen Seen für ein äußerst reizvolles Reitgelände. Fortgeschrittene Reiter können an vielen Orten die Landschaft vom Pferderücken kennen lernen. Aber auch Unterricht für Kinder ab drei Jahren wird angeboten.

Viele Reiterhöfe vermieten Ferienwohnungen, sodass Familien mit pferdebegeisterten Kids auch direkt vor Ort wohnen können. Auf manchen Höfen, wie zum Beispiel in Zislow [› Seite 34], ist das Tagesprogramm des Reiterhofes auch für Kinder aus den Ferienwohnungen offen.

Aus eigener Erfahrung kann ich zwei sehr unterschiedliche Höfe empfehlen. Auf der liebevoll gestalteten, lockeren Westernfarm Hilly & Billy Town [› Seite 154] können auch Anfänger im Westernsattel und auf sehr ruhigen Pferden mit in den Wald. Auf dem Reiter-

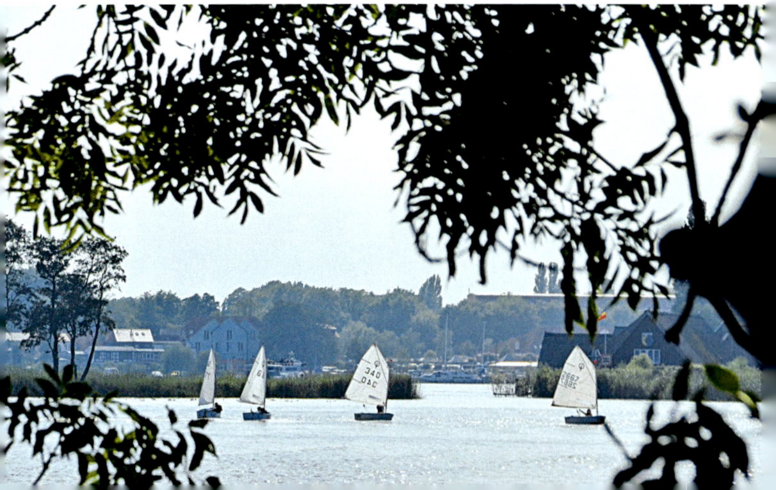

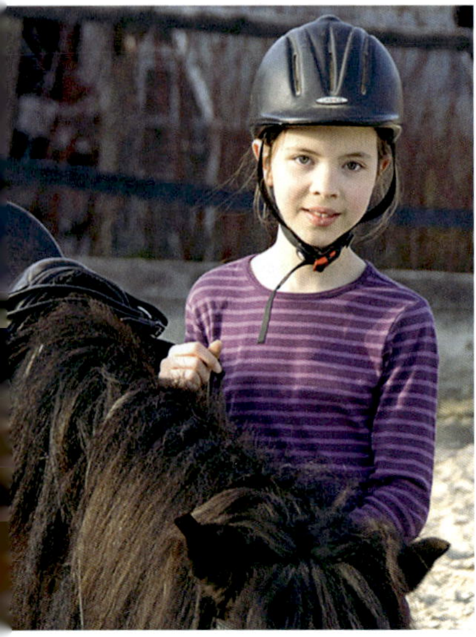

hof in Krümmel [› Seite 75] hatten wir einen wunderbaren flotten Ausritt mit zwei lieben wohlerzogenen Haflingern. Hier dürfen allerdings nur geübte Reiter, die alle drei Grundgangarten beherrschen, mit hinaus. Ansonsten ist Unterricht in der Reitbahn angesagt.

Darüber hinaus gibt es noch jede Menge gute Reiterhöfe. Adressen finden Sie bei den Übersichtskarten der einzelnen Regionen.

Um zu beurteilen, ob Sie auf einem Hof reiten möchten, schauen Sie zu allererst die Pferde an. Achten Sie dabei auf freundliche und gelassene Tiere. Pferde, die draußen stehen, sind zwar oft ein bisschen strubbelig und nicht glänzend gewienert, dafür aber deutlich ausgeglichener als ihre Stallkollegen. Wache Augen und ein passender Futterzustand sind wichtiger als ein sauberes Fell. Ein Sicherheitsrisiko ist dagegen ungepflegtes, brüchiges Sattelzeug. Genau wie stinkende oder dreckige dunkle Ställe ist das ein Zeichen für einen schlecht geführten Stall.

Machen die Pferde einen guten Eindruck und Sie fühlen sich wohl auf dem Hof, sind Sie dort am richtigen Platz.

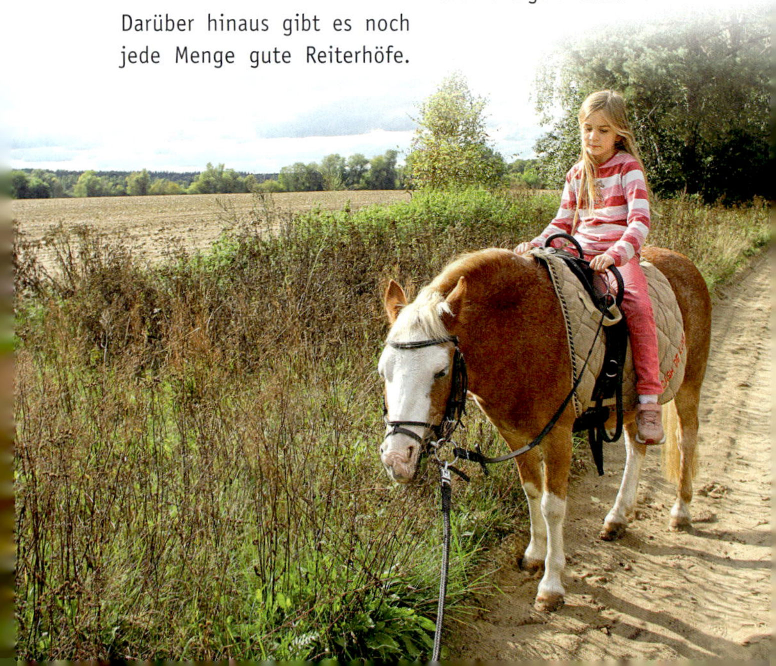

Unterwegs rund um die Mecklenburgischen Seen

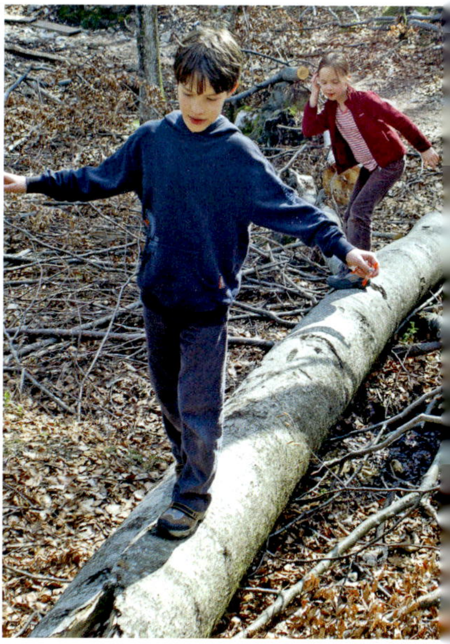

Wandern mit Kindern

Die wenigsten Kinder mögen lange Spaziergänge auf breiten Feld- und Waldwegen. Die Wanderungen in diesem Buch führen daher meist über schmale Pfade im Wald oder am Seeufer, an denen es viel zu entdecken gibt. Beobachtungsplätze und Badestellen, ein Gasthof oder ein Picknickplatz, Weiden mit Tieren, ein Spielplatz oder Stationen eines Walderlebnispfades sorgen zusätzlich für Abwechslung. Die meisten unserer Wanderrouten sind kurz – für längere Ausflüge auf den meist ebenen Wegen an den Mecklenburgischen Seen sind Fahrräder besser geeignet.

Radtour für Zwerge

Mit Kindern im Kita-Alter zu wandern, ist für Eltern meist eine Geduldsprobe. An jeder Ecke gibt es etwas Interessantes zu sehen und vorwärts geht es nur sehr langsam. So schön es sein kann sich auf Kinder-Bummeltempo einzulassen und die Welt mit Kinderaugen anzuschauen, bewegungsfreudige Eltern kommen dabei manchmal etwas zu kurz. Lernen die Kinder dann Fahrrad fahren, kann man mit kombinierten Rad-Wandertouren das Tempo erhöhen und den Bewegungsradius für Eltern deutlich erweitern. Die Kids sausen mit dem Rädchen voraus und die Erwachsenen laufen flott hinterher. Kinder müssen dazu schon so sicher fahren, dass sie mit kleinen Steigungen und engen Wegstellen zurechtkommen. Muss man noch ständig aufpassen, wird die Tour für die Eltern schnell stressig. Die Wege sollten keine zu langen Steigungen und keine wirklich gefährlichen Stellen (z.B. steile Böschungen neben dem Weg) aufweisen. Kleine Hügel oder ein paar Hoppelstellen sind für fortgeschrittene kleine Radler eher spannend, vor allem wenn man das Ganze als echte Mountainbike-Abenteuertour verkauft. Geeignet für eine Zwergenradtour sind die Wanderungen 5, 6, 26, 34, 36, 38 und 42.

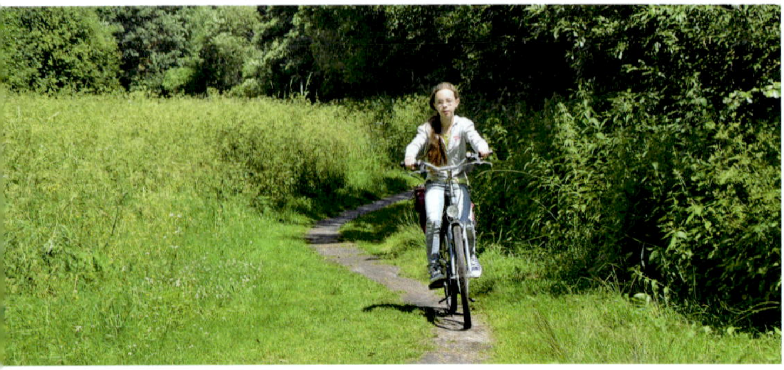

Wer mit Kindern eine erste mehrtägige Fahrradtour unternehmen möchte, dem sei der knapp 100 Kilometer lange, sehr gut ausgebaute und markierte Müritzrundweg empfohlen. Er führt durch eine höchst abwechslungsreiche Landschaft. Unterwegs gibt es viel zu erleben und die große Auswahl an Campingplätzen erleichtert die flexible Planung. Weitere Informationen auf [› Seite 113].

Fahrradtouren

Die Mecklenburgische Seenplatte gilt als Paradies für Fahrradfahrer*innen. Kaum Steigungen und viele schmale Straßen mit wenig Verkehr zwischen kleinen Orten sorgen für gute Voraussetzungen. Einige besonders idyllische Badeplätze an den Seen kann man überhaupt nur mit dem Rad oder zu Fuß erreichen und auch im Müritz-Nationalpark sind die schönsten Bereiche für Autos gesperrt. Mehrere ausgeschilderte Fernradwege, an denen man immer wieder schwer bepackten Radlern begegnet, führen durch die Region. An einigen Unterkünften findet man das Schild Bett & Bike, das anzeigt, dass Radler hier besonders willkommen sind.

Trotzdem gibt es beim Radeln in Mecklenburg auch Fallstricke. Es kann recht frustrierend enden, einfach so ins Blaue zu starten. Selbst eine Karte hilft nur begrenzt weiter. Wege, die auf dem Papier breit und gemütlich aussehen, halten manchmal unliebsame Überraschungen bereit. Der Boden rund um die Seen ist an vielen Stellen sandig und ein guter Teil der breiten Waldwege sind es auch. Sandwege sind mit dem Fahrrad anstrengend und teilweise auch kom-

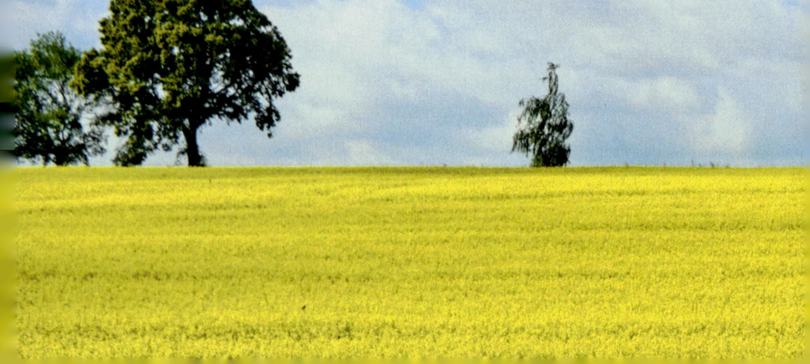

plett unbefahrbar. In flotter Fahrt in solch einem Sandloch zu stranden, kann zu üblen Stürzen führen. Selbst markierte Radwege sind keine absolute Garantie für festen Untergrund. Ganz ohne Schiebestrecken geht es manchmal einfach nicht. Ebenfalls sehr ungemütlich zum Radeln ist Kopfsteinpflaster. In den Beschreibungen der Radtouren finden Sie deshalb immer detaillierte Hinweise auf die Beschaffenheit des Bodens.

Bei der Auswahl der Strecken im Buch haben wir versucht, einen guten Kompromiss zwischen gut befahrbaren Wegen und landschaftlichen Höhepunkten zu finden. Wer nur asphaltierte Wege wählt, umfährt meist die interessantesten Stellen. Um nahe an die Seen heranzukommen, ist man auch auf hoppeligen Naturwegen unterwegs und manchmal sind dabei auch kürzere Schiebestrecken durch Sandlöcher nicht zu umgehen. Solche Stellen sind aber in der Tourenbeschreibung immer erwähnt.

Wer zu Hause gute, geländegängige Fahrräder hat und viel mit dem Rad unterwegs sein will, sollte diese wenn möglich mitnehmen. Zwar gibt es in den meisten Orten und an fast allen im Buch beschriebenen Touren eine Verleihstation, die Räder sind aber oft einfache Dreigang-Räder. Auch Kinderräder sind nicht überall im Angebot. Um flexibler zu sein, kann man zumindest die

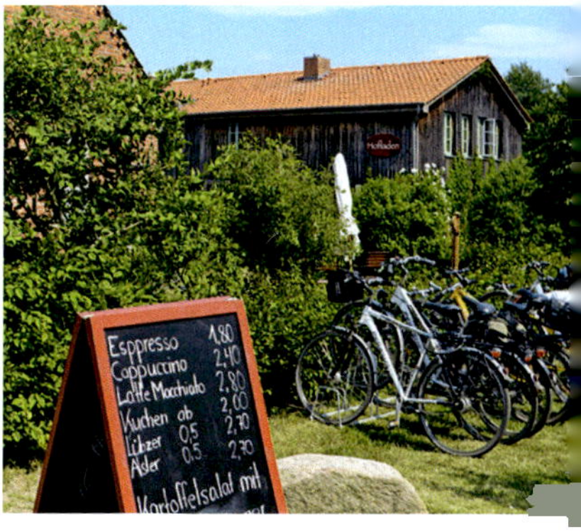

Kinderräder für die Kleinsten von Zuhause mitzubringen. Die Tagesmiete für ein einfaches Fahrrad liegt etwa bei € 10. Teilweise werden auch Kindersitze, Kinderfahrradanhänger und Anhängeräder verliehen.

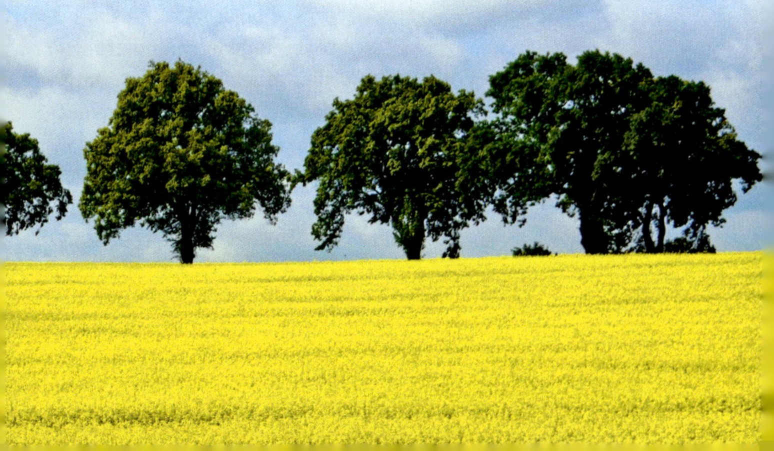

Auf dem Wasser unterwegs

Wasserwanderungen sind mit das Schönste, was man an den Mecklenburgischen Seen machen kann. Viele der Seen sind durch Kanäle oder schmale Flüsschen verbunden und bilden ein Netz von Wasserstraßen, auf dem man tagelang unterwegs sein kann. So hat sich in den letzten Jahren ein reger Bootstourismus entwickelt. Sehr beliebt sind mehrtägige Fahrten mit dem Hausboot, aber auch Ausflugsboote, Flöße und Kanus sind auf den Seen unterwegs. Nicht jede Strecke darf von jedem Bootstyp befahren werden, besonders für Motorboote gibt es aus Naturschutzgründen Beschränkungen.

Für Touren mit dem Hausboot existieren eine Handvoll gängiger Routen. Zentrum des Hausboottourismus sind die miteinander verbundenen Seen der Kleinseenplatte südlich von Mirow und Wesenberg mit Abstechern nach Fürstenberg, Rheinsberg und Neustrelitz. Wer die Müritz überquert, kommt über den Kölpinsee auch noch bis zum Plauer See.

*Alle Seen im Müritz-Nationalpark und einige weitere an der Kleinseenplatte, sowie die Seen um Feldberg sind für Motorboote gesperrt und bevorzugtes Paddlerrevier. Die Grundtechniken des Paddelns sind schnell erklärt, die schmalen Kanäle und Seen ohne Strömung bieten ein gefahrloses Revier, auch für Anfänger*innen. Das dichte Netz an Verleihstationen für Kanus und Kajaks macht diese besonders reizvolle Art, die Seen zu erkunden für jede und jeden möglich. Nur schwimmen sollte man können!*

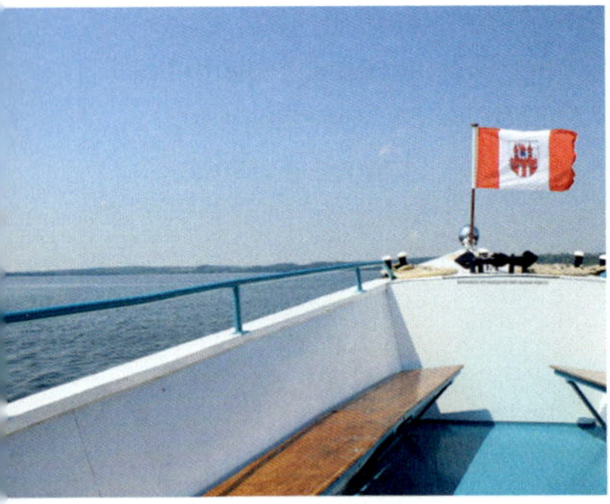

Mit dem Ausflugsboot

Wer sich weder das Paddeln, noch das Fahren eines der führerscheinfreien 6 PS-Motorboote zutraut, kann die Wasserwege auch noch mit dem Ausflugsschiff erkunden. Interessante Strecken sind hier die Fahrten zwischen Waren und Plau, vorbei am Damerower Werder, auf dem eine große Wisentherde lebt **[› Tour 12]**. Oder die Strecke von Mirow auf dem unteren Teil der »Alten Fahrt«, die für alle privaten Motorboote tabu ist. An naturkundlichen Bootstouren zur Vogel-Beobachtung können Sie am Dobbertiner See teilnehmen **[› Seite 33]**. Weitere Anregungen finden Sie direkt auf den Einführungsseiten der einzelnen Regionen im Kapitel »Ausflugsziele für Familien«.

Tagestouren im Motorboot

An den Verleihstationen bekommt man auch ohne Bootsführerschein Motorboote verschiedener Größen. Das beginnt beim motorisierten Ruderboot und geht bis zum flotten Kabinenboot für drei bis fünf Personen. Boote, die man ohne Bootsführerschein fahren darf, sind allerdings im Tempo gedrosselt. Bei den Tagestouren fällt die Einweisung oft eher knapp aus. Landratten ohne Bootserfahrung sollten gezielt nachfragen. Nicht nur vorwärts und rückwärts fahren ist ein Thema. Wer Pause machen will, sollte sich auch erklären lassen, wie man den Anker wirft und wieder einholt und wie man an einem Steg anlegt (am besten einmal ausprobieren).

Anfänger sollten außerdem für Tagestouren eine Strecke ohne Schleusendurchfahrten wählen.

Eine schöne **Tagestour** in mit einem kleinen offenen **Motorboot** kann man von **Vipperow** starten. Abseits des großen Trubels tuckert man über den Müritzarm über den Thüren in den Nebelsee. Die schmalen Durchfahrten sind für größere Boote nicht passierbar, so bleibt es hier immer recht ruhig. Wer einen ganzen Tag unterwegs ist, kann auch noch einen Abstecher nach **Buchholz** einplanen und in der Marina anlegen. Einfache offene Motorboote zu günstigen Preisen (etwa €40 pro Tag, plus Benzin) vermietet der Bootsverleih an der Gaarzer Mühle.

Tel. 0174 4250165, www.boots-und-kanu-verleih-gaarzer-muehle.de.

Meist reichen für den ersten Versuch auch ein paar Stunden aus. Die Bootsmiete für ein kleines offenes Motorboot beginnt bei Tagespreisen von etwa €40. Die größeren überdachten Exemplare kosten um die €100 für einen Tag.

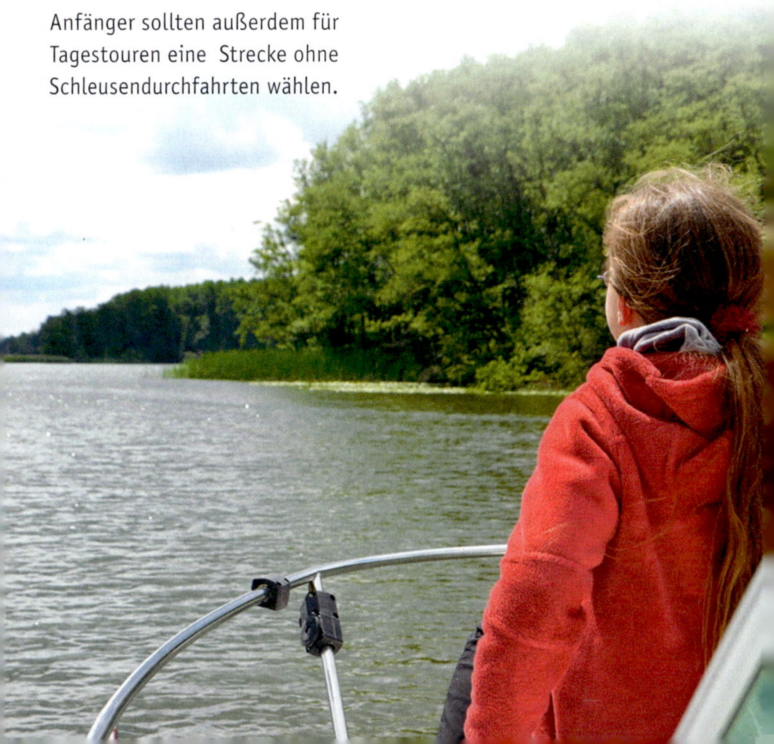

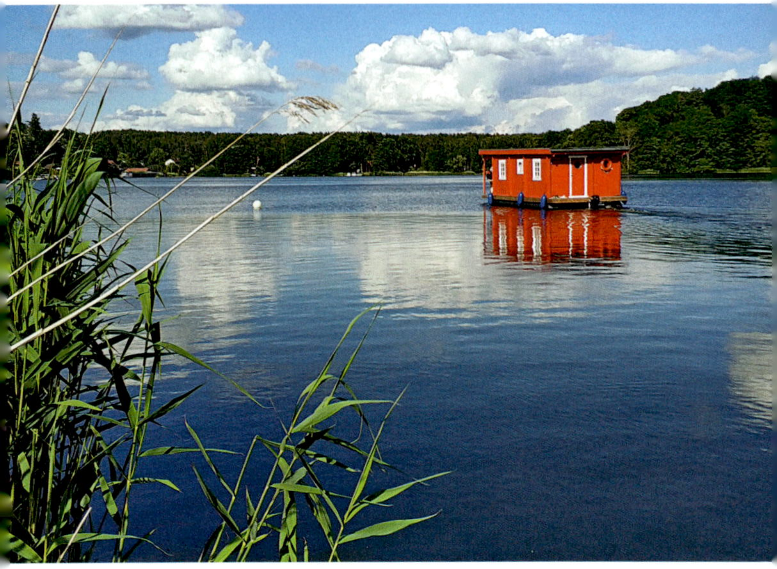

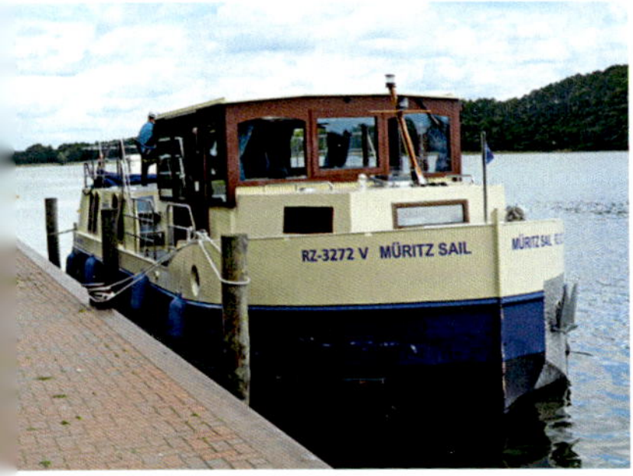

Vagabunden auf dem Wasser

Ein Urlaub mit dem Hausboot

Ein Hausboot ist ausgestattet wie ein schwimmendes Wohnmobil. Es gibt einen Schlaf- und einen Essbereich, eine kleine Küche und ein meist ebenso kleines Bad – und natürlich eine Terrasse mit bestem Seeblick. Die Hausboote sind vom Tempo so weit gebremst, dass man sie im eingegrenzten Bereich der Mecklenburgischen Seen ohne Bootsführerschein fahren darf. Nach einer ausführlichen, mehrstündigen Einweisung (Charterschein) geht es dann los. Unterwegs gibt es viele Möglichkeiten zum Anlegen – jeder größere Ort hat eine Marina. Auf den meisten Seen darf man außerdem ankern. Die Boote werden im Sommer nur wochenweise, in der Nebensaison aber auch schon für ein Wochenende vermietet.

Ein relativ preisgünstiges, gut geschnittenes Familienboot hat Woterfitz-Tours mit dem Eigenbau Voyager 860 im Angebot. Hier geht eine Familie für einen Komplettpreis von je Saison €595 bis €1250 eine Woche auf Tour. Benzin und sonstige Nebenkosten sind inklusive.
www.hausboot-charter-mueritz.de
Weitere Adressen **[› Seite 258]**

Für ein durchschnittliches Vier-Personen-Hausboot zahlt man einen Wochenpreis ab etwa €800. In der Hochsaison muss man mit mindestens €1500 bis €2000 rechnen. Dazu kommen noch die Nebenkosten für Liegeplätze, Benzin oder Entsorgung.

Reisen wie Tom Sawyer

Wasserwandern mit dem Floß

Auch bei den Wasserfahrzeugen hat man an den Mecklenburgischen Seen fantasievolle Ideen umgesetzt. Die rustikalen Holzflöße von Tom Sawyer Tours gibt es in drei Größen. Dazu kommen inzwischen noch drei zusätzliche Modelle in etwas edlerer Ausführung. Sie haben einen Außenbordmotor mit Steuerruder und bestehen aus einer Holzplattform mit Aufbau. Zwei aufklappbare Bänke bieten Stauraum und einfache Sitz- und Schlafplätze unter Dach. An Bord gibt es einen Kocher und Polster als Matratzenersatz. Für Kinder bietet so ein Floß besonders viel Freiraum, weil sie sich gut bewegen können. Man kann die Füße ins Wasser baumeln lassen oder direkt von der Plattform in den See springen. Die Fläche auf dem Dach lädt zum Klettern ein und ist die perfekte Sonnenterrasse. Ob nun für eine Tagesfahrt oder eine mehrtägige Expedition – so ein Floß ist weit abenteuerlicher als ein gediegenes Hausboot.

Verleihstationen für Tom Sawyer-Flösse finden Sie an der Diemitzer Schleuse und in Neustrelitz. Die Tagesmiete für das kleine Floss TS 550 liegt zwischen € 80 und € 120, für die größeren Flöße zahlt man € 100 bis € 200 pro Tag, je nach Saison.
Tel. 03981 421560, online-Buchung unter www.tomsawyer-tours.de.

Bungalowboote

Sie sehen aus wie ein schwimmendes Gartenhaus und sind die komfortable Weiterentwicklung des Floßes. Im Inneren der kleinen Holzhütten sorgt eine voll ausgestattete kleine Ferienwohnung für ein komfortable Reise. Die Terrasse hat jederzeit Seeblick und eignet sich auch zum Sprung in den See. Vermietet werden diese besonderen Hausboote zum Beispiel bei Tom Sawyer Tours oder von der Hausbootvermietung Müritz.

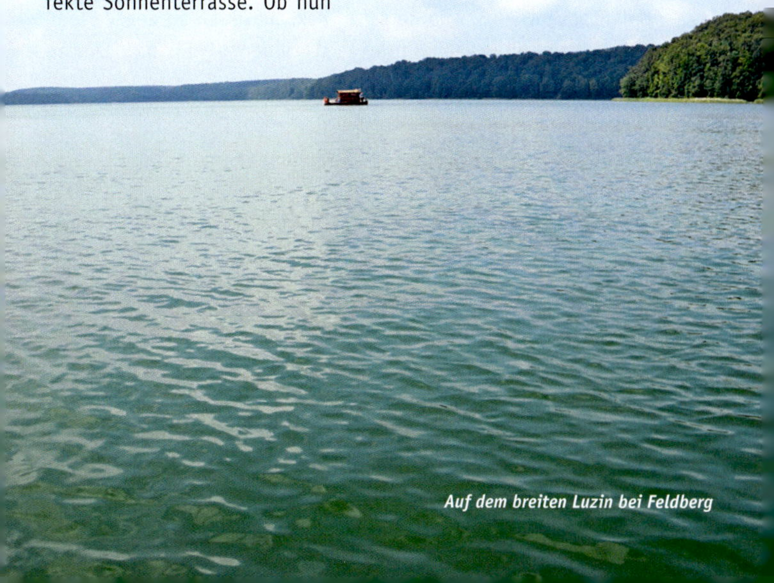

Auf dem breiten Luzin bei Feldberg

Mit dem Kanu unterwegs

Mit den schmalen wendigen Kanus kommt man auch durch kleinste Flüsschen und in viele Gebiete, die für motorisierte Boote gesperrt sind. So bleiben zum Beispiel alle Seen im Gebiet des Müritz-Nationalparkes den Kanuten vorbehalten. Dort findet man auch noch die Stille und Nähe zur Natur, die das Paddeln so besonders macht. Auch das Befahren der Motorbootstrecken ist mit dem Kanu erlaubt, aber viel weniger attraktiv. Dabei geht es nicht nur um den Geräuschpegel. Die Wellen, die Motorboote produzieren, sind im Kanu eher unangenehm.

Große Seen wie die Müritz oder den Plauer See sollte man mit Kindern im Kanu meiden. Wird es windig, sind die leichten Boote schwer zu steuern. Wind ist auf allen Seen recht unangenehm. Auf großen Wasserflächen entwickeln sich dann aber ordentliche Wellen, die selbst geübte Kanuten in Seenot bringen können.

Paddeln im Nationalpark

Im Nationalparkgebiet gibt es einige Beschränkungen für die Befahrung. Man darf nur an markierten Rastplätzen anlegen und auch nur an offiziellen Badestellen ins Wasser. Dafür kann man unterwegs oft Tiere beobachten. Nirgendwo sind die Chancen besser, einem Seeadler oder einem Eisvogel zu begegnen. Nur an den Seen außerhalb des Nationalparks darf man nach eigenen lauschigen Plätzchen zum Anlegen, Baden und Pause machen suchen. Übernachtungen sind überall nur auf offiziellen Biwak- und Campingplätzen gestattet.

Die Kanutouren in diesem Buch führen fast ausschließlich über Routen, die für Motorboote gesperrt sind. Von kürzeren Schnuppertouren **[› Tour 8, 21 und 22]** mit viel Zeit für Pausen bis zu einer mehrtägigen Kanu-Exkursion **[› Tour 32]** ist alles dabei. Als Anfänger*in bekommt man an den Verleihstationen eine kurze Einwei-

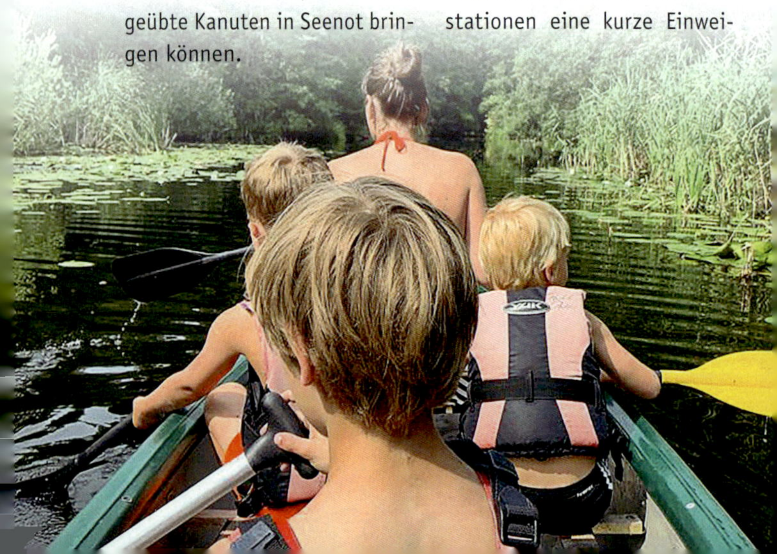

sung. Wer eine längere Tour plant, sollte schon ein bisschen Erfahrung gesammelt haben oder vorher an einem Kurs teilnehmen. Wer sich eine selbst geplante Tour nicht zutraut oder es genießt, sich einer Gruppe mit vielen Kindern anzuschließen, findet bei einigen Stationen auch geführte Kanutouren für Familien.

Kanadier oder Kajak?

Unter dem Begriff Kanu werden zwei Bootstypen zusammengefasst, die sich in der Fahrtechnik deutlich unterscheiden. Da gibt es einmal den Kanadier, ein oben offenes schmales Boot mit flachen Sitzbänken. Er wird mit dem Stechpaddel gefahren. Aus der Tradition der Eskimos kommt das flache, oben geschlossene Kajak, welches man mit einem Doppelpaddel steuert. Der Sitz befindet sich in einer Luke im Bootskörper direkt am Boden des Bootes, was auch das charakteristische Fahrgefühl eines Kajaks ausmacht: man sitzt fast im Wasser. Der Einstieg erfordert im Kajak deutlich mehr Sportlichkeit als im Kanadier. Kajaks sind leicht und kippelig. Dafür ist ein Kajak leicht zu lenken, bietet dem Wind wenig Widerstand und ist damit ein flottes Gefährt auf den strömungsfreien Gewässern der Seenplatte. Vor allem die langen schmalen Wanderkajaks mit Steueranlage fahren sich auch bei leichtem Wind noch vorzüglich.

Ein umfangreiches Angebot an geführten Kanutouren für Familien bietet die **SeenLandAgentour** an. Es reicht von einer Tagestour auf den Spuren der Biber über eine fünftägige Kanu-Trekking-Tour bis zur Kanu-Aktiv-Woche für die ganze Familie mit einzelnen Tagesaktionen und Vollpension in der Jugendherberge Mirow.
Tel. 039923 7160, www.kanubasis.de.

Ebenfalls interessant ist das Eltern-Kind Programm mit Nomadentour und Paddelcamps bei **Nordlicht Kanu** in Fürstenberg.
Tel. 03069 401306, www.nordlicht-kanu.de.

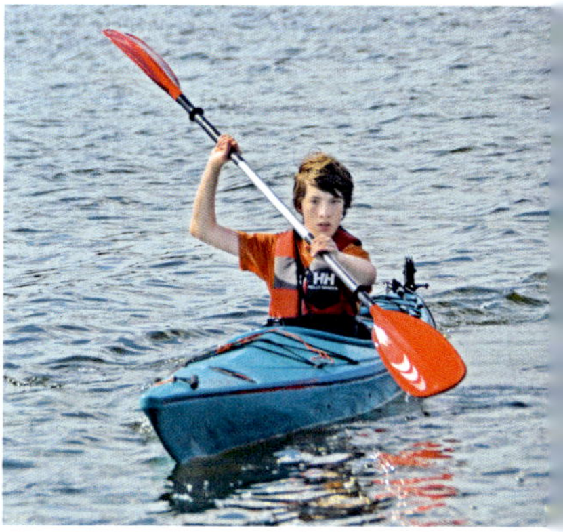

Der Kanadier ist gemütlicher. Er hat mehr Gewicht und ist bei gleichem Krafteinsatz langsamer als ein Kajak. Dafür liegt er ziemlich stabil im Wasser, ist unkompliziert in der Handhabung und für längere Fahrten einfach zu beladen. Hier findet eine ganze Familie Platz in einem Boot, was Kosten spart und Spaß macht. Etwas schwieriger ist am Anfang die Paddeltechnik. Das Lenken und das mühelose Geradeausfahren mit dem Stechpaddel braucht ein bisschen Grundwissen.

Eine sehr gut verständliche Einführung ins Paddeln mit dem Kajak finden Sie unter *www.kayakpaddling.net/de.*

Lenken mit dem Stechpaddel

Eine Einführung für Paddelneulinge

Mit einem Stechpaddel paddelt man nur auf einer Seite des Bootes. Meist wird ein Kanadier deshalb von mindestens zwei Personen gefahren. Dabei paddelt jede auf einer Seite. Das alleine reicht jedoch nicht aus, um das Boot auf geradem Kurs zu halten. Weil die Schubkraft des hinteren Paddelschlages größer ist, driftet das Boot selbst bei gleichmäßigem Paddeln und neutralen Bedingungen ohne Wind und Strömung leicht vom Paddel des hinteren Kanuten weg. Wer jetzt die beliebte Schlussfolgerung zieht, der oder die Vordere müsse einfach kräftiger paddeln, ist auf dem Holzweg und oft kurz darauf einer Beziehungskrise nahe.

Einen Kanadier steuert man von hinten. Dazu ist es nicht notwendig, die Paddelseite zu wechseln. Vereinfacht erklärt, wird ein Kanadier durch das Wegdrücken oder Heranziehen des Paddels vom Bootsheck gelenkt. Drücke ich das Paddel vom Bootskörper weg, dreht die Kanunase zum Paddel (Abb. 2). Möchte ich das Boot in die andere Richtung wenden, setze ich einen sogenannten Bogenschlag ein, bei dem ich das Paddel möglichst weit von der Bootswand entfernt einsteche und in einem Bogen zum Kanuheck ziehe (Abb. 3). So dreht der Kanadier vom Paddel weg, ohne dabei an Schwung zu verlieren. Um den leichten Drall auszugleichen, den das Boot beim Geradeausfahren entwickelt, wird der sogenannte J-Schlag (Abb. 1) eingesetzt. Das Paddel wird am Ende der Bewegung leicht nach außen gezogen, sodass im Wasser die Form eines »J« entsteht. Mit einem gekonnten J-Schlag lässt sich ein Kanadier auch alleine und ohne Wechsel der Paddelseite mühelos geradeaus fahren.

Geradeaus paddeln mit Grundschlag und J-Schlag:

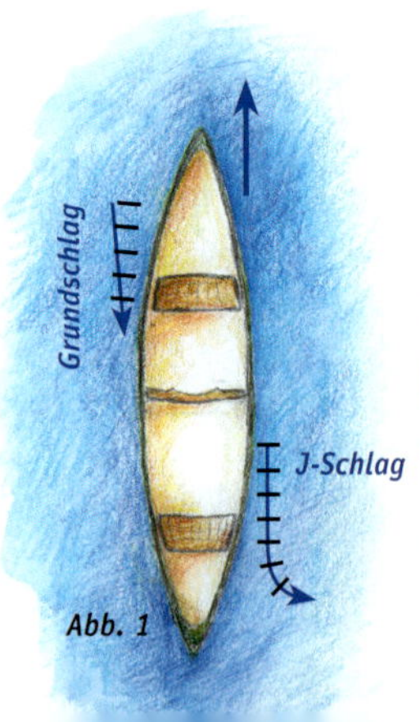

Abbiegen zur hinteren Paddelseite:

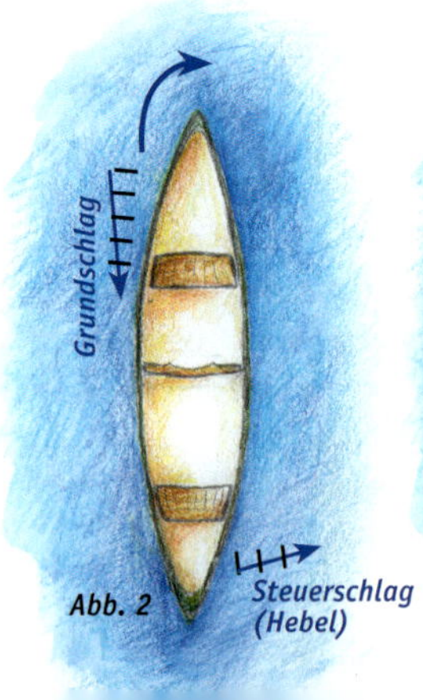

Abbiegen von der hinteren Paddelseite weg:

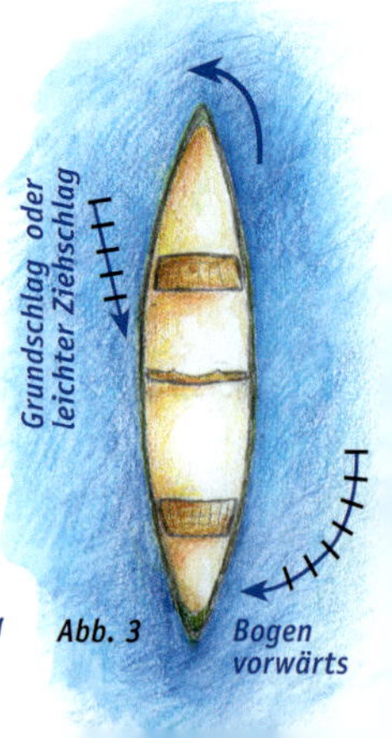

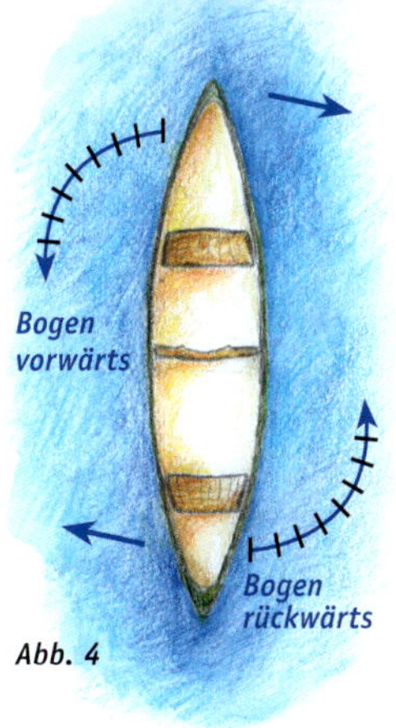

◄ *Das Kanu auf der Stelle drehen (Abb. 4) oder seitlich versetzen (Abb. 5)* ▼

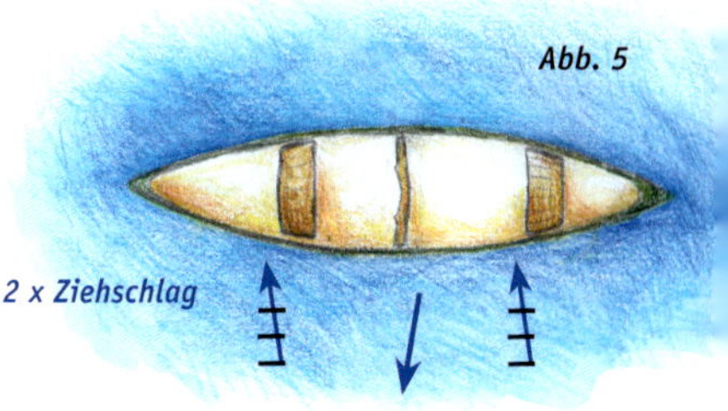

Mit diesen Techniken meistert man die meisten Fahrsituationen. Für speziellere Manöver, zum Beispiel beim Anlegen oder Wenden an engen Stellen, ist Teamwork angesagt: Um das Boot auf der Stelle zu drehen (Abb. 4), ist eine Kombination aus Bogenschlag vorwärts und rückwärts sehr effektiv. Hintermann oder Hinterfrau zieht dazu das Paddel rückwärts durchs Wasser und an der vorderen Position kommt der Bogen vorwärts zum Einsatz. Der Kanadier dreht sich jetzt auf der Stelle.

Sehr nützlich für Anlegemanöver an engen Stellen ist es, das Kanu seitlich zu versetzen (Abb. 5). Dazu wechselt einer der Paddler die Seite, sodass sich beide Paddel auf der Seite befinden, in die man das Kanu bewegen will. Parallel stechen beide Paddlerinnen das Blatt ein Stück entfernt von der Bootswand ein und ziehen es mit Gefühl zum Boot hin. Der Kanadier treibt zum Paddel. Diesen Schlag nennt man Ziehschlag. Umgekehrt bewegt sich das Boot vom Paddel weg, wenn man an der Bootswand einsticht und das Paddel nach außen drückt. Da man dabei leicht über den Bootsrand hebelt, nennt man den Schlag auch Hebelschlag. Grundsätzlich destabilisiert der Einsatz beider Paddel auf einer Seite den Kanadier, da beide Personen im Boot den Schwerpunkt in die gleiche Richtung verlagern. Ein gleichzeitig und zu schwungvoll eingesetzter Hebel ist so eine der sichersten Möglichkeiten, auch einen Kanadier zum Kentern zu bringen. Verwenden Sie diese Technik also mit Gefühl!

Mehr Technik ist auf den stehenden Gewässern der Seenplatte kaum nötig. Wer von Anfang an mühelos paddeln will, sollte sich die Grundbegriffe in einem Kurs zeigen lassen.

Dreistündige **Einsteigerkurse für Kajak und Kanadier** (€ 30 inklusive Ausrüstung) bietet die Kanumühle in Wesenberg freitags und samstags an. Auch ein **Kajakkurs für Kinder** (immer samstags um 14 Uhr, € 20) und längere Kurse (auf Anfrage) sind im Angebot. Bitte rechtzeitig vorher anmelden.
Tel. 039832 20350, www.kanu-muehle.de.

Die Touren in diesem Buch

Vom Umgang mit Altersangaben und Gehzeiten

Die Altersangaben

Für jede Tour gibt es im Infokasten auf der ersten Seite eine Altersempfehlung. Alle Altersgrenzen sind durchschnittliche Werte. Bei den Wanderungen orientiert sie sich vor allem an der Länge der Strecke. Technische Schwierigkeiten gibt im flachen Gelände rund um die Seen auf keiner der Touren. Wer mit lauffreudigen Kindern unterwegs ist, kann also auch etwas mutiger sein.

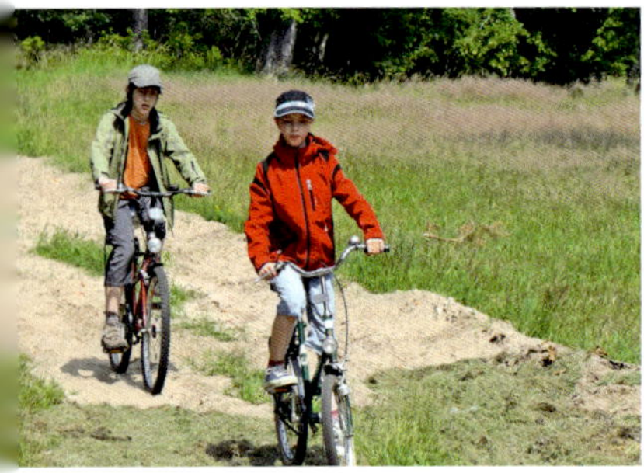

Gehzeiten

Die Geschwindigkeit von Kindern ist selbst innerhalb einer Altersgruppe recht unterschiedlich. Die angegebenen **Gehzeiten sind daher am moderaten Tempo von Erwachsenen** gemessen. Wir kalkulieren dabei auf unkomplizierten Wegen mit drei Kilometern oder 300 Höhenmetern in einer Stunde. **Für Kinder unter sechs Jahren müssen bis zu 50 Prozent mehr Zeit eingerechnet werden!** Auch Grundschulkinder benötigen noch etwas Zeitzugabe. Mit wachsender Erfahrung werden Sie ein Gefühl für das individuelle Tempo Ihrer Familie entwickeln. Zusätzlich ist genügend Zeit für Pausen wichtig. Beträgt die reine Gehzeit ein bis zwei Stunden, wird daraus mit Kindern im Vorschulalter durchaus ein vollwertiger Halbtagesausflug.

Fahrradtouren

Anders als bei den Wanderungen gibt es bei den Radtouren durchaus Strecken, die schon etwas Ansprüche an die Fahrtechnik stellen und für die Jüngsten nicht geeignet sind. Hinweise auf die Beschaffenheit der Wege sind im Tourensteckbrief unter Anspruch und Charakter zu finden.

Radeltempo ist noch unterschiedlicher als Gehzeiten. Deshalb ist bei den Radtouren neben den Kilometern nur eine ungefähre Zeit angegeben. Einen enormen Einfluss auf das Fahrtempo hat die Beschaffenheit der Wege.

Während ein erwachsener Radfahrer auf Asphalt locker 15 bis 20 Kilometer in der Stunde zurücklegen kann, braucht man auf hoppeligen Waldwegen auch ohne jüngere Kinder im Schlepptau entschieden länger. Mehr als acht bis zehn Kilometer sind, je nach Wegzustand, kaum zu schaffen. Wer noch Räder unter 20 Zoll in der Gruppe hat, sollte eher mit fünf bis acht Kilometer pro Stunde kalkulieren. Auch hier muss zusätzlich viel Zeit für Pausen eingeplant werden.

Kanutouren

Kinder sitzen entweder zwischen den Eltern im Kanu oder im Kajak in der vorderen Luke und müssen nur so lange mitpaddeln wie sie Lust haben. Die richtige Länge einer Paddeltour ist also eher von der Erfahrung und Kondition der Eltern abhängig. Da der Bewegungsdrang bei den Jüngsten meist recht ausgeprägt ist, sollte aber die Zeit, in der sie im Boot stillhalten müssen, nicht zu lang ausfallen. Paddelzeiten von drei bis vier Stunden sind erst mal ausreichend.

Etwa im Alter von zehn bis zwölf Jahren kann man Kinder auch ein eigenes Kajak fahren lassen. Für erste Versuche sollte es windstill sein. Bei einer ersten längeren Tour ist ein Einer, in dem sich zwei Kinder abwechseln, sodass zwischendurch Ruhepausen im Boot der Erwachsenen möglich sind, eine gute Lösung. Für unerfahrene Paddler und Gruppen mit alleine paddelnden Kindern sollte eine Tagesetappe auf den strömungsfreien Gewässern der Mecklenburgischen Seenplatte nicht mehr als 12 bis 15 Kilometer haben.

Kinder sollten nur mit im Kanu sitzen, wenn sie bereits sicher schwimmen können. Zusätzlich müssen jüngere Kinder im Kanu unbedingt eine Rettungsweste tragen, die man mit dem Boot ausleihen kann. An einer guten Verleihstation wird man darauf bestehen. Eine Rettungsweste unterscheidet sich von einer normalen Schwimmweste durch den Kragen, der bei Ohnmacht den Kopf über Wasser hält und so vor dem Ertrinken schützt.

Planung und Motivation

Egal, ob man nun wandert, Rad fährt oder im Kanu unterwegs

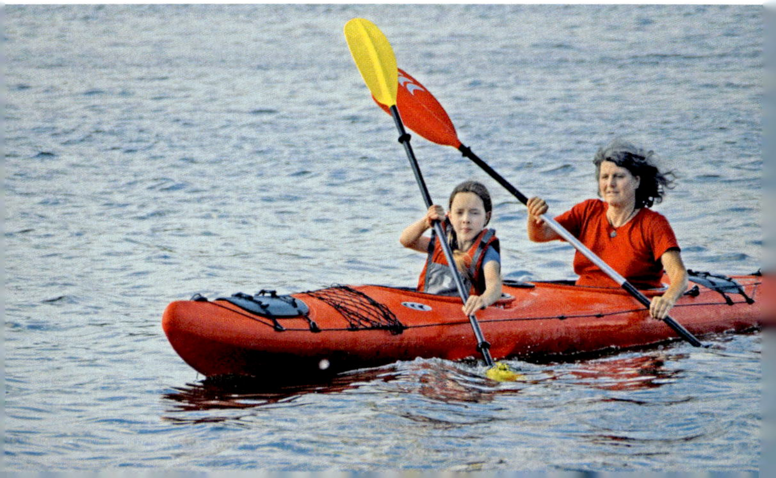

ist: Kinder motiviert ein erreichbares Ziel vor Augen. Deshalb unterteilen wir die Strecke gerne in mehrere überschaubare Etappen und machen öfter eine Pause zum Spielen oder für einen kleinen Snack.

Trotz allem wird es immer wieder Momente geben, in denen die Motivation auf der Strecke bleibt. Oft helfen dann kleine Wanderspiele, wie sie zum Beispiel auf unserem Blog unter www.wandern-mit-kindern.info zu finden sind.

Älteren Kindern kann man auch die Wanderkarte in die Hand drücken und ihnen eigenverantwortlich die Führung der Gruppe übertragen. Aus lustlosen Mitläufern werden dann aktiv beteiligte Wanderer.

Pfingsten und **Christi Himmelfahrt** (Vatertag) sind an den Mecklenburgischen Seen absolute Hochsaison – besonders bei den Paddlern. An diesen Tagen sollte man sich auf Hochbetrieb einstellen. Wer auf einen Verleih angewiesen ist, muss **Fahrräder und vor allem Kanus** unbedingt rechtzeitig **reservieren**!

Orientierung

Fast alle Touren in diesem Buch verlaufen auf markierten Wander- und Radwegen. Bei den Wanderungen und den kurzen Radtouren reichen die Übersichtskarten im Buch, die Wegbeschreibung und die Farbmarkierungen aus, um die Wege zu finden. Bei längeren Radtouren oder mehrtägigen Kanutouren gibt eine zusätzliche Karte Sicherheit.

Unübertroffen für Kanutouren ist die Wasserwanderkarte aus dem Jübermann-Verlag. Wer Kanus leiht, bekommt meist den notwendigen Ausschnitt als eingeschweißte, wasserfeste Kopie. Auf der Karte ist der Wasserweg in Kilometern ablesbar. Sie enthält auch alle wichtigen Informationen über Ein- und Ausbootstellen, Schleusen und Rastplätze sowie alle Campingplätze. Zur Planung von Wanderfahrten ist sie perfekt. *www.juebermann.de*

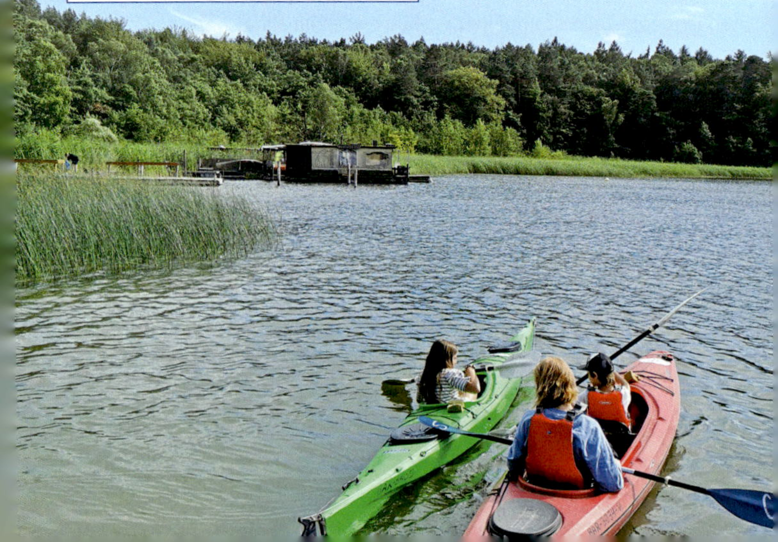

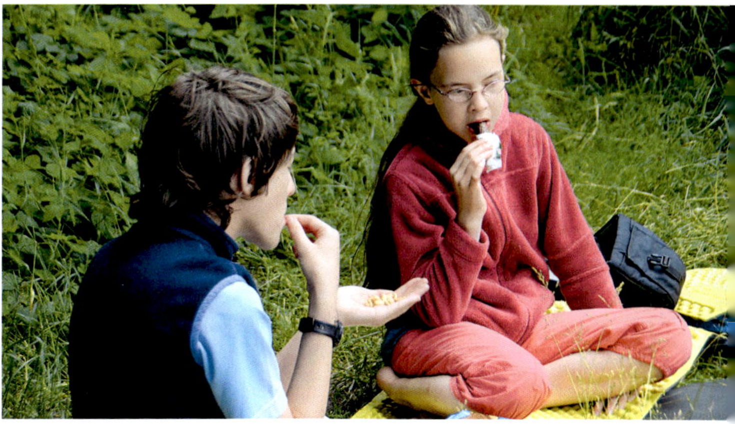

Wer auch bei Radtouren Wert auf Papierkarten legt, ist mit den Rad- und Wanderkarten des Klemmer-Verlags gut beraten, die überall in Mecklenburg im Buchhandel und in Touristeninfos erhältlich sind. Sie enthalten neben Bade- und Campingplätzen auch Hinweise auf Gaststätten und alle Wegmarkierungen.
www.klemmer-verlag.de

Besonders genau sind die Rad-, Wander- und Gewässerkarten des Verlags Grünes Herz mit einem Maßstab von 1:35.000. Radfahrer finden in diesen Karten sogar Hinweise auf die Bodenbeschaffenheit der Radwege.
shop.vggh.de

Eine gute Alternative zu Papierkarten sind digitale Karten auf dem Handy. Ihr größter Vorteil ist, dass man sich auch orten kann. Zusammen mit der Nutzung unserer GPS-Tracks bieten sie eine sehr bequeme Möglichkeit, um in jedem Fall sicher und stressfrei auf dem richtigen Weg zu bleiben. Da die Netzabdeckung rund um die Mecklenburgischen Seen einem Schweizer Käse gleicht, empfiehlt es sich vorher mit einer guten WLAN-Verbindung Offlinekarten aufs Handy zu laden.

> Nicht nur für Paddler mit eigenen Kanus gibt es an den Mecklenburgischen Seen einen besonderen Service: Das Kanu-Taxi. Für etwa €1 pro Kilometer transportiert es Boote und Kanuten.
>
> Die Taxis fahren regional – fragen Sie bei den Kanustationen nach dem Anbieter in der Nähe.

GPS-Daten

Zu allen Touren stehen unter www.naturzeit-verlag.de GPS-Tracks zum Download bereit. Die Daten sind anhand einer digitalen Karte erfasst und unterstützen mithilfe von GPS-Gerät oder Handy-App die Orientierung unterwegs. Mehr Infos zur Navigation mit GPS-Tracks sind unter naturzeit-blog.de zu finden.

Bitte richten Sie sich im Zweifelsfall immer nach den Gegebenheiten im Gelände und nach Beschilderung, Beschreibung und Karte und verlassen sich nie ausschließlich auf GPS-Daten.

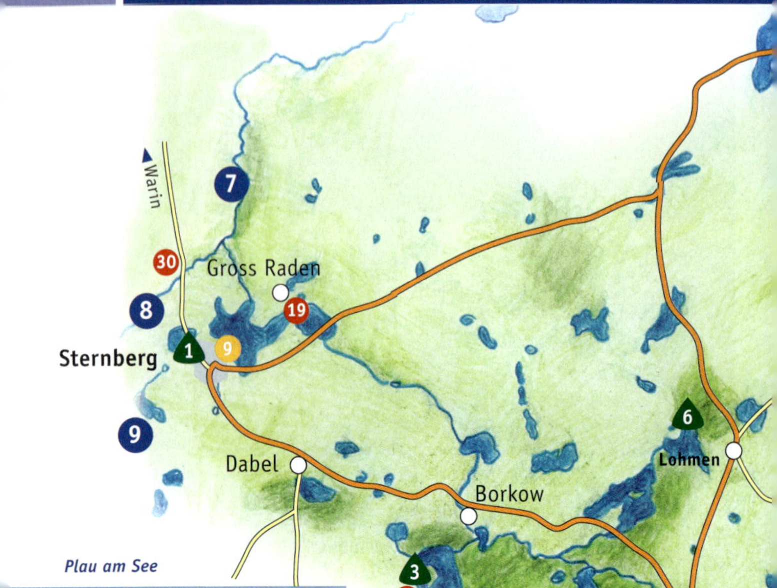

Plau am See

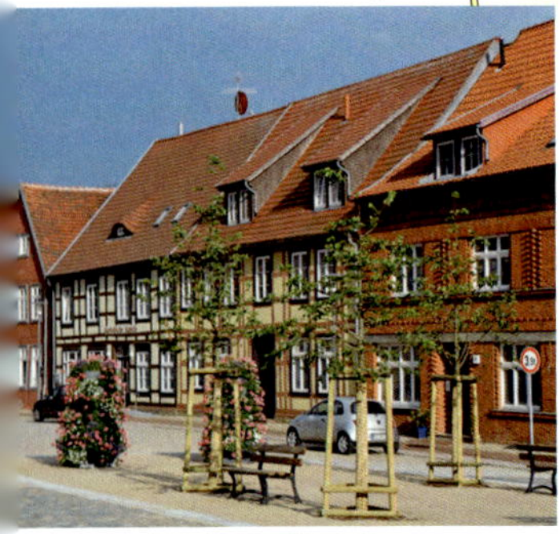

*Zwei recht unterschiedliche Naturparks finden Besucher*innen der Mecklenburgischen Seen im Gebiet westlich der A 19. Oberhalb des Plauer Sees bedecken Moore und Kiefernwälder des Naturparks Nossentiner/Schwinzer Heide das flache Land. Außerhalb des Naturparks dominieren ausgedehnte Felder bis hinauf nach Güstrow. Die Region ist dünn besiedelt und auch Touristen verteilen sich hier, selbst im Hochsommer.*

Touristisches Zentrum ist der immer noch recht beschauliche Ort Plau am See mit vielen Hotels und kleinem Kurbetrieb. Das Westufer des Plauer Sees ist schick und zivilisiert, während am Ostufer noch die Natur das Sagen hat.

Weiter im Westen finden wir um den lebendigen Ort Sternberg mit intakter historischer Stadtmauer eine leicht hügelige Landschaft. Durch den Naturpark Sternberger Seen fließt die Warnow – ein sehr interessanter, noch nicht allzu überlaufener Fluss für Paddler. Viel Wald, kleine Dörfchen und extrem schmale Straßen begegnen einem nördlich des Sternberger Sees, bis man mit Warin wieder eine richtige Stadt erreicht.

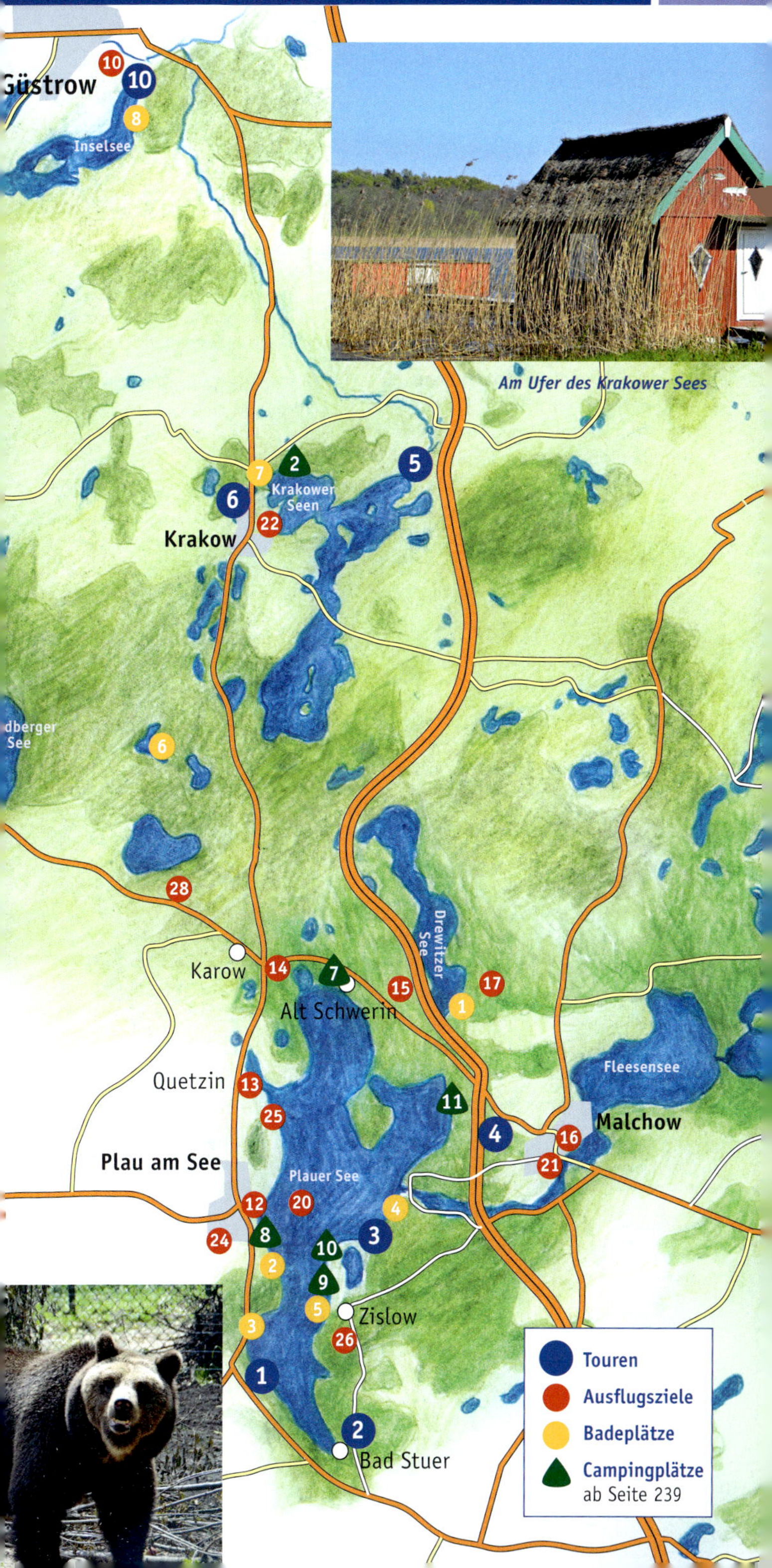

Am Ufer des Krakower Sees

Baden mit Kindern

1 Drewitzer See

GPS N 53°31'04.3", E 12°22'27.4"
Kleine naturbelassene Bucht mit Sandboden und Liegewiese nördlich des Ortes Alt-Schwerin.
Vom Agroneum in Alt-Schwerin der schmalen Straße in Richtung Sparow folgen, die Autobahn überqueren und kurz vor Sparow links zum Parkplatz.

2 Strandbad Plötzenhöhe

GPS N 53°26'53.9", E 12°16'52.8"
Das Strandbad der Stadt Plau liegt südlich des Ortes an der Seestraße und ist mit großer Liegewiese, Spielplatz und flachem Uferbereich für Familien gut geeignet. Steganlage mit Bootsverleih, bewachter Parkplatz und Imbiss. Im Sommer Rettungsschwimmer vor Ort.

3 Strandbad Seeluster Bucht

GPS N 53°25'50.5", E 12°16'27.5"
Sandstrand mit Liegewiese und einigen Spielgeräten. Vor mehreren Hotels gelegen und daher im Sommer gut besucht. Foto bei [› Tour 1]
Südlich des Camping Zuruf an der Eichbaumallee.

4 Lenzer Hafen

GPS N 53°28'4.7", E 12°20'53.6"
Schöne Bucht mit Liegewiese an der Zufahrt zum Kanal in Richtung Fleesensee. Anleger der aus Plau kommenden Ausflugsboote. Gasthof Lenzer Krug wenige Meter entfernt. [› Tour 3]

5 Strandbad Zislow

Ebenfalls am ruhigen Ostufer des Sees gelegen. Schmaler Sandstrand, Liegewiese und Imbiss.

Weitere Badeplätze am Plauer See finden Sie nördlich von Plau bei Quetzin und vor der Feriensiedlung Heidenholz.

Schöne Badeplätze gibt es auch an den kleineren Seen in der Umgebung:

6 Wooster Teerofen

Abgelegene Minibuchten verstecken sich am Südufer des Langhagensees und sind nur mit einem Spaziergang zu erreichen. Dazu vom Ort Wooster Teerofen dem Pfad am südlichen Ufer des Sees folgen. Großer Parkplatz am Ende der Stichstraße bei GPS N 53°35'19.7", E 12°13'02.3".

7 Strandbad Krakow

Öffentliches Strandbad (Eintritt) am nördlichen Ortsrand von Krakow. Parkplatz am Möwenweg nördlich des Ortes. [› Tour 6]

8 Strandbad Inselsee

Badebucht südlich von Güstrow am Seehotel und nahe am Barlach Museum. Südlich von Güstrow am Ostufer des Inselsees bei GPS N 53°46'34.6", E 12°12'40.3" (Heidberg).

9 Strandbad Sternberg

Öffentliches Bad mit großer Steganlage und Imbiss am Sportplatz am Ortsrand. Großer Parkplatz bei GPS N 53°42'50.1", E 11°50'00.8" in der Leonhard Frank Straße.

Am Westufer des Plauer Sees

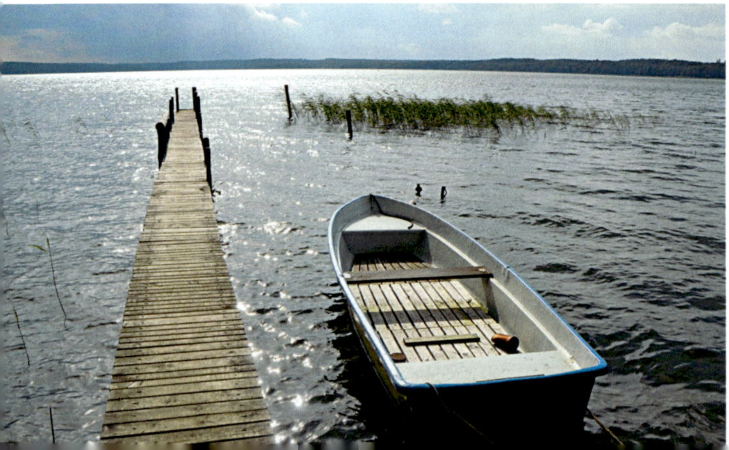

Badevergnügen indoor

10 Im **Familienbad Oase** in Güstrow haben wir Spaß im Wasser auch wenn es draußen regnet und stürmt. Eine 138 Meter lange Reifenrutsche, warme Becken im Außenbereich und ein Kinderbecken sorgen für Badespaß. Eine Sauna gehört auch dazu. Wegen Sanierung bis Dezember 2021 geschlossen!
Geöffnet Mi 10–21 Uhr, Do, Fr 11–21 Uhr, Sa, So 10–21 Uhr, Familienkarte für 4 Stunden €24 (2 Erw., 1 Kind), weitere Kinder €2. Familientageskarte mit Sauna €41, Plauer Chaussee 7, Tel. 03843 85580. www.oaseguestrow.de

Kultur, Natur und Museen

11 Straußenfarm Riederfelde

Auf der Farm am Stadtrand von Lübz werden junge Strauße aufgezogen. Fleisch und Eier kann man im zugehörigen Hofladen kaufen. Auch ein Rundgang über das Gelände ist von April bis Oktober möglich, Dabei kann man in der Brutstation die Küken besuchen. Sie sind am Anfang sehr empfindlich und werden deshalb gut betreut. Die erwachsenen Strauße der Farm leben dann das ganze Jahr im Freien.
www.straussenfarm-riederfelde.de

12 Plauer Burgmuseum

Die Geschichte der Stadt Plau ist das Thema des Museums in der **Plauer Burg**. Kinder interessiert eher der alte Burgturm mit vielen Treppen, einem düsteren Verlies und weitem Blick über die kleine Stadt.
Geöffnet Ostern bis Oktober täglich 10–17 Uhr, €2,50, Turm €1,50. www.burgmuseum-plau.eu

13 Schauimkerei Quetzin

In dem kleinen Museum des Familienbetriebes erfahren wir alles über die Bienenzucht und über Bienenprodukte wie Honig, Wachs, Propolis und Gelée Royale.
Führung durch den Betrieb, bei der man auch verschiedene Honigsorten

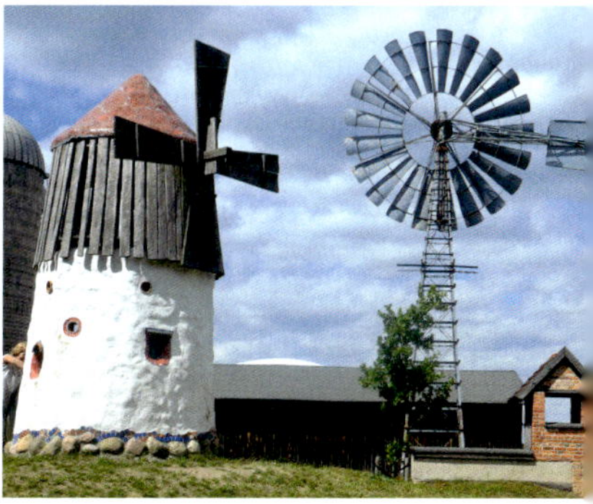

probieren kann nur mit Anmeldung.
Führung €5, Kinder 6–14 Jahre €3, Museum €1,50, Kinder 50 Cent. Bienenweidegarten und Museum sind von April bis September Mo bis Fr von 10–18 Uhr, Sa 10–15 Uhr, So 11–14 Uhr geöffnet. Im Winter eingeschränkt geöffnet.
Die Imkerei finden Sie in Quetzin nördlich von Plau am See gegenüber dem Gasthof Heidehof, Tel. 038735 45225. www.bienen-bode.de

14 In der Ausstellung im Informationszentrum **Karower Meiler** findet man viele der im Naturpark Nossentiner Heide lebenden Tiere – allerdings im ausgestopften Zustand. Hier kann man sich genau anschauen, wie ein Fischotter aussieht oder ein Seeadler im Flug und anhören, wie der Ruf eines Adlers oder das Geplapper eines Teichrohrsängers klingt. Ein gutes Ausflugsziel, wenn das Wetter mal nicht so richtig mitspielen will.
Tel. 038738 70292. www.karowermeiler.de

15 Zwischen uralten Traktoren und dem Erbe der sozialistischen Landwirtschaft kann man im **Agroneum** in Alt Schwerin 5.000 Jahre Landwirtschaftsgeschichte erleben. Basis des 1963 eröffneten Museums ist ein über 100 Jahre altes Rittergut mit Herrenhaus, Stallanlagen, Dorfschule, Windmühle und historischen Landarbeiterwohnungen.
Geöffnet April bis Oktober täglich 10–18 Uhr, Eintritt €10, Kinder bis

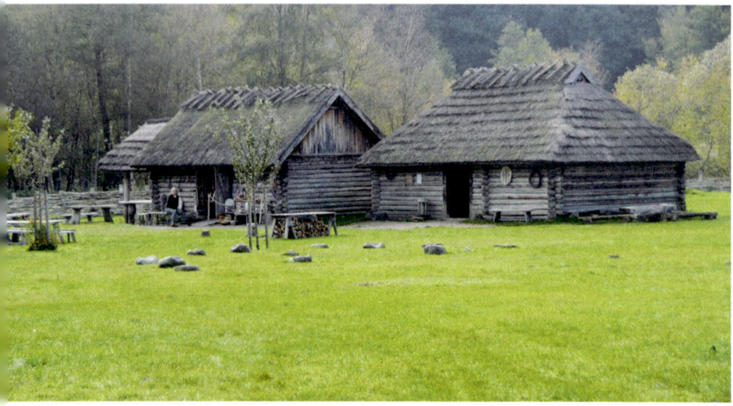

18 Jahre freier Eintritt. www.agroneum-altschwerin.de

16 DDR Museum Malchow
Ein ständig wachsendes, gut sortiertes Sammelsurium typischer DDR-Produkte vom Turnschuh bis zum Kinderwagen hat man im alten Filmpalast in Malchow zusammengetragen. Eine kleine Ausstellung über das Sandmännchen und eine Spielzeugecke sind auch dabei. Hier findet man deutsche Geschichte zum Anfassen und Geschichten zum Erzählen.
Geöffnet Juni bis September Di bis So 10–17 Uhr, Oktober bis Dezember 11–15 Uhr. €4,50, Kinder €3,50 Fotoerlaubnis €1. Film-Palast, Kirchenstraße 25, Tel. 039932 18000.

17 Teerofen Sparow
Holzteer, wie er früher in den Teerschwelergehöften hergestellt wurde, brauchte man zum Schiffbau. Und weil es zwischen den tausend Seen und der Ostsee besonders viel Wasser gibt wurden viele Schiffe und viel Teer gebraucht. Der Teerofen in Sparow ist nach historischen Vorbildern neu errichtet. Hier kann man auch heute noch erleben, wie aus Holz Teer und Holzkohle entsteht. Auf dem Gelände gibt es außerdem einen kleinen Streichelzoo und einen Barfußpfad.
Geöffnet Mi–So 10–16 Uhr, Preise auf Anfrage, Sparow 23.

18 Seit 800 Jahren ragen die Türme der **Klosterkirche Dobbertin** am Seeufer eindrucksvoll in den Himmel. Heute leben, arbeiten und lernen in den Gebäuden des Klosters Menschen mit Behinderung. Die Außenanlagen und ein öffentlicher Bereich mit Kerzenzieherei, Second-Hand-Laden, Klosterladen und inklusivem Café kann ohne Anmeldung besucht werden. Wer die Kirche und die historischen Gebäude der Anlage sehen will, muss an einer Führung teilnehmen.
Führungen finden von Mai bis Oktober statt, die aktuellen Zeiten hängen am Gebäude aus. €4, Kinder ab 12 Jahre €2, Tel. 038736 86121. www.kloster-dobbertin.de

19 Ein tausend Jahre alter Burgwall auf einer Halbinsel im Binnensee ist die Basis des heutigen **Archäologischen Freilichtmuseums Groß Raden**. Auf den Resten des alten Heiligtums hat man ein typisch slawisches Dorf rekonstruiert. Hier kann man die alten Bautechniken bewundern, einen Blick in typische Wohnräume, die Schmiede oder in eine Backstube werfen. Besonders spannend ist es hier bei Veranstaltungen, an denen das Dorf zu mittelalterlichem Leben erwacht. Im Rahmen des Ferienprogrammes im August gibt es auch Mitmachangebote für Kinder. Vom Parkplatz im Dorf läuft man etwa 15 Minuten bis zum Museum. Der Weg ist beschildert.

Geöffnet April bis Oktober täglich 10–17.30 Uhr, November bis März bis 16.30 Uhr, Montag geschlossen. Erwachsene €3,50, Familie €7, Tel. 03847 2252. www.freilichtmuseum-gross-raden.de

Auf dem Wasser

20 Sieben auf einen Streich?

Sieben Seen durchquert man bei der großen **Seen-Rundfahrt** von Plau nach Waren und ist dabei den ganzen Tag unterwegs. Mit 2,5 Stunden Aufenthalt in Waren, wo ein Bummel durch die Altstadt oder ein Besuch des Müritzeums [› Tour 14] lockt. Wem das ein bisschen zu heftig ist, der kann sich auch für eine Zwei- oder Drei-Seen-Fahrt entscheiden und ist dann zwischen 1,5 und 2,5 Stunden auf dem Wasser. Gefahren werden die Touren vom **Plauer Stadthafen** aus von zwei Anbietern. Bei der **Fahrgastschifffahrt Wichmann** sind drei Boote im Einsatz. Das Familienunternehmen **Fahrgastschifffahrt Salewski** fährt mit der Loreley ein wechselndes Programm. Beide bieten in der Hauptsaison auch Fahrten zum Wisentreservat auf dem Damerower Werder an [› Tour 12], Termine auf Anfrage.

Fahrten vom Mai bis September
Acht-Seen-Fahrt etwa €30
Damerower Werder etwa €22
Drei-Seen-Fahrt (tägl.) etwa €17
Zwei-Seen-Fahrt (tägl.) etwa €12
Kinder 4–3 Jahre 50%.
Die Schiffe laufen nur aus, wenn ausreichend (10 bzw. 20) Passagiere zusammenkommen.
www.fahrgastschifffahrt-wichmann.de
fahrgastschifffahrt-plau.de

21 Touren auf dem Plauer See bietet auch die **Blau-Weisse-Flotte** an, die ihre »MS Plauer Werder« vom Stadthafen Malchow über drei Seen in Richtung Plau auf die Reise schickt.
Tel. 03991 663034.
www.blau-weisse-flotte.de

22 Seefahrt mit Elektroboot

Seit der Saison 2016 liegt die Fahrgastschiffahrt auf dem Krakower See in den Händen der **Erlebnisschiffahrt Zopf**, die den See mit dem flachen solarbetriebenen Elektro-Solarboot »Lena Manuela« und dem Elektro-Katamaran »Sunny Manuela« befährt. Die Schiffe sind besonders leise, haben wenig Tiefgang und eignen sich daher besonders für Naturbeobachtungen.
Die einstündige Rundfahrt kostet €9 pro Person, Kinder 4–12 Jahre €5, 0–3 Jahre frei.
www.erlebnisschiff-zopf.de

23 Mit der **MS Condor** kann man von Dobbertin im Morgengrauen zu einer ornithologischen Exkursion starten. In den ruhigen Buchten des Dobbertiner Sees wird man mit etwas Glück Seeadler, Eisvogel, Milane, Fischadler oder Reiher vors Fernglas kriegen. Kapitän Müller steuert sein Boot aber auch für Langschläfer über den See. Zwei- bis viermal täglich legt die »MS Condor« in Dobbertin zur Seerundfahrt ab.

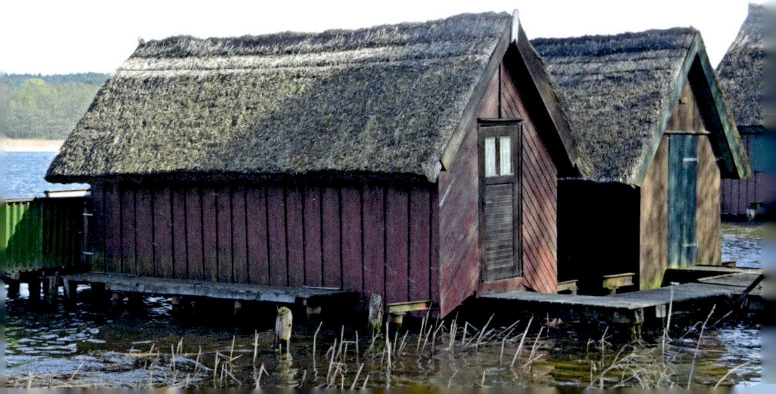

Mai bis Ende September, Abfahrten um 10, 13, 15 und 17 Uhr. Montag und an Feiertagen Ruhetag.
Im April und Oktober Fahrten je nach Wetterlage nur am Wochenende. €14, Kinder 3–12 Jahre €6. Morgenexkursion zur Vogelbeobachtung auf Anfrage. Tel. 0172 3029315. www.ms-condor.de

Outdoorsport

24 Kletterpark und Barfußpfad

Am Stadtrand von Plau auf dem Klüschenberg baumeln am Waldrand zwischen den Stämmen die Seile und Schaukeln eines kleinen Kletterwalds mit zwei Parcours. Die Anlage ist bestens geeignet für einen ersten Versuch. Die Parcours sind für Kletterer ab einer Körpergröße von 1,40 Meter freigegeben.
Mai bis Oktober täglich 10–18 Uhr, März und April am Wochenende. Erwachsene €15, Jugend bis 16 Jahre €13, leicht reduzierte Familienpreise. www.kletterpark-plau.de

Über Schotter und durchs Moor, durch Sand und über Baumrinde – so wechselt der Boden unter den Füßen, wenn man sich auf den gut 1.000 Meter langen **Barfuß-Erlebnis-Lehrpfad** in Plau begibt. Man findet ihn direkt neben dem Kletterpark auf dem Klüschenberg.
März bis Oktober ab 10 Uhr, €4, Kinder bis 14 Jahre €3, Tel. 0170 9977497. www.barfusspark.info

25 Surfschule Quetzin

Die großen Seen wie Plauer See und Müritz sind ein beliebtes Surf- und Segelrevier. Die geschützte, sanft abfallende Bucht vor Quetzin ist ein perfekter Platz für Anfänger. Hier können auch Kinder ab acht Jahren die ersten Versuche auf dem Surfboard starten. Es werden auch SUPs verliehen.
Grundkurs drei Tage inklusive Prüfung (10 Stunden Theorie und Praxis) bis einschließlich 11 Jahre €165, ab 13 Jahre €195. SUP €15 pro Stunde. Surfschule Holger Brümmer Tel. 0172 9402687. www.wassersport-plauer-see.de

26 Pferde und Ponies in allen Farben und Größen tummeln sich in den Ausläufen des **Pferde- und Ferienhof Zislow**. Mädchen von 7–18 Jahren können hier Reiterferien ohne Eltern verbringen. Es gibt auf dem Hof auch einige Ferienwohnungen für Familien (€55–80 pro Tag). Kinder aus den FeWos können als Tageskinder auf dem Hof betreut werden. Nach Voranmeldung gibt es auch Ausritte. Unterricht für externe Reiter und Ponyreiten für die Jüngsten.
Familie Lange-Meyer, Tel. 039924 2561. www.pferdehof-zislow.de

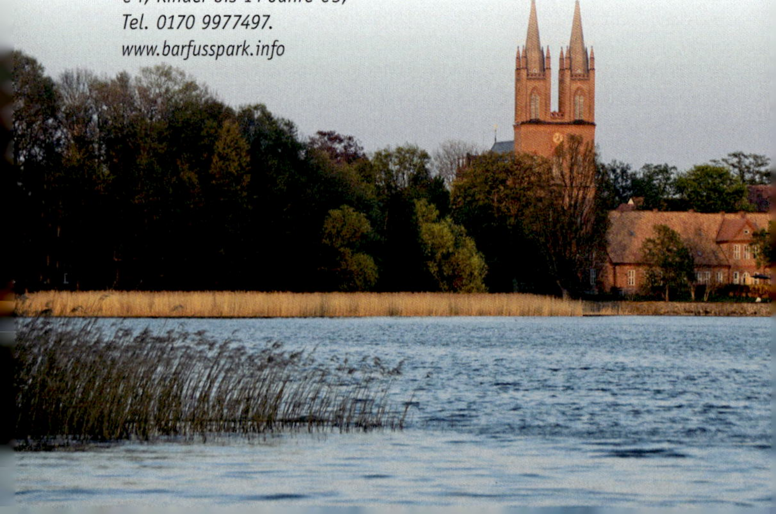

27 Ferienhof Berit Botschatzke
Auf dem Hof der Familie Botschatzke am Stadtrand von Lübz finden in den Schulferien Reiterferien für Kinder statt. Auf dem Hof werden aber auch Ferienwohnungen vermietet und Kinder von Urlaubern können im Rahmen eines Schnuppertages am Programm der Ferienkinder mit Reitunterricht, Ausritten und Pferdepflege teilnehmen.
Schnuppertag mit Mittagessen €40, Ponyspaziergang für die Kleinsten €20. www.ferienhof-botschatzke.de

28 Mit der Draisine unterwegs
An der Damerowkaserne bei Karow befindet sich die Station der Fahrraddraisinestrecke über Goldberg nach Borkow. Die komplette Gleisstrecke ist 23 Kilometer lang. Rastplätze machen unterwegs Pausen möglich und auch der Ort Goldberg bietet sich an für eine längere Unterbrechung der Fahrt. Eine zweite Draisinestrecke führt von Waren nach Schwinkendorf. [› Tour 11]
Startzeit Karow 9 – 11 Uhr oder 11.15 – 12 Uhr (halber Tag). Gewendet wird um 13 Uhr – egal wo man sich gerade befindet. Tagestour €49, Halbtagestour €35. Alternativ werden auch Kombitouren Draisine/Fahrrad/Kanu angeboten. Reservierung und Infos Tel. 0172 3260694 oder www.draisine-mecklenburg.de.

29 Vom Ponyreiten bis zum Ausritt reicht das Angebot des **Friesenhof Kukuk** in Kukuk am Kleinpritzer See. Geritten wird auf Friesen und Appaloosas. Der zugehöriger Campingplatz liegt in direkter Nähe zum Stall am Seeufer.
Ausritt 2 Stunden €40, Ponyreiten (10 min) €5. Seestraße 6, Hohen Pritz, Tel. 038485 20495. www.camping-kukuk.de

30 Kamelhof Sternberger Burg
Auf dem Gelände der Kamelfarm zwischen der Warnow und dem Sternberger See werden Strauße, Kamele und Lamas gezüchtet. Das Farmgelände kann man mit und ohne Führung besichtigen. Dort leben außerdem Rentiere, Büffel, kanadische Wolfshybriden, Zebras und knuffige Walliser Schwarznasen, eine recht seltene alte und sehr robuste Schafrasse aus der Schweiz. Wer auch die Jungtiere auf der Weide sehen und junge Kamele streicheln möchte bucht eine einstündige Traktorsafari. Noch interessanter sind die zweistündigen Wanderungen mit Lamas, Kamelen, Rentieren oder Wölfen, an denen man mit Anmeldung teilnehmen kann. Sie führen ins Warnowtal oder zum Freilichtmuseum in Groß-Raden. [› Tour 7]

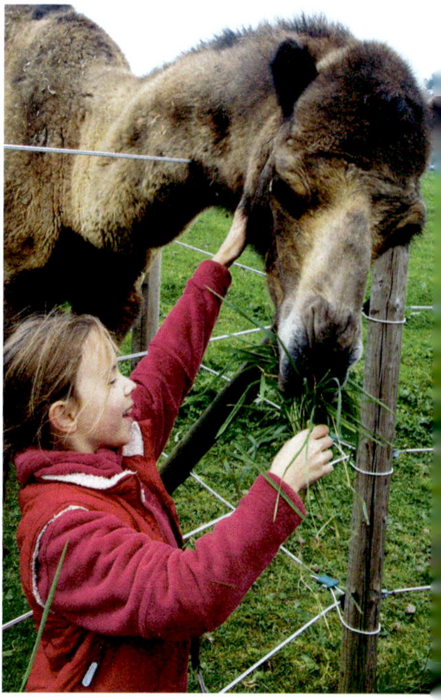

Eintritt für das Farmgelände mit Spielbereich in der Halle und Imbiss €5 pro Person, geöffnet Mai bis Oktober täglich 10 – 18 Uhr.

Traktorsafari Mai bis Oktober Sa, So 15 Uhr, in den Sommerferien täglich. €10, Kinder 3 – 17 Jahre €8, Familie €29.

Wanderungen mit Kamelen, Lamas, Rentieren und Wölfen €29, Kinder 3 – 17 Jahre €19, Familie €99. www.kamelhof-sternbergerburg.de

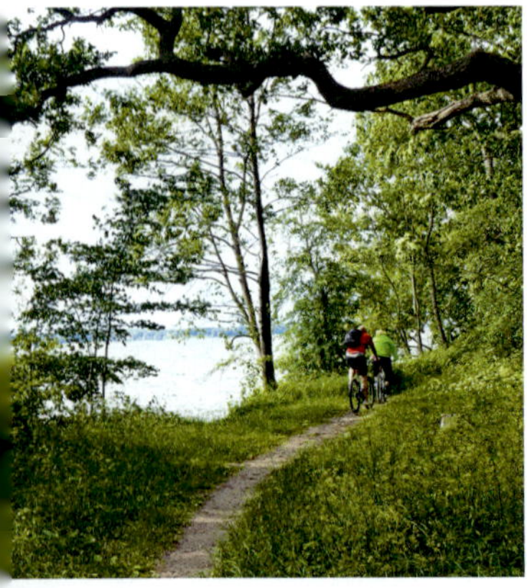

Tour 1: Mountainbike-Trail auf dem Uferweg

Mit Boot und Rad um die Südspitze des Plauer Sees

Ein Mountainbike muss es nicht unbedingt sein, aber mehr als drei Gänge sind schon ganz angenehm auf den schmalen Uferpfaden am Plauer See. Und so platt die Landschaft auch wirkt – eben ist der Seerundweg nicht. Um die Tour überschaubar zu halten, umrunden wir nur die besonders schöne Südspitze des Plauer Sees. Von Plau nach Lenz verladen wir Radler und Räder auf eines der Ausflugsboote, die diese Strecke mehrmals am Tag befahren. Wenn man dann unterwegs noch den Besuch des Bärenwaldes einplant, wird aus dieser Tour ein langer Tag voller Abenteuer.

50 m

STRECKE 25 km

3–4 h

ab 6

Von Lenz bis Bad Stuer: 12 km

Nach einer halben Stunde legt unser Boot am **Lenzer Hafen** (1) an und wir gehen direkt am Gasthof Lenzer Krug an Land. Über die Terrasse schieben wir unsere Räder zur Straße, überqueren links die Brücke über den Kanal und fahren die Straße hinunter. Vorbei am Strandbad kommen wir zum **Abzweig zur Lenzer Höh.** Neben einer einfachen Treppe kann man hier die Räder die wenigen Meter zum schönen Aussichtspunkt hinaufschieben. Ein schmaler Pfad mit vielen Wurzeln führt ein gutes Stück über dem See am Steilufer weiter. Jüngere Radler lässt man hier besser absteigen. Ganz ohne Schiebestrecken kommt man auch auf dem

TOUREN-STECKBRIEF

Anfahrt: Von Plau am See setzen wir mit dem Ausflugsschiff über nach Lenz. Die Boote fahren in der Saison um 10, 10.35, 11.15, 13.00, 13.35, 14.15 und 15.30 Uhr. In der Nebensaison reduziert sich das Angebot auf zwei bis drei Fahrten. Kommen nicht genug Interessenten zusammen, bleibt das Boot im Hafen. Beginnen sollte die Tour daher immer mit der Bootsfahrt – ansonsten riskiert man, in Lenz oder Plau zu stranden, weil das Nachmittagsboot nicht aus dem Hafen ausgelaufen ist.

Fahrtpreis: Etwa €8 pro Person, Kinder bis 14 Jahre etwa €4, plus €4 pro Fahrrad.

Anspruch und Charakter: Sportliche Radtour auf schmalen Pfaden mit kurzen wurzeligen Passagen. Nicht geeignet für Anhänger. Badesachen nicht vergessen!

Highlights: Übersetzen mit Rad und Boot, schöne Blicke über den Plauer See, mehrere reizvolle Badestellen, Bärenwald am Weg.

Einkehr: Lenzer Krug am Bootsanleger in Lenz, Strandimbiss in Zislow, Hotel Bad Stuerer Hintermühle oder Fischerei am Bärenwald, mehrere Cafés kurz vor Plau.

In der Nähe: Barfußpfad und Hochseilgarten in Plau auf dem Klüschenberg. [› Seite 34]

weiteren Weg nicht über die Wurzeln. Dafür ist der Blick von hier oben besonders schön. Nach einem knappen Kilometer fährt man vom Hochufer wieder hinunter auf Seehöhe und erreicht den **Badeplatz** ② unterhalb der Lenzer Höh. Gleich darauf folgt ein weiterer Hügel. Hier kann man auch vor dem Hang am Ufer entlang radeln bis zu einem Sandberg mit

Fahrradverleih in Plau:

Fahrradverleih Plau am See
Dammstrasse 1, Tel. 0172 7453334.
www.fahrradverleih-plau.de

Fahrrad Luchs
Steinstraße 38, Tel. 0173 7869332.
www.fahrrad-luchs.de

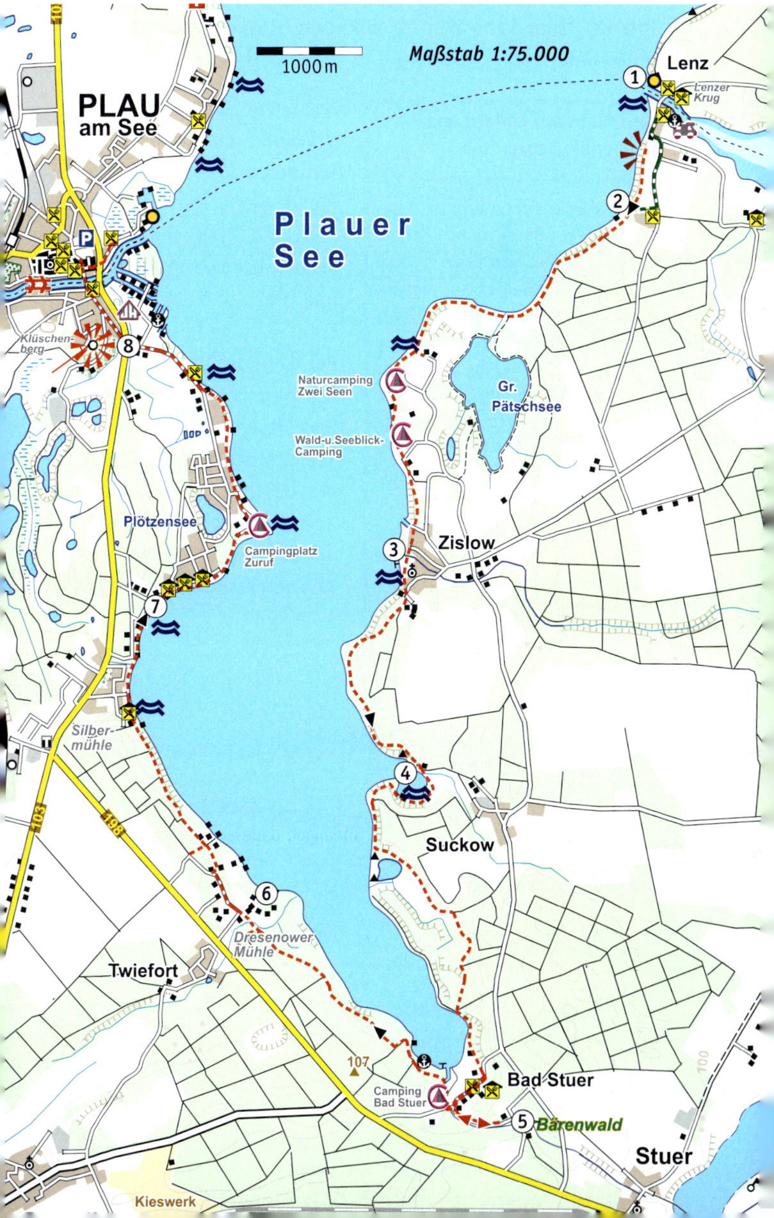

Holzbank. Über die Wurzelstufen dort hinauf geht es wieder nur zu Fuß.

Ab hier wird es weitgehend unkompliziert. Der Pfad führt jetzt fast eben am Ufer entlang. Außer einigen Matschlöchern, die hier nach Regenfällen immer zu finden sind, gibt es auf der weiteren Strecke keine größeren Hindernisse mehr. Der Pfad führt am Ufer durch das Gelände der beiden **Zislower Campingplätze**. Beide Plätzen haben einen Imbiss und einen kleinen Laden. Kurz darauf erreicht man den Hafen und den **Bootsanleger** von **Zislow** ③. Hier kann man in der roten Rotunde am Badestrand einkehren.

Die Alternativroute: Einfach und bequem über die Lenzer Höh

Wer mit Kindersitzen oder weniger geübten Fahrradfahrern unterwegs ist, kann den hoppeligsten Bereich am Anfang dieser Tour umgehen. Von Lenz ist eine »Umleitung« für Radfahrer mit Gepäck oder Anhänger ausgeschildert. Sie führt von der Treppe zum Aussichtspunkt noch ein Stück die Straße entlang und biegt dann rechts ab in Richtung Lenzer Höh. Vorbei an Reitplatz und Pferdeweide kommt man zu einer Ferienanlage. Die Umleitung führt noch weiter geradeaus. Hier kann man aber ohne Weiteres zum Seeufer zurückkehren. Direkt vor dem Gelände führt ein Naturweg rechts zu einem Badeplatz. Bei Wegpunkt ② stößt man dann auf den Uferpfad.

Auf einem schmalen, kurvigen Uferweg umfahren wir den **Kellersee** ④ – eine Bucht des Plauer Sees. Kurz darauf verlässt der Pfad vor dem winzigen Suckower See das Ufer und führt an Moorflächen entlang. Zurück am Wasser mündet dann der Uferpfad in einen **Fahrweg**. Wir fahren rechts nach Bad Stuer hinunter bis zum Seehotel Stuersche Hintermühle mit Gasthof. Netter sitzt man aber eigentlich an der Fischerei am **Bärenwald** ⑤ noch einen Kilometer weiter.

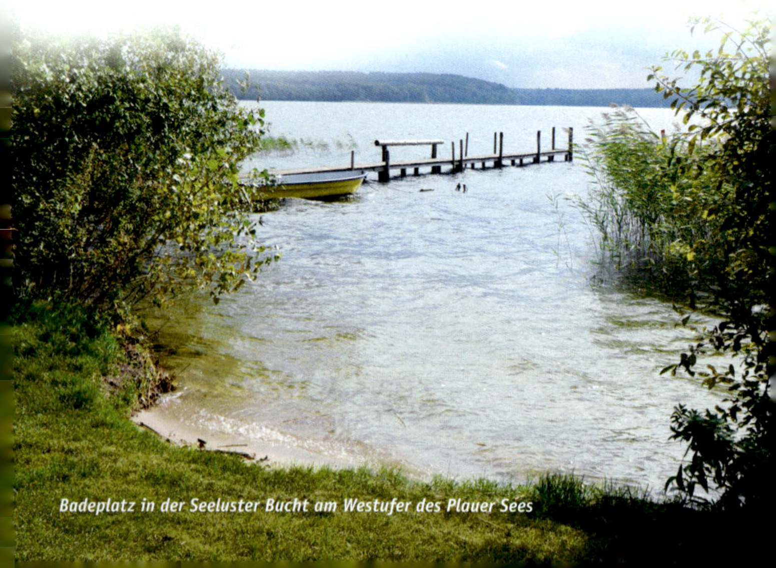

Badeplatz in der Seeluster Bucht am Westufer des Plauer Sees

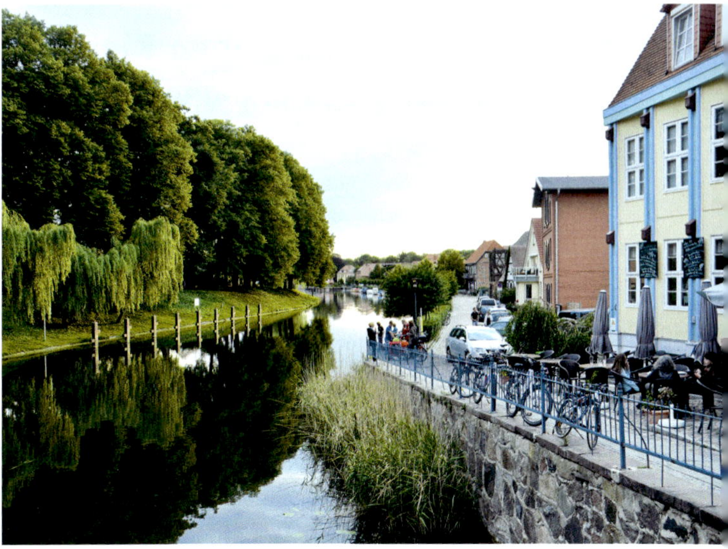

Von Bad Stuer nach Plau: 10 km

Vorbei am Hotelparkplatz folgen wir den Wegweisern des Mecklenburger Seenradweges (T27) in Richtung **Campingplatz**, radeln an diesem entlang und folgen dort dem Radweg nach links. Die blaue **Markierung des Seenradweges** führt uns von hier aus sicher bis nach Plau. Erst einmal schieben wir eine steile Zufahrt zum See hinunter und befinden uns dann wieder auf dem schmalen Uferweg. In stetigem Auf und Ab geht es jetzt durch den Wald immer den Wegweisern des T27 folgend und nie sehr weit vom Plauer See entfernt. Am Gelände des exklusiven **Ferienhotels Vila Vita** ⑥ verlassen wir kurz den Wald. Es geht am Parkplatz der Anlage vorbei, dort folgen wir rechts dem breiten Sandweg und tauchen kurz darauf wieder in den Wald ein.

Am folgenden Abschnitt der Tour werden junge Geländeradler besonderen Spaß haben. Auf angenehm festem Weg geht es auf einer lustigen Berg- und Talbahn über kleine Hügel – eine wirklich flotte Geländestrecke! Schnell ist so der **Badestrand** in der **Seeluster Bucht** ⑦ vor einer großen Klinik erreicht. Durch eine Parkanlage mit Liegewiese und Uferpromenade fahren wir weiter, durchqueren das Gelände des **Camping Zuruf** und radeln dann immer am Seeufer entlang bis zum Stadtrand von Plau. Dort wechseln wir auf die **Hauptstraße** ⑧, der wir nach rechts in den Ort folgen.

Abstecher zum Bärenwald

Strecke: 2 Kilometer

Vom Seehotel Stuersche Hintermühle zweigt links ein Waldweg durch das Tal der Eisvögel ab. Er führt zu einem Fischereiimbiss, der gleichzeitig der Hintereingang des Bärenwaldes ist. Man zahlt hier am Kiosk seinen Eintritt und geht hinein. Wer es vorzieht, den Haupteingang zu benutzen, kann auch geradeaus weiter bis zur Straße fahren und dieser nach links folgen. *Weitere Infos bei* **[›Tour 2]**.

Schneller Jäger im blauen Kleid
In der Heimat des Eisvogels

Ein Eisvogel ist etwa so groß wie ein Spatz und der einzige in Deutschland heimische Vogel mit blauem Gefieder. Lebensraum der flinken, schillernd bunten Vögel sind saubere, fischreiche Seen. Auch Flüsse und Bäche mit wenig Strömung und naturbelassen Ufern eignen sich als Eisvogelreviere. Eisvögel ernähren sich von kleinen Fischen, die sie, im Sturzflug vom Ansitz am Ufer aus startend, direkt aus dem Wasser holen. Bis zu 60 Zentimeter tauchen die kleinen Vögel dazu unter die Wasseroberfläche.

Der Eisvogel beim NABU
Die Tonaufnahme eines Eisvogelrufes und viele Bilder finden Sie auf der Internetseite des NABU unter dem Stichwort Vogel des Jahres oder in der App »Nabu-Vogelwelt«. Der Eisvogel war der Vogel des Jahres 2009. *www.nabu.de*

Und so bunt sie auch sind – einen Eisvogel bekommt man nur selten zu Gesicht. Meist verraten sie ihre Anwesenheit zuerst durch ihren Ruf – ein hohes, pfeifendes »tjiih«. Wer sich dann still verhält hat vielleicht das Glück in den Bäumen am Ufer mehr als ein weghuschendes blaues Etwas zu sehen oder kann den Vogel auf einem seiner Ansitze am Flussufer entdecken. Besonders gut sind die Chancen Eisvögel zu sehen während der Balzzeit im März, wenn die Paare laut rufend zu regelrechten Flugjagden über dem Wasser starten.

Um ihre Jungen aufzuziehen, brauchen Eisvögel, außer einem ertragreichen Nahrungsrevier, einen guten Platz für eine Höhle. Dafür ist eine Steilwand notwendig – am besten direkt am Wasser. Auch die Wurzeltel-

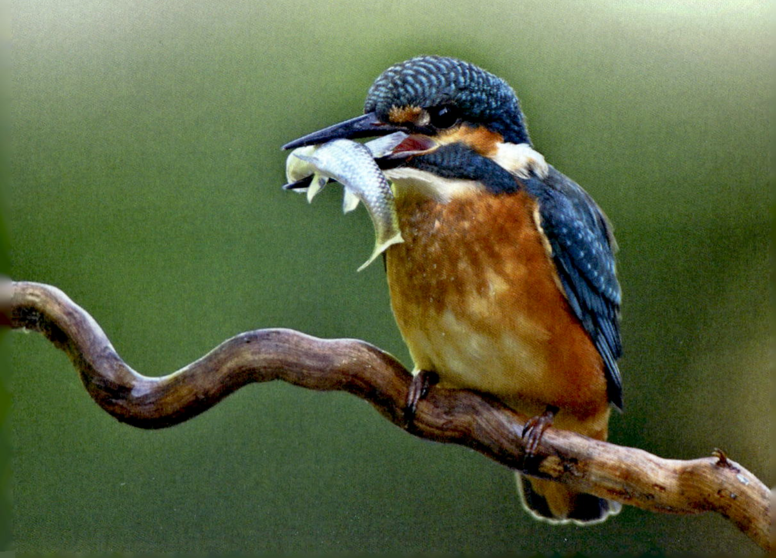

ler von großen umgestürzten Bäumen eignen sich als Basis für ein Eisvogelnest. Mit ihren langen, spitzen Schnäbeln graben die blauen Zwerge 50 bis 90 Zentimeter lange, leicht ansteigende Röhren. In die Höhlung an deren Ende legen die Weibchen frühestens ab März sechs bis acht Eier. Die anfangs noch nackten Vogelkinder sind nach vier Wochen flügge und müssen dann schnell für sich selber sorgen, denn meist sind die Eltern schon mit der nächsten Brut beschäftigt. Mindestens zwei Bruten sind bei Eisvögeln normal. Sie sichern so das Überleben der Art, denn sehr viele der zierlichen Vögel überleben den ersten Winter nicht.

Eisvögel sind in Deutschland meistens Standvögel. Nur wenn der Winter sehr kalt ist und zugefrorene Bäche keinen Fischfang mehr erlauben, verlassen sie ihr Revier. Tun sie das nicht rechtzeitig, bevor sie zuviel Kraft verlieren, verhungern sie. In sehr harten Wintern reduziert sich so der Bestand immer wieder beträchtlich.

Auch die Jungvögel leben gefährlich. Besonders kritisch sind Schlechtwetterperioden während der Brutzeit. Die Altvögel bringen dann nicht genügend Futter zur Höhle. Steigt das Wasser zu sehr, werden die Bruthöhlen leicht überflutet. Auch gutes Wetter birgt Risiken. Wenn die Sonne scheint

Im Tal der Eisvögel
Ein Bach durchfließt zwischen Bärenpark und Bad Stuerer Hintermühle das Tal der Eisvögel – ein typisches Eisvogelrevier. Um wirklich einen Vogel zu sehen, muss man allerdings viel Glück haben. Vom breiten Waldweg, der durch das Tal führt, kann man den ein oder anderen Blick auf den Bach und die Steilwände an seinem Ufer werfen. Am Eingang zum Tal steht eine Infotafel über den Eisvogel.

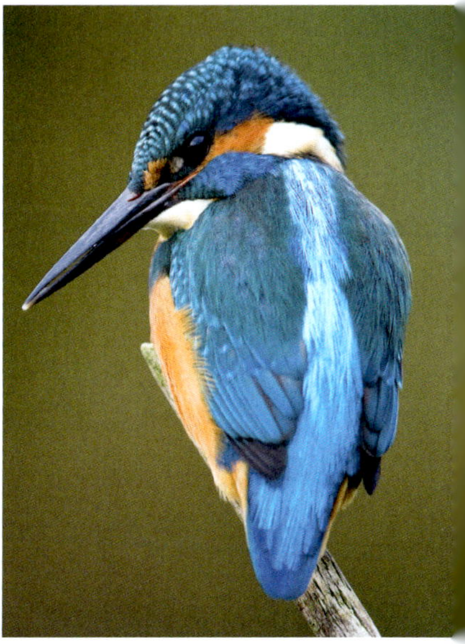

kommen viele Menschen an den Fluss. Trauen sich die Vogeleltern zu lange nicht zum Nest, verhungert der Nachwuchs. So bringt jedes Brutpaar in einem Jahr etwa zehn flügge Junge an den Start, damit genug überleben, um im nächsten Frühjahr den Kreislauf neu zu beginnen.

Eisvogelmännchen beanspruchen ein Revier und verteidigen es auch gegen Artgenossen. Der Abstand zwischen den Höhlen zweier Eisvogelfamilien liegt in guten Gebieten bei etwa einem Kilometer. Gibt das Umfeld nicht genug Futter her, wird der Abstand weiter und die Reviere sind größer.

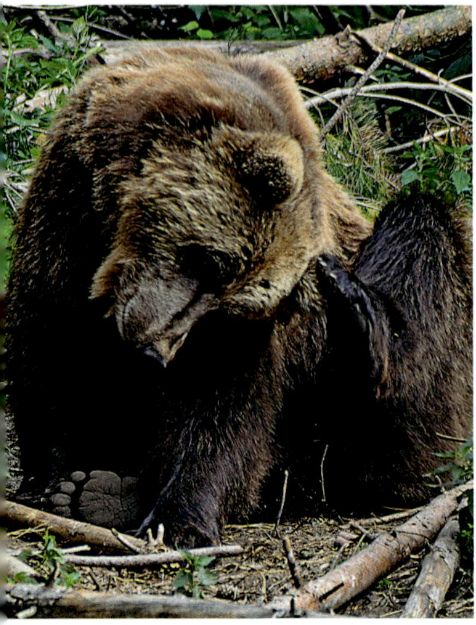

Tour 2: Bärenleben am Plauer See

Ein Besuch im Bärenwald Müritz

Erdlöcher graben, sich den Pelz an Baumstämmen kratzen, im Tümpel baden und auf Bäume klettern. Für die 15 Bären, die hier leben, gehört das zum normalen Bärenalltag. Das war aber nicht immer so. Im Bärenwald werden Bären aus Zoos oder Privathaltung aufgenommen, die unter besonders schlechten Bedingungen leben müssen. Kleine Betonkäfige und winzige Gehege waren ihr normaler Alltag, bevor sie in das 13 Hektar große Waldgehege umziehen durften. Die meisten von ihnen wussten bis dahin nicht einmal, wie sich Gras oder Erde unter den Pfoten anfühlt.

2–3 h

ab 6

Der Park: Der Park am Plauer See existiert seit dem Jahr 2006 und ist ein Projekt der Tierschutzorganisation »Vier Pfoten«. Das erste Ziel der Anlage ist es, den Bären ein weitgehend artgerechtes Leben zu ermöglichen. Ist man als Besucher auf den Waldwegen zwischen den hohen Gehegezäunen unterwegs, braucht man ein wenig Geduld. Die Bären bewegen sich frei in den weitläufigen Gehegen und werden den Besuchern nicht präsentiert. Dafür können wir uns unterwegs informieren: Eine interaktive Bilderwand erzählt die Lebensgeschichte der Bewohner des Parks und stellt die Bären persönlich vor. Balou ist einer der größten und stärksten Bären im Park. Er liebt es besonders im Teich zu baden. Die Brüder Ben und Felix sind meist zusam-

TOUREN-STECKBRIEF

Anfahrt: Der Park liegt an der Südspitze des Plauer Sees und ist von der Autobahnausfahrt »Plau am See« schnell zu erreichen. Von dort immer in Richtung Plau halten bis rechts ein Wegweiser die Zufahrt zum Bärenwald anzeigt (Richtung Zislow). Nach kurzer Fahrt sind links die Gehegezäune kaum zu übersehen. Das Eingangsgebäude mit Parkplatz folgt kurz darauf bei **GPS N 53°23′14.2″, E 12°19′39.6″**.

Öffnungszeiten: März bis Oktober täglich von 9–18 Uhr, November bis März (einige Bären halten Winterschlaf), täglich von 10–16 Uhr.
Eintritt: (März bis Oktober) € 11, Kinder 5–14 Jahre € 5, Familienkarte € 26. www.baerenwald-mueritz.de

Einkehr: Fischereiimbiss im Bärenpark, Imbiss am Parkeingang.

In der Nähe: Badeplätze am Plauer See, Plau am See.

men unterwegs und toben und rangeln gerne miteinander. Die selbstbewusste Ida mag es übersichtlich und liebt die Hügel mit Ausblick im Gehege. Der jüngste Zugang des Bärenwaldes ist Rocco. Er wurde 2019 aus Albanien in den Park gebracht und ist noch etwas schüchtern.

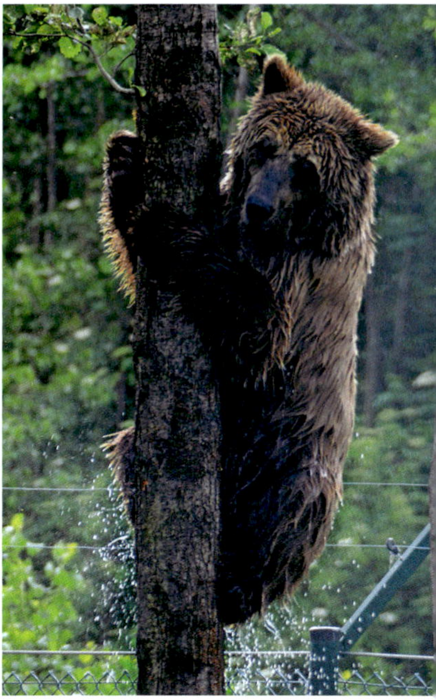

Bären-Toberunde nach einem erfrischenden Bad im Tümpel

Trifft man dann auf einen der echten Vierbeiner, beginnt das Ratespiel: Ist das jetzt Otto oder vielleicht Luna? Mascha kann es nicht sein, die hat ein dunkles Fell und Balou ist viel größer.

Ein großes Tipi und ein Spielplatz, ein Kletterturm und ein Bärenratespiel sorgen auf der Runde durch den Wald für Ablenkung, wenn zwischenzeitlich gar keine Bären zu sehen sind. Durch geschickt platzierte Futterverstecke in Röhren, die hier und da in den Bäumen hängen und besondere Leckereien enthalten, kommen die Bären aber oft in Sichtweite der Besucher. Und wer sich Zeit lässt, kann hier ganz besondere Augenblicke erleben: Bären beim Spielen oder Baden beobachten oder zuschauen, wie geschickt sie ihre Lieblingsleckereien aus den Verstecken in den Bäumen schütteln.

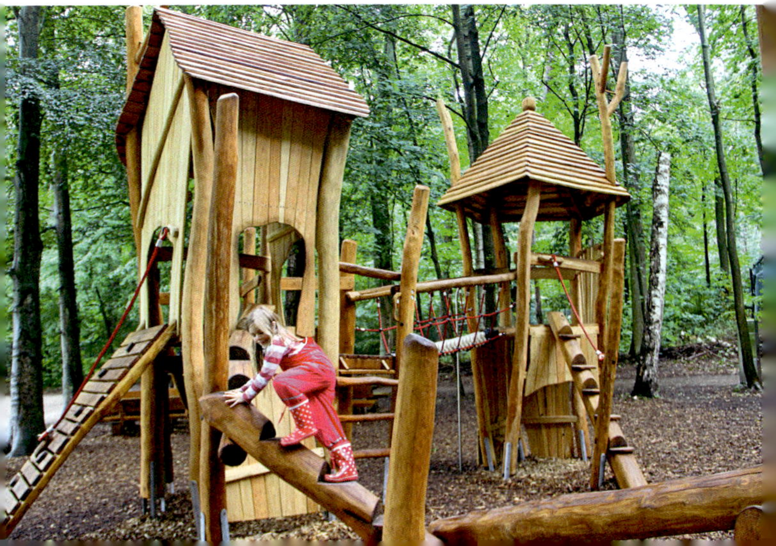

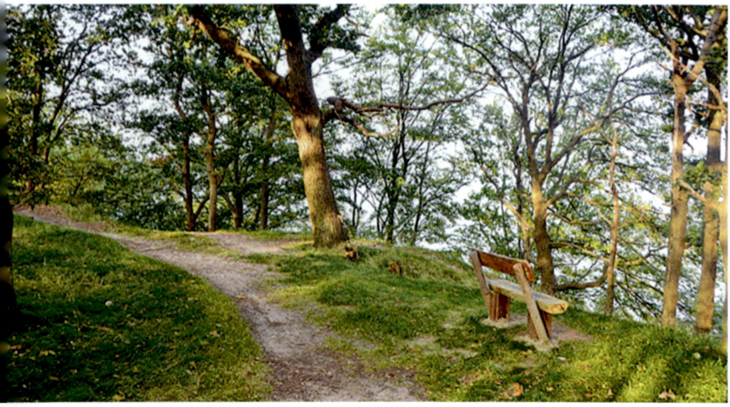

20 m

STRECKE 9 km

3 h

ab 8

Tour 3: Ein großer und ein kleiner See

Über die Lenzer Höh zum Pätschsee

Das Ostufer des Plauer Sees ist weitgehend unverbaut und der Uferweg, auf dem man den ganzen See umrunden kann, führt hier als schmaler Pfad direkt am und über dem Wasser entlang. Ein Abstecher bringt uns an den abseits im Wald gelegenen Großen Pätschsee mit mehreren einsamen Bade- und Picknickstellen. Am südlichen Ufer verstecken sich außerdem die schaurigen Baumgestalten des Holzgeister-Pfades am Wegesrand. Ausklingen lassen kann man die Tour auf der Terrasse der beliebten Gaststätte Lenzer Krug.

Wanderung: Vom Lenzer Hafen laufen wir am Seeufer entlang, überqueren den Kanal und folgen der Straße bis zur Kehre nach links. Hier steigen wir geradeaus die Treppe hinauf zum **Aussichts-**

TOUREN-STECKBRIEF

Anfahrt: Den Lenzer Hafen erreicht man entweder über eine schmale Straße von Malchow oder über die Autobahnabfahrt Waren. Dort fährt man dann nicht in Richtung Waren, sondern in die Gegenrichtung und biegt gleich wieder rechts ab (Hinweisschild Lenzer Krug), durchquert Biestorf und fährt noch einen guten Kilometer weiter bis zum Lenzer Krug und zur Havelkanalbrücke. Auf der anderen Seite der Brücke links befindet sich bei **GPS N 53°28'4.2", E 12°21'00.3"** ein Wohnmobilstellplatz und kostenpflichtige Parkplätze für PKW. Ein weiterer Parkplatz liegt hinter dem Badestrand rechts und ist beschildert.

Vorsicht: Das Auto nur auf den markierten Parkplätzen parken. Am Straßenrand ist überall im Ort Parkverbot! Das entsprechende Schild ist an der Ortseinfahrt zu finden.

Anspruch und Charakter: Schmaler, am Plauer See leicht hügeliger Seeuferpfad mit Seeblicken auf der naturbelassenen ruhigen Ostseite des Plauer Sees.

Highlights: Holzgeister, mehrere Bade- oder Picknickstellen am Ufer der Seen. Besonders abenteuerlicher Badeplatz am Pätschsee.

Einkehr: Lenzer Krug am Parkplatz.

In der Nähe: Reitstall und Kutschfahrten in Lenz.

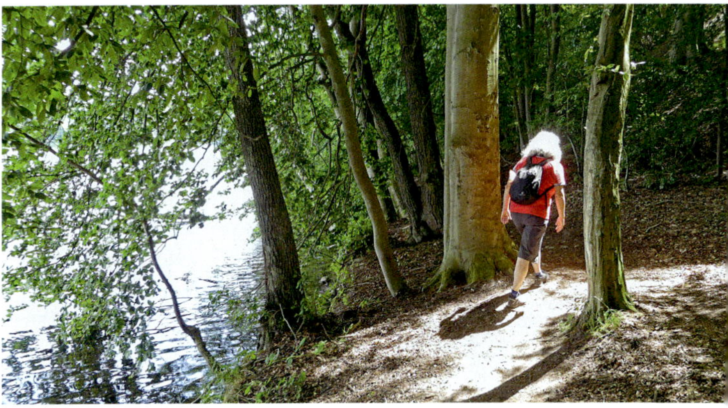

punkt **Lenzer Höh** ① und folgen dem Pfad über dem Seeufer. Immer auf der Höhe geht es auf einem wurzeligen Waldpfad mit schönen Blicken über den See bis zum **Badeufer** ② unterhalb des Wirtshauses Lenzer Höh.

Radtour für Zwerge
Weite Strecken dieser Wanderung können von den Jüngsten auch mit dem Fahrrad gefahren werden, wenn sie bereits sicher genug sind, um mit schmalen kurvigen Wegen zurechtzukommen. Auf der Lenzer Höh (Absturzgefahr am Steilhang) gehören die Räder allerdings zwischenzeitlich in die Obhut der Erwachsenen.

Kurz darauf kommen wir zum zweiten Abschnitt mit steiler Uferböschung. Hier haben wir die Wahl: Man kann mit Weitblick oben entlanggehen oder auch direkt unten am Wasser. Am Ende des Abhangs treffen sich beide Wege an einem **Ausguck mit Bank** ③ und bestem Blick und werden wieder zu einem Uferpfad. Diesem folgt man, bis ein schmaler **Bachlauf mit Holzbrücke** ④ den Weg quert. Kurz vor der Brücke passieren wir eine Sandbucht am Plauer See, die sich gut für eine Pau-

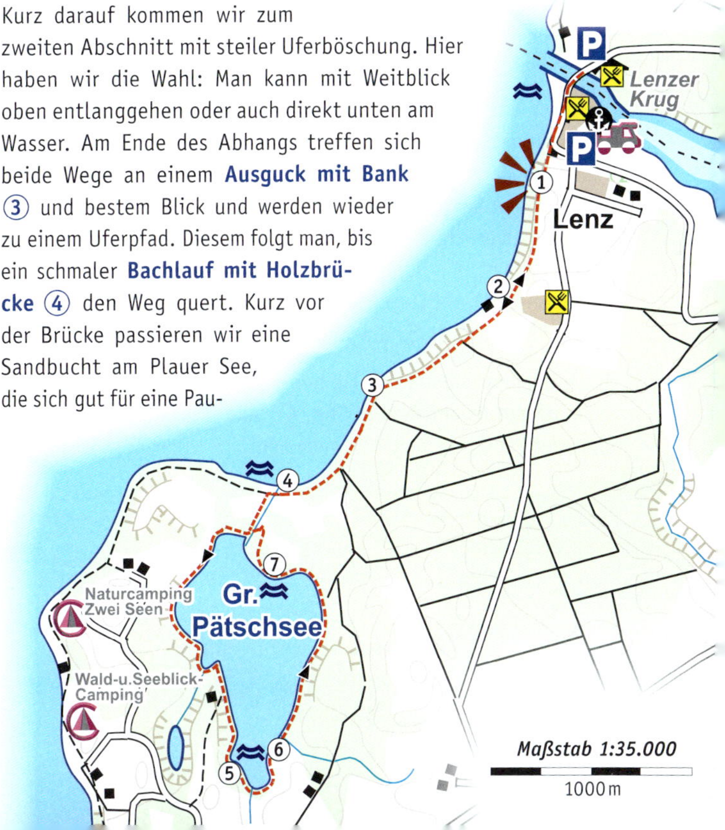

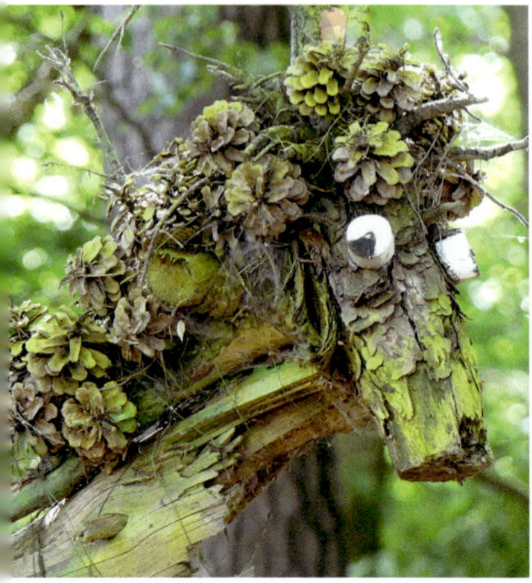

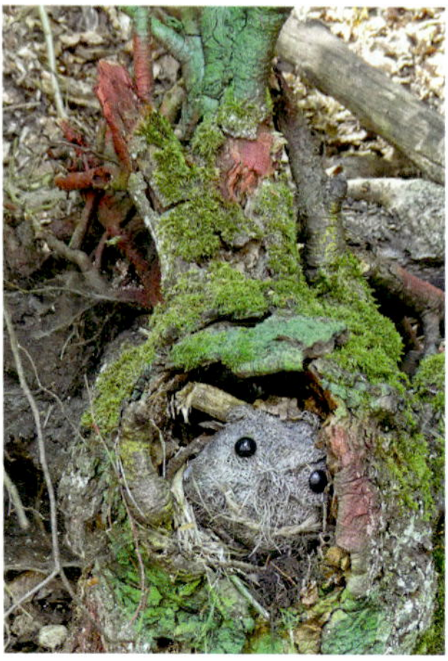

se eignet – oder auch als Zwischenziel, wenn die ganze Wanderung noch zu lang ist.

Hinter der Brücke biegt ein unmarkierter Pfad links ab, der uns in wenigen Minuten zum Ufer des **Pätschsees** bringt. Den See kann man direkt am Wasser auf einem Pfad umrunden. Wir tun das gegen den Uhrzeigersinn und treffen gleich auf einen Abschnitt des Holzgeisterpfades. Die Baumgeister verstecken sich im Wald und zu allererst wird man wohl ihre leuchtend weißen Augen entdecken.

Kurz vor der Seespitze treffen wir auf den ersten **Badeplatz** ⑤ und wenige Schritte weiter verabschiedet sich der letzte Geist. Auf der anderen Seite der Seespitze gibt es einen zweiten **Badeplatz** ⑥ mit Schwungseil, das aber für Kinder zu weit oben hängt. Dann folgen etliche kleine Buchten, an denen man ebenfalls gut ins Wasser kommt. Am Nordufer treffen wir dann auf die dritte große **Badestelle** ⑦. Mit Liegewiese und ganz sanft abfallendem Ufer ist dieser Platz perfekt für die jüngsten Wasserratten.

Nach der Umrundung des kleinen Sees gehen wir rechts zurück zum **Uferpfad am Plauer See** ④. Auf diesem kehren wir auf dem vertrauten Weg zurück nach Lenz.

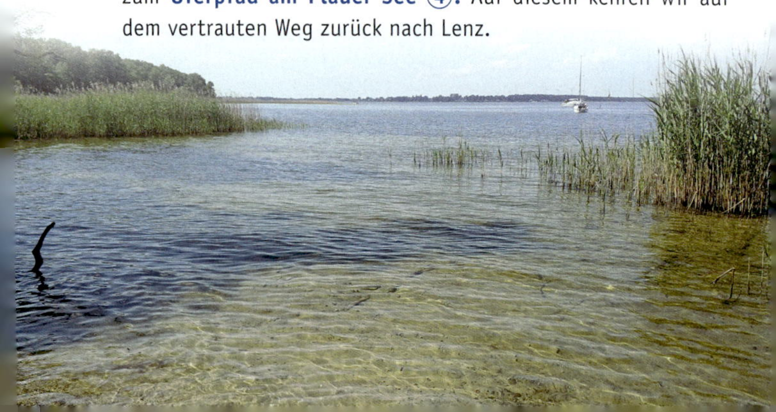

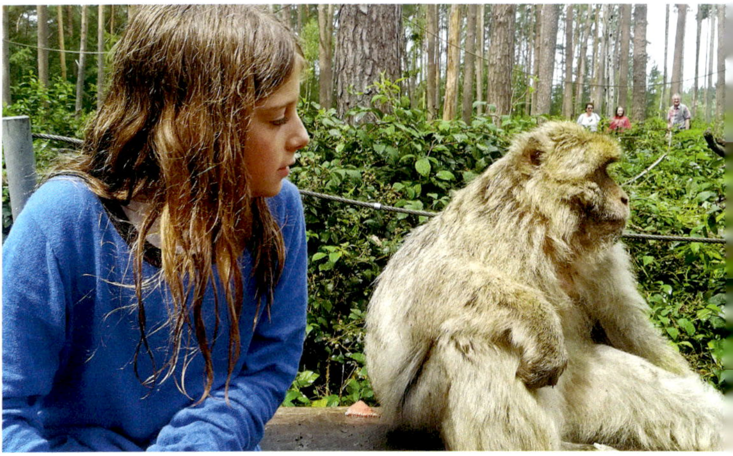

Tour 4:
Die Affen rasen durch den Wald

2 h

ab 4

Bei den Berberaffen in Malchow

In diesem etwas anderen Tiergehege müssen die Besucher auf den Wegen bleiben und die Horde rothaariger Berberaffen, die hier zu Hause ist, bewegt sich frei in ihrem großen Waldgehege. Wenn die Affen Lust haben kommen sie auf die Wege, um genau zu betrachten, wer da in ihrem Revier unterwegs ist. So schaut man sich gegenseitig an und nimmt vorsichtig Kontakt auf. Da Berberaffen sehr neugierig sind, begegnen sich hier Mensch und Affe auf ungewohnte Weise.

Wer anschließend ein bisschen Nervenkitzel mag, vergnügt sich an der zweiten Attraktion auf dem Gelände. Durch sieben Steilkurven saust man mit den Rodeln der Malchower Sommerrodelbahn 800 Meter den grünen Hügel hinunter.

Die Affen im Park: Die quirligen lebhaften Berberaffen leben im Park, wie in der Natur, in einer großen Familiengruppe. Diese

TOUREN-STECKBRIEF

Anfahrt: Affenpark und Sommerrodelbahn befinden sich in unmittelbarer Nähe der A19. Von der Ausfahrt Karow/Malchow fährt man etwa 500 Meter in Richtung Malchow bis zum Parkplatz bei **GPS N 53°29'18.1", E 12°23'14.8"**.
Öffnungszeiten: April bis Oktober täglich 9–18 Uhr, €5, Kinder 3–14 Jahre €4. Rodelbahn: Pro Fahrt €2,50, Kinder €2, 6er-Karte €11, Kinder €9, Tel. 039932 18422. www.sommerrodelbahn-malchow.de
Highlights: Die Begegnung mit den vorwitzigen Affen ohne trennende Zäune ist ein besonderes Erlebnis für kleine und große Tierfans.
Einkehr: Kiosk an der Sommerrodelbahn.
In der Nähe: Malchow mit historischer Altstadt auf einer Insel im See.

besteht aus mehreren eng verwandten Weibchen, deren heranwachsendem Nachwuchs und mehreren erwachsenen Männchen. Familienchef ist das stärkste Männchen der Gruppe. Wenn man die Tiere beobachtet, lässt sich leicht herausfinden welche Männchen hier etwas zu sagen haben. Den Patriarchen erkennt man schon an seiner würdevollen Erscheinung.

Berberaffen gehen keine festen Paarbindungen ein. Die Affenfrauen paaren sich mit mehreren Männchen und die Affenväter kümmern sich gemeinsam um alle Jungtiere der Familie. Berberaffenbabys werden nach 165 Tagen Tragezeit geboren und haben in den ersten Wochen kurzes schwarzes Fell. Erst im Alter von etwa vier Monaten wechselt es die Farbe. Sie können von Anfang an supergut klettern und toben unermüdlich und mit Vorliebe gemeinsam durch den Wald. Die großen Affen sind deutlich ruhiger und halten sich am liebsten am Boden auf.

Frei lebende Berberaffen

Berberaffen gehören zu den vom Aussterben bedrohten und deshalb geschützten Tierarten. Sie kommen vermutlich ursprünglich von der iberischen Halbinsel. Die etwa 10.000 heute noch frei lebenden Tiere sind in Nordafrika zu Hause – etwa 70 Prozent davon in Marokko. Da aber auch dort der Lebensraum der Tiere immer enger wird, stellen die Zuchtgruppen in Deutschland ein wichtiges Genreservoir für den Bestand der Tierart dar. 1986 hat man sogar erfolgreich eine Affengruppe vom Affenberg Salem am Bodensee in Marokko ausgesiedelt.

Weibliche Tiere verbringen normalerweise ihr ganzes Leben in ihrer Geburtsfamilie. Die männlichen Tiere verlassen mit der Geschlechtsreife im Alter von fünf bis sieben Jahren ihre Gruppe. Berberaffen können 20 bis 30 Jahre alt werden.

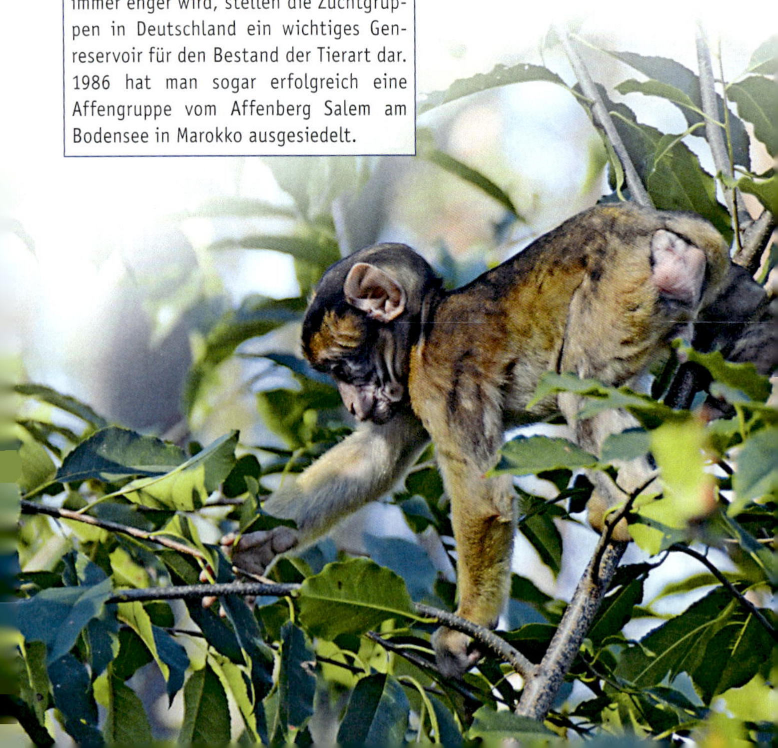

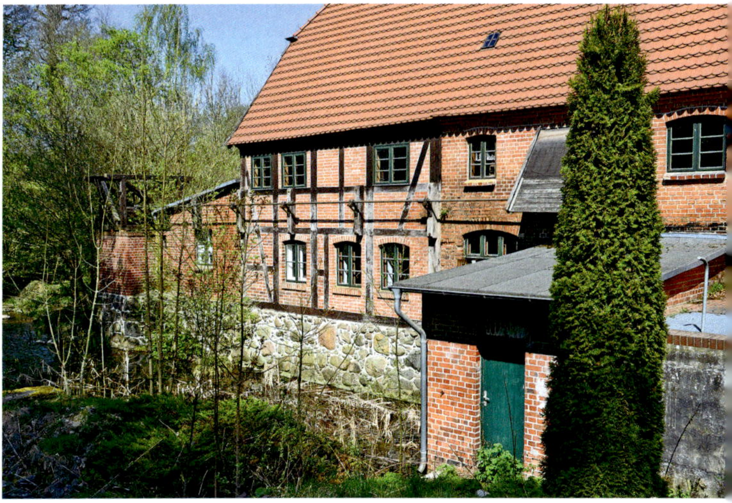

Tour 5:
Zur Wassermühle Kuchelmiß

20 m
STRECKE 6 km
2 h
ab 4

Wanderung durchs Durchbruchstal der Nebel

Bei Kuchelmiß windet sich die Nebel durch ein schmales schattiges Tal, sodass man hier auch an heißen Sommertagen schöne Plätze zum Rasten am Wasser findet. Eine kleine Abkühlung im Bach am Kneipppfad, ein schöner Platz in der Sonne auf der Wiese oberhalb des schilfumsäumten Karpfenteiches oder auf der Terrasse an der historischen Wassermühle – hier findet sich in jeder Jahreszeit der richtige Platz.

Wanderung: Vom Wanderparkplatz folgen wir dem schmalen Waldweg mit gelber Markierung etwa 700 Meter bis zur **Holzbrücke** (1) über die Nebel und überqueren diese. Hinter der Brücke rechts kommt man gut ans Wasser hinunter und der Platz eignet sich auch zum Füße kühlen und plantschen. Wir laufen rechts knapp über dem Wasser weiter. Eine schön platzierte Holzbank

TOUREN-STECKBRIEF

Anfahrt: Von der A19, Abfahrt Krakow, der Ausschilderung nach Serrahn folgen. In Serrahn am westlichen Ortsrand in Richtung Krakow befindet sich rechts bei **GPS N 53°40'06.0", E 12°20'40.7"** neben der Straße ein kleiner Wanderparkplatz mit Infotafel (Galgenberg).

Anspruch und Charakter: Bequeme breite Waldwege, auch für Kinderwagen und Kinderfahrräder geeignet. Im Durchbruchstal schattig, an den Seen halbschattig bis sonnig.

Highlights: Mehrere Picknickstellen am Ufer der Nebel, Kneippbecken in einem Bachlauf, historische Wassermühle.

Einkehr: Der Imbiss an der Wassermühle Kuchelmiß ist nur sporadisch geöffnet.

In der Nähe: Krakow mit schönen Einkehrmöglichkeiten, Bootsverleih und Strandbad. **[› Tour 6]**

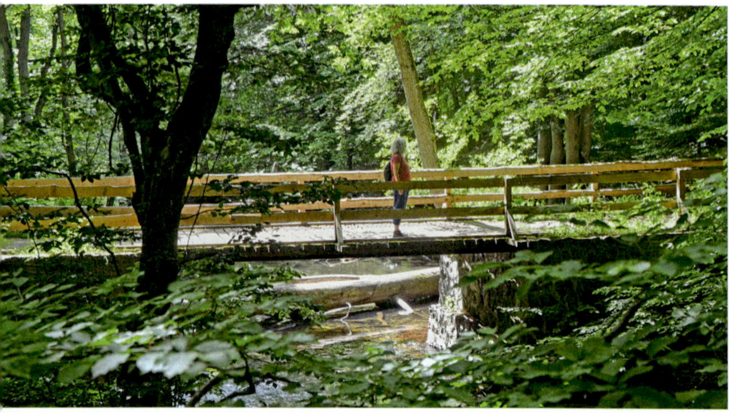

Die untere Brücke über die Nebel

lädt zu einer Pause ein. Ebenfalls zum Plantschen geeignet ist die **Kneippstrecke** ② in einem flachen Kanal der Nebel, die man nach weiteren 15 Minuten erreicht. Wenig später stehen wir an der Weggabelung vor dem oberen **Karpfenteich**. Hier wählen wir den rechten Weg und biegen kurz darauf links in einen unmarkierten Pfad ein, der direkt am Seeufer entlangführt. Am oberen Ende des Sees stoßen wir auf eine **Landbrücke** ③, an der wir wieder den rechten Abzweig um den oberen See herum wählen. An dessen oberem Ende steht auf einem **Grashügel** ④, ein abgestorbener Baum. Darunter verbirgt sich ein bronzezeitliches Hügelgrab. Wir befinden uns hier im Park der 1945 gesprengten Schlossanlage. Wer sich genauer umsieht, wird einige ungewöhnliche Baumarten entdecken.

Wir verlassen die Seen nach rechts und überqueren einen gepflasterten Fahrweg. Auf dem gegenüber beginnenden Schotterweg

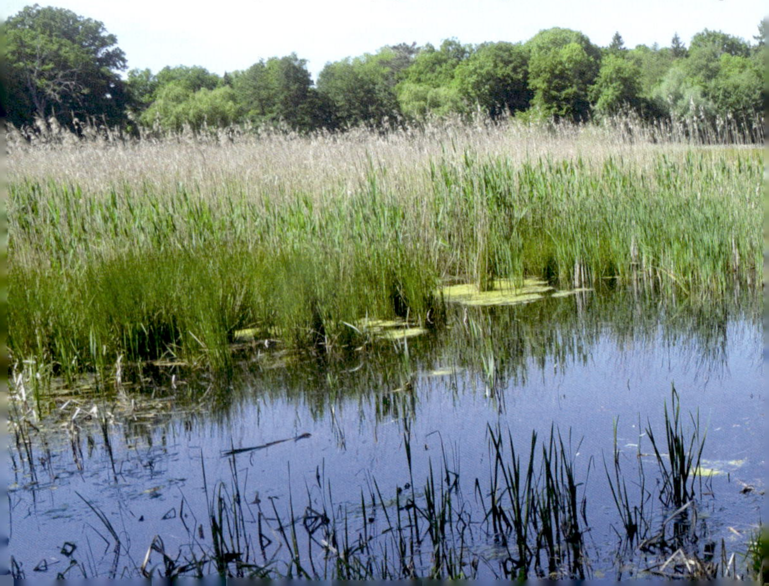

wandern wir immer geradeaus bis zur **Wassermühle Kuchelmiß** ⑤. Der kleine Imbiss auf der Terrasse vor der Mühle ist leider nur noch sporadisch geöffnet und auch das Museum war zuletzt geschlossen.

Auf dem Rückweg folgen wir erst dem bekannten Weg bis zur gepflasterten Straße, wenden uns diesmal nach rechts, folgen einige Schritte der Straße und biegen am ersten Abzweig links in den Waldweg ein. Er führt auf der anderen Seeseite bis zur **Landbrücke** ③ zwischen den Seen.

Wir bleiben am rechten Seeufer bis zum unteren Ende des zweiten Sees. Dort biegen wir links in Richtung **Kneippweg** ab. An der **ersten Brücke** ⑥ am Einstieg ins Nebeltal überqueren wir diesmal den Fluss und kehren auf dem Jägersteig auf der anderen Nebelseite zu unserem Parkplatz zurück.

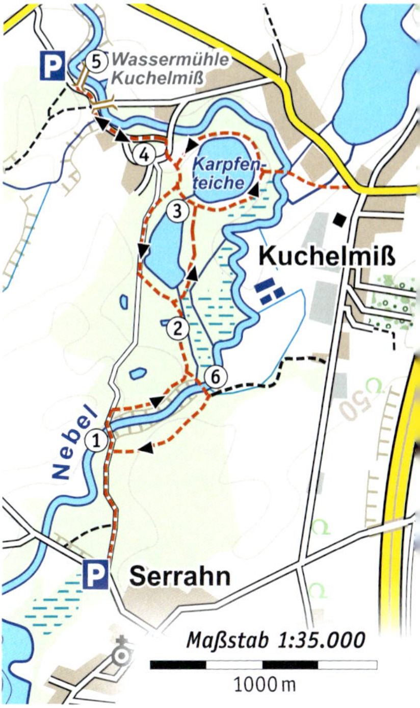

Das Mühlenmuseum in der Wassermühle Kuchelmiß
Wie lebte ein Müller vor 200 Jahren? Historische Werkzeuge zum Mahlen von Getreide und viele Geschichten aus der Geschichte der alten Wassermühle machen die Vergangenheit für Kinder greifbar. In einem der oberen Stockwerke wurde mit altem Mobiliar auch die Wohnung des Müllers eingerichtet, sodass die Besucher ein lebendiges Bild vom Leben und Schaffen einer Müllerfamilie bekommen.

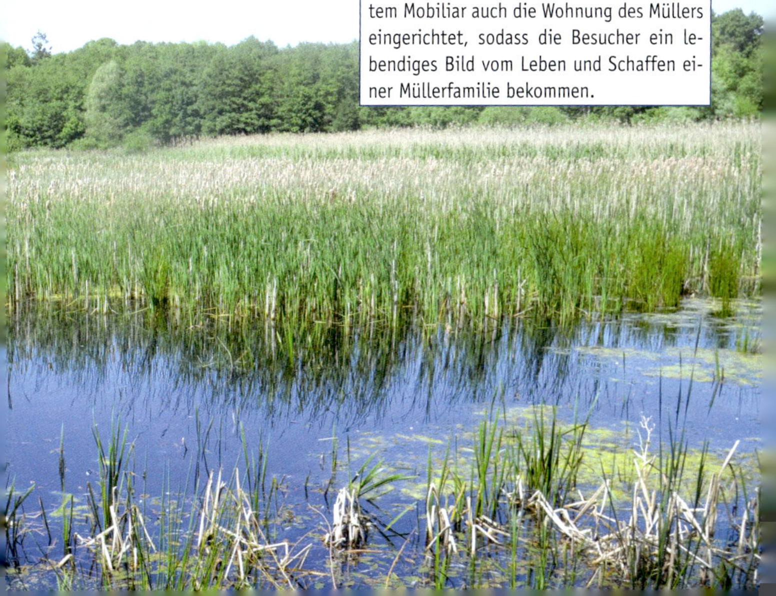

Spuren der Eiszeit
Was ist eigentlich ein Durchbruchstal?

Noch vor etwa 12.000 Jahren waren große Teile Europas von einer dicken Eisschicht bedeckt. Die Eismassen, die sich in der letzten Eiszeit – der sogenannten Würmeiszeit – von der Ostsee immer weiter nach Süden ausbreiteten, schoben einen mächtigen Wall aus Geröll vor sich her. Dann wurde es wärmer. Das Eis begann zu tauen und sich wieder zurückzuziehen. Die bogenförmigen Wälle aus Erde, Geröll und Steinen blieben zurück und markieren noch heute die weiteste Ausdehnung, also den Rand des Gletschereises der Eiszeit. Deshalb nennt man diese Wälle auch Endmoränen.

Schmelz- und Regenwasser sammelte sich zwischen der zurückweichenden Eiswand und dem Wall, bis der Druck immer höher wurde und der Damm aus Eis und Steinen an der schwächsten Stelle nachgab. Dort floss das Wasser ab. So entstanden Flüsse wie die Warnow oder die Nebel, die den Abfluss immer weiter auswuschen, bis ein Tal entstand.

Weil der Sog des abfließenden Wassers jede Menge Sand und Kies hinter die Endmoräne spülte, war am Ende der Eiszeit der Boden südlich der Endmoräne höher als im Norden. Deshalb fließen Warnow und Nebel heute Richtung Meer und nicht ins Landesinnere. Auf der Tour durch das Warnow-Durchbruchstal läuft man ein Stück auf dem Rücken einer Endmoräne und schaut hinunter in das weiter werdende Bachtal.

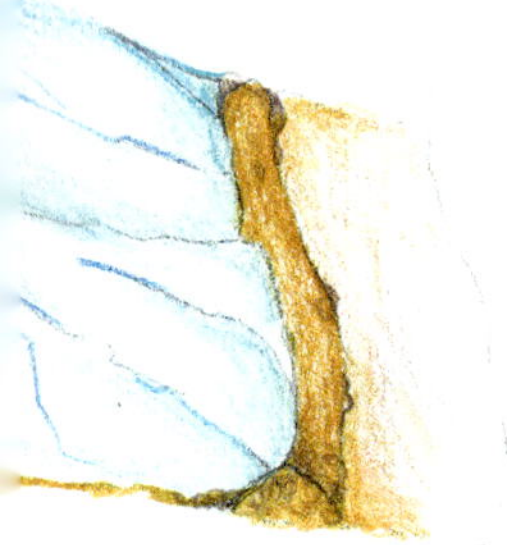

Eismassen rücken von der Ostsee ins Landesinnere vor und schieben einen Wall aus Sand und Steinen vor sich her.

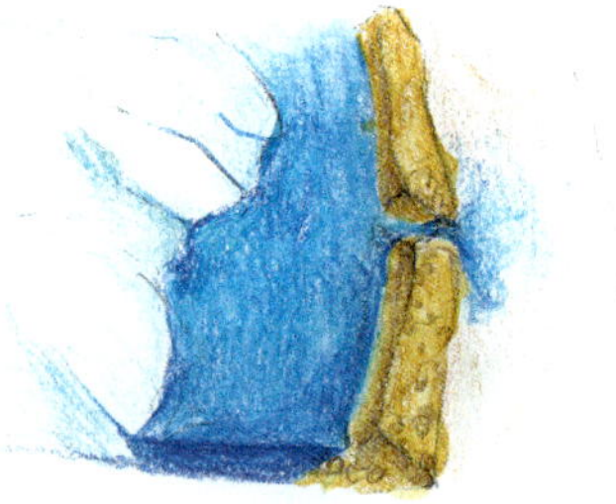

Das Eis taut ab und weicht zurück. Der Wall (Endmoräne) bleibt wo er war.

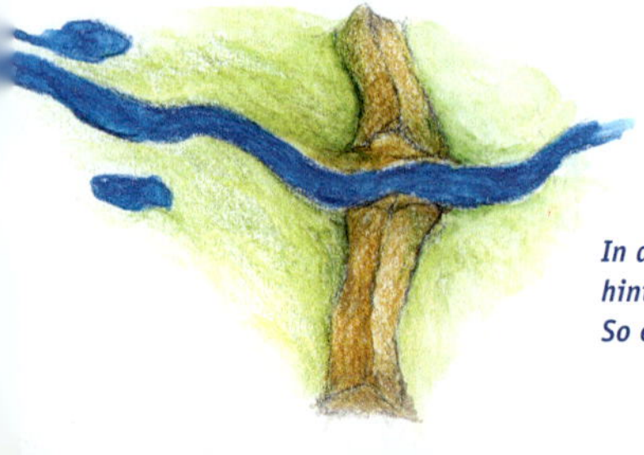

In der Rinne, die das abfließende Wasser hinterließ, sammelt sich noch heute das Wasser. So entstand die Warnow.

Die Eiszeit als Landschaftsgestalterin

Aber nicht nur die Hügel der Endmoränen und die Durchbruchstäler haben wir den Kräften des Eises zu verdanken. Auch die vielen Seen in Mecklenburg sind in der Eiszeit entstanden. Man erklärt ihre Entstehung mit dem Abtauen von sogenannten Toteisblöcken.

Solange der Gletscher wächst, ist das Eis in Bewegung, dehnt sich immer weiter aus und schiebt sich ins Landesinnere. Gegen Ende der Eiszeit zog sich der Gletscher wieder zurück. Dabei blieben dicke Eisbrocken liegen. Sie hatten keine Verbindung mehr zum Gletscher und lagen somit still. Deshalb bezeichnet man sie als totes Eis. Toteis blieb liegen, wo es kälter war – zum Beispiel in Löchern oder Rinnen. Dort wurden die Eisblöcke von Erde und Sand überdeckt und schmolzen nur langsam ab. Am Ende des Prozesses entstanden aus den Löchern viele kleine und große Seen. Wenn die Löcher sehr klein und nicht tief genug waren, um das Grundwasser zu halten, verlandeten die Becken und es entstanden Sumpfgebiete, die man als Kesselmoore bezeichnet.

Eiszeitlehrpfade in Wittenhagen und Waren

Hier werden die Auswirkungen der letzten Eiszeit auf die Landschaft anschaulich erklärt. Der Eiszeitlehrpfad in Wittenhagen bei Feldberg beginnt auf dem **Gut Conow**. Die etwa drei Kilometer lange Runde kann man alleine laufen oder an einer Führung teilnehmen.

Ein weiterer **Eiszeitlehrpfad** führt in **Waren** um den Tiefwarensee. Die zehn Kilometer lange Runde kann man gut mit dem Fahrrad fahren.

Im Warnow-Durchbruchstal: Wo vor 12.000 Jahren, am Ende der Würmeiszeit, Wassermassen den Durchbruch durch den Wall der Endmoräne erzwangen, fließt heute ein ruhiger sanft geschwungener Fluss.

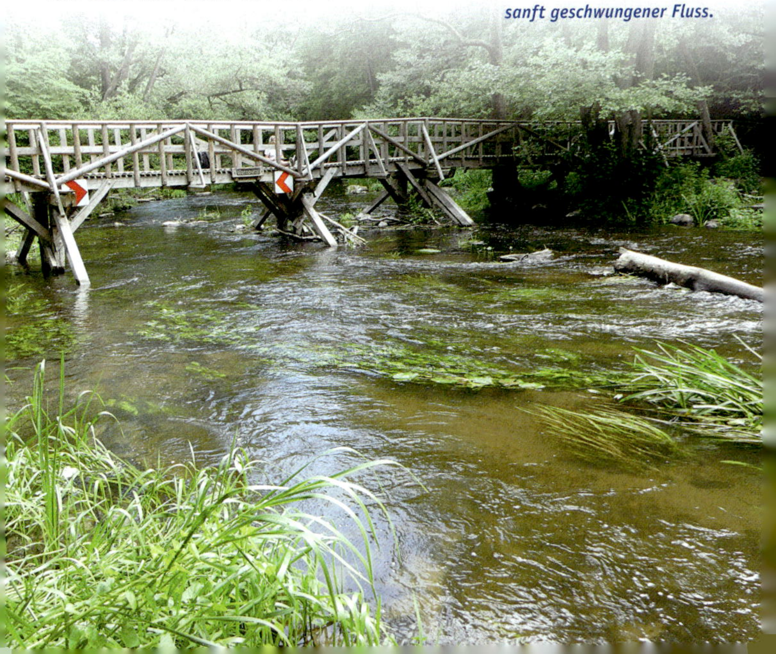

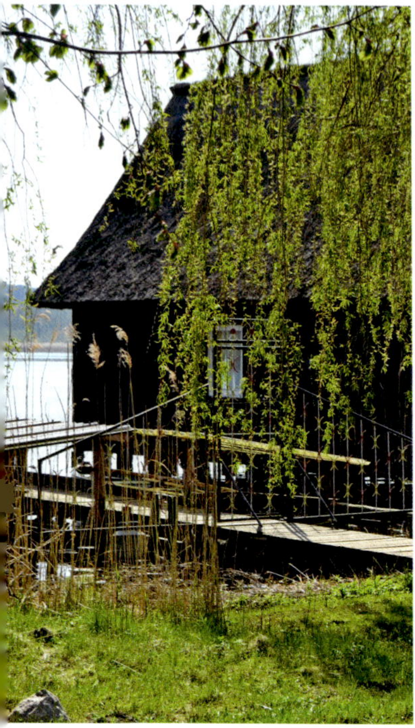

Tour 6: Krakow am See

Ein Spaziergang um den Lehmwerder

Ein hölzernes Bootshaus neben dem anderen reiht sich am Krakower Uferweg vom Ortskern bis zum Strandbad. Ab hier führt ein Waldpfad um den Lehmwerder – eine Halbinsel im Krakower See. Unterwegs kommen wir an einem Spielplatz und an einem Vogelbeobachtungsturm vorbei. Am Ende der Runde schauen wir uns von der Plattform des Aussichtsturms, der am höchsten Punkt des Werders über die Bäume ragt, den See mit seinen Inselchen von oben an.

30 m

STRECKE 4,5 km

1 h 30

ab 4

Wanderung: Vom Parkplatz laufen wir die Holzstraße hinunter, vorbei am Café mit Eisdiele, bis zum **Seeufer**. Biegt man hier rechts ab, kommt man zum »Hüdenhus« und zum Bootsverleih. Links erreicht man in wenigen Minuten das **Strandbad** ①, einen Spielplatz und den ersten Abzweig zum Aussichtsturm. Den Blick vom Turm heben wir uns für den Rückweg auf und laufen am Ufer entlang bis zu einer **Landbrücke** ② zwischen zwei Buchten des Krakower Sees. Kurz darauf ist der Seerundweg nach rechts ausgeschildert. Hier hält man sich aber geradeaus und umrundet den Lehmwerder im Uhrzeigersinn. Am einzigen Abzweig (links geht es zu einer Bank an der Spitze der Landzunge) folgen wir dem Rundweg rechts und gehen weiter zum **Reuterstein** ③ mit kleinem Aussichtsturm.

TOUREN-STECKBRIEF

Anfahrt: Von Süden kommend ganz durch Krakow hindurchfahren in Richtung Güstrow und, kurz bevor die Straße das Seeufer erreicht, rechts in den Möwenweg und zum ausgeschilderten Parkplatz bei **GPS N 53°39'32.9", E 12°16'11.3"** abbiegen.
Anspruch und Charakter: Schmaler, aber bequemer Weg, auch für Kinderwagen und Kinderfahrräder geeignet. Schattig.
Highlights: Aussichtsturm auf dem Jörnberg, Spielplatz am Strandbad.
Einkehr: Eisdiele in der Holzstraße (am Parkplatz), mehrere Gasthöfe am Seeufer. Empfehlenswert z.B. die Fischerei »Zum Hüdenhus«.
In der Nähe: Bootsverleih am Seehotel, Strandbad Krakow.

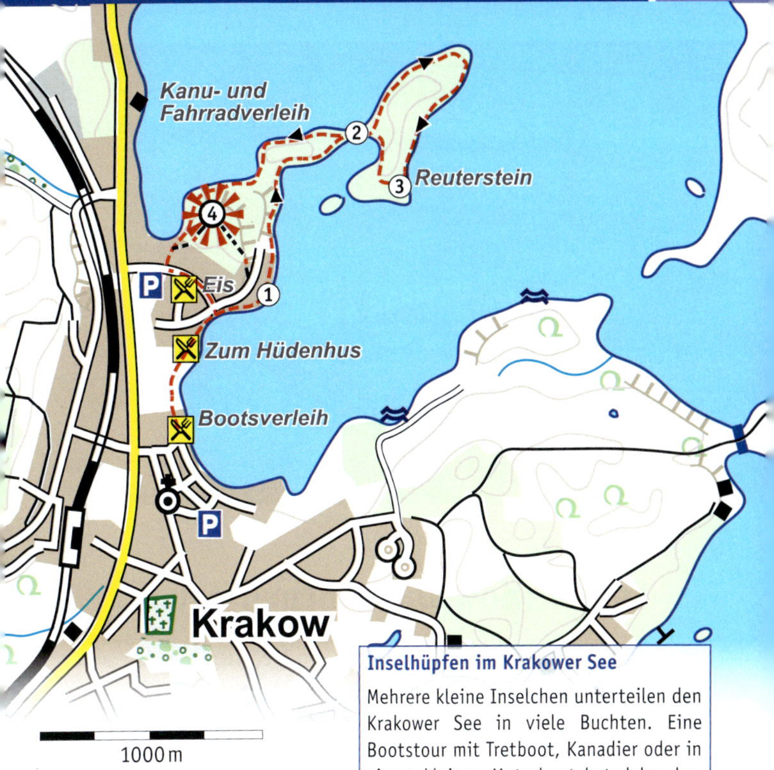

Kurz darauf ist man wieder am Wegweiser »Rundweg«, läuft links zurück zur Bank auf der **Landbrücke** ② und anschließend an der rechten Seite der Halbinsel entlang. Hier befindet sich der zweite Aufstiegsweg zum **Aussichtsturm** ④. Geht man dann am Turm geradeaus weiter, endet der Uferweg direkt am Parkplatz.

Inselhüpfen im Krakower See

Mehrere kleine Inselchen unterteilen den Krakower See in viele Buchten. Eine Bootstour mit Tretboot, Kanadier oder in einem kleinen Motorboot hat daher besondere Reize. Nicht nur der Blick ändert sich ständig – man kann auch an einigen der Inseln an Land gehen, was die Bootsfahrt zu einer spannenden Forschungsreise macht. Es gibt hier schöne Bade- und Picknickstellen zu entdecken.

Boote aller Art bekommt man an der Uferpromenade beim Bootsverleih Schade (zwischen Hüdenhus und Seehotel). Tel. 038457 503730.

Tretboot und Kanu etwa €9 pro Stunde, Motorboot ab €17. Tagespreise im Verhältnis günstiger.

Eine Schnupper-Tagestour mit dem Kanu kann man bei Sven-Erik Muskulus buchen. €20 pro Person, Kinder €10. Tel. 038458 8011 oder mobil 0170 5543553. wanderer-aktivtour.de

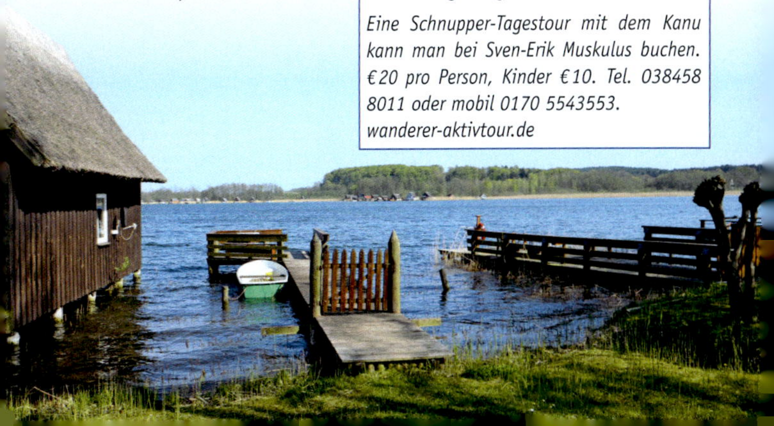

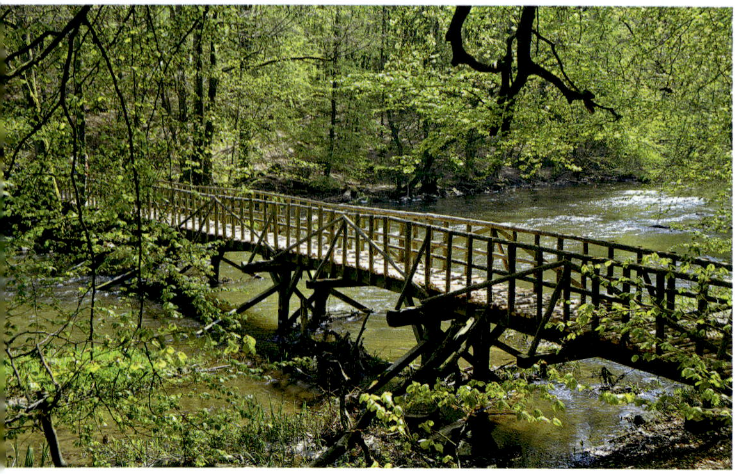

30 m

STRECKE 4 km

1 h 30

ab 4

Tour 7: Im Warnow-Durchbruchstal

Spuren der Eiszeit und ein wilder Paddelfluss

Dort, wo der Rabenfluss – denn das ist die Bedeutung des slawischen Wortes Warnow – sich vor Millionen von Jahren mit unvorstellbarer Kraft einen Durchgang durch das Geröll einer eiszeitlichen Endmoräne gebrochen hat, machen wir heute einen gemütlichen Spaziergang am Fluss entlang. Man kann hier Paddler beobachten, Steine ins Wasser werfen oder Rindenschiffchen auf die Reise schicken und dann von der Höhe der verbliebenen Geröllwand weit ins Flusstal hinunterblicken.

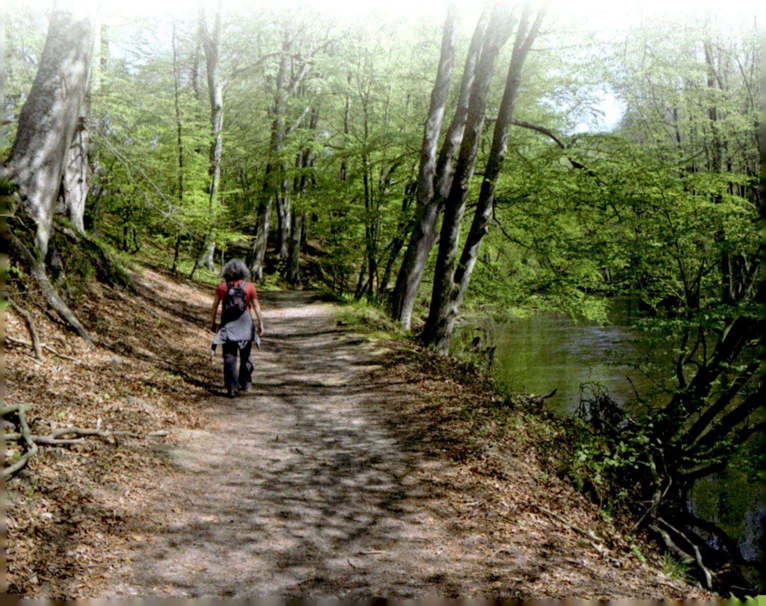

TOUREN-STECKBRIEF

Anfahrt: Von Sternberg in Richtung Groß Raden / Sternberger Burg fahren und im Ort Sternberger Burg in einer Kurve links auf eine schmale Straße nach Groß Görnow abbiegen. Auch das Warnow-Durchbruchstal ist hier schon ausgeschildert. Vorbei am Kanu-Camp Sternberger Burg führt die Straße über eine Brücke und wenig später vor Groß Görnow rechts auf einem gutem Fahrweg bis zum Wanderparkplatz bei **GPS N 53°45′06.3″, E 11°50′9.7″.**

Charakter: Bequeme Waldwege, meist schattig, einige steilere Stellen am Aufstieg auf die Endmoräne. Hoppeliger Wiesenweg hinter der zweiten Brücke.

Highlights: Schöne Flussblicke von der urigen Holzbrücke und von der Moräne. Picknick am Wasserwanderrastplatz, den Paddlern auf dem Fluss zuschauen.

In der Nähe: Slawenburg Groß Raden, Strandbad Sternberg.

Wanderung: Vom Parkplatz führt ein Weg zum Fluss hinunter und bringt uns nach etwa zehn Minuten zur **Holzbrücke über die Warnow ①.** Wir überqueren die Brücke, steigen auf der Gegenseite wieder hinauf und folgen dem Tal links auf der Höhe der Moräne – weit vom Fluss entfernt und mit Blick ins Flusstal. Nach weiteren 15 Minuten wählen wir an einer Verzweigung den linken Weg, der uns wieder hinunter ans Wasser bringt. An einer kleinen Wiese direkt am Fluss und an einer weiteren Brücke markiert der **Paddlerrastplatz Klein Raden** ② den Wendepunkt unserer Rundtour.

Wir überqueren die Brücke. Am anderen Ufer geht es durch ein **Weidetor** und wir laufen am Rand einer Wiese entlang, deren Gräser verraten, dass sie wohl früher mal ein Getreidefeld war. Durch ein weiteres Tor geht es wieder in den Wald hinein. Kurz darauf haben wir an einer **Verzweigung** ③ die Wahl, ob wir oben auf dem ehemaligen Burgwall entlanglaufen möchten oder lieber unten am Fluss.

Beide Wege treffen wenig später an der bereits vertrauten **Holzbrücke** ① wieder zusammen. Von dort geht es am rechten Ufer zurück zu unserem Parkplatz.

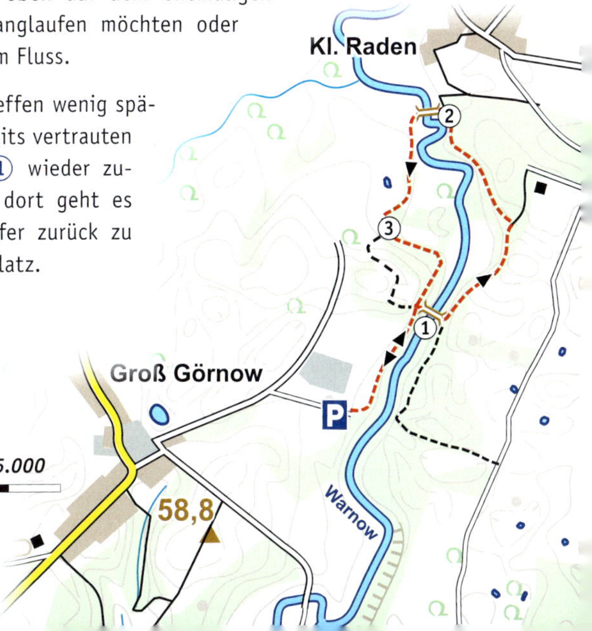

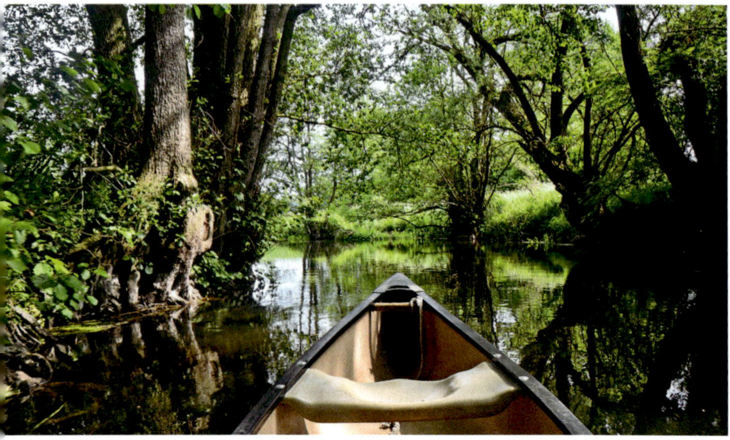

STRECKE
9 km

3 h

ab 6

Tour 8: Mit dem Kanu auf der Warnow

Von Weitendorf nach Groß Görnow

In vielen Kurven windet sich das Flüsschen Warnow durch Wiesen und Felder und ermöglicht mit sanfter Strömung eine mühelose Paddeltour durch schönste Natur. Kein Haus steht in diesem Abschnitt am Flussufer, dafür sind wir einem Reiher, hunderten Libellen und ein paar Enten begegnet. Ab und zu springt vor uns ein Fisch aus dem Wasser und am Flussufer quaken die Frösche. Die Fahrt auf der Warnow ist unkompliziert und wird mit ihren vielen Kurven und neuen Blickwinkeln doch niemals langweilig – die perfekte Kanutour für Einsteiger also.

Kanutour: Der Einstieg in die Tour ist die Kanustation des Feriendorfes in **Weitendorf** (1). Am Anleger kommen wir bequem ins Kanu und schon geht es los. Die Warnow ist hier ein schmales Flüsschen mit ganz flachem Wasser und schlängelt sich durch

TOUREN-STECKBRIEF

Anfahrt: Von Sternberg kommend auf der L141 in Richtung Groß Raden/Borkow bis zum Ort Sternberger Burg. Dort vor der Warnow links in die Straße an der Mildenitz. Das dritte Haus auf der linken Seite (An der Mildenitz 10) ist das KanuCamp Henning, **GPS N 53°44'12.4", E 11°50'07.5"**.

Kanuverleih: Sympathischer Familienbetrieb mit gepflegten Kanus. Warnowtour (drei Stunden) €35 pro Boot. Bei Weiterfahrt durch das Durchbruchstal (sechs Stunden) €45. Rückgabe der Kanus bis spätestens 18 Uhr. Anmeldung unter Tel. 0171 4517958. kanucamp-hennig.de

Charakter: Einfache Kanutour auf schmalem Fluss mit wenig Strömung. Gut für Anfänger geeignet.

Highlights: Kanufahrt auf naturbelassenem Fluss in schönster Umgebung.

In der Nähe: Slawenburg Groß Raden, Kamelhof Sternberger Burg.

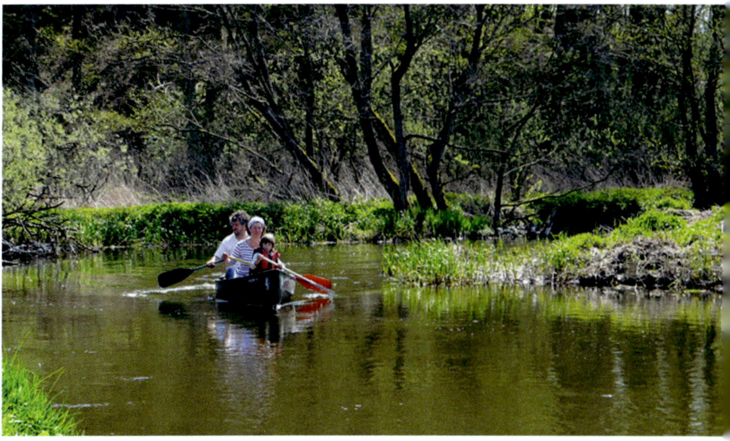

Wiesen und Felder. Auf dem ersten Abschnitt sind die Ufer dicht mit Schilf bewachsen und sanfte Strömung hilft uns beim Vorankommen. Irgendwo im Schilf quatscht und knarzt ein Teichrohrsänger und am Ufer fliegen Enten auf. Etwas später wird der Fluss breiter und das Wasser steht beinahe still. Durch das Gehölz und die Gräser am Flussufer schwirren jetzt hunderte blauschwarzer Libellen. Auf der ganzen Strecke kommen wir an keinem Haus vorbei. Wir sind zwei bis drei Stunden abseits der Zivilisation unterwegs – fast jedenfalls. Etwa auf halber Stecke durchpaddeln wir eine niedrige Brücke hinter der, auf der rechten Seite, der **Kanurastplatz Sagsdorf** ② mit Picknicktisch und Feuerstelle zu finden ist.

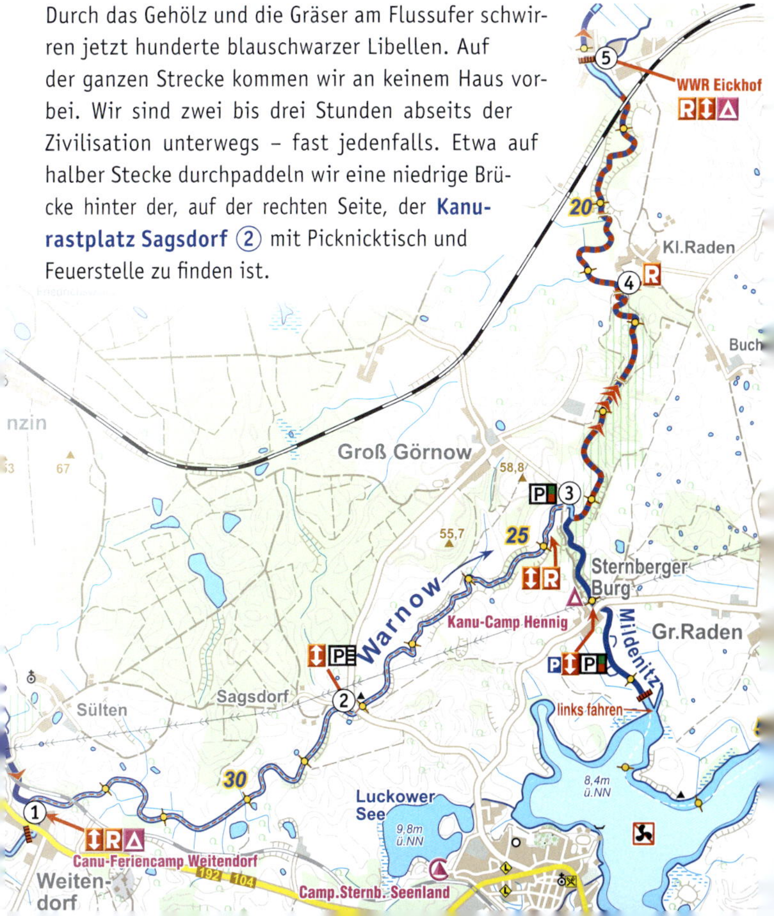

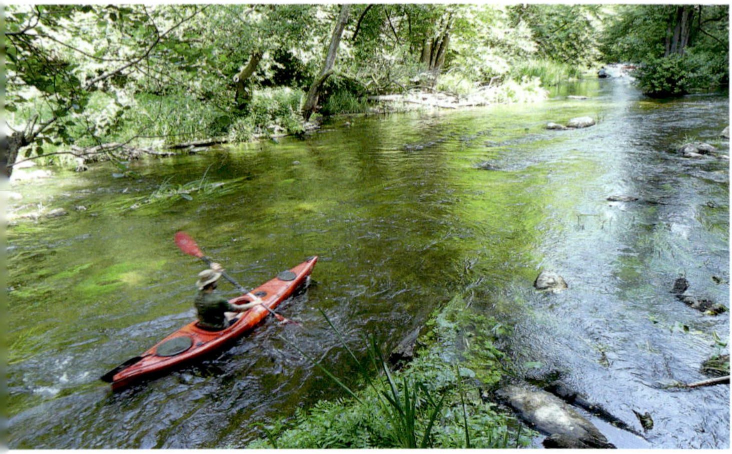

Wilde Warnow – die Fahrt durch das Durchbruchtal
Die Durchfahrt des Warnowdurchbruchtales sollte nicht unbedingt ihr erster Paddelversuch sein – dazu gibt es in Mecklenburg geeignetere Wasserwege. Wer aber schon ein bisschen Übung mitbringt, findet auf dem wilden Teil der Warnow eine sehr reizvolle Tour mit leichter Strömung durch fast unberührte Natur. Man sollte sein Boot sicher an Steinblöcken vorbeilenken können oder die schmale Durchfahrt neben einem umgestürzten Baum treffen, ansonsten ist der Fluss nicht allzu schwierig.

Hinter dem Rastplatz wird unser Flüsschen überraschend schmaler und schlängelt sich in engen Kurven durch die Wiesen. Jetzt ist schon ein bisschen Fahrkönnen gefragt, um nicht im Schilf am Ufer zu stranden oder unter einem der über das Wasser ragenden Bäume hängen zu bleiben. Da aber auch hier nur leichte Strömung das Kanu antreibt, bleiben auch die engen Kurven gut zu paddeln und Anfänger im Kanu werden nach zwei Stunden mit erster Erfahrung im Lenken mit dem Stechpaddel aus ihrem Boot klettern.

Gegen Ende der Strecke wird die Landschaft neben dem Kanu hügeliger und auf einigen **Weiden am Fluss** blöken Schafe. Wir

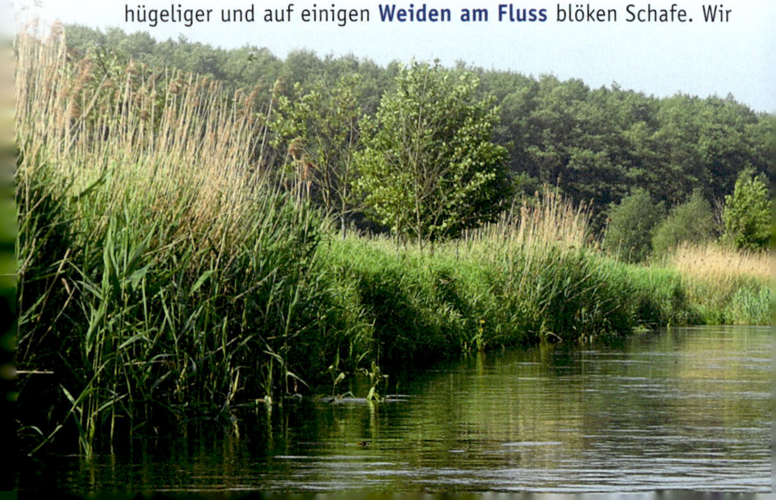

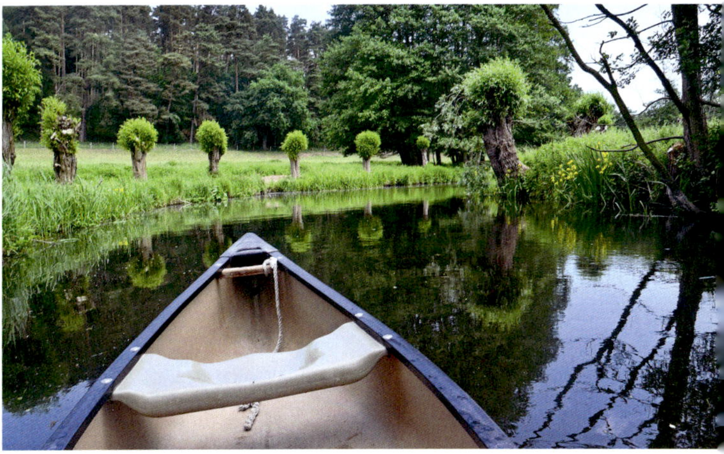

näheren uns jetzt dem Warnowdurchbruch. Zwischen zwei Hügelreihen gequetscht, entwickelt die stille kleine Warnow dort tatsächlich Temperament. Für Paddelanfänger mit Kindern ist daher an der **Station Groß Görnow** ③ der Ausstieg erreicht. Eine Reihe kugelig beschnittener **Weiden** am linken Ufer kündigen den **Rastplatz** an.

Wer schon Erfahrung im Kanu mitbringt, kann hier hinter der niedrigen Brücke die Fahrt bis **Klein Raden** ④ (3,5 km) oder **Eickhof** ⑤ (6,5 km) fortsetzen und aus unserer Kanu-Schnuppertour eine vollwertige Tagestour machen.

Übernachtung am Fluss

Am **KanuCamp** in Sternberger Burg kann man außerdem in sehr netten Holzhütten auf dem Gelände übernachten (4 Personen, € 60) und sich am Abend in der Grillhütte oder im Gemeinschaftsraum mit anderen Paddlern austauschen. Mit den Kanus der Station sind außerdem weitere Paddeltouren auf Warnow und Mildenitz möglich.
KanuCamp Sternberger Burg,
An der Mildenitz 10, Tel. 0171 4517958.
www.kanucamp-henning.de

Ein weiteres tolles Quartier für Paddler ist das abgelegene **Naturdorf Eickhof** mit eigener Wildwasserstrecke direkt am Haus. Der Hof befindet sich an der Ausbootstelle der Paddeltour durch den Warnow-Durchbruch. Neben Zeltplätzen am Flussufer gibt es hier auch ein Schlaflager im Heu, einfache Zimmer in der Herberge und zwei Holzbungalows. Kanu- und Fahrradverleih auf dem Hof.
Brit Abeln, Tel. 038462 20419.
www.naturdorf-eickhof.de

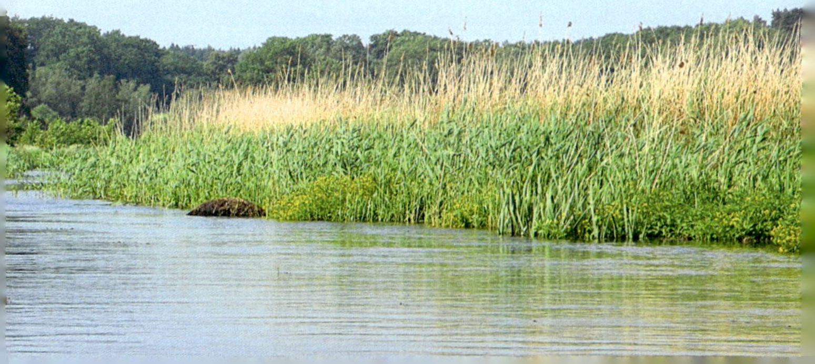

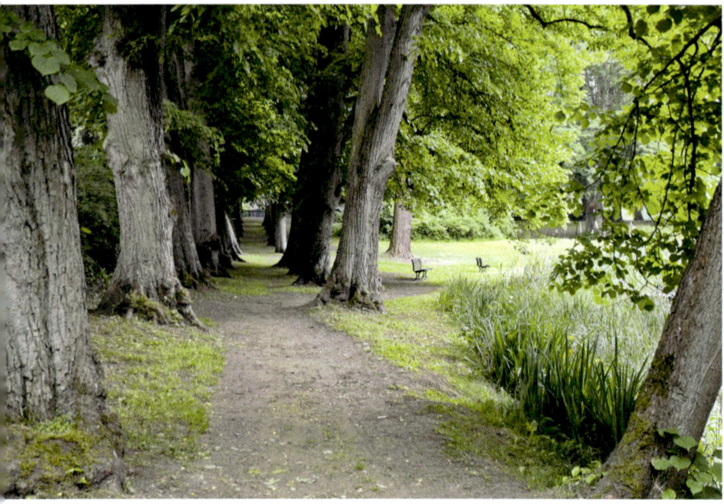

30 m

STRECKE 6,5 km

2 h 15

ab 6

Tour 9: Wilde Natur und vergangene Pracht

Von Schloss Kaarz ins Warnowtal

Abwechslungsreicher Rundweg zwischen Wald und Wiesen mit Besuch der Biberausstellung. Auf einem schmalen, aber gut markierten Pfad streifen wir mitten durch die Wildnis im Warnowtal und besuchen dann hinterher ein echtes Schloss, in dem heute jeder einmal schlafen und essen kann, weil ein Hotel darin untergebracht ist.

Wanderung: Läuft man auf der Straße am Schloss vorbei kommt man zum Busparkplatz. Hier biegen wir rechts ab und wandern an einer Pferdeweide entlang. Am Zaunende stehen **Wegweiser** (1), wir gehen nach rechts in Richtung Alt Necheln und zum »Haus Biber & Co«. Ein breiter Sandweg führt uns durch Wiesen, vorbei am Langen See und an Bullenweiden bis man zwischen den Bäumen die Häuser von **Alt Necheln** auftauchen sieht.

TOUREN-STECKBRIEF

Anfahrt: Zwischen Sternberg und Brühl biegt in Weitendorf eine prächtige kopfsteingepflasterte Kastanienallee nach Kaarz und zum Schloßhotel mit allgemein zugänglichem Park ab. Parkplatz am Schloss bei **GPS N 53°41'53.3", E 11°43'44.9"**.

Charakter: Breite, teilweise sandige Feldwege. Im Warnowtal ein schmaler, aber gut markierter Wald- und Wiesenpfad.

Highlights: Pfad durch die Wildnis, auf dem man sich nicht verlaufen kann. Haus Biber, Abstecher zum Badeplatz am Roten See möglich.

Einkehr: Café im Schloss Kaarz, www.schlosskaarz.de

In der Nähe: Kamelhof Sternberger Burg, Badeplatz Roter See.

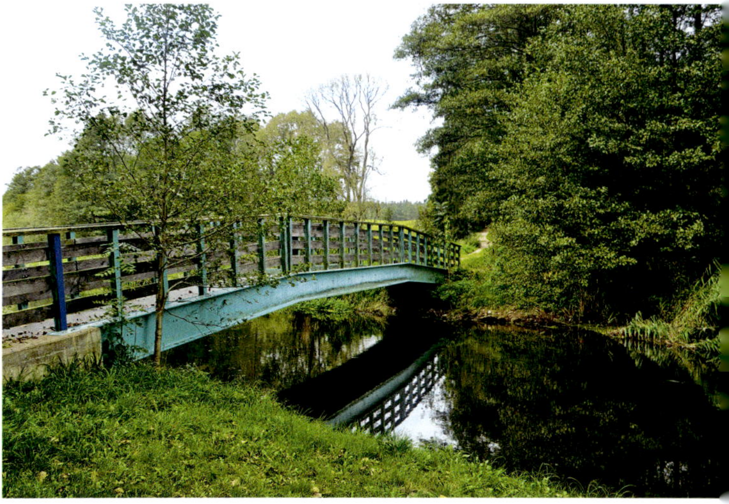

Vor dem Ort überquert man die Warnow auf einer **Holzbrücke** und steht am **Gutshof Alt Necheln** ②.

Dort folgt man den Wegweisern zur **Naturschutzstation Biber & Co.** ③, wo die Biber-Ausstellung auf uns wartet. Im Garten gibt es sogar einen begehbaren Biberbau.

Von hier folgt man dem schmalen Wiesenweg vor dem Haus. Vorbei an einigen Infotafeln wandern wir hinunter zur Warnow. An einem niedrigen Holzzaun entlang geht es auf einem gemähten Wiesenstreifen bis zum **Waldrand**. Aus dem schmalen Waldweg wird

Naturkundewanderung

Auf dem Naturlehrpfad gibt es viel zu sehen, das sich nicht auf den allerersten Blick erschließt. Nach Voranmeldung kann man Naturlehrpfad und **Biberausstellung** auch mit fachkundiger Führung erforschen.

NABU Station Alt Necheln,
Caroline Lindemann,
Tel. 038483 20845.

Urlaub im Gutshaus

Im Gutshaus Alt Necheln wird eine die Ferienwohnung »Warnowblick« für vier Personen vermietet. Weitere Informationen unter www.meingutshaus.de.

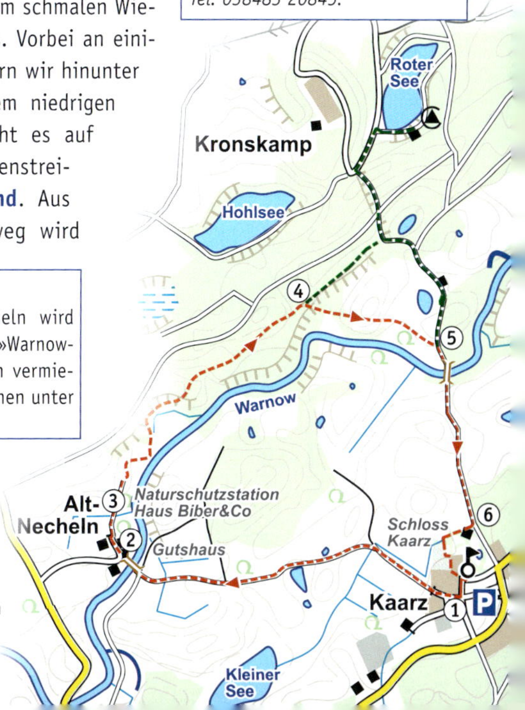

Maßstab 1:35.000

1000 m

bald ein zeitweise kaum erkennbarer Pfad durch die Wildnis. Die regelmäßigen Markierungen (weißes Blatt) sorgen aber dafür, dass wir sicher auf dem richtigen Weg bleiben. Rechts unten kann man manchmal einen Blick auf das dünne grüne Band der Warnow erhaschen.

Nach etwa 25 Minuten erreichen wir eine **Kreuzung im Wald ④.** Wir folgen weiter dem Blatt und biegen rechts ab. Erst durch den Wald, dann an einer Weide entlang stoßen wir schließlich auf einen breiteren **Sandweg ⑤**. Hier geht es rechts und nach wenigen Metern stehen wir abermals vor einer **Brücke** – darunter strömt wieder die Warnow, die inzwischen deutlich mehr Wasser führt. Eine kleine Wiese mit Bank am Ufer bietet einen Platz für eine Rast.

Von hier aus ist es nicht mehr weit zum Schloss. Immer geradeaus wandern wir durch Wiesen bis zu den beiden **Toren des Schlossparks ⑥** mit vielen ungewöhnlich alten Bäumen. Neben einigen über 500 Jahre alten Eichen findet man hier auch Exoten wie Mammutbäume oder Zypressen. Die interessantesten Bäume im Park sind beschildert. Wir gehen durch das rechte Tor in den alten Park und rechts am Schloss vorbei zum Parkplatz zurück.

Abstecher zum Roten See

Vom Wegpunkt ④ führt links ein Abstecher von einem guten Kilometer zum Strandbad am Roten See mit Steganlage und dem Restaurant Seeblick mit rustikaler Speisekarte. Die Auswahl reicht von Currywurst über Flammkuchen bis zum Zanderfilet. *www.rotersee.de*

Wechselvolle Schlossgeschichte

Schloss Kaarz wurde Anfang des 19. Jahrhunderts gebaut und war mehr als 100 Jahre das Zentrum eines Rittergutes. 1945 floh die Kaufmannsfamilie Hüniken, der das Anwesen damals gehörte, in den Westen. Zum Kriegsende waren in den hohen Räumen zuerst Flüchtlinge untergebracht, dann wurde Schloss Kaarz als Alters- und Pflegeheim genutzt. Ab 1988 stand das Gebäude leer und verfiel, bis die Familie Hüniken ihr Anwesen 1994 zurückkaufen konnte. Schloss Kaarz wurde saniert und ist heute ein komfortables Hotel.

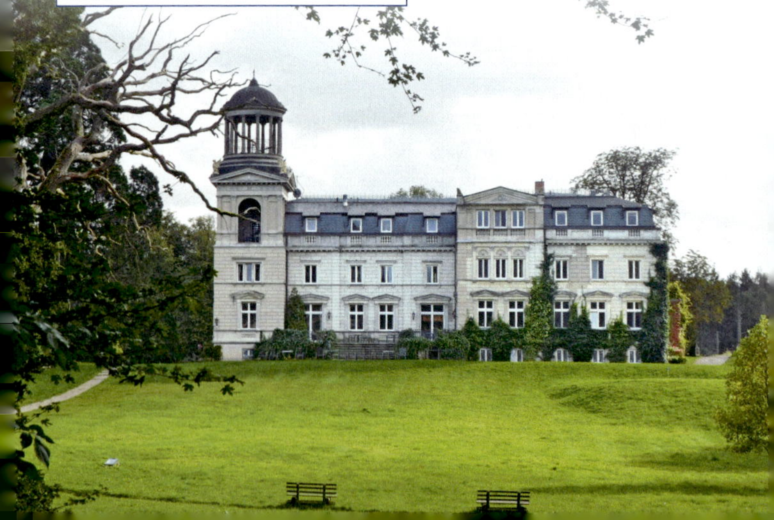

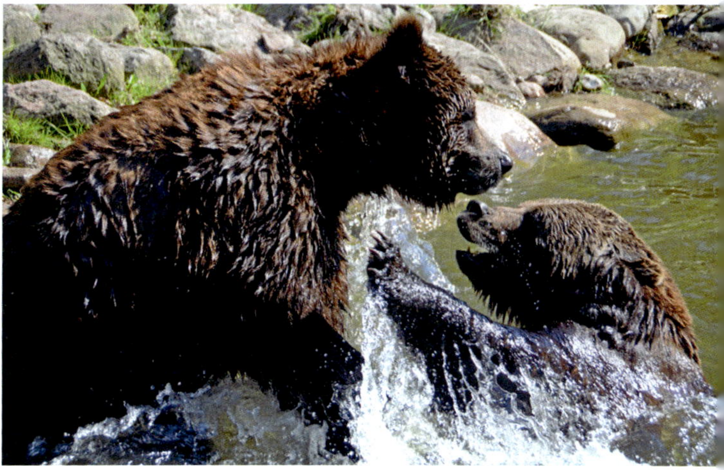

Tour 10:
Wo Wolf und Bär zuhause sind

1/2 Tag

ab 4

Der Wildpark Mecklenburg-Vorpommern in Güstrow

Auf einem Holzsteg über das Wolfsgehege turnen und versteckt in einer Höhle unbemerkt das Rudel beobachten? Einen dicken Karpfen von unten betrachten während er über unsere Köpfe schwimmt, und den Bären Fred und Frode beim Eis essen zuschauen – ein Tag im Wildpark in Güstrow ermöglicht Tierbeobachtung aus ungewohnten Perspektiven. Erfinderische Ideen sorgen dafür, dass in diesem Park Tiere und Besucher zu ihrem Recht kommen. Die Tiere leben in großen Gehegen – zu sehen bekommt man sie trotzdem. Kids, die auf dem Steig über dem Raubtiergehege noch nicht genug geklettert sind, können sich anschließend noch auf einem der beiden großen Spielplätze austoben.

TOUREN-STECKBRIEF

Anfahrt: Der Wildpark MV befindet sich am östlichen Ortsrand von Güstrow und ist zügig über die Autobahn A19 zu erreichen. Von der Abfahrt Güstrow kommt man auf die B104, an der zweiten Ampelkreuzung geht es vor dem Hotel »Am Tierpark« zum Parkplatz bei **GPS N 53°47'28.3", E 12°13'08.7".** Zugegeben – Güstrow liegt nicht gerade im Zentrum der Seenplatte. Der Natur- und Umweltpark ist jedoch wirklich etwas Besonderes und lohnt auf jeden Fall auch eine weitere Anfahrt – zumal er durch die Nähe zur Autobahn auch recht zügig zu erreichen ist.

Öffnungszeiten: März 9–18 Uhr, April bis Oktober 9–19 Uhr, November bis Februar bis 16 Uhr, Erwachsene €13, Kinder 3–16 Jahre €8, Familienkarte €38 (bis zu 3 Kinder), Hunde (nur an der Leine) €6. www.wildpark-mv.de

Highlights: Fütterung der Bären Fred und Frode (zur Zeit 14.30 Uhr), Klettersteig über dem Raubtiergehege, Spielplatz, begehbare Gehege bei Eulen, Eichhörnchen und Wasservögeln.

In der Nähe: Oase Güstrow, Badeplatz am Inselsee, Güstrower Schloss.

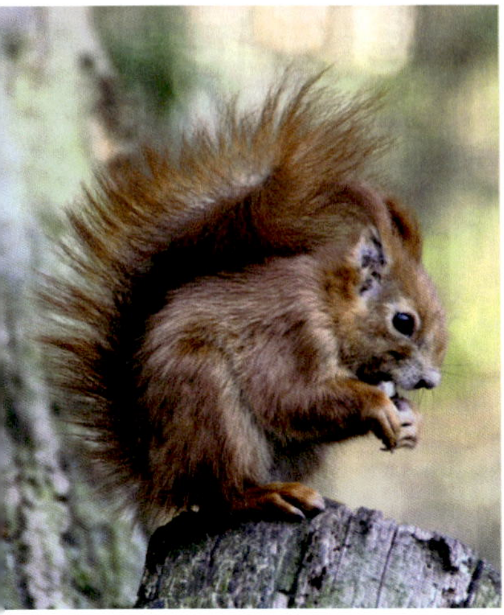

Ohne störende Gitter kann man im Umweltpark gut beobachten und noch besser fotografieren.

Der Park: In Güstrow ist es gelungen, einen Tierpark zu gestalten, der seinen Bewohnern und den Besuchern gerecht wird. In großen Gehegen leben hier ausschließlich heimische Tierarten. Solche wie Bären, die in unseren Wäldern keinen Platz mehr finden, aber auch Wölfe, Wildkatzen, Luchse, Waschbären und Eichhörnchen, die heute noch oder wieder bei uns zuhause sind – auch wenn man sie selten zu Gesicht bekommt.

Die Gehege der kleineren Tiere kann man auf Pfaden durchqueren und kommt so Eichhörnchen und Eulen, Störchen und Kranichen deutlich näher als gewohnt und kann sie in Ruhe und ganz ohne Gitter betrachten. Dass man dabei die Pfade nicht verlässt, um den Tieren ihren Rückzugsbereich zu lassen, sollte selbstverständlich sein.

Ein besonderes Schauspiel ist die **Fütterung der munteren Bärenbrüder Fred und Frode**. Sie vertilgen im Wassergraben direkt

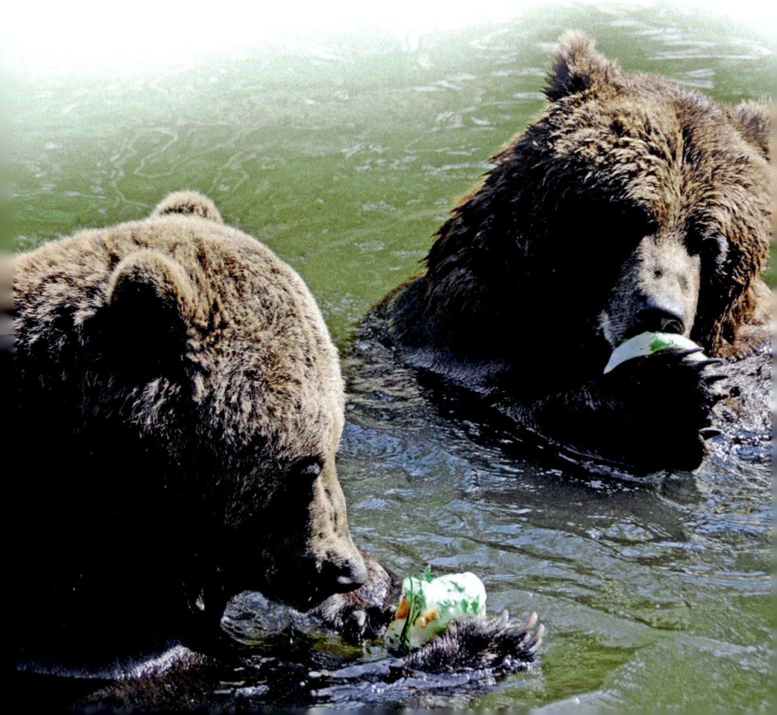

vor den Augen der Besucher Kuchen und Gemüseeis, und wenn man Glück hat, sind sie anschließend zum Spielen und Toben aufgelegt, bevor sie sich wieder in ihr drei Hektar großes Gehege zurückziehen.

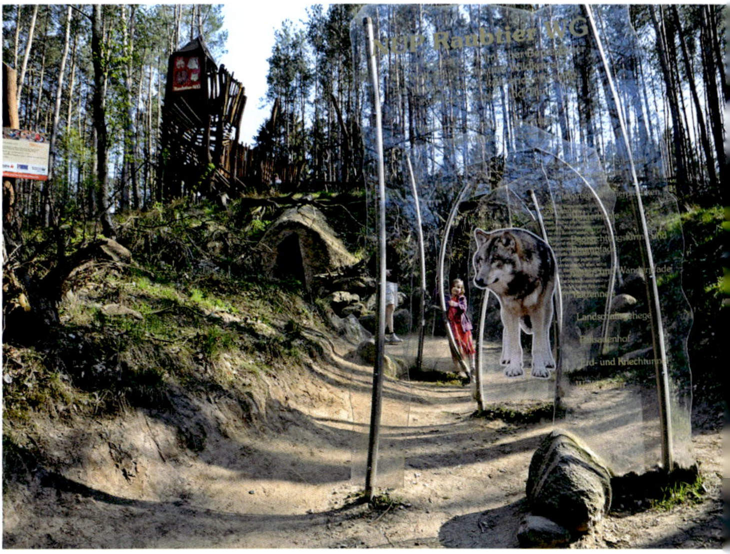

*Der Eingang zum Raubtier-WG lockt große und kleine Tierbeobachter*innen.*

Ein weiterer Höhepunkt ist der Besuch bei den **Raubtieren**. Das Dilemma, dass man Tiere, die in naturnahen Gehegen leben, oft nicht zu Gesicht bekommt hat man hier besonders fantasievoll gelöst: Ein Steig aus Holz führt in etwa drei Meter Höhe über das Gelände hinweg und mehrere Beobachtungshöhlen erlauben unbemerkte Blicke ins Zentrum des Geheges.

Ein **Streichelzoo** und ein großer, liebevoll gestalteter **Spielplatz** an jedem Ende der Anlage sorgen für zufriedene Kinder. Die schön gestaltete Ausstellung mit **Tunnelweg durch das Teich-Aquarium** informiert über die Natur der Mecklenburgischen Seenplatte – ob nun im Wasser oder an Land. Ebenso ungewöhnlich ist der Bodenerlebnispfad. Mit 15 Stationen gibt er Einblicke ins Erdreich und erklärt anschaulich die Entstehung von Torf und Moor.

Wer bereit ist für ein besonderes Erlebnis etwas mehr zu investieren als den normalen Eintritt, kann im Wildpark auch einen Tag mit den Tierpflegern arbeiten, abends in der Dämmerung auf einer Spezialführung die Wölfe besuchen oder in der Wolfshütte mitten im Raubtiergehege übernachten. So kann man den Tieren im Park noch ein bisschen näher kommen und sie besonders gut in ihrer natürlichen Umgebung beobachten.

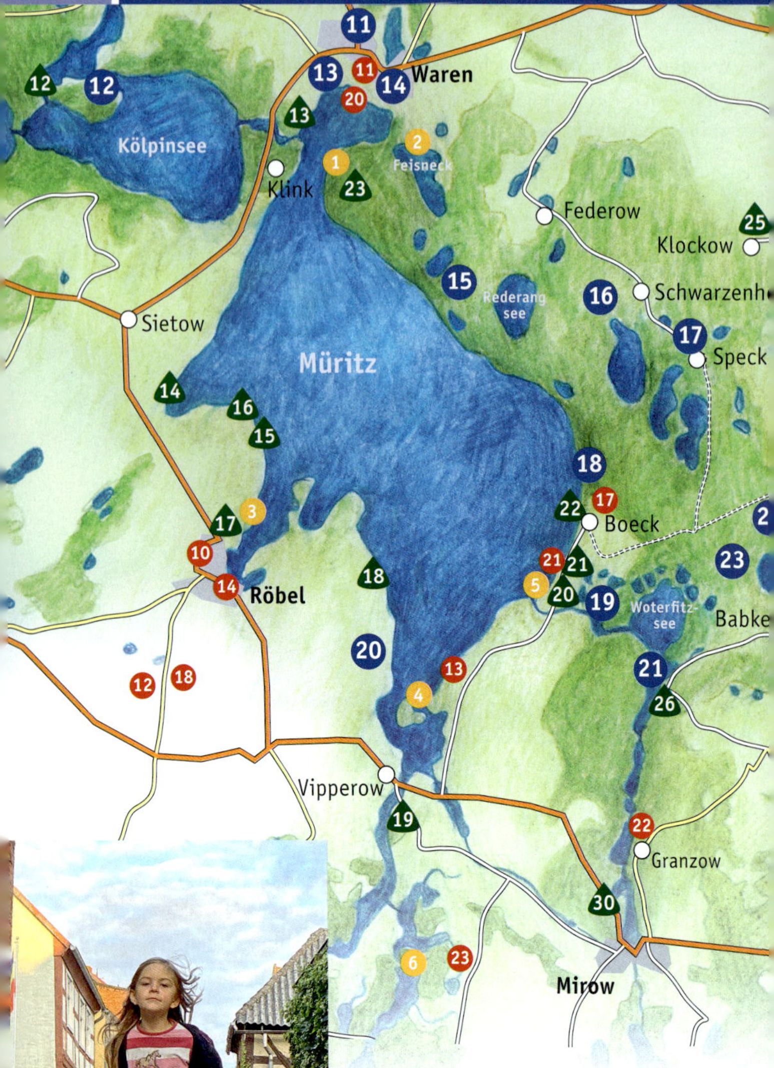

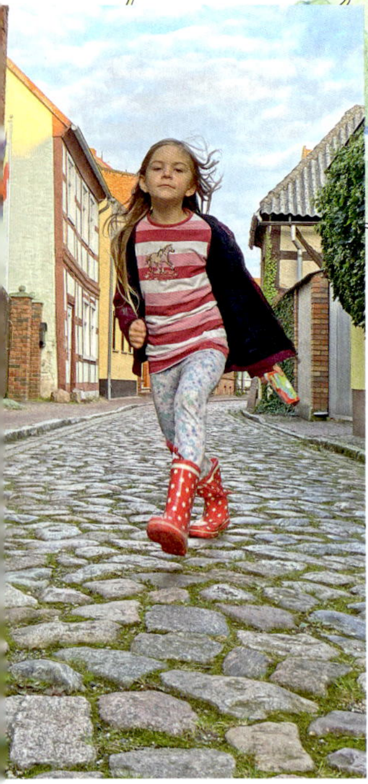

Mit der Stadt Waren an ihrer Nordspitze, dem Müritz-Nationalpark am Ostufer und den Urlaubsorten Röbel und Klink am Westufer ist das Gebiet um die Müritz das Zentrum der Mecklenburgischen Seenplatte. Mit einer Fläche von 112 Quadratkilometer ist die Müritz, nach dem Bodensee, der zweitgrößte See in Deutschland und ein bevorzugtes Revier für Segler und Surfer. Direkt am Ufer gelegene Campingplätze und viele Ferienhäuser bieten reizvolle Unterkünfte.

In den gepflasterten Gassen von Röbel

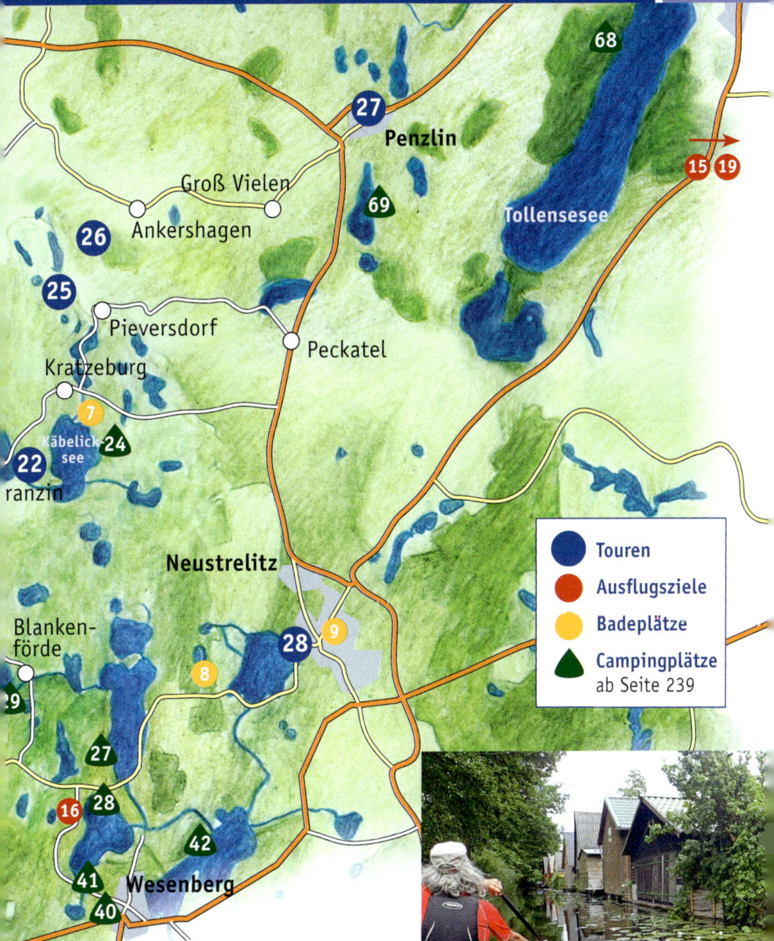

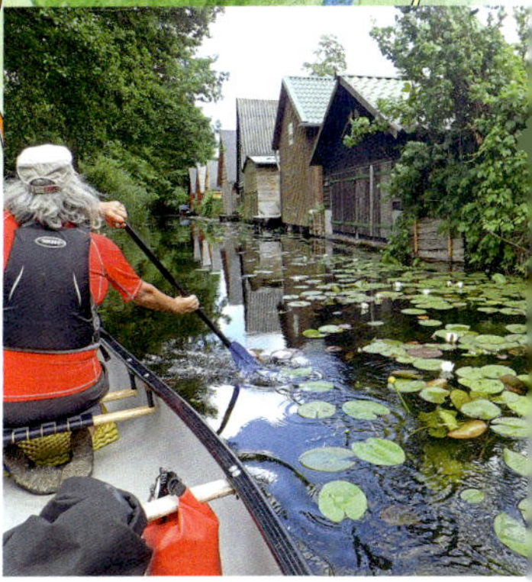

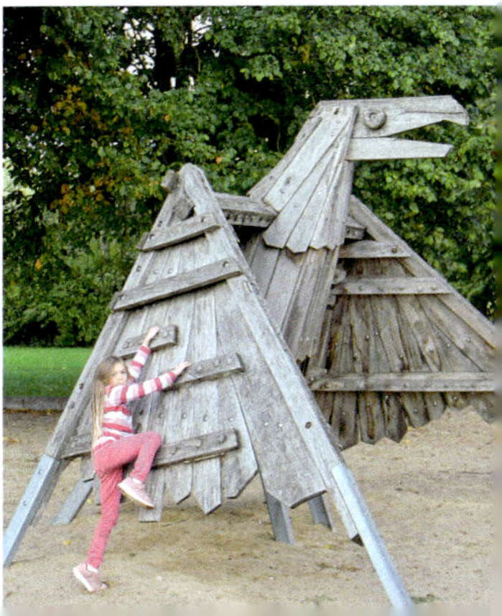

Bootshäuser an der Havel in Blankenförde. Unten: Spielplatz am Nationalparkeingang in Boek

Das Ostufer der Müritz ist Teil des Müritz-Nationalparks und fast komplett unbebaut. Ein gut organisiertes Linienverkehrsnetz mit Bussen und Ausflugsschiffen und viele Kilometer markierter Rad- und Wanderwege ermöglichen abwechslungsreiche Touren im autofreien Waldgebiet des Parks. Dort brüten große Greife wie Fisch- und Seeadler, Kraniche sammeln sich zum Flug in den Süden und im Herbst röhren die Hirsche im Wald. Auch Eisvögel und verschiedenste Entenarten finden hier ein Zuhause.

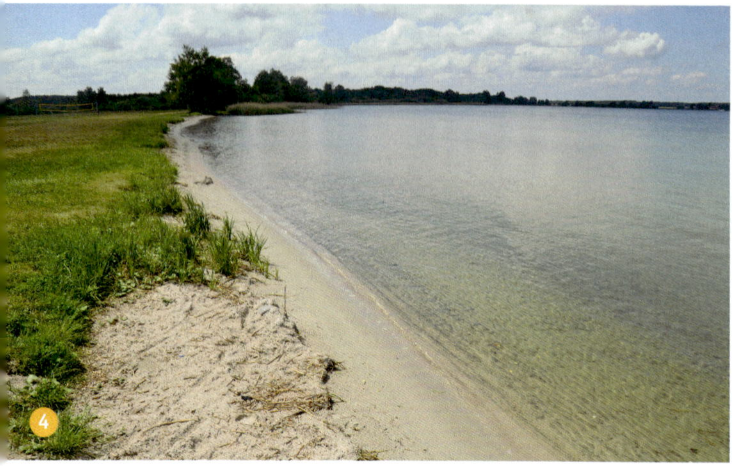

Baden mit Kindern

1 Strandbad Ecktannen
Schöne Badebucht mit Sandboden und großer Liegewiese. Im Sommer mit Badeaufsicht. Am Müritzostufer auf Höhe des Campingplatzes Ecktannen gelegen.

2 Strandbad Feisneck
Großes Strandbad am Nordufer der Feisneck am Stadtrand von Waren. Seichter Zugang ins Wasser mit Sandboden und langer Steg. Sehr große Liegewiese, kein Schatten. Im Hochsommer Badeaufsicht.

Weitere versteckte kleine Buchten am Ostufer der Feisneck sind zu Fuß oder mit dem Fahrrad erreichbar. [› Tour 15]

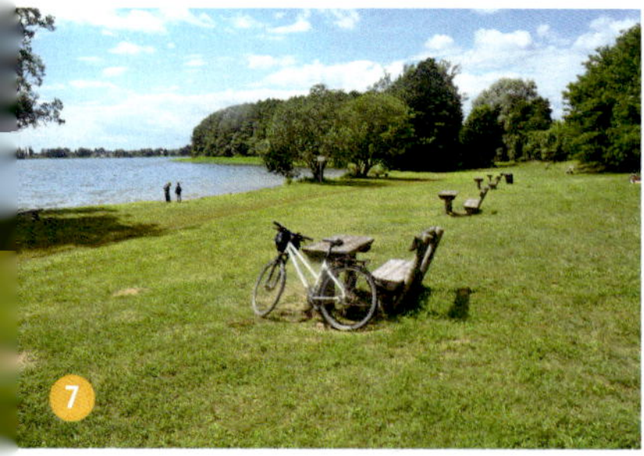

3 Strandbad Röbel
Großes Strandbad mit Liegewiese am nördlichen Ortsrand von Röbel vor dem Campingplatz.

4 Badeplatz Rechlin
Lange Sandbucht, an der es nur ganz seicht ins Wasser geht, dahinter befindet sich eine riesige naturbelassene Liegewiese.
Zufahrt von der Straße nach Boek links in Richtung Luftfahrtmuseum Rechlin / Badeplatz abbiegen. Am Museum vorbei fahren und dann der Beschilderung nach links folgen. An einigen Wohnhäusern vorbei und geradeaus in eine schmale Asphaltstraße, die nach einem knappen Kilometer am Parkplatz bei GPS N 53°20‘42.3“, E 12°42‘51.2“ endet.

5 Bolter Ufer
Lange Sandbucht vor den Campingplätzen am Bolter Ufer. Sanfter Einstieg ins flache Wasser der Bucht. Surf- und Segelschule auf dem Campingplatz Bolter Ufer.

6 Badeplatz Krümmel
Gut versteckter kleiner Platz im Wald am Nebelsee. Gut erreichbar vom Reiterhof Krümmel. Zufahrt bis zum See auf einem Waldweg gestattet.

7 Badeplatz Käbelicksee
Schöne, sehr große Badebucht mit Liegewiese am Hang und vielen Picknicktischen. Am Rand des Nationalparks am Nordufer des Sees gelegen. Zufahrt am Ortseingang von Kratzeburg beschildert.

8 Badeplatz Prälanksee
Abgelegene Badebucht an einem kleinen See westlich von Neustrelitz, die hauptsächlich von Einheimischen besucht wird.

9 Strandbad Neustrelitz
Der große Zierker See westlich von Neustrelitz eignet sich nicht zum Baden. Das Strandbad der Stadt liegt im Ortszentrum am viel kleineren Glambecker See.

Badevergnügen indoor

10 Die Müritztherme in Röbel
Ob nun Sprudelliegen und Massagedüsen oder Strömungskanal und Wasserrutsche: In der Müritztherme haben Eltern und Kinder ihren Spaß. Saunaanlage mit Außenbereich und Blockhaussauna.
Das Bad befindet sich westlich der Altstadt. Geöffnet täglich 9–21 Uhr, Familienkarte nur für das Bad 4 h für Eltern und ein Kind € 29, mit zwei Kindern € 34, jedes weitere Kind € 2. Familientageskarte € 37 bzw. € 44, jedes weitere Kind € 3. www.mueritztherme.com

Kultur, Natur und Museen

Die **Stadt Waren** ist das touristische Zentrum der Müritzregion und hat neben einer sehr schönen Altstadt mit Cafés und Geschäften, einem attraktiven Stadthafen und der guten Lage am Eingang des Müritz-Nationalparks für Familien viel zu bieten. Das Müritzeum [› Tour 14], die Draisinestrecke [› Tour 11] oder der größte Hochseilgarten der Region [› Tour 13] lohnen einen Ausflug in die Stadt.

11 Die **Altstadt von Waren** kann man von April bis Oktober auch mit einer Minibahn besichtigen. Die **TschuTschu Bahn** startet von 10.30 bis 16.30 Uhr stündlich vom Anleger Steinmole zur Stadtrundfahrt.
Erwachsene € 9, Kinder € 4,50, Familienkarte € 22.

12 Alte Scheune Bollewick
34 Meter breit und 125 Meter lang ist die schon 1881 aus Backsteinen errichtete Feldscheune in Bollewick. Die Scheune wurde viele Jahre landwirtschaftlich genutzt, aber auch Werkstätten und Wohnungen fanden Platz in dem mächtigen Haus. 1952 zogen dann 650 Milchkühe der hiesigen LPG in das mit viel Beton umgestaltete Gebäude, das 1991 in übelstem Zustand von der Gemeinde Bollewick übernommen wurde. In aufwendiger und liebevoller Kleinarbeit wurde renoviert und restauriert, sodass wir heute in den rustikalen Räumen eine Ausstellung über die Region und die Werkstattläden verschiedener Kunsthandwerker be-

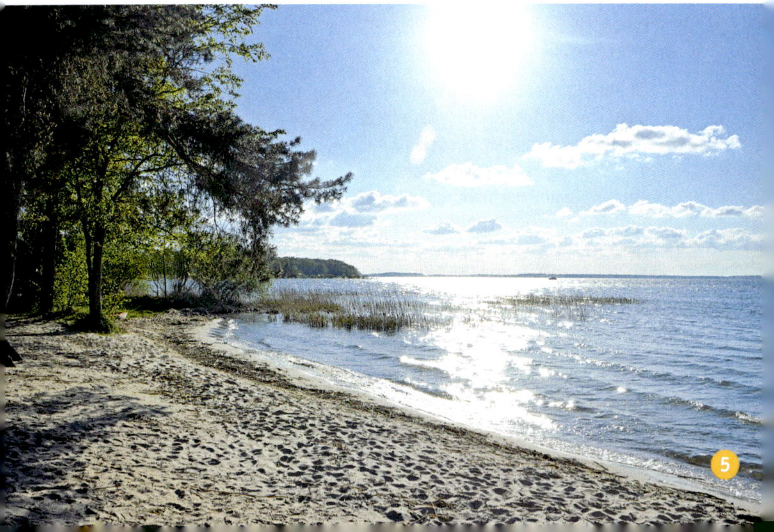

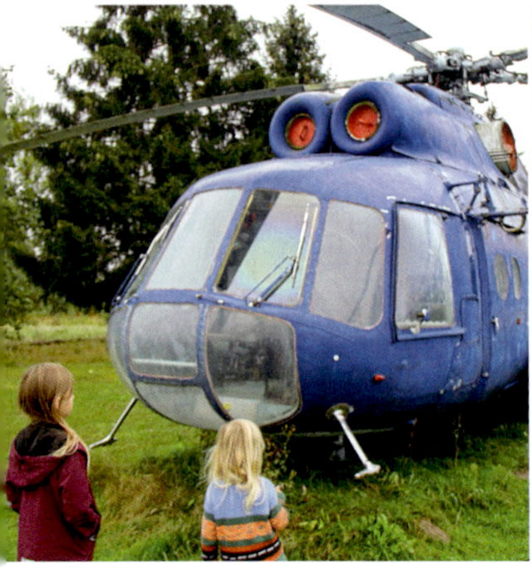
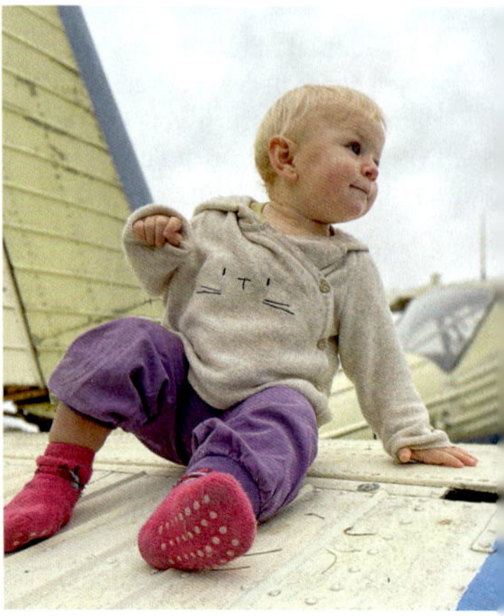

Museum für Luftfahrtechnik Rechlin

suchen können. Von Kerzenzieher über Töpferin, Weberei und Drechslerei bis zum Bauernladen und der Dorfschänke gibt es viel zu entdecken.
Geöffnet täglich 10–18 Uhr, in der Nebensaison bis 17 Uhr. Regelmäßiges Veranstaltungsprogramm. www.diescheune.de

13 Museum für Luftfahrttechnik

Im Gebäudeensemble eines ehemaligen Militärgeländes, das während der NS-Zeit eine der größten Erprobungsstellen der Luftwaffe war, befindet sich heute ein Museum. Aufgebaut wurde es vom Verein Luftfahrttechnisches Museum Rechlin e.V., der mit Unterstützung der Gemeinde zuerst die stark sanierungsbedürftigen Gebäude in ihren heutigen Zustand versetzte. Im August 1998 eröffnete der erste Ausstellungsbereich.

Im Museum geht es um die Entwicklung des Dorfes Rechlin zu einem Zentrum der militärischen Luftfahrt bis 1945. In der Sammlung des Museums stehen mehrere Jagdflieger aus dem ersten Weltkrieg, wie die Fokker D-VII, aber auch sowjetische Jagdflieger, die hier bis 1993 stationiert waren und auf dem heute noch existierenden Flugplatz in Lärz starteten und landeten. Die Flugbahnen in Lärz wurden 1993 verkürzt und der Flugplatz der zivilen Nutzung übergeben.

1948 wurde auf dem Gelände der ehemaligen Erprobungsstelle die Bootswerft Rechlin gegründet, die ab 1963 als Spezialwerft zur Herstellung von Rettungsbooten galt. Im Museum sind auch einige der hier gebauten Boote zu bewundern. Die Sammlung ist weiterhin im Aufbau.
Geöffnet April bis Oktober 10–17 Uhr, Eintritt €8, Kinder €3. www.luftfahrttechnisches-museum-rechlin.de

14 Röbel – Hafen und Altstadt

Vom Hafen mit dem Anleger der Ausflugsboote führt die Straße der Deutschen Einheit ins Ortszentrum. Bunte kleine Häuschen reihen sich hier aneinander. Es gibt viele Läden mit Souvenirs, Eisdiele, Cafés und das ein oder andere Restaurant. Gleich zu Beginn des Spaziergangs steht links, leicht erhöht, auf einem ehemaligen Tempelberg der Wenden die Marienkirche, mit deren Bau wohl bereits im 13. Jahrhundert begonnen wurde. Sie gilt als eines der ältesten Backsteingebäude in Mecklenburg. Weiter unten im Ort, dort wo die Straße schon den Namen »Straße des Friedens« trägt, steht rechts auf dem Burgberg eine alte Holländermühle. Sie wurde 1466 hier erbaut und bis 1926 als Mühle betrieben. Heute steht sie unter Denkmalschutz. Es werden dort die Werke regionaler Künstler, aber auch die Arbeiten von Schülern der Warener Schulen ausgestellt. Dann kommt man ins Ortszentrum mit dem schön restaurierten Rathaus und sternförmig abzweigenden Gassen.

15 Burg Stargard
Erbaut wurde die Höhenburg Burg Stargard zwischen 1236 und 1270 durch die Markgrafen von Brandenburg. Heute kann man hier auf den Burgturm steigen oder das Museum über die Geschichte der Burg besuchen. Außerdem lockt die Ausstellung »Das Ross – eine Kulturgeschichte des Pferdes« Gäste ins Museum. Auf dem Außengelände ist ein Kräutergarten angelegt. Besonders spannend ist der Besuch der Burg zum Burgfest, das jeweils am zweiten Wochenende im August stattfindet.
Burgführungen gibt es von März bis Oktober Sa, So um 14.30 Uhr. Treffpunkt ist an der Kasse in der Vorburg. Führung €3 zuzüglich Eintritt €2 pro Person für Museum oder Burgturm, €3 für beides. www.hoehenburg-stargard.de

16 Wolfpfad Zwenzow
Die Wölfe sind zurück und das ist gut so. Auch im Müritz Nationalpark ist wieder ein Rudel zu Hause. Der 2020 neu eröffnete Lehrpfad räumt mit alten Vorurteilen auf und informiert. Seit wann sind die Wölfe wieder hier? Wo leben und was fressen sie? Sind sie gefährlich für den Menschen? Der Weg beginnt am Parkplatz Wolfsfang zwei Kilometer südlich von Zwenzow an der Straße nach Wesenberg.

Tier- und Freizeitparks

17 Per Kutsche in den Wildpark
Mit dem Kremser geht es vom Gutshaus Boek in den Wildpark, in dem Rot- und Damwild frei auf 80 Hektar lebt. Mit fachkundiger Führung.
1,5 Stunden, pro Person €14, Kinder €7, Tel. 039823 27088.

Am Gutshaus lohnt eine Pause im »Kutschercafé« mit hausgebackenem Kuchen oder einem Imbiss. Man sitzt sehr schön vor dem alten Gutshof.
Mai bis Oktober täglich 11–17 Uhr.

18 Im großen **Irrgarten in Bollewick** kann man sich nicht nur mit viel Spaß stressfrei verlaufen, sondern auch auf Schatzsuche gehen.
Gegenüber der Scheune an der Straße in Richtung Röbel.
Geöffnet Juni bis August täglich von 10–18 Uhr, September, Oktober täglich bis 17 Uhr. April und Mai Do bis So. Eintritt €4,50, Kinder €3, Familie €14. www.irrgarten-bollewick.de

19 Sommerrodelbahn Burg Stargard
750 Meter saust man mit einem flachen Schlitten den Berg hinunter. Es geht durch acht rasante Kurven und sogar ein kleiner Sprung ist dabei.
April bis Oktober täglich 11–17 Uhr, Kinder 3–14 Jahre €2 pro Fahrt, 6 Fahrten €9. Ab 15 Jahre €2,50, 6 Fahrten €12,50. Familienkarte 8 x Kind + 8 x Erwachsener €23. www.rodelbahn-burgstargard.de

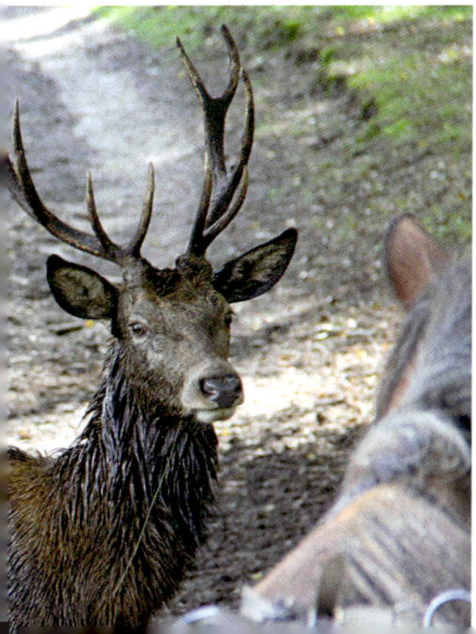

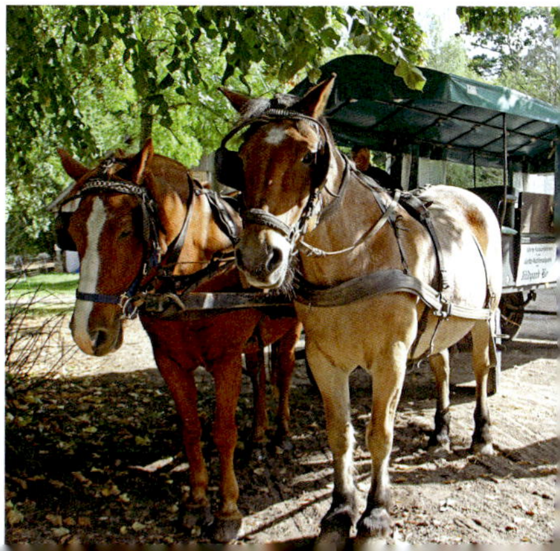

Mit der Kutsche in den Wildpark Boek

Eine Übernachtung in einer alten Burg bringt nicht nur Kinderfantasie zum Blühen. Im ehemaligen Gefangenenhaus der Burg untergebracht, wirkt das **Hotel »Zur alten Münze«** im roten Backsteinhaus recht einladend. Wer dafür empfänglich ist, findet hier ein romantisches Abenteuer für die ganze Familie.

Doppelzimmer mit Frühstück €70–75. Kleinkinder im Bett der Eltern kostenlos. Zustellbett für Kids bis 13 Jahre €17,50, Tel. 039603 2650. www.hotel-zur-burg-stargard.de

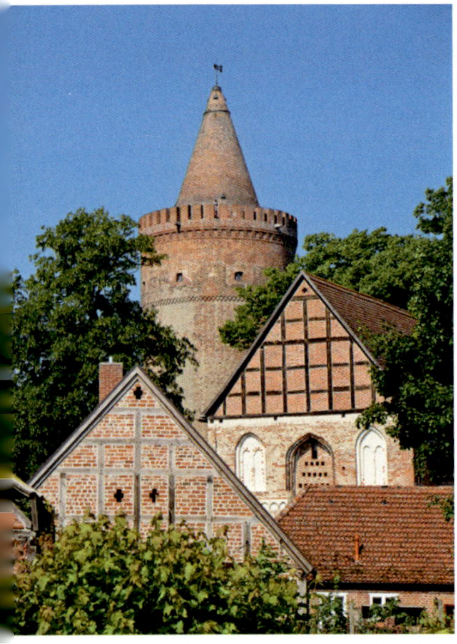

Burg Stargard mit Kräutergarten, Café und dem Museum zur Kulturgeschichte des Pferdes

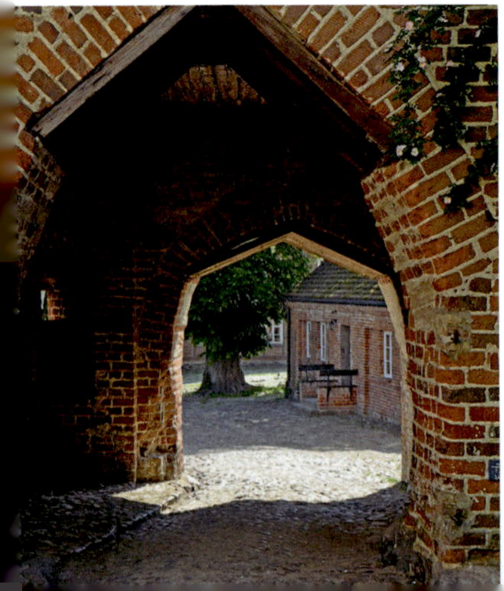

Auf dem Wasser

20 Bootstouren ab Waren

Ab dem Anleger Steinmole fahren mit der blau-weißen und der weißen Flotte täglich etliche Boote über die Müritz. Ziele für eine Kurztour ist das Schloss Klink ganz in der Nähe. Etwa drei Stunden dauern die Touren nach Röbel oder Malchow.

Besonders reizvoll sind von August bis Oktober die **abendlichen Fahrten zum Kranicheinflug** ins Naturschutzgebiet Großer Schwerin bei Röbel. Fahrtzeit gut drei Stunden, Ticket €22, Kinder €11.

Die weiße Flotte hat auch Sonderfahrten zum Wisentgehege auf dem Damerower Werder und nach Rheinsberg im Programm.
Tel. 03991 122668, www.weisse-flotte-mueritz.de

Mit der blau-weißen Flotte fahren Familien mit dem 7-Tagesticket für €49,90 eine ganze Woche kreuz und quer mit allen Linienschiffen über die Seen. Sonderfahrten zum Agroneum nach Alt-Schwerin oder zum Affen- und zum Bärenwald am Plauer See sind im Familienticket nicht enthalten.
Fahrt inkl. Eintritt €30, Kinder €20. Reservierung Tel. 03991 663034, www.blau-weisse-flotte.de

Outdoorsport

21 Katamaran- und Surfmühle

Das Müritz-Ostufer ist ein besonders gutes Gebiet, um das Surfen zu lernen. Das Wasser bleibt sehr lange flach, sodass man noch weit draußen im See stehen kann. Die **Surfmühle**, die auf dem Campingplatz Bolter Ufer zuhause ist, bietet Surf- und Segelkurse für sicher schwimmende Kinder ab fünf Jahren. Schwimmkurse werden für Kinder ab drei Jahren angeboten. In den Sommerferien gibt es in der Surfschule an zwei Tagen in der Woche Kinderabenteuerprogramm mit Schatzsuche auf dem Wasser.

Der Einsteigerkurs kostet für Surfer bis 11 Jahre €250 für 10 Stunden. Der Kinderkurs im Segeln mit spezieller Kinderjolle €250 für 10 Stunden. Schnupperkurse gibt es ab €55. Tel. 039823 21380. www.surfmuehle.de

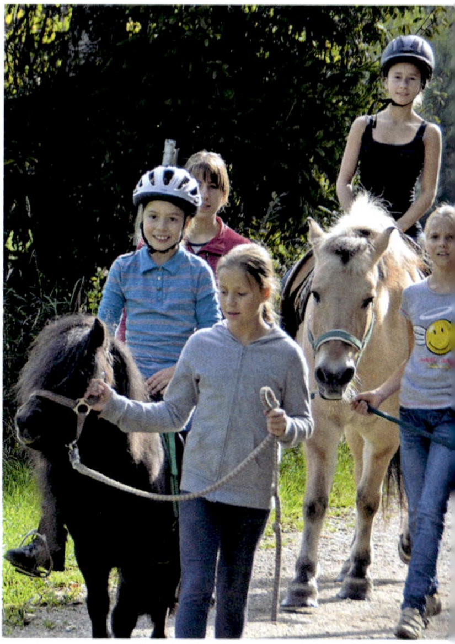

22 Der **Ferienpark Mirow** in Granzow besteht aus einer Vielzahl sehr gepflegter bunter, aber recht eng stehender Holzhäuser. Er liegt direkt oberhalb des Seeufers des Granzower Möschens, nördlich von Mirow, und ist rundum auf Familien eingestellt. Die Wege im Dorf sind autofrei. Badewiese und Spielplatz, sowie ein guter **Fahrradverleih** (www.rechlin-rad.de) und eine **Kanustation** (www.kanustation-granzow.de) befinden sich auf dem Gelände und sind auch für Externe zugänglich.
www.allseasonparks.de

23 Eine gute Adresse für fortgeschrittene Reiter ist der **Reiterhof in Krümmel**. Der Hof ist nicht unbedingt repräsentativ, aber die Pferde haben alles, was sie brauchen. Es gibt hier vor allem Ponys und Kleinpferde – darunter viele Haflinger. Untergebracht in Paddocks und auf großen Weiden sind die Pferde freundlich und ausgeglichen. Wenn Sie Kinder dabei haben, ist für Ausritte eine Proberunde in der Reitbahn Voraussetzung. Bitte vorher anmelden! Wer nach dem Reiten in den See springen möchte, findet am Ortsende von Krümmel einen sehr schönen Badeplatz am Nebelsee. **[› Seite 70]**
Ponyreiten 20 Minuten €20, geführte Ausritte eine Stunde €30, Reitunterricht ab 8 Jahre €20 pro 30 min. Reiterferien für Kinder ab 8 Jahre mit Vollpension. Tel. 039833 21944. www.reiterhof-kruemmel.de

Ankunft im Stadthafen von Röbel. Mehrere Linien bieten Ausflugsfahrten über die Müritz und über die großen Seen bis nach Malchow oder Plau an.

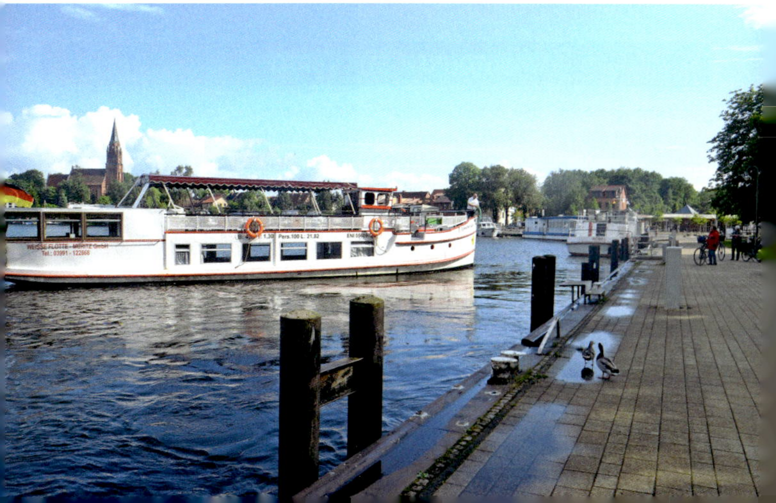

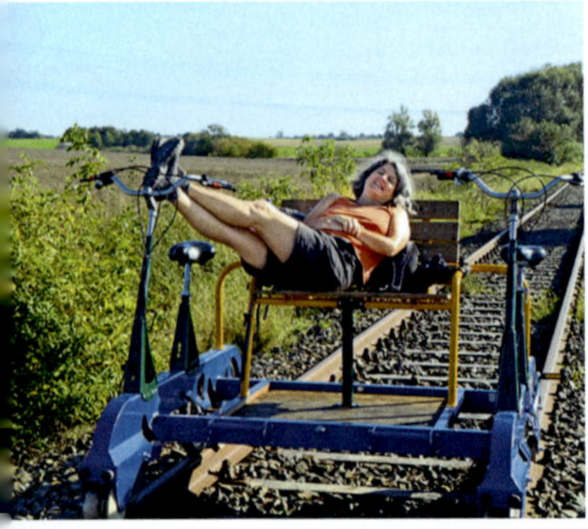

Tour 11: Ein Fahrrad auf Schienen

Mit der Draisine in die Hügel der Mecklenburgischen Schweiz

STRECKE 26 km

2–4 h

ab 4

Eine Draisine war ursprünglich ein handliches Schienenfahrzeug, das von Bahnarbeitern bei der Wartung wenig befahrener Strecken eingesetzt wurde. Hier in Waren gibt es nichts mehr zu warten, denn die Bahnstrecke auf der unsere Draisine über die Schienen rollt, ist längst stillgelegt. So sausen wir einfach zum Spaß über die Gleise. Anders als beim Fahrradfahren sitzt man auch freihändig recht sicher, kann sich prima unterhalten und die Kinder zwischen sich auf der Bank platzieren. Geht es bergab, weht einem ordentlich der Wind um die Nase und bei den Steigungen erleichtert eine Schaltung mit sieben Gängen das Strampeln. Auch die Orientierung ist auf der Draisine völlig stressfrei. Insgesamt ist das Ganze also eine entspannte Sache.

Wie das Ganze funktioniert: Da die Fahrerei trotz Gangschaltung etwas anstrengender ausfällt als auf dem Fahrrad – vor allem wenn die Passagiere in der Mitte nicht mehr ganz so klein sind – gibt es unterwegs viele Pausenplätze, an denen man die Draisine aus den Schienen heben kann. Dann kann man rasten, so lange es einem gefällt. Überholen geht hier auch, am einfachsten tauscht man dazu die Draisinen. Damit unterwegs kein Kuddelmuddel entsteht, gibt es einen Zeitraum in dem man startet und eine festgelegte Wendezeit, zu der alle Draisinen die Richtung wechseln.

TOUREN-STECKBRIEF

Anfahrt: In Waren den Schildern zum Bahnhof folgen, die Schienen überqueren und am Bahnhofsgebäude vorbei noch 300 Meter weiter zum Parkplatz bei **GPS N 53°31'34.1", E 12°40'44.3"** am alten Lokschuppen fahren.

Draisinebahn Waren:
Start Vormittagstour: 9–10 Uhr
Wendezeit: 11 Uhr (egal wo)
Start Nachmittagstour:
13.30–14.30 Uhr,
Wendezeit: 15.30 Uhr (egal wo)
Fahrpreis pro Draisine €35. Für einen Aufpreis von €15 kann man sich auch für eine eDraisine entscheiden, Reservierung Tel. 0172 3260694.

Charakter: Die Schienen führen hauptsächlich durch eine leicht hügelige Landschaft mit Feldern und Wiesen.

Highlights: Auf dem ungewöhnlichen Fahrzeug hat die ganze Familie Platz. Radeln auf Schienen, Picknick an einem der Rastplätze.

In der Nähe: Müritzeum und Kletterwald in Waren, Strandbad an der Feisneck.

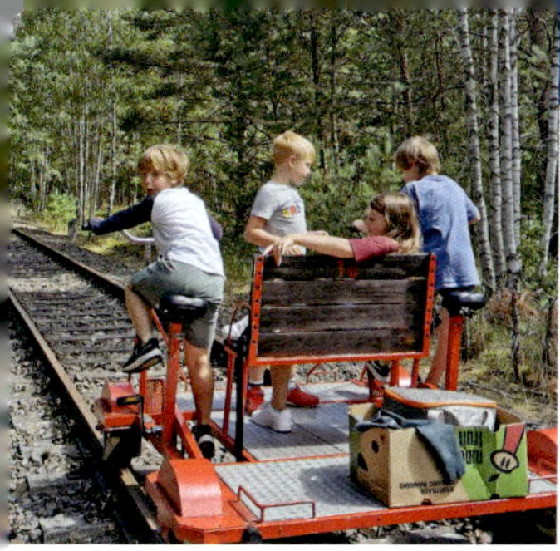

Mecklenburg Triathlon ab Karow

Mit Draisine, Fahrrad und Kanu

In der Saison kann man die Draisinetour ab Karow auch zu einer Rundtour mit Kanu und Fahrrad verbinden. Der ständige Wechsel der Transportmittel sorgt dabei für jede Menge Abwechslung und gleichmäßig verteilten Muskelkater. Allerdings sollte man bedenken, dass man bei dieser Variante ständig zu einer bestimmten Zeit irgendwo ankommen muss, sodass eher ein zünftiges Sportprogramm dabei herauskommt als Entspannung in der Natur.

Zeitplan: Abfahrt 9 Uhr per Draisine, Wechsel bis 11 Uhr in Goldberg ins Kanu und ein zweiter Wechsel um 13 Uhr in Dobbertin auf das Fahrrad. Dann bleiben einem drei Stunden für eine Pause und neun Kilometer Rückfahrt nach Goldberg, wo man bis spätestens 16 Uhr wieder in seine Draisine steigt. Unterwegs schlappmachen ist also nicht!

Ab drei Personen nur mit Reservierung €30 pro Person, Tel. 0172 3260694 oder online www.draisine-mecklenburg.de.

Die Strecke ab Waren: Die Gleise führen vom Bahnhof in Waren direkt nach Norden – hinein in die Mecklenburgische Schweiz. Man rollt zwischen sanft hügeligen Wiesen und kleinen Waldstücken dahin, und wenn die Gruppen vor einem nicht zu laut waren, gibt es zur richtigen Jahreszeit auf den Feldern Kraniche zu sehen oder einen über den Bäumen kreisenden Seeadler.

Weitere Draisinestrecken

Die Draisinestrecke in Waren ist kurz und spaßig und führt durch eine fast unbewohnte Landschaft. Orte sieht man nur von fern. Wer es lieber etwas belebter hat und als Ziel der Tour einen Ort vorzieht – am besten mit der Aussicht auf einen kulinarisch interessanten Stopp ohne Picknickkorb – der kann in **Karow** **[› Seite 35]** oder **Fürstenberg** **[› Seite 153]** auch einen ganzen Tag mit dem urigen Gefährt unterwegs sein. Auf beiden Strecken bietet sich ein Städtchen als Ziel an, und es gibt mehrere Möglichkeiten zur Einkehr am Wegesrand. Eine weitere Draisinestrecke mit etwas einfacheren Fahrzeugen ohne Gangschaltung finden Sie am Rand der Seenplatte bei **Dargun** in der Mecklenburgischen Schweiz **[› Seite 212]**.

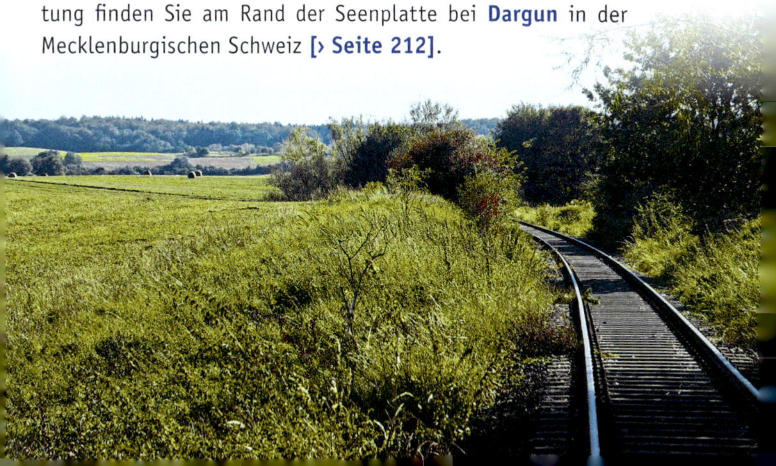

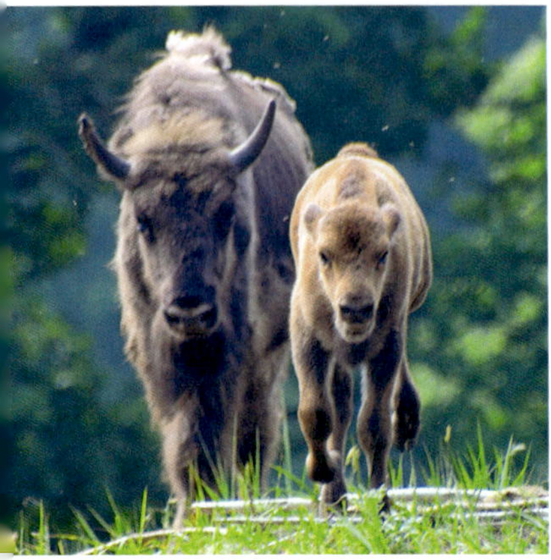

Tour 12: Wollige Giganten

Das Wisentreservat auf dem Damerower Werder

Knapp zwei Meter Schulterhöhe hat ein ausgewachsener Wisentbulle und im Gewicht macht er einem jungen Elefanten Konkurrenz. Ursprünglich in ganz Europa heimisch, waren die Wisente Anfang des letzten Jahrhunderts fast ausgestorben. Mit nur zwölf verbleibenden Zuchttieren aus verschiedenen Zoos und Wildparks begann man ein idealistisches Zuchtprogramm, um die Tierart zu retten. Der Versuch gelang. Heute gilt der Bestand mit über 3.000 Tieren wieder als gesichert. Die größten frei lebenden Gruppen sind im Wald von Białowieza in Polen zuhause, dort ist auch das Zentrum der Wisentzucht. Eine der erfolgreichsten Wisentzuchten Deutschlands befindet sich auf dem Damerower Werder. Hier wurden in den letzten 60 Jahren über 250 Kälbchen geboren. Heute leben drei Wisentherden auf dem Werder. Zwei in den beiden großen Schaugehegen, die größte Gruppe streift frei über die für Menschen komplett gesperrte Halbinsel im Kölpinsee. Besucher können die massigen Tiere am besten zu den Fütterungszeiten erleben. Zwei überdachte Holztribünen bieten freien Blick über die Gehegezäune. Und damit es auch den Jüngsten nicht langweilig wird, hat man viele fantasievolle Kletterstationen am Wegesrand verteilt.

STRECKE 1 km

1–2 h

ab 4

Der Park: Ein breiter Waldweg führt schnell und direkt zu den Schaugehegen. Auf dem Weg dorthin findet man die ersten **Kletterattraktionen**, die ein bisschen an einen Minihochseilgarten in moderater Höhe erinnern. Die überdachten Tribünen sind schnell

TOUREN-STECKBRIEF

Anfahrt: Das Wisentreservat befindet sich in Damerow nordwestlich von Waren auf einer Halbinsel im Kölpinsee. Von Waren fährt man in Richtung Jabel. Am Ortseingang biegt eine schmale Straße nach Damerow ab, die durch den Ort führt und am Wisentpark endet.
GPS N 53°31'39.3", E 12°32'52.1"
Geöffnet: Ostern bis Oktober 10–18 Uhr, November und Dezember an den WE 10–17 Uhr. €4, Kinder bis 12 Jahre kostenlos.
Charakter: Kurzer Anmarsch auf breitem Weg zu den überdachten Tribünen. Zu den Fütterungszeiten um 11 und 15 Uhr kann man die Tiere von hier aus beobachten. Fernglas, wenn vorhanden, mitnehmen.
Einkehr: Café im Wisentreservat, sehr schön gelegene Hütte der Müritzfischer mit kleinem Wasserspielplatz bei An- und Abfahrt in Damerow ausgeschildert.
In der Nähe: Kletterwald Waren.

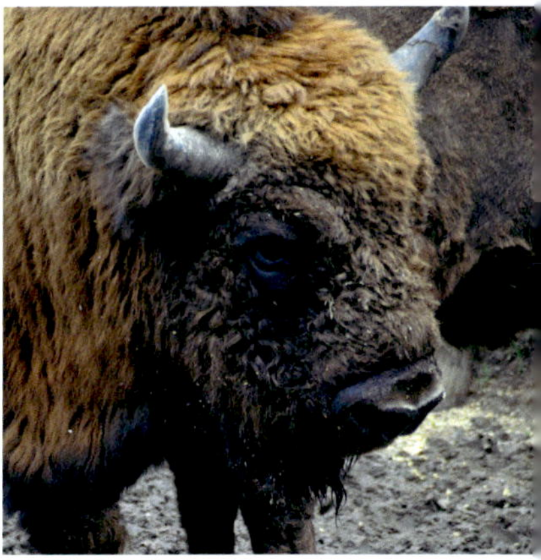

Der stattliche Bulle Daaks war bis 2016 der Chef im linken Schaugehege.

erreicht. Hier werden um 11 und 15 Uhr die beiden kleinen Herden gefüttert. Zu dieser Zeit kommen die Tiere ganz dicht an die Zäune heran, zu anderen Zeiten muss man sie in den großen Gehegen suchen. Dazu kann man vor dem rechten Gehege einen kurzen Pfad am Zaun entlanggehen. Links führt ein Weg am zweiten Zaun entlang zu einem schönen **Platz am See** und zum **Rotwildgehege**. Der Rest der Halbinsel ist komplett abgesperrt, damit der glücklichere Teil der Wisentherde dort wirklich frei und wild leben kann. Genau das ist das Besondere am Damerower Werder – bloß kann man die frei lebenden Tiere halt auch nicht beobachten.

Die Tiere sind an sich schon beeindruckend – ganz besonders wird der Besuch aber, wenn man sich kundig macht über die Geschichte dieser uralten Tierart und des Reservates. Mit etwas älteren Tierfans sollte man sich Ruhe und Zeit nehmen, die Wisentgruppen in den beiden Schaugehegen genau zu betrachten und sie vielleicht nach dem Füttern vom Zaun aus weiter zu beobachten. Ein Fernglas leistet dabei gute Dienste. Viele weitere Informationen über die Tiere findet man in der kleinen **Ausstellung** im Eingangsbereich. Hier gibt es auch ein Café und Snacks.

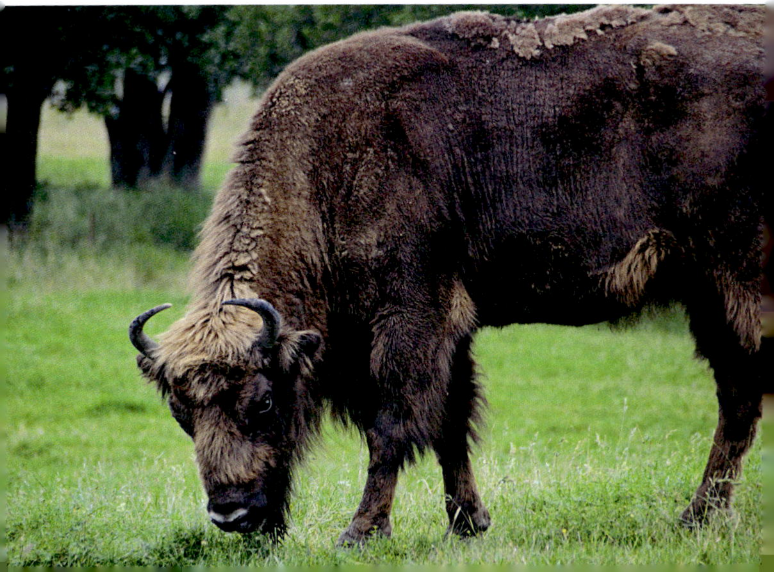

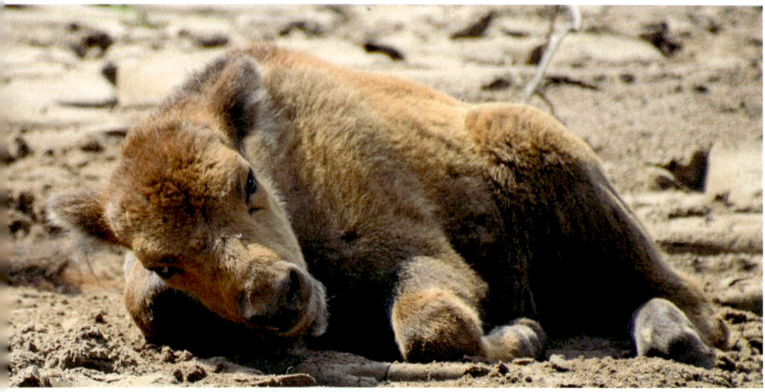

Der Wisent
Urviech in Not

Bis zu zwei Meter hoch, fast eine Tonne schwer und mit prächtig gewachsenen Hörnern ist ein Wisentbulle eine eindrucksvolle Erscheinung. Die Kühe sind deutlich kleiner und auch schmaler als die Bullen. Alle Wisente haben zottelig braunes Fell. Wisente leben in kleinen Herden von bis zu 20 Tieren. Sie bestehen aus den Kühen und ihren Kälbern der letzten zwei bis drei Jahre. In den Gehegen werden junge Bullen vor der Geschlechtsreife aus der Herde entfernt, um Kämpfe zu verhindern. Die langen, spitzen Hörner sind gefährliche Waffen. Ein einziger gut sitzender Hieb kann das schwächere Tier töten.

Warum beginnen die meisten Wisentnamen in Damerow mit Da?

Wisente werden nach ihrem Geburtsort benannt. »Da« steht für Damerow und die Wisentpfleger müssen sich jedes Jahr neue Da-Namen für ihre Kälber einfallen lassen – gar nicht so einfach, oder? Tiere mit anderen Anfangsbuchstaben sind nicht in Damerow geboren. Um die wenigen vorhandenen Zuchtlinien zu mischen und Inzucht zu vermeiden, tauschen die einzelnen Zuchtgebiete immer wieder Tiere aus. Begegnet ihr also in einem anderen Park einem Wisent mit Da-Namen, wurde dieses auf dem Damerower Werder geboren.

Die Brunftzeit der Wisente liegt zwischen August und Oktober. In ganz frei lebenden Herden gesellen sich die Bullen nur in dieser Zeit zu den Herden, ansonsten bleiben die Kühe unter sich. Die jungen Wisente werden im Frühsommer, meist im Mai und Juni, geboren. Mit drei bis vier Jahren sind sie ausgewachsen. Wisente werden 20 bis 25 Jahre alt. Sie sind, wie alle Rinderarten, Pflanzenfresser und Wiederkäuer und ernähren sich von Gräsern und frischen Trieben. Im Winter fressen sie auch Baumrinde. Im großen Gehege im Reservat auf dem Damerower Werder wird dann zugefüttert.

Die Wisentzucht und das Reservat auf dem Damerower Werder

Die ersten Abbildungen von Wisenten und Auerochsen kennen wir von uralten Bildern aus der Steinzeit, gefunden an den Wänden urzeitlicher Höhlen. So lange begleiten Rinder schon die Geschichte des Menschen.

Auerochsen sind schon seit über 300 Jahren ausgestorben, und beinahe hätte den Wisent das gleiche Schicksal ereilt. Eindrucksvoll, potentiell gefährlich und entsprechend schwer zu jagen – im Mittelalter war ein Wisent eine begehrte Jagdtrophäe für Edelleute und Könige. In weiten Teilen Europas rotteten die Menschen die majestätischen Tiere systematisch aus. Am längsten überlebten die Urrinder im Norden Polens, Russlands und im Kaukasus. Aber auch in ihrem letzten Zufluchtsort in Białowieza, in den Wäldern zwischen Polen und Russland, wurde 1921 der letzte wilde Wisent von einem Wilderer geschossen.

Alarmiert riefen zwei Fachleute in Polen und in Deutschland zur Rettung der Art auf. Mit 54 überlebenden Tieren, davon nur zwölf für die Zucht einsetzbar, begann man ein ambitioniertes Zuchtprogramm. Zur Unterstützung der polnischen Zucht richtete man in der DDR das Gehege auf dem gut abgeschirmten und damals völlig abseits liegenden Damerower Werder ein. 1957 bezogen zwei Tiere aus Polen, der Bulle Pumik und die Kuh Puella, das Gelände. Dagmar und Dame nannte man die ersten Kälbchen. Nach einer wechselvollen Geschichte mit einigen Rückschlägen leben heute um die 30 erwachsene Wisente im Reservat. Für mehr Tiere ist der Platz zu knapp. Im Sommer kommen jeweils sechs bis zehn Kälber hinzu, sodass inzwischen jedes Jahr Tiere abgegeben werden müssen, um den Bestand konstant zu halten.

Im Rothaargebirge wurde 2013 eine Gruppe von Wisenten wieder in freier Wildbahn angesiedelt. Inzwischen gab es dort mehrfach Nachwuchs und mehr als 20 Tiere gehören nun zur Herde. Nordöstlich von Siegen könnten Wanderern im Wald also theoretisch wieder Wisente begegnen. In der Realität ist das allerdings unwahrscheinlich. Die scheuen Wildrinder ergreifen nämlich bei Geräuschen schnell die Flucht. Um die Tiere auch für Besucher sichtbar zu machen, wurde ein Besucherareal eingerichtet. www.wisent-welt.de

Auch auf dem ehemaligen Truppenübungsplatz Borkenberge im Münsterland ist eine Ansiedelung im Gespräch.

Ein weiteres Wisent-Gehege gibt es auf Usedom. www.wisentgehege-usedom.de

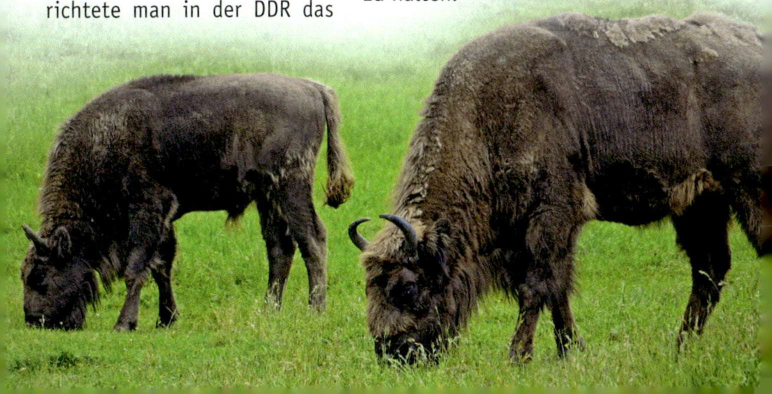

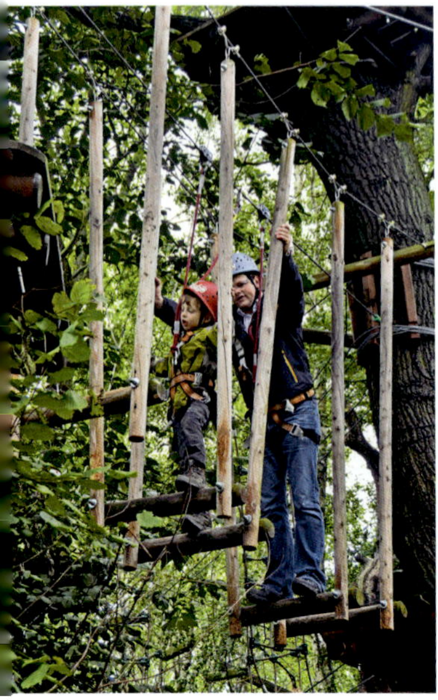

Tour 13: Im Kletterwald Müritz

Ein Paradies für kleine Kletteraffen

Zwischen den Bäumen im Kameruner Wäldchen am Müritzufer schaukeln Balken und Seile. Plattformen hängen in luftiger Höhe zwischen den Wipfeln und sogar ein Schlitten und ein Skateboard haben sich zwischen die Stämme verirrt. Ein Knirps von vielleicht sechs Jahren schwingt sich wagemutig an einem Seil durch die Luft und landet strahlend auf der Plattform am nächsten Baum. Mit leuchtend rotem Helm und professioneller Klettersicherung ausgestattet kann ihm auch gar nichts passieren, während er sich über immer neue Hindernisse von Plattform zu Plattform hangelt.

3 h

ab 6

Ein Besuch im Klettergarten ist ein echtes Familienabenteuer – Kinder bis zwölf Jahre dürfen nämlich nur in Begleitung eines Erwachsenen zwischen die Bäume. Aber keine Panik: die neun Parcours des Kletterwaldes sind so aufgebaut, dass man den Schwierigkeitsgrad langsam steigern kann. Das Ganze ist also durchaus auch für Erwachsene zu schaffen. Alles Wichtige erklären und zeigen die Trainerinnen und Trainer des Hochseilgartens. Dann zieht man auf eigene Faust los. Unten am Boden sind aber ständig Trainer im Einsatz, die, wenn nötig, weiterhelfen

TOUREN-STECKBRIEF

Anfahrt: Der Kletterwald Müritz befindet sich in unmittelbarer Nähe des Müritzufers in einem Waldstück am westlichen Ortsrand von Waren. Fährt man in Richtung Sietow/Röbel auf der Hauptstraße aus dem Ort hinaus, ist das große Schild mit Eichhörnchen, das links in einen Waldweg weist, kaum zu übersehen. Man fährt noch ein kurzes Stück auf einer Naturstraße bis zum Parkplatz bei **GPS N 53°30'54.7", E 12°39'27.6"** neben einer umzäunten Holzhütte.

Öffnungszeiten: April bis Ende Oktober täglich ab 10 Uhr, Mitte Juni bis Ende September ab 9 Uhr, letzter Aufstieg drei Stunden vor Sonnenuntergang, Kletterzeit zwei (oder drei) Stunden.
1 Erwachsener + 1 Kind €34 (€41),
1 Erwachsener + 2 Kinder €44 (€55),
2 Erwachsene + 2 Kinder €58 (€77).
Kinder ab Körpergröße 1,25 Meter.
Tel. 0172 6068358 Herr Drühl oder unter 0152 33708246 Herr Jestrabek.
www.kletterwald-mueritz.de

In der Nähe: Badestelle mit großer Liegewiese etwa 500 Meter vom Klettergarten in Richtung Waren.

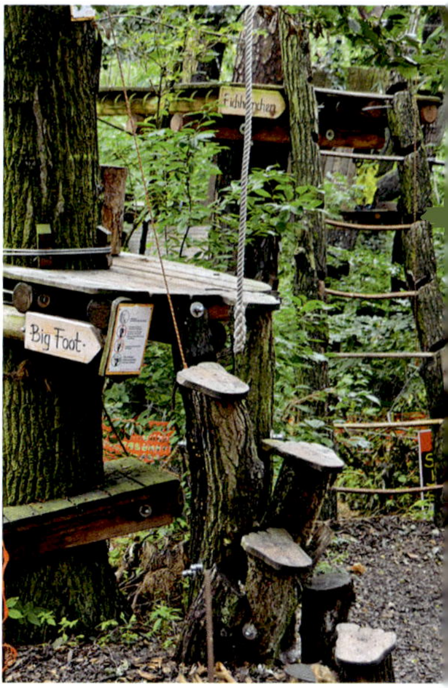

und im selten eintretenden Notfall auch schon mal einen Kletterer aus den Bäumen holen. Nachdem man also im Greenhorn-Parcours mit dem Schlitten geflogen, durch ein Spinnennetz gekrabbelt und das erste Mal mit dem Flying Fox (Seilbahn) gefahren ist, wird man sich vorsichtig an Schwierigeres herantasten – im eigenen Tempo und bis zu den persönlichen Grenzen.

Ebenfalls für die Jüngsten geeignet sind Parcours wie »Eichhörnchen« und »Big Foot«. Im Mittelfeld bieten dann »Robin Hood« und »Nervenkitzel« spannende Herausforderungen für größere Kinder, während die langen, bis zu zwölf Meter hohen Strecken mit den Namen »Schwarze Witwe, Nordwand oder K2« sportlichen erwachsenen Kletterern vorbehalten bleiben.

Gerade weil es ein wenig Mut kostet, sich darauf einzulassen, bietet so ein Besuch im Hochseilgarten für Familien besondere und intensive Erlebnisse – sozusagen ein gemeinsam durchlebtes Abenteuer. Kinder bewegen sich zwischen den Bäumen oft viel furchtloser als Erwachsene, sodass die Eltern nicht unbedingt die tollen Helden und Lehrer sind, sondern mit ihren Kindern auf Augenhöhe stehen.

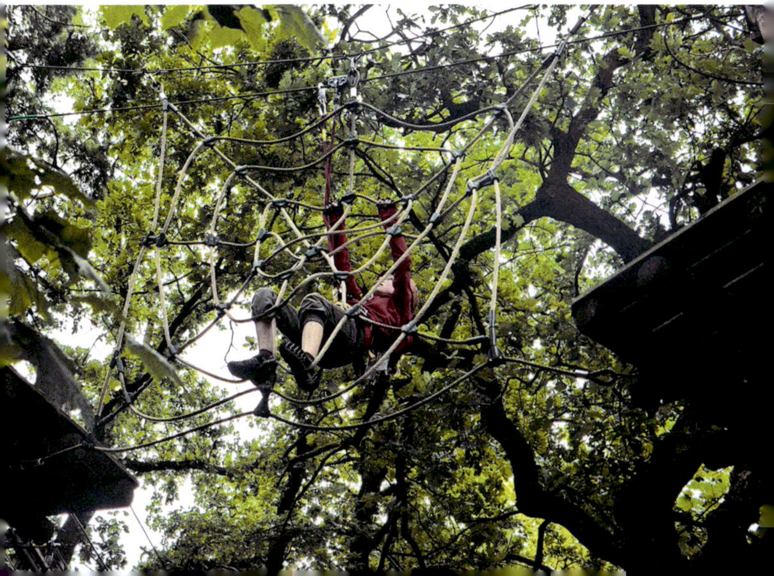

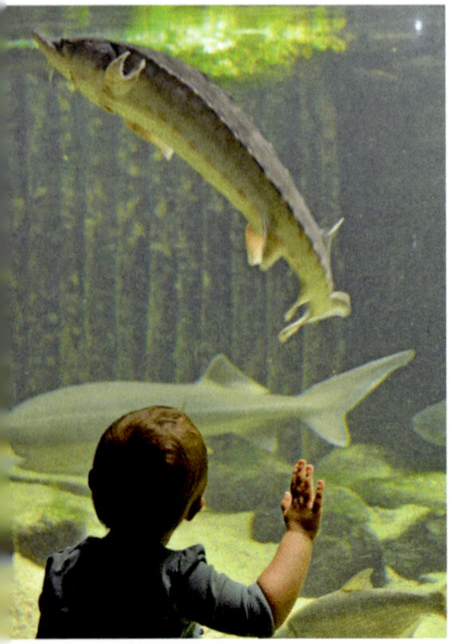

Tour 14: Mit dem Stör auf Du und Du

Ein Museum zum Anfassen

Nicht nur an einem Regentag kann man im Müritzeum spannende Stunden verbringen. Schon die Kleinsten staunen, wenn Sie auf einmal Stör, Hecht und Karpfen Auge in Auge gegenüber stehen. Auch unbekanntere Bewohner der Mecklenburgischen Seen kann man im Aquarium des Müritzeums in aller Ruhe betrachten.

2–4 h

ab 4

In der oberen Etage erfährt man jede Menge Wissenswertes über die Geschichte der Region, den Wald und die teilweise recht seltenen Zugvögel, die im Herbst hier Station machen oder den Sommer im Nationalpark verbringen. Damit Kinder Spaß an der Sache haben, gibt es überall etwas zu drehen und zu schieben, Telefonhörer zum Lauschen und Knöpfchen zum Drücken. Im nachgebauten Ballon schwebt man scheinbar zwischen fliegenden Wildgänsen, und an der Mini-Seenplatte im Erdgeschoss kann man Spielzeugschiffe durch eine Schleuse schippern lassen. Ein Museum zum Mitmachen und Anfassen.

Das Herz des Museums ist das größte **Süßwasseraquarium** Deutschlands, in dem alle Unterwasserbewohner der Mecklenburgischen Seenplatte zu bewundern sind. Ein riesiges Becken beherbergt einen ebenso riesigen Maränenschwarm. In kleineren Becken findet man Fische in allen Größen – Bewohner von Seen und Fließgewässern in verschiedenen Bereichen.

In den **oberen Räumen** kann man sehen, wie ein See- oder Fischadler aussieht und welche Enten auf den heimischen Seen

TOUREN-STECKBRIEF

Anfahrt: Das Müritzeum befindet sich in der Stadtmitte von Waren in direkter Nachbarschaft zur Altstadt. Am besten folgt man von der Hauptstraße den Wegweisern und parkt auf dem großen zentralen Parkplatz in Altstaadtnähe bei **GPS N 53°30′59.3″, E 12°40′50.8″.** Wer sein Quartier in Waren hat, erreicht das Museum auch mit dem Stadtbus. Die Haltestelle Zentrum befindet sich direkt neben dem Großparkplatz. Von hier läuft man fünf Minuten zum Müritzeum.

Öffnungszeiten: April bis Oktober täglich 10–19 Uhr, im Winter bis 18 Uhr. Eintritt €14, Kinder 6–16 Jahre €6, Familienkarte €34. www.mueritzeum.de

Einkehr: Viele Restaurants und Cafés in unmittelbarer Umgebung.

In der Nähe: Warener Altstadt, Stadthafen Waren.

schwimmen. Hier findet man auch eine Zeitreise von der Eiszeit bis zur Gegenwart. Ein ausführliches Kapitel beschäftigt sich mit der Zeit zwischen 1945 und 1989. So bekommen hier auch »die Westdeutschen« einen Einblick in die Geschichte der landwirtschaftlich geprägten Region. Beginnend bei der Enteignung der Gutsherren, über die mehr oder weniger freiwillige Organisation in LPGs, bis zu neuen Umwälzungen im Rahmen der Wiedervereinigung. Für Kinder ist das Ratespiel mit **Vogelstimmen** und den dazugehörigen Vögeln ein weiterer Höhepunkt.

> Lecker zubereiteten frischen Fisch serviert man in der **Hafenadvokatur** direkt am Warener Stadthafen. Wer keinen Fisch mag, findet dort auch Alternativen. Freundlicher Service und faire Preise. Sehr empfehlenswert.
>
> Die Schnellversion des frischen Fischgenusses findet man am Anleger an der Steinmole im **schwimmenden Fischereiimbiss**. Preisgünstig und gut.

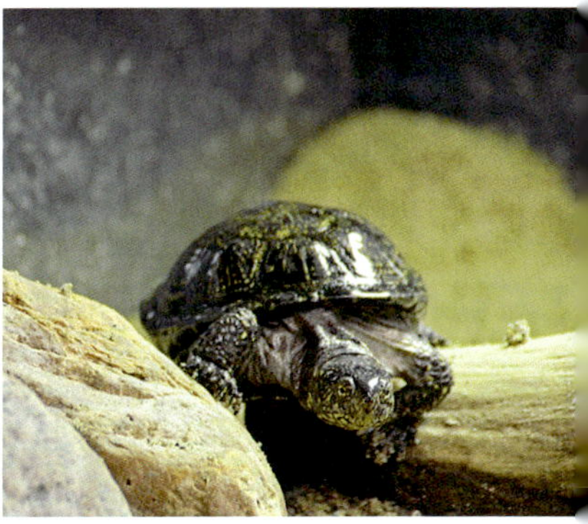

Wer nach so vielen Informationen frische Luft braucht, findet im **Außengelände** einen Rundweg um den kleinen Herrensee, an dem man jede Menge Wasservögel beobachten kann. Für informationsmüde Kinder gibt es außerdem zwei **Spielplätze** und im Restaurant »Fischers Küche« neben dem Museum hausgebackene Brownies oder Eierkuchen mit Apfelkompott. Wer will, kann hier auch richtig essen. Mehr kulinarische Auswahl findet man in der Altstadt und im nahe gelegenen Stadthafen.

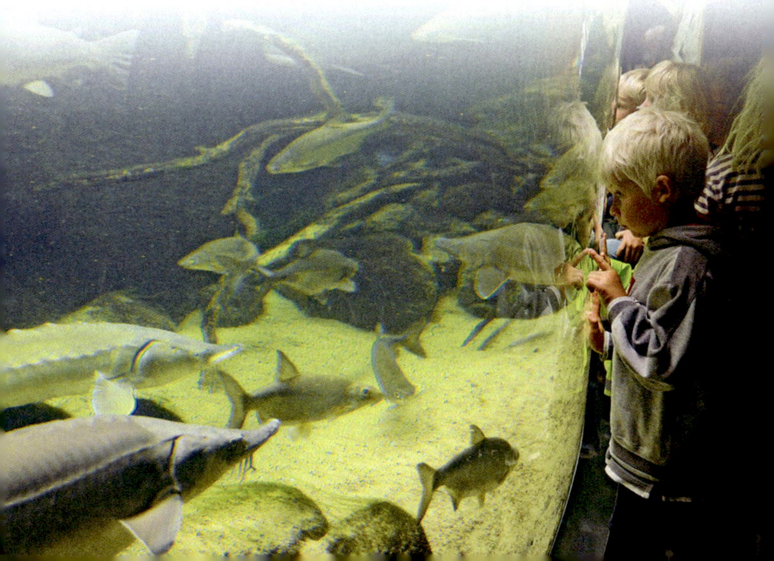

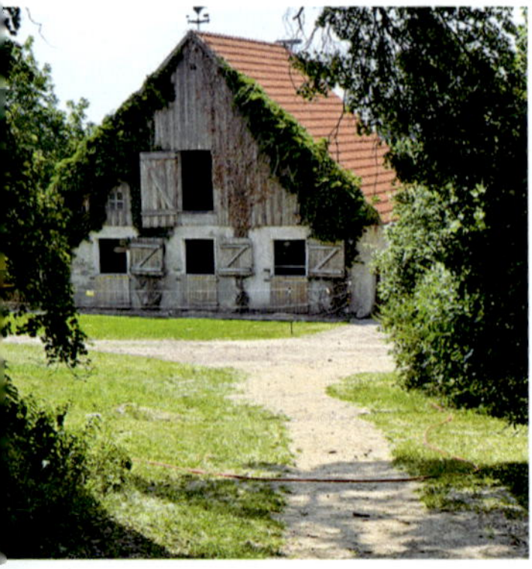

Tour 15: Landschaftspfleger auf vier Beinen

Fahrradtour zum Müritzhof

eben

STRECKE 17 km

3 h

ab 6

Der Müritzhof ist eines unserer Lieblingsziele im Nationalpark. Man sitzt hier in wunderbarer Landschaft mit weitem Blick bis zur Müritz. Zur Erhaltung der Wiesenflächen hält man auf dem weitläufigen Gelände Rauhwoller, Fjällrinder und eine Herde Shetlandponys, die man als Besucher mit etwas Glück von der Aussichtsplattform erspähen kann. Außerdem bekommt man auf der Terrasse des von der Lebenshilfe Waren betriebenen Gutes köstlichen Kuchen und deftige, frisch zubereitete Mahlzeiten. Der Weg dorthin ist von Waren aus auch für die jüngsten Radler zu schaffen. Wer schon etwas mehr Kondition hat, nimmt für die Rückkehr den Weg am besonders reizvollen Ostufer der Feisneck mit zwei schönen Badestellen.

Radtour: Vom Parkplatz folgt man dem breiten Fahrweg bis zur **Pension Fledermaus**. Ab hier geht es am Waldrand entlang und der Weg wird leicht sandig, ist aber noch fahrbar. Nach etwa 3,5 Kilometern zweigt links ein Pfad zum **Beobachtungshäuschen am Warnker See** (1) ab. Vor allem im Herbst lassen sich hier Hunderte von Enten, Gänsen und Schwänen über das Wasser treiben. Am sogenannten Spülsaum der Wasserfläche sind manchmal auch Seeadler zu sehen.

Kurz hinter dem Beobachtungspunkt knickt der Weg links ab. 800 Meter weiter zweigt rechts ein breiter **Schotterweg** (2) ab, der zum **Müritzhof** (3) führt, wo man genug Zeit für eine Pause einplanen sollte. Neben den Tieren auf der Weide gibt es auch noch eine kleine Ausstellung über die Geschichte des Hofes zu

TOUREN-STECKBRIEF

Anfahrt: Von Waren den Wegweisern zum Warener Eingang des Müritz Nationalparks folgen. Am Eingang gibt es bei **GPS N 53°29'49.6, E 12°41'20.7"** einen großen Parkplatz und ein Rangerhäuschen mit Spielplatz. Wer Fahrräder braucht muss diese vorher in Waren leihen.

Fahrradverleih: Am günstigsten gelegen ist der Verleih Harry Hurtig, Am Seeufer 24. Standardrad €10 pro Tag, Kinderrad 20 bis 24 Zoll €8, auch Mountain- und eBikes. www.harryhurtig.de

Highlights: Beobachtungshaus am Warnker See (verschiedene Enten, Seeadler), Müritzhof mit vielen Tieren, Badestellen am Feisneck-Ostufer.

Einkehr: Müritzhof (www.müritzhof.de).

In der Nähe: Warener Altstadt, Stadthafen Waren.

sehen und unten an den Stallungen kann man in einen Bienenstock schauen.

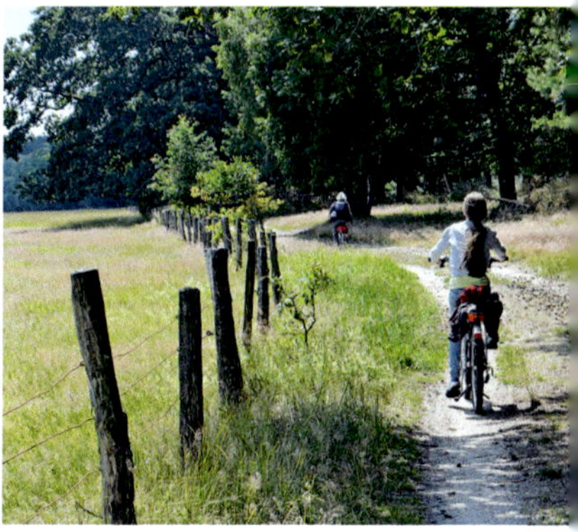

Auf dem breiten Fahrweg verlassen wir den **Müritzhof** und fahren bis zur ersten Weggabelung. Hier geht es rechts. Kurz darauf folgt ein weiterer Abzweig zu einem **Beobachtungshaus** ④ auf der anderen Seite des Warnker Sees.

Einen knappen Kilometer weiter treffen wir auf eine **Kreuzung mit Picknickhäuschen** ⑤. Der schnellste Weg zurück nach Wa-

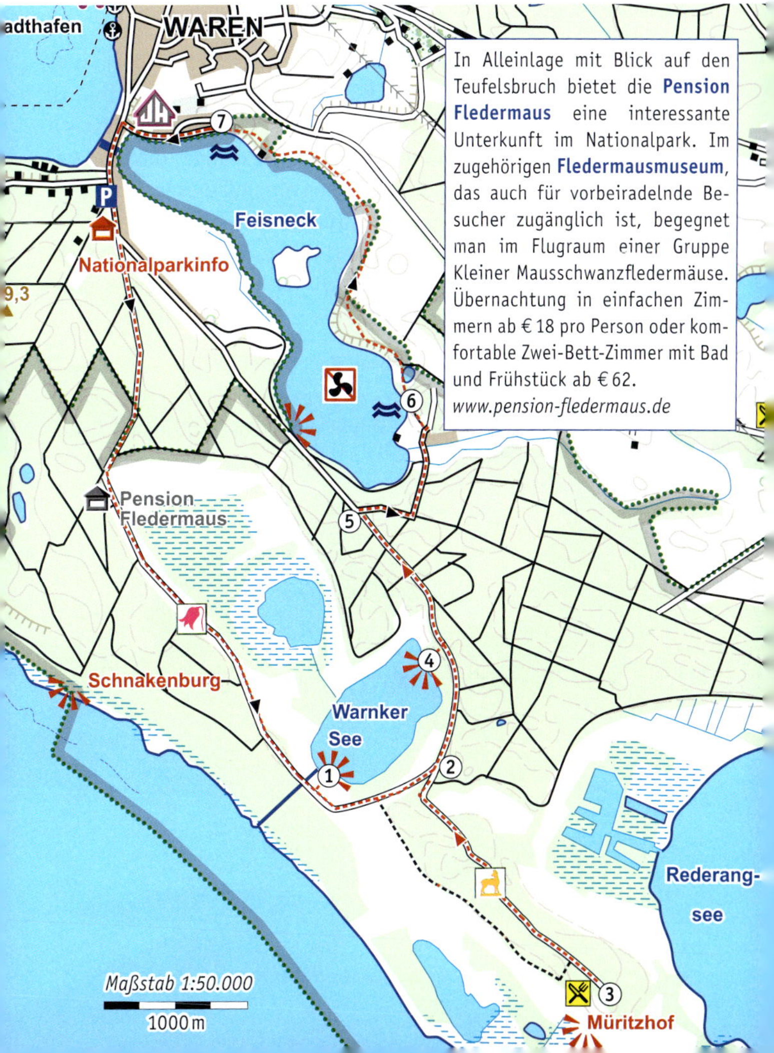

In Alleinlage mit Blick auf den Teufelsbruch bietet die **Pension Fledermaus** eine interessante Unterkunft im Nationalpark. Im zugehörigen **Fledermausmuseum**, das auch für vorbeiradelnde Besucher zugänglich ist, begegnet man im Flugraum einer Gruppe Kleiner Mausschwanzfledermäuse. Übernachtung in einfachen Zimmern ab € 18 pro Person oder komfortable Zwei-Bett-Zimmer mit Bad und Frühstück ab € 62.
www.pension-fledermaus.de

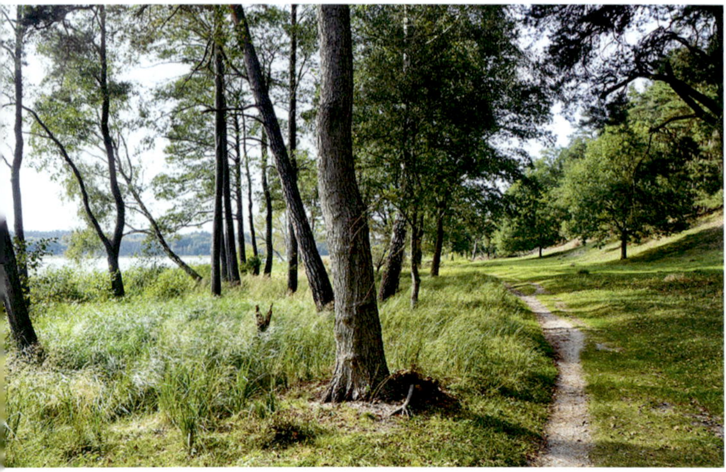

Am Ostufer der Feisneck

ren führt hier über die Fahrstraße nach links. Viel schöner ist es aber, am Ostufer der **Feisneck** entlangzuradeln. Um dorthin zu kommen, biegen wir rechts ab und folgen der für Autos gesperrten Fahrradstraße. Etwa 500 Meter weiter mündet links ein unmarkierter Fahrweg aus Betonplatten ein. Auf diesem fahren wir weiter über einen Hügel und bis zum Ende der Betonstrecke, wo wir auf den mit gelbem Schmetterling markierten **Feisneckrundweg** treffen. Diesem folgen wir nach links auf einen Grasweg und erreichen gleich darauf die erste **Badestelle** ⑥.

Der Boden ist hier leicht moorig. Rechts neben dem Seezugang – nur vom Wasser aus zu sehen – sitzen auf einer Reihe Holzpflöcke oft Enten und Kormorane, die hier ihre Flügel trocknen.

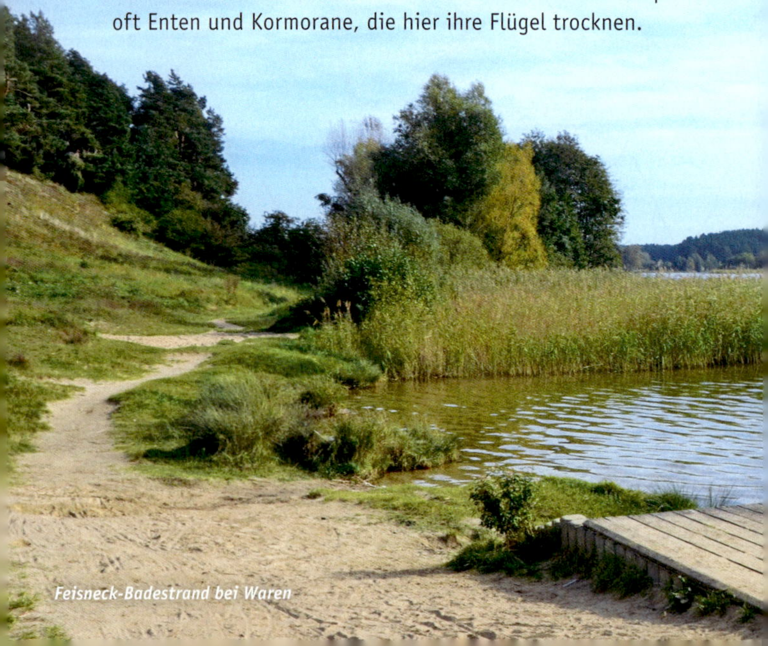

Feisneck-Badestrand bei Waren

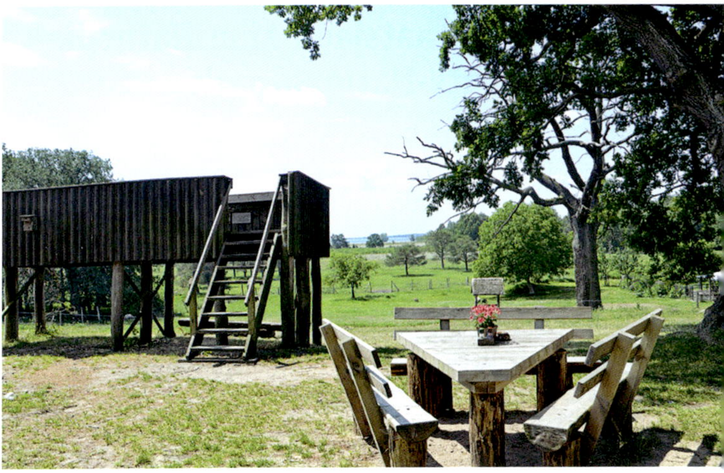

Direkt neben den Tischen des Müritzhofes kann man von einer Aussichtsplattform bis zur Müritz schauen.

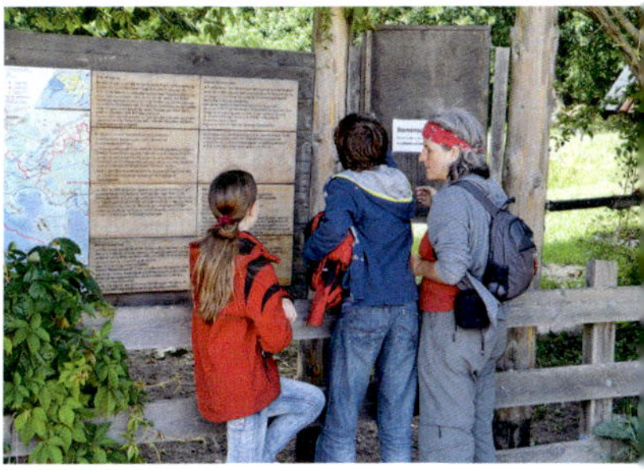

Das Ostufer der Feisneck erinnert schon fast an eine Parklandschaft. Es gibt viele schöne Stellen am See und kurz vor Waren noch einmal ein großes **Strandbad** ⑦ mit Sandufer, an dem man die Radtour ausklingen lassen kann. Das letzte Stück zurück zum Auto ist von hier schnell geschafft. Man fährt zwischen dem Seeufer und den ersten Häusern, bis die Straße an der **Jugendherberge** auf die Verbindungsstraße zwischen Waren und dem Ortsteil Ecktannen trifft. Hier geht es links. Vorbei am Abzweig zum Camping Ecktannen erreicht man nach etwa 500 Metern wieder den Parkplatz am Naturparkeingang Waren.

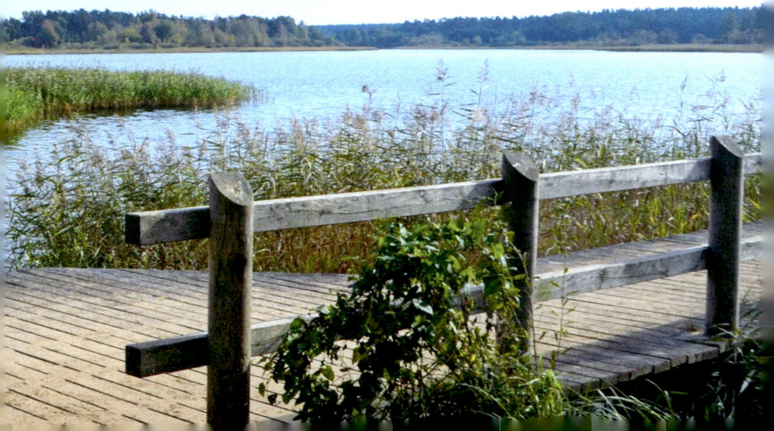

Von der Staatsjagd zum Naturpark
Der Müritz-Nationalpark

Im Specker Horst stellten die Mächtigen des Landes Hirschen und Schwarzwild nach, östlich des Zillmannsees übten die Truppen der DDR die Kriegsführung. Die Bewohner der Region hatten zum Gebiet an der Müritz lange Jahre keinen Zutritt. Im 1990 gegründeten Nationalpark erschließen heute markierte Wander- und Radwege das Gebiet, das aus zwei räumlich getrennten Bereichen besteht: Dem Gebiet östlich der Müritz und einem zweiten, viel weniger besuchten zwischen Neustrelitz und Feldberg um das Forsthaus von Serrahn.

An der Müritz wurde im letzten Jahrhundert intensive Forstwirtschaft betrieben und heute bedecken Fichtenwälder große Flächen. Im Serrahner Teil des Nationalparks dominieren seit Jahrzehnten unberührte, uralte Buchenwälder, die als Teil des UNESCO-Weltnaturerbes ausgewiesen sind. Um den Fichtenwäldern die Vielfalt zurückzugeben, wird an der Müritz heute noch schonend eingegriffen. Ziel ist, in ein paar Jahren auch hier der Natur ihren Lauf zu lassen, wie es jetzt schon in den Kernzonen geschieht.

Vorrichtungen zur Entwässerung wurden rückgebaut und so sind in den letzten 20 Jahren neue Sümpfe entstanden, die Heimat bieten für Eisvogel, Kranich und Rohrdommel. In den Wäldern und an den über 100 Seen des Parks finden See- und Fischadler gute Lebensbedingungen und in den ausgedehnten Wäldern leben die Hirsche inzwischen unbehelligt von Jägern.

Das Nationalparkticket

Unterwegs mit Bus und Boot

Die meisten Straßen im Nationalpark dürfen mit dem Auto nicht befahren werden. Parkplätze findet man an den ausgeschilderten Eingängen. Weiter in den Park hinein kommt man zu Fuß, mit dem Kanu oder dem Fahrrad. Eine gute Ergänzung dazu ist der Nationalparkbus. Auf seinem Anhänger transportiert er auch Fahrräder. Wer Touren mit Bustransfer plant, sollte immer zuerst Bus fahren und vorher gründlich den Busfahrplan studieren! Der erste Bus fährt in Waren ab etwa 9.30 Uhr, in Boek ab etwa 10.30 Uhr. Die letzte Abfahrt von Waren in Richtung Boek startet auch im Hochsommer bereits um 17.00 Uhr, an Sonn- und Feiertagen um 15.30 Uhr, letzte Abfahrt von Boek in Richtung Waren gegen 18.30 Uhr. Wer den letzten Bus verpasst, muss zu Fuß oder per Rad zurück!

Die Nationalparklinie fährt von April bis Oktober. Wer ein Ticket für Bus und Schiff löst, kann außerdem mit der Weißen Flotte über die Müritz fahren.

Familien-Tagesticket Bus €18,
Familien-Tagesticket Bus und Boot €38,
Fahrrad €2. www.mueritz-rundum.de

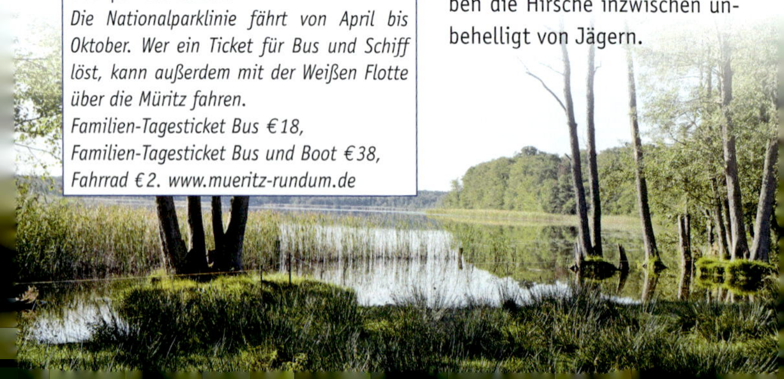

Tour 16:
Auf dem Eichhörnchenweg

Ein Spaziergang für junge Naturforscher*innen

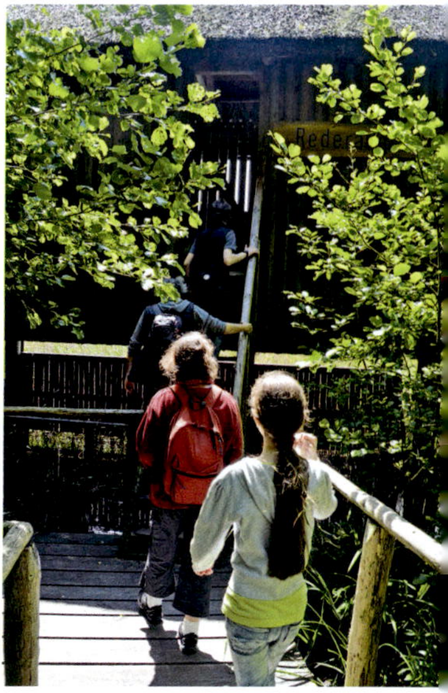

Auf Forstwegen und einem schmalen Waldpfad folgen wir dem roten Eichhörnchen durch die Kernzone des Müritz-Nationalparks. Unser Weg führt vorbei am stillen kleinen Jankersee, an dem regelmäßig Fischadler jagen. Ein kurzer Abstecher bringt uns zur Beobachtungshütte am Rederangsee. Ein dicker Pfannkuchen mit Kirschen oder Käse in der »Bunten Kuh« in Federow belohnt anschließend die fleißigen Wanderer. Die Kamera in der Naturparkinformation, die Livebilder aus dem nahen Fischadlernest überträgt, tröstet kleine und große Naturforscher, wenn auf der Wanderrunde einfach kein Fischadler in Sicht war.

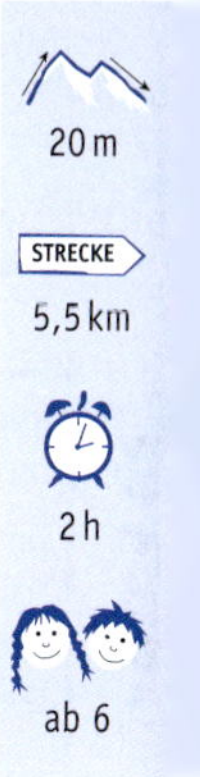

Wanderung: In **Schwarzenhof** zweigt neben dem **Wohnmobilstellplatz** ein Weg von der Straße ab, der sich kurz darauf teilt. Wir nehmen den Waldweg nach rechts, der bereits mit dem Eichhörnchensymbol markiert ist. Nach einem knappen Kilometer kommen wir an eine weitere **Kreuzung mit Wegweisern** ①. Vorsicht, der Eichhörnchenweg ist ein Rundweg und geht hier sowohl geradeaus weiter als auch nach rechts. Wir wählen den rechten Weg, der schnurgerade durch den Wald verläuft, bis nach etwa zehn Minuten ein **schmalerer Weg** ② links abzweigt und sich parallel zum Hauptweg durch den Wald schlängelt. Es geht ein bisschen Auf und Ab, bis wir kurz vor dem **Abzweig zum Jankersee** ③ wieder zum Hauptweg zurückkommen.

TOUREN-STECKBRIEF	
Anfahrt: Mit dem Auto nach Federow bis zum Parkplatz an der Naturparkinfo bei **GPS N 53° 29'3.1", E 12° 45'33.7"**. Von dort mit dem Bus nach Schwarzenhof und zu Fuß zurück. Oder: Von Waren über Kargow (ausgeschildert als Nationalparkeingang Federow). Noch besser: Die Anfahrt mit dem Nationalparkbus. Mit dem Bus kann man beide Orte auch von der südlichen Seite von Boeck erreichen!	**Charakter:** Breite Waldwege und ein schmaler, wurzeliger Waldpfad, meist schattig, Rückfahrt per Bus. **Highlights:** Jankersee und Rederangsee, Livekamera vom Fischadlerhorst in Federow. **Einkehr:** Gaststätte Bunte Kuh oder Hotel Altes Gutshaus in Federow. **In der Nähe:** Aussichtsturm auf dem Käflingsberg und Wildpark in Boek (mit dem Bus erreichbar).

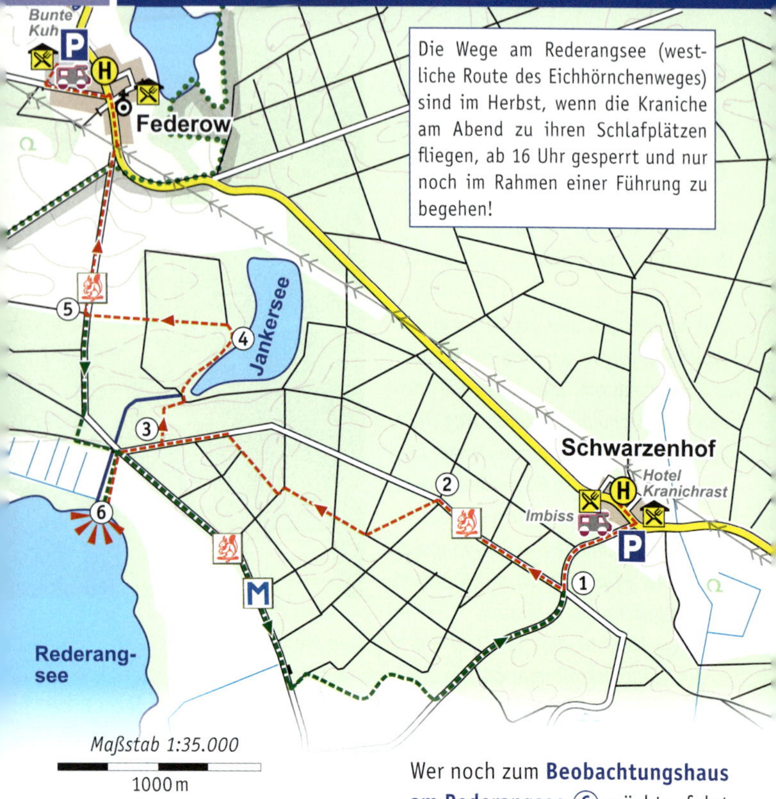

Rückweg ohne Bus

Insgesamt 9 km, Gehzeit gut 3 Stunden

Im Herbst, wenn der Bus seinen Betrieb schon eingestellt hat, fährt man mit dem Auto nach Schwarzenhof und läuft den Eichhörnchenweg als Rundweg. Wendepunkt ist dann der Ausguck am Rederangsee. Der Rückweg verläuft ebenfalls sehr reizvoll auf einem breiten Sandweg unter einer Eichenallee am Wiesenrand entlang. Möglichkeit zur Einkehr bieten Üdi's Rastplatz und das Nationalparkhotel Kranichrast in Schwarzenhof.

Wer noch zum **Beobachtungshaus am Rederangsee** ⑥ möchte, folgt dem Fahrweg weitere 200 Meter geradeaus, bis der Pfad zum **Seeufer** abzweigt (zusätzlich 15 Minuten). Im Herbst landen am Rederangsee die Kraniche, um am See zu übernachten. Zu anderen Zeiten können wir hier an den Ufern Hirsche entdecken, die zum Trinken kommen.

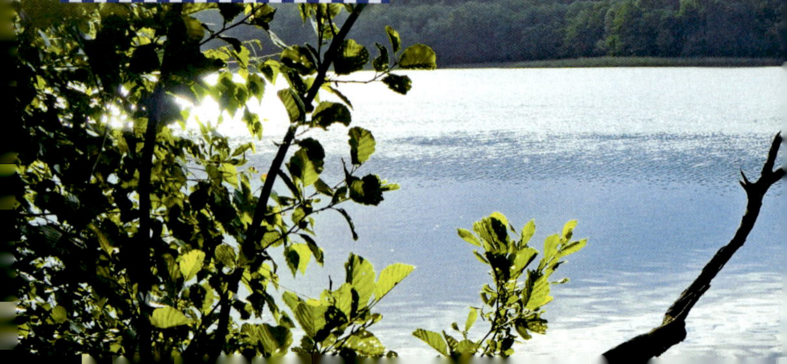

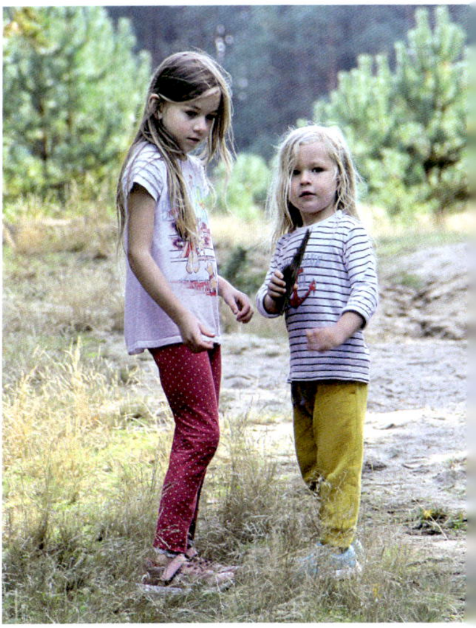

Dann geht es zurück zum **Abzweig** ③ und von dort über einen Hügel hinunter zum **Jankersee**. Das Eichhörchensymbol führt uns links am Ufer entlang bis zu einem freien **Platz mit Seeblick** ④. Besonders viel Chancen von hier jagende Fischadler zu sehen hat man am Morgen oder am späten Nachmittag. Haben die Adler Nachwuchs, steigt der Futterbedarf. Dann geht es links über viele Wurzeln steil hinauf. Oben angekommen folgen wir dem Pfad zwischen Bäumen hindurch bis zu einem **Fahrweg** ⑤. Diesem folgen wir nach rechts.

Die letzte Viertelstunde Fußweg nach Federow ist dann nicht mehr ganz so spannend. Dafür erwartet uns am Ziel noch eine Einkehr in der **Bunten Kuh** (www.diebuntekuh.com) mit Pfannkuchen oder Bratkartoffeln, der kleine Streichelzoo, ein neuer Spielplatz und die Naturparkinfo mit jährlich wechselnder Ausstellung, vielen spannenden Büchern und Live-Bildern aus dem Fischadlerhorst an der Straße nach Schwarzenhof. Dort ist neben dem Nest eine Kamera installiert, welche die Vögel, die hier schon seit Jahren ihre Jungen aufziehen, nicht weiter irritiert.

Ist ein **Fischadler auf der Jagd** kreist er in einer Höhe von etwa zehn bis 30 Metern über der Wasseroberfläche. Von unten sieht man einen beinahe weißen Vogel mit den typischen Adlerschwingen und einer beachtlichen Flügelspannweite. Manchmal steht er auch kurzzeitig wie ein Falke rüttelnd über der Seeoberfläche. Hat er etwas entdeckt, lässt sich der Adler im Sturzflug ins Wasser fallen. Fischadler sind die einzigen Greifvögel, die beim Greifen des Fisches auch komplett ins Wasser eintauchen. War die Jagd erfolgreich, fliegt der Adler mit dem Fisch in den Fängen davon.

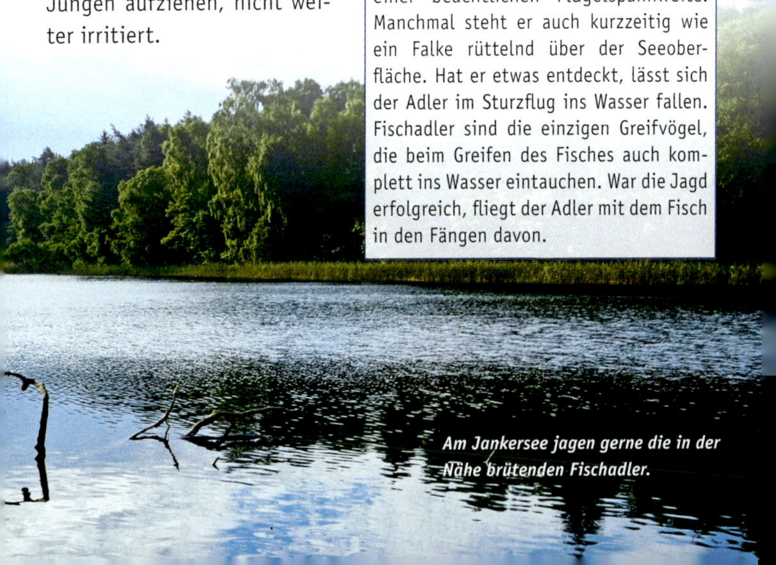

Am Jankersee jagen gerne die in der Nähe brütenden Fischadler.

Jäger mit schwarzer Maske
Der Fischadler in Mecklenburg

Mit seinem schwarzen Augenstreif sieht er aus ein bisschen aus wie Zorro. Vom Boden aus erkennt man einen Fischadler an seinem weißen Körper mit dunkleren Flügeln. Die Flügel wirken schmal und lang und das Flugbild ist dem einer Möwe sehr ähnlich.

Der Fischadler ist ein Nahrungsspezialist: Er mag ausschließlich Fisch. Seine Beute holt er sich in spektakulären Jagdflügen aus dem Wasser. In einer Höhe von etwa zehn bis 30 Metern kreist er über der Wasseroberfläche, bis er dort etwas entdeckt. Manchmal steht der Vogel dabei auch kurzzeitig wie ein Falke rüttelnd über der Seeoberfläche. Ist ein Fisch in Sicht, lässt sich der Adler mit den Klauen voraus im Sturzflug ins Wasser fallen. Fischadler sind die einzigen Raubvögel, die beim Greifen des Fisches komplett ins Wasser eintauchen. War die Jagd erfolgreich, fliegt der Adler mit dem Fisch in den Fängen davon. Größere Fische dreht er dazu und trägt sie mit dem Kopf in Flugrichtung. Wenn Nestlinge zu versorgen sind, wird besonders viel Futter gebraucht. In dieser Zeit sind die Chancen besonders gut, eine Fischjagd live zu beobachten.

Den Winter verbringen Fischadler im warmen Süden. Erst wenn die Seen nicht mehr gefroren sind, kehren die Greife nach Mecklenburg zurück. Meist wird zur Ablage der Eier der Horst vom letzten Jahr bezogen und oft tun sich dabei Vogelpaare vom Vorjahr erneut zusammen.

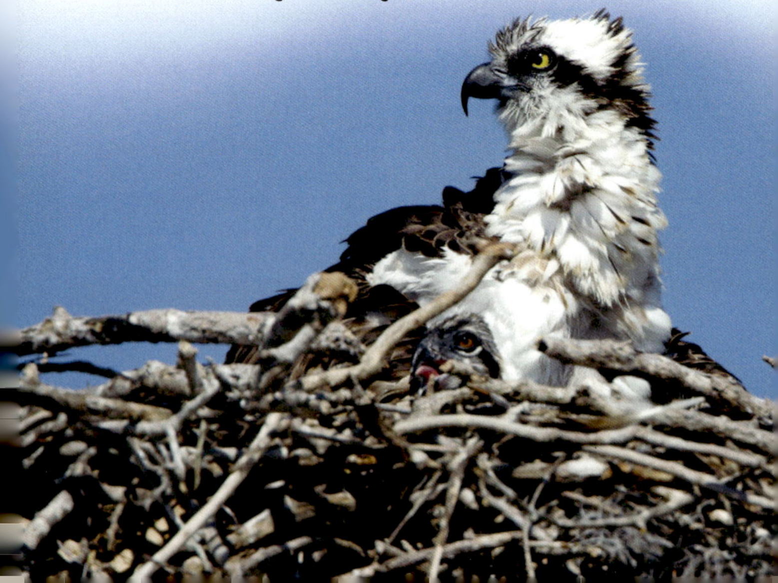

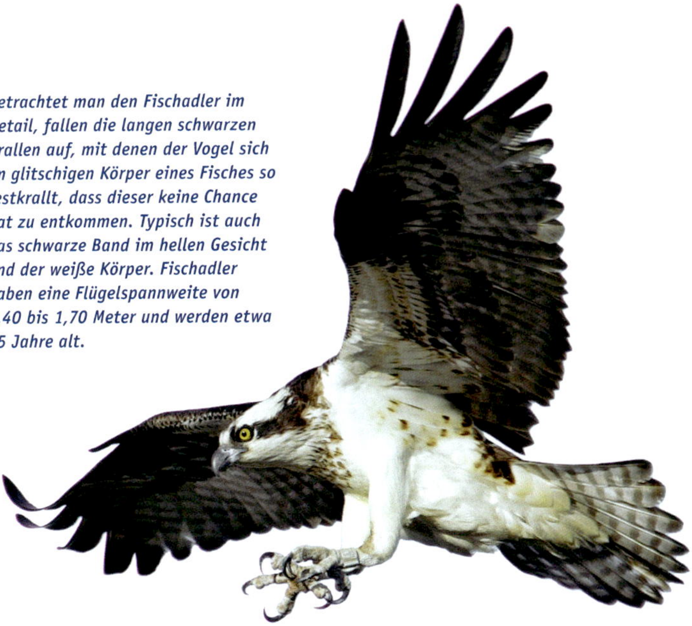

Betrachtet man den Fischadler im Detail, fallen die langen schwarzen Krallen auf, mit denen der Vogel sich im glitschigen Körper eines Fisches so festkrallt, dass dieser keine Chance hat zu entkommen. Typisch ist auch das schwarze Band im hellen Gesicht und der weiße Körper. Fischadler haben eine Flügelspannweite von 1,40 bis 1,70 Meter und werden etwa 25 Jahre alt.

Fischadler bauen ihre bis zu 1,50 Meter breiten Nester in der Krone einzeln stehender hoher Bäume. Hier im Nationalpark findet man die meisten Horste jedoch auf Masten der Hochspannungsleitung. Inzwischen hat man an vielen Stellen Nisthilfen angebracht, die es den Adlern erleichtern, Äste und Zweige zu einem stabilen Horst zu verflechten. Im April legt das Weibchen zwei bis drei Eier und ist dann fünf bis sechs Wochen mit Brüten beschäftigt. Während der Brut- und Aufzuchtzeit jagt das Männchen allein.

Im Mai schlüpfen die jungen Adler. Sie werden im Nest mit Futter versorgt, bis sie nach etwa 50 Tagen mit ersten Flugversuchen beginnen. Schon wenige Wochen später stehen sie auf eigenen Füßen. Bereits Ende August verlassen zuerst die Weibchen das Brutgebiet, um nach Süden zu fliegen und im Mittelmeerraum oder in Afrika zu überwintern. Mitte September folgen ihnen die Männchen. Die Jungvögel fliegen zuletzt. Jeder Adler geht dabei alleine auf die Reise.

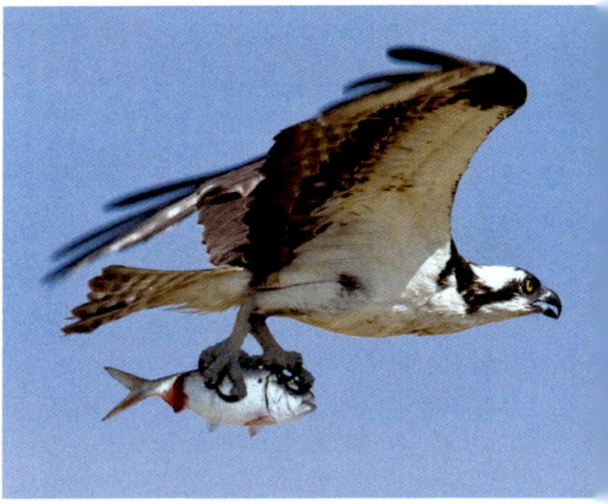

Wer mehr über Fischadler erfahren will, dem sei das **Buch** »Fischadler« des Hinstorff Verlages empfohlen. Die spannende Geschichte wie es dem Autor Dieter Mahlke gelungen ist, die Tiere von ganz nahe zu fotografieren, liest sich fast wie ein Roman und die Fotos sind wirklich eindrucksvoll.
ISBN 3356012479, € 12,90

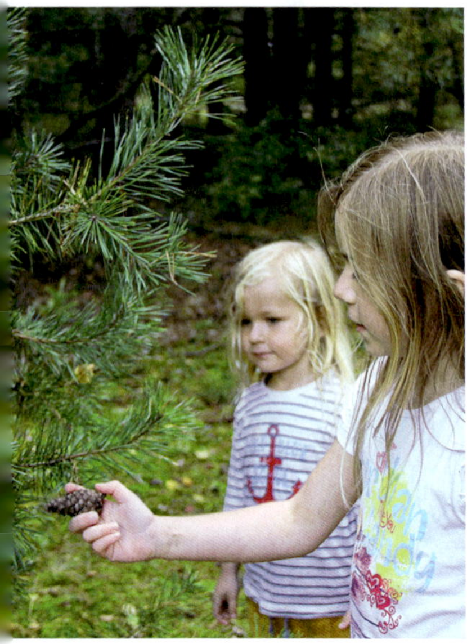

Tour 17: Rund um Speck

Vom Mühlensee zum Käflingsberg

Speck ist in diesem Fall der Name eines Dorfes. Es liegt an der Strecke des Nationalparkbusses und besteht aus wenigen Häusern, einer kleinen Kirche und einer netten Möglichkeit zur Einkehr. Der Hirschrundweg, der hier startet, präsentiert auf nicht mal sechs Kilometern die wesentlichen Landschaftsformen des Nationalparks und ist wirklich schön zu laufen. Ein schmaler Waldpfad führt am Ufer des Mühlensees an den Überflutungsbereichen entlang. Die für den bewirtschafteten Teil des Parks typischen Weideflächen auf der anderen Seite des Rundweges sind von einer betagten Eichenallee mit riesigen Bäumen gesäumt, unter der ein angenehmer Sandweg verläuft. Zwei Beobachtungsplattformen sorgen für weite Blicke über den Hofsee und den Priesterbäkersee. Der aufregende Aussichtsturm, von dem man bis Waren schauen kann, ist dann nur noch das i-Tüpfelchen auf dieser Wanderung.

35 m
STRECKE 5,5 km
2 h
ab 4

Wanderung: Von der **Haltestelle Mühlensee** läuft man wenige Meter die Straße hinunter in Richtung Speck und biegt dann links in den markierten Pfad zum See ein. Eine **Infotafel** versorgt uns mit den wichtigsten Informationen über die Entwick-

TOUREN-STECKBRIEF

Anfahrt: Mit dem Nationalparkbus zur Haltestelle Mühlensee fahren und nach der Wanderung am Käflingsberg wieder einsteigen. Achtung: Der letzte Bus in Richtung Waren fährt etwa 18.45 Uhr, der letzte Bus nach Boek schon gegen 18 Uhr! Infos unter www.mueritz-rundum.de.

Ohne Bustransfer kann man von Speck aus in fast der gleichen Zeit auch die komplette Hirschrunde laufen, auf der man ebenso alle typischen Landschaften des Nationalparks zu sehen bekommt, kommt dann aber nicht zum Turm. Speck erreicht man von Waren aus mit dem Auto oder von Federow oder Boek mit dem Fahrrad (jeweils 8 km einfach)

Charakter: Breite, aber sandige Wege am Waldrand und schmaler Waldpfad am Mühlensee. Weg zum Turm bis auf den letzten Anstieg fahrradtauglich. Schattig. Offene Metallgittertreppe am Aussichtsturm, wenig geeignet für Menschen mit Höhenangst. Der Turm ist frei zugänglich, Eintritt auf Spendenbasis.

Highlights: Schöne Wege, gute Plätze zur Tierbeobachtung, Aussichtsturm mit Fernrohr.

Einkehr: Imbiss Fuchsbau in Speck.

lung der Landschaft und erklärt anschaulich was passiert, wenn aus Land wieder Sumpf wird, weil das Wasser steigen darf. Links der Tafel hat man einen guten Blick über die Wasserfläche des **Mühlensees**. Auch im Verlauf des Weges kann man immer wieder über Pfade hinunter zum Wasser und durch die Bäume einen Blick auf die Seefläche erhaschen. Wer ein Fernglas dabei hat, sollte sich zwischen den abgebrochenen Stämmen am Ufer umschauen. Hier nisten Eisvögel und auf dem See leben Schwäne und verschiedene Enten.

Der schmale Pfad führt am Seeufer zum Waldrand. Wir laufen an einer Lichtung entlang, bis wir auf einen breiten **Waldweg** ① stoßen. Rechts hinunter erreichen wir bald die Straße und den **Wanderparkplatz**. Wir folgen der Straße ein kurzes Stück nach links bis wir den Ort **Speck** erreichen. Hier können wir im »Fuchsbau« bei heißem Eintopf oder hausgebackenem Kuchen eine Pause machen, bevor wir den Weg zum Aussichtsturm antreten. Für die Kids gibt es gegenüber ein Klettergerüst.

Die Entwässerungsgräben zur Trockenlegung der Feuchtgebiete wurden wieder zugeschüttet. Jetzt steigt das Wasser im Randgebiet der Seen und der dort entstandene Wald stirbt ab.

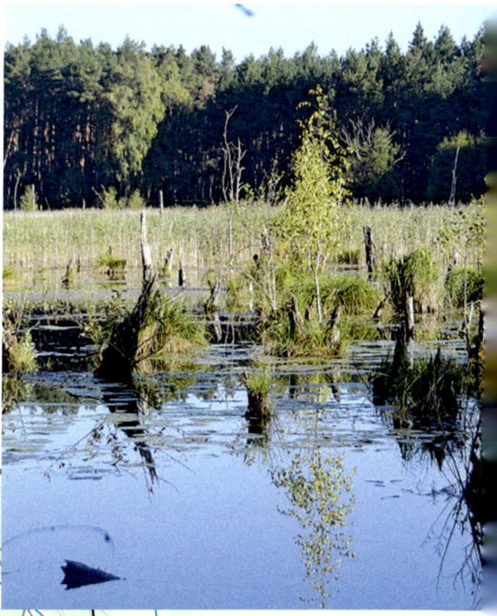

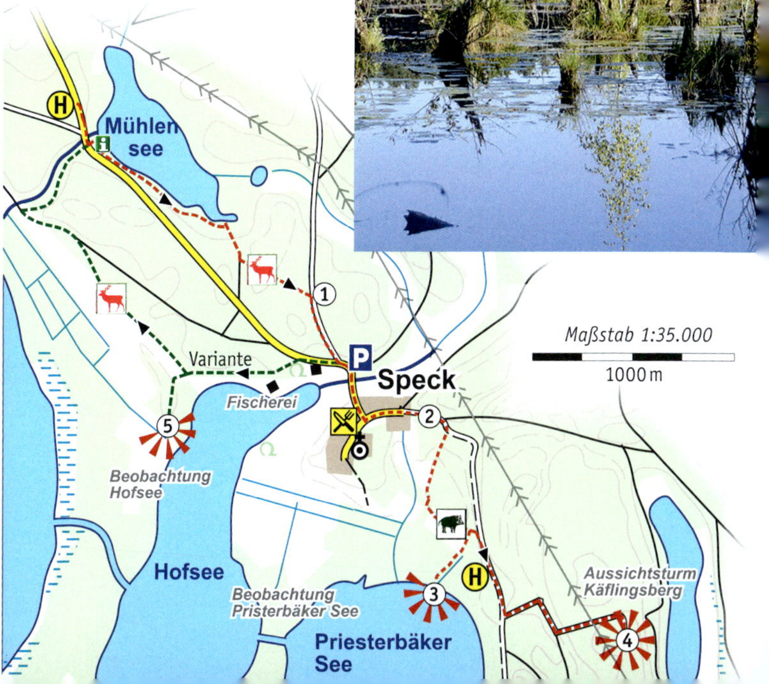

Von Speck zum Aussichtsturm:
Auf der Straße geht es aus dem Ort hinaus. An der **Schranke** ② am Ortsende führt rechts ein mit einem Wildschwein markierter Waldweg von der Straße weg und zu einem Aussichtpunkt am See. Der Weg verläuft im Wald am Rand einer Lichtung. Kurz bevor er wieder auf den Fahrweg trifft, führt ein markierter Pfad zu einer breiten, offenen **Holzterrasse** ③. Bei passendem Wetter sitzt man hier gemütlich in der Sonne mit weitem Blick über den **Priesterbäker See**.

Zurück am Abzweig biegen wir rechts zur Straße ab. Auf dem Waldweg neben der Straße laufen wir ein Stück rechts hinunter, vorbei an der **Bushaltestelle Käflingsberg**, an der man jetzt prima noch mal nachschauen kann, wann der nächste Bus fährt. Noch einmal gut 100 Meter weiter biegt auf der gegenüberliegenden Straßenseite der breite **Schotterweg zum Aussichtturm** ④ ab. Von hier geht es einen knappen Kilometer hinauf auf den Käflingsberg – bis zum Fuß der Metalltreppe, die uns 50 Meter höher über die Baumwipfel bringt. Der Blick durch das große Fernrohr wird nicht nur die Kinder faszinieren.

Dann laufen wir zurück zur Straße und zur **Bushaltestelle**. Wer noch Zeit zu überbrücken hat bis der Bus ankommt, findet am Fuß des Turmes drei Picknicktische und kann auch dort den passenden Zeitpunkt zum Abstieg zur Straße abwarten.

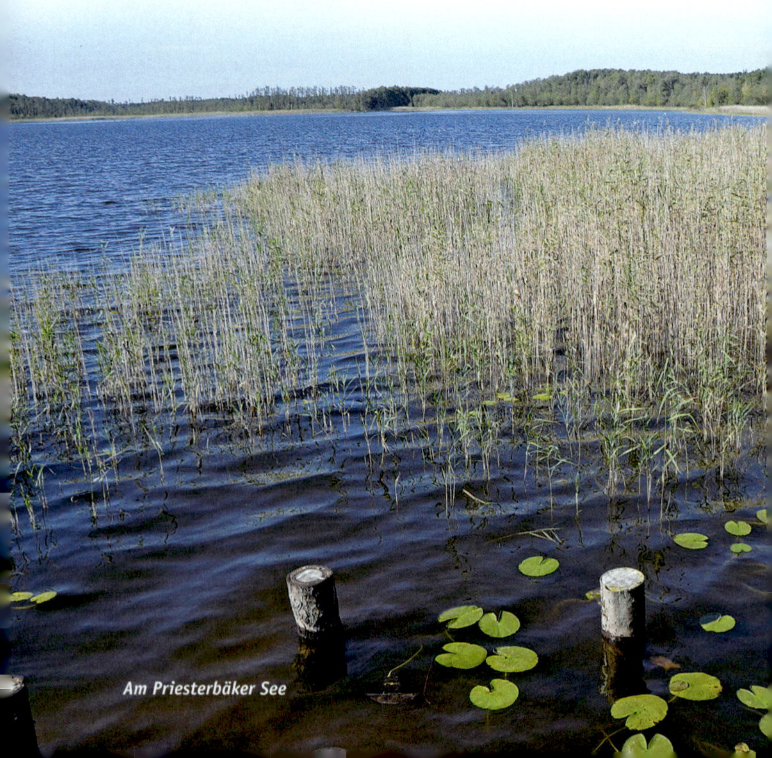

Am Priesterbäker See

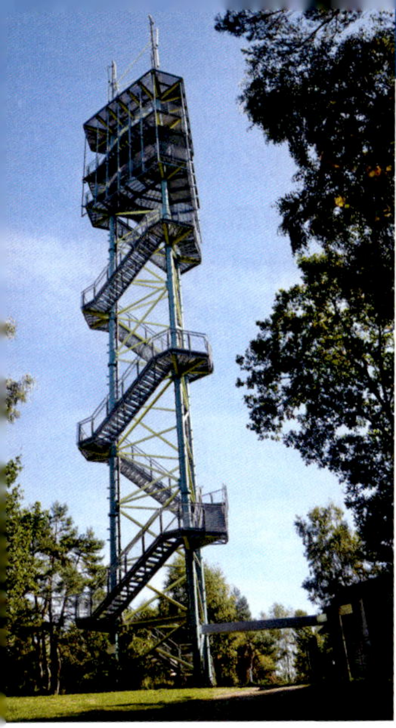

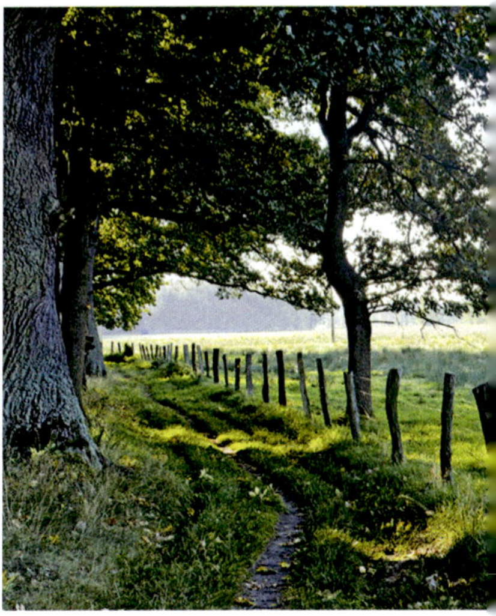

Aufregende Sache: Der Turm auf dem Käflingsberg

Rechts: Uralte Eichen säumen den Weg von Speck zum Mühlensee.

Variante für die Jüngsten

3 km, Gehzeit 50 min

Wer mit ganz kleinen Wanderern unterwegs ist, kann die Wanderung noch einmal kürzen und nur vom Mühlensee nach Speck laufen. Der Aussichtsturm mit seinen offenen Metalltreppen eignet sich sowieso eher für Kinder ab dem Schulalter.

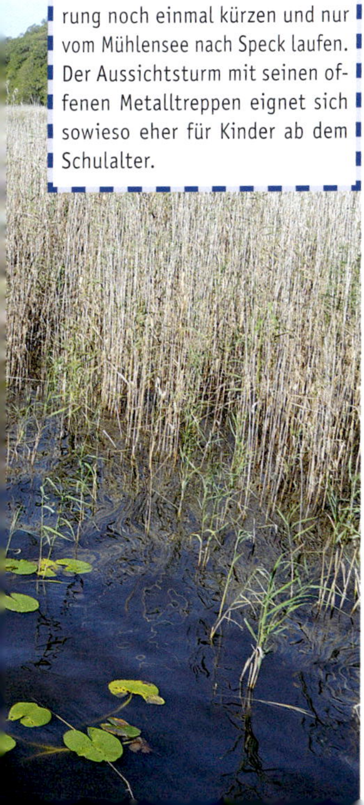

Variante ohne Bustransfer

6 km, Gehzeit 1,5 h

Von der Warener Seite kann man mit dem **Auto** bis Speck fahren. Von der Südseite ist die Straße zwischen Speck und Boek für Fahrzeuge gesperrt und Speck ist nur mit dem Bus oder Fahrrad erreichbar.

Am nördlichen Ortseingang von Speck befindet sich an der Straße ein **Wanderparkplatz,** von dem der Mühlenseerundweg startet (Markierung roter Hirsch). Man folgt erst der Straße in Richtung Schwarzenhof und biegt nach einigen Metern links in einen Naturweg ein. Vorbei an einer ehemaligen **Fischerei** läuft man auf einem Sandweg an Weiden entlang bis zu einem Abzweig nach links. Er führt zu einem Beobachtungshäuschen auf Stelzen mit weitem Blick über den **Hofsee** ⑤.

Wieder zurück auf dem Hauptweg laufen wir immer zwischen Weidegelände und Waldrand unter dem Dach großer uralter Eichen. Am Ende der Lichtung führt uns der Hirschweg rechts an einem Graben entlang, der noch vor 20 Jahren den Mühlensee entwässerte. Bald darauf überqueren wir die Straße kurz unterhalb der Bushaltestelle **Mühlensee**. Von dort geht es am See zurück nach Speck und wer dort Fahrräder stehen hat, kommt auch noch auf den **Aussichtsturm**. Den größten Teil der Strecke zum Käflingsberg kann man locker per Rad absolvieren.

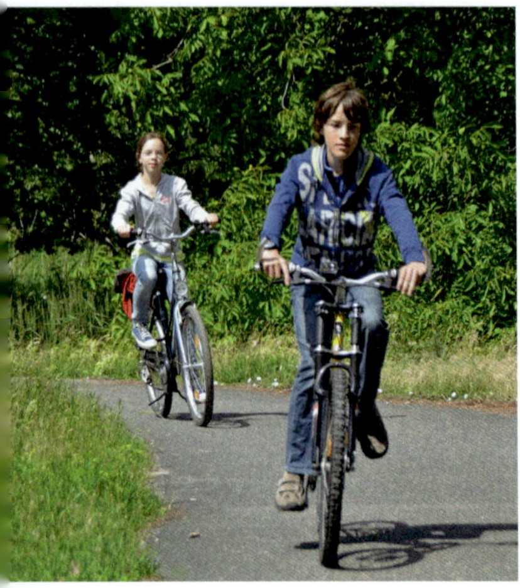

Tour 18: Auf dem Müritzrundweg

Mit Boot und Bike durch den Nationalpark

eben

STRECKE 36 km

5–6 h

ab 8

Vom Bolter Kanal bis nach Waren lassen wir uns vom Fährschiff der weißen Flotte über das Wasser tragen, zurück geht es dann mit dem Rad. Unser Weg führt direkt am Müritz-Ostufer hinunter und dann quer durch den Nationalpark. Zwei besonders schöne Pausenplätze teilen die Tour in drei überschaubare Etappen: Das erste Ziel ist der Müritzhof – ein alter Bauernhof im Herzen des Nationalparks. Eine zweite Pause machen wir im Dörfchen Schwarzenhof, wo Üdi's Rastplatz mit schönen Plätzen im Garten und Fischbrötchen, Bockwurst und Kuchen zu familienfreundlichen Preisen zu einem Stopp verführt. Dazwischen erleben wir ganz viel Natur. Mehrere Beobachtungsstände mit Blick über Warnker See, Rederangsee oder die Müritz bieten immer wieder neue Eindrücke. Und was könnte schöner sein, als zum Abschluss einer langen Radtour am herrlichen Sandstrand des Bolter Ufers ins Wasser zu springen und der Müritz auch noch einmal hautnah zu begegnen?

Vom Parkplatz am Feriendorf folgt man den Wegweisern zum **Fahrgastanleger** durch den Naturcamping Bolter Ufer und dann am Bolter Kanal entlang bis zum Anleger (mit dem Fahrrad etwa zehn Minuten rechnen). Das Schiff der weißen Flotte überquert die Müritz einmal der Länge nach, um nach etwa 90 Minuten in den Stadthafen von Waren einzulaufen.

TOUREN-STECKBRIEF

Anfahrt: Von der B 198 zwischen Vipperow und Mirow zum Nationalparkeingang Boek abbiegen und der Straße bis zur Bolter Schleuse folgen. Kurz hinter der Fischerrotunde führt eine Straße nach links zum Parkplatz vor dem Ferienpark Müritzparadies und dem Camping Bolter Ufer bei **N 53° 22'30.2, E 12° 46'8.6"**. Ein Fahrradverleih gibt es im Hafendorf Rechlin. Fahrrad € 10, Kinderrad € 7, eBike € 30 pro Tag, Tel. 01525 3828975. www.rechlinrad.de

Charakter: Von Waren bis Schwarzenhof breite, teilweise leicht sandige Naturwege. Von Schwarzenhof nach Boek befestigter Radweg (Schotter) und von Boek zum Bolter Ufer wieder Naturweg.

Highlights: Badestellen an der Müritz, Müritzhof, Vogelbeobachtungen an mehreren Beobachtungshäusern, Anfahrt nach Waren mit dem Schiff.

Einkehr: Müritzhof, Üdi's Rastplatz oder Nationalparkhotel Kranichrast in Schwarzenhof, Gasthof in Boek.

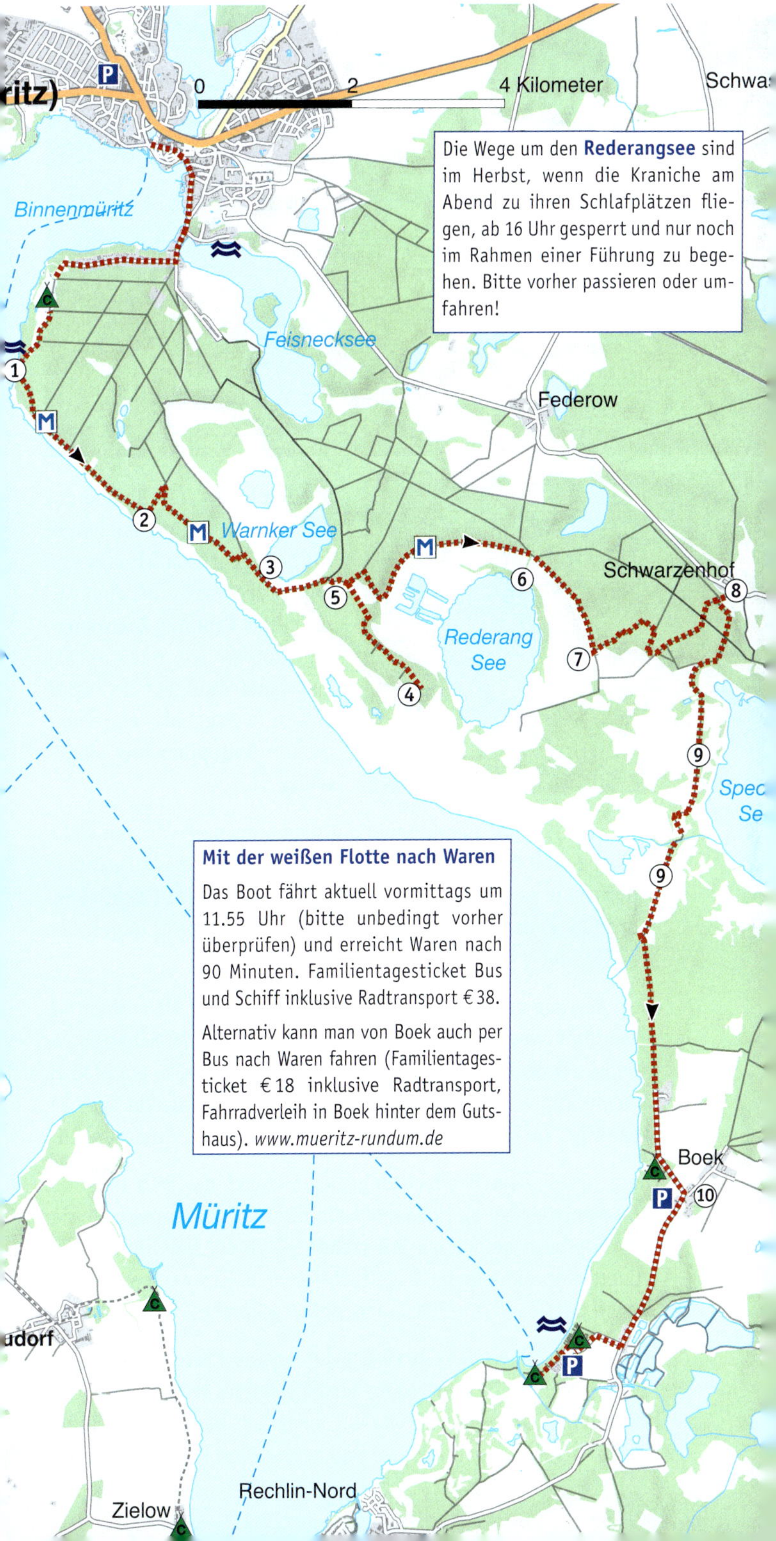

Die Wege um den **Rederangsee** sind im Herbst, wenn die Kraniche am Abend zu ihren Schlafplätzen fliegen, ab 16 Uhr gesperrt und nur noch im Rahmen einer Führung zu begehen. Bitte vorher passieren oder umfahren!

Mit der weißen Flotte nach Waren

Das Boot fährt aktuell vormittags um 11.55 Uhr (bitte unbedingt vorher überprüfen) und erreicht Waren nach 90 Minuten. Familientagesticket Bus und Schiff inklusive Radtransport € 38.

Alternativ kann man von Boek auch per Bus nach Waren fahren (Familientagesticket € 18 inklusive Radtransport, Fahrradverleih in Boek hinter dem Gutshaus). *www.mueritz-rundum.de*

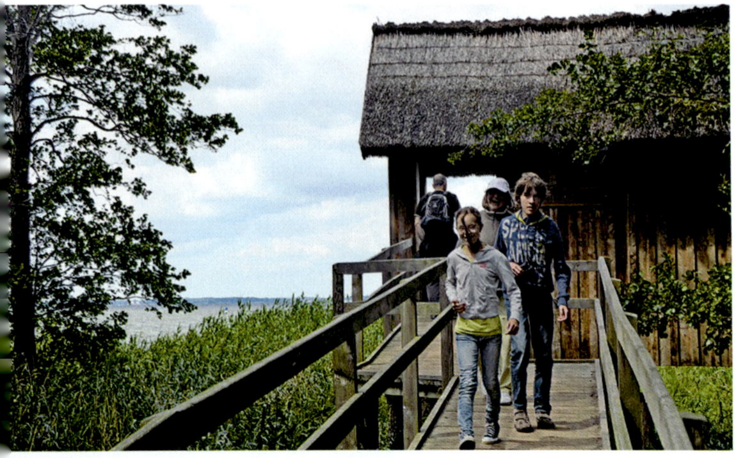

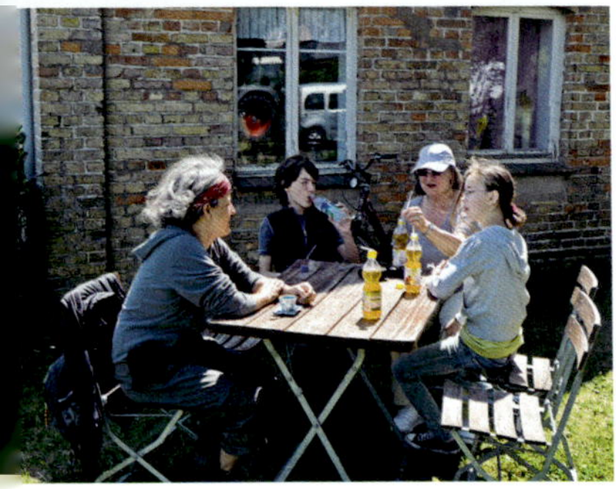

Die Radtour: Vom Bootsanleger (Waren Steinmole) halten wir uns rechts am Seeufer und folgen der Straße bis zum Abzweig zum **Camping Ecktannen**. Hier fahren wir nach rechts und radeln auf der schmalen Straße weiter bis zu einem großen **Badeplatz mit Liegewiese ①.**

Wir folgen der Wegmarkierung mit dem blauen »M« in den Wald, vorbei an der Waldschänke und auf gut befahrbarem Naturweg in Müritznähe durch den Wald bis zum **Aussichtpunkt Schnakenburg ②**. Eine überdachte Hütte bietet Gelegenheit, ungesehen das Tierleben auf der Müritz zu beobachten.

Vom Abzweig geht es links weiter bis zum Waldrand. Hier fahren wir – weiterhin dem blauen »M« auf der Spur – rechts im Schatten der Bäume am Waldrand entlang, bis auf der linken Seite ein Pfad zu einem weiteren Beobachtungsstand, diesmal am **Warnker See ③**, abzweigt. Im Herbst sammeln sich hier Tausende Wasservögel.

Kurz hinter dem Beobachtungspunkt knickt der Weg links ab. 800 Meter weiter zweigt rechts ein breiter **Schotterweg** ab, der zum idyllisch gelegenen **Müritzhof ④** führt. Der Hof und die zugehörige einladende Gaststätte werden von der Lebenshilfe Waren betrieben und integrativ bewirtschaftet.

Auf dem Fahrweg geht es zurück zur letzten **Kreuzung ⑤**. Dort zweigt rechts ein schmalerer, leicht sandiger Naturweg ab, der mit dem blauen »M« markiert ist. Immer am Waldrand radeln wir weiter bis nach weiteren drei Kilometern eine Kreuzung und das nächste Zwischenziel erreicht ist. Dort, wo unser Weg auf den Fahrweg stößt, führt rechts ein Pfad zum **Beobachtungsstand am Rederangsee** ⑥. Im Herbst kann man hier Kraniche beobachten. Der Weg ist dann aber ab 16 Uhr abgesperrt und nur noch im Rahmen einer Führung begehbar. Ist man zu anderen Zeiten hier, lohnt sich der kurze Abstecher auch für den Seeblick.

Zurück an der Kreuzung folgen wir weiter dem »M« auf einem von uralten Eichen gesäumten Weg nach rechts und wenig später vor einem **Stallgebäude** links. Am Waldrand fahren wir bis zu einem **Metalltor** ⑦**.** Dort geht es nach links (markiert mit Eichhörnchen und »M«). Auf einem breiten Waldweg umgehen wir ein paar Sandlöcher, bis wir die ersten Häuser von **Schwarzenhof** ⑧ erreichen. Wer noch einmal einkehren möchte, fährt links in den Ort hinein. In einem der letzten Häuser auf der linken Seite findet man den netten, preisgünstigen **Imbiss »Üdi's Rastplatz«**, wo man bei kalten Getränken, Eis, Fischbrötchen, Bockwurst oder Kuchen gemütlich im Garten sitzen kann, um sich für die letzte Etappe zu stärken.

Zur Weiterfahrt kehren wir zurück zum **Waldparkplatz,** an dem wir auch nach Schwarzenhof hineingerollt sind, und fahren etwa 200 Meter zurück, bis links der **Radweg nach Boek** abzweigt. Landschaftlich nicht ganz so spektakulär, aber dafür ohne viel Mühe, rollen wir auf glattem Boden dahin, sodass wir die acht Kilometer bis Boek recht zügig hinter uns lassen. Zwei Aussichtstürme im **Specker Horst** ⑨ sorgen zwischendurch für Abwechslung. Wir erreichen das Gutshaus von **Boek** ⑩ und radeln dort auf dem Radweg an der Straße weiter bis zum Bolter Ufer. Kurz hinter der Zufahrt zur Rotunde der Müritzfischer folgen wir dem Hinweisschildern zum Campingplatz. Hier können wir zum Abschluss am Müritzsandstrand baden, bevor wir den Heimweg antreten.

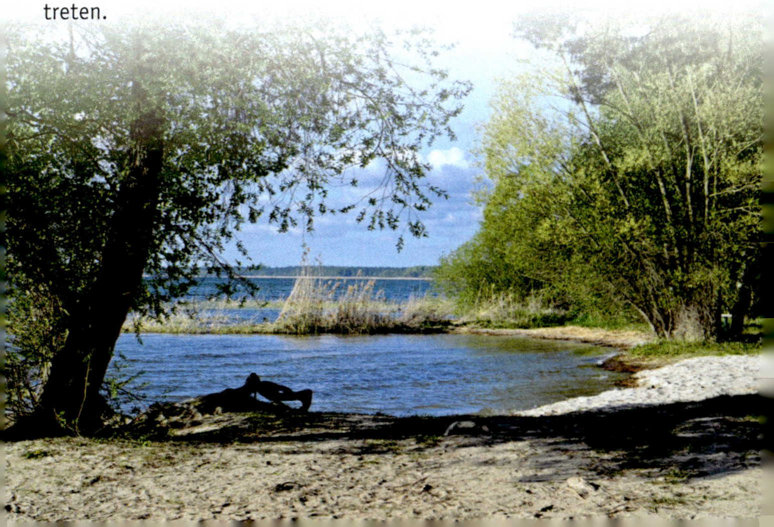

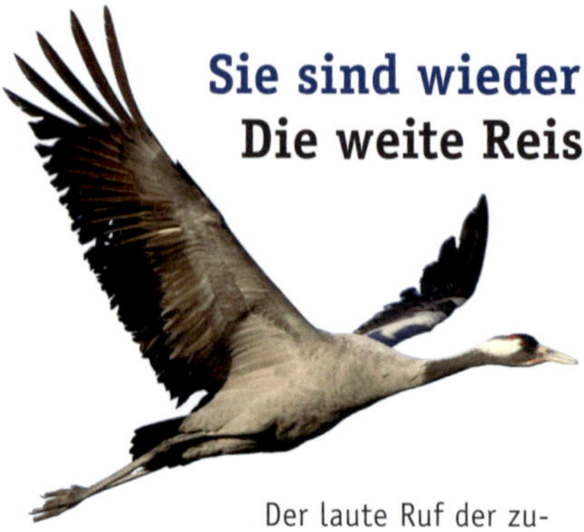

Sie sind wieder da!
Die weite Reise der Kraniche

Der laute Ruf der zurückkehrenden Kraniche kündigt in Mecklenburg jedes Jahr Anfang März den Frühling an. Auf den Feldern kann man dann ihre Balztänze beobachten, für die die großen grauen Vögel genauso berühmt sind wie für ihre durchdringenden Schreie. Flügelschlagend springen die Tanzpartner in die Höhe, drehen Kreise und schmeißen Steinchen und Pflanzenteile durch die Luft.

Hat ein Kranichpaar einmal zusammengefunden, bleibt es meist ein Leben lang ein Paar. Auch der Brutplatz vom Vorjahr wird gerne wieder aufgesucht. Kraniche bauen ihre Nester am Boden in knietiefem Wasser – in sumpfigen Waldgebieten oder an den flachen, halb verlandeten Rändern von Seen. Ist ein Brutrevier von einem Paar besetzt, wird es mit lauten Rufen markiert und verteidigt. Aus Zweigen bauen die Kraniche ein Nest mit einem knappen Meter Durchmesser und das Weibchen legt ihre Eier hinein. Meist sind es zwei. Dreißig lange Tage wird dann gebrütet bis der erste Jungvogel schlüpft. Das Knäuel aus orangebraunen Daunen folgt nach wenigen Stunden auf wackeligen Füßen der Mutter, die es mit Insekten und Würmern füttert. Schwimmen können Kranichkinder sofort, denn wo die Mutter elegant durch das Wasser stakst, kommen die kurzen Babybeine längst nicht immer auf den Grund.

Für alle, die mehr wissen wollen
Fotografisch dokumentiert der Naturfotograf Jürgen Reich einen Sommer im Leben einer Kranichfamilie. Vom Nestbau über die ersten Flüge bis zum Sammeln der Kraniche im Herbst.
Ein Kranichjahr in Mecklenburg Vorpommern, Hindorf Verlag, € 12,90.

Schnell reicht die Nahrung in Nestnähe nicht mehr aus und die Familie begibt sich tagsüber auf Wanderung. Dabei bleiben die Kleinen immer unmittelbar in der Nähe ihrer Eltern, denn noch sind sie völlig wehrlos. Räuber wie Habicht oder Fuchs, die ordentlich Respekt vor den spitzen Schnäbeln und Krallen der erwachsenen Vögel haben, könnten einen unbewachten Augenblick leicht nutzen. Die jungen Vögel wachsen schnell heran. Die Beine werden länger, aus dem roten Babyflaum werden richtige Federn und mit zehn Wochen werden die jungen Kraniche fliegen.

Während der Brutzeit leben Kranichfamilien zurückgezogen. Geht der Sommer zu Ende, verändert sich ihr Verhalten. Sie

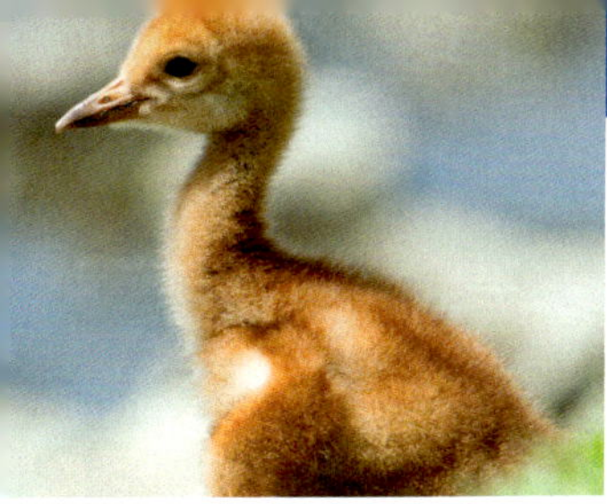

beginnen sich zu sammeln und die ersten abgeernteten Felder wirken wie Magnete. Tagsüber treffen sich hier die Familien der Umgebung und abends fliegen alle zu den immer gleichen Schlafplätzen. Um vor Räubern sicher zu sein, schlafen Kraniche stehend im Wasser.

Der größte Schlafplatz im Nationalpark befindet sich am Ufer des Rederangsees. Mit lautem Trompeten landen die Vögel hier Abend für Abend im seichten Wasser. Die ersten Gruppen kommen zur Dämmerung, die letzten, wenn es längst dunkel ist. Wird es morgens hell, beginnt das Geschrei von Neuem und Gruppe nach Gruppe hebt ab zum Flug zu den Feldern. Bis Mitte Oktober, wenn die ersten Rückkehrer aus Skandinavien kommen, werden es täglich mehr. Spätestens beim ersten Frost machen sich dann die Ersten auf den Weg. Ihr Ziel ist Südfrankreich oder Spanien. Das wichtigste Winterquartier mit über

Mit Kranichticket zum Rederangsee

4,5 km, etwa 3 h, ab 8 Jahre

Kraniche sind scheu – die Fluchtdistanz liegt bei etwa 300 Metern. Besonders empfindlich sind sie an ihren Schlafplätzen. Deshalb ist der Zugang zum Aussichtsturm am Rederangsee von Ende August bis in den November ab 16 Uhr nur noch im Rahmen einer Führung in kleinen Gruppen möglich. Start ist in Federow oder in Schwarzenhof. Die Rangerin oder der Ranger des Nationalparks weiß auf der Wanderung zum Beobachtungsplatz viel über die Tiere im Nationalpark zu erzählen. Ist man einmal am Platz angekommen, heißt es still sein und warten, bis die ersten Rufe erschallen. Die Kraniche landen ein ganzes Stück entfernt – ein gutes Fernglas ist hilfreich. In der Dämmerung geht es dann zurück durch den dunkler werdenden Wald, was nochmal fast so aufregend ist wie die Kraniche selbst.

Tickets bekommt man in den Nationalparkinformationen oder online, € 12 (Kinder kostenlos). Dunkle Kleidung tragen und warme Sachen nicht vergessen.

Auch von den **Booten der blau-weißen Flotte** kann man den Einflug der Kraniche beobachten. Sie fahren von Ende August bis Oktober von Waren oder Röbel zum Schutzgebiet am Großen Schwerin bei Röbel. **[› Seite 74]**

50.000 überwinternden Kranichen ist die spanische Extremadura.

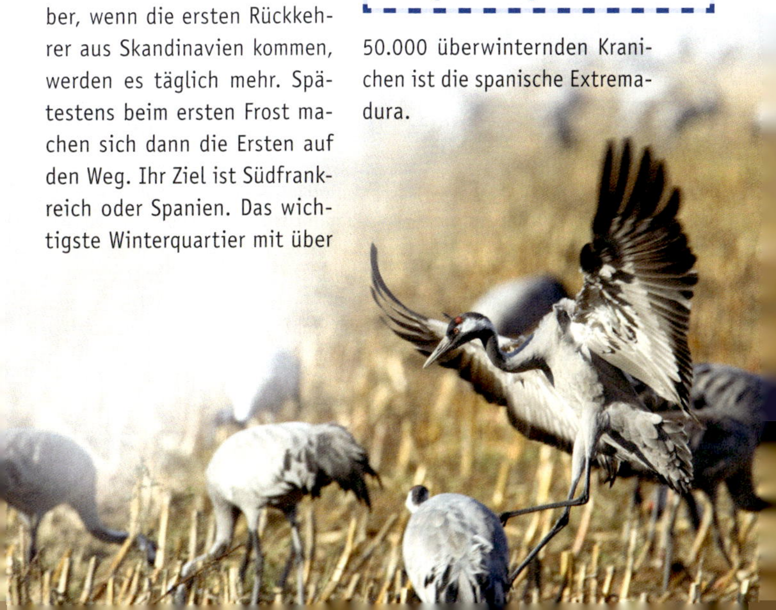

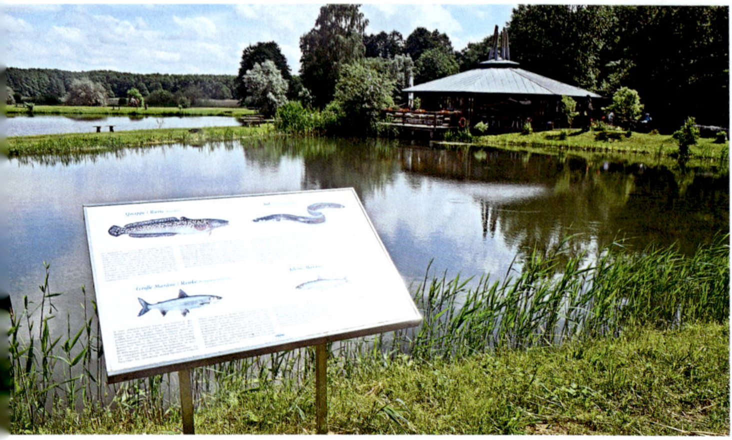

eben

STRECKE 2 km

1 h

ab 4

Tour 19: Von Barsch, Hecht und Aal

Der Fischereilehrpfad an den Bolter Fischteichen

Zwischen den Bolter Fischteichen erklärt ein Lehrpfad was in den Teichen schwimmt und welche Fische bei den Müritzfischern auf den Tellern landen. Außerdem ist der Lehrpfad der einzige öffentlich zugängliche Weg zu den Teichen, die ein bevorzugtes Jagdrevier der Fisch- und Seeadler sind. Von zwei Beobachtungshütten am Parkplatz hat man ebenfalls einen guten Ausblick auf den See.

Wanderung: Vom Parkplatz spazieren wir durch das nur zu den Öffnungszeiten des Fischerhofes geöffnete **Tor zu den Fischteichen**. Der markierte Weg führt um einen ersten See und dann zwischen den Wasserbecken auf einem breiten Fahrweg immer geradeaus bis zur **Holzrotunde** ①, in der ein Fischereiimbiss

TOUREN-STECKBRIEF

Anfahrt: Der Fischereilehrpfad liegt auf dem Gelände des Fischimbisses der Müritzfischer an den Bolter Fischteichen und verbindet die Rotunde des Imbisses mit zwei Beobachtungshütten. Wir beginnen unseren Spaziergang am oberen Parkplatz an den Hütten und wählen die Rotunde als Ziel. Der Parkplatz liegt auf der rechten Seite der Stichstraße von Rechlin nach Boek kurz hinter dem Abzweig zu den Campingplätzen am Bolter Ufer bei **GPS N 53°22‘37.6“, E 12°46‘50.0“.**
Öffnungszeiten: Mai täglich 9–15 Uhr, Juni bis Oktober Di bis So 10–16 Uhr. Juli und August bis 17 Uhr.
Außerhalb der Öffnungszeiten ist der Pfad nicht zugänglich!
Charakter: Breite, ebene Wege zwischen den Teichen. Vorsicht: Ab und zu fahren hier Fahrzeuge der Fischerei.
Highlights: Viele Wasservögel auf den Teichen und mit Beobachterglück auch Fisch- oder Seeadler, die gerne an den Teichen jagen. Fernglas mitnehmen! Infotafeln über alle gängigen Fischarten der Mecklenburgischen Seen.
Einkehr: Fischerrotunde am Ende des Weges. Hier gibt es Räucherfisch und Backfisch aber auch Pommes und Eis.

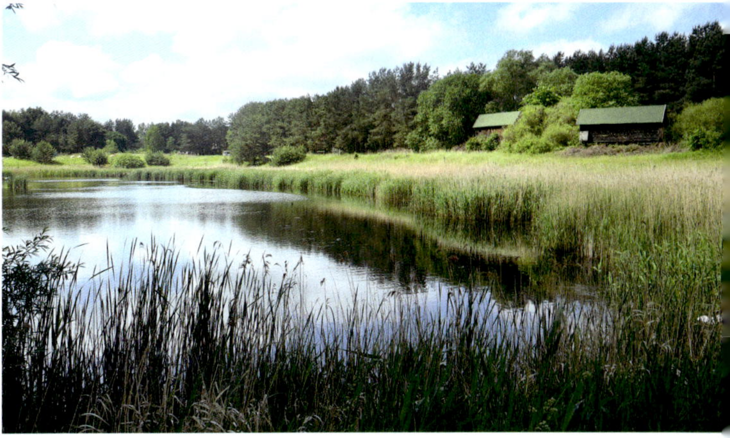

untergebracht ist. Eine Reihe rustikaler Holztische steht direkt am Wasser. Mit etwas Glück kann man hier Schwäne beobachten und mit noch mehr Glück zieht ein Seeadler über den Fischteichen seine Kreise.

Um Seeadler oder Fischadler bei der Jagd zu sehen, sollten wir am besten am frühen Morgen oder am späten Nachmittag an den Fischteichen sitzen. Dann ist jedoch die Rotunde geschlossen. Jederzeit zugänglich sind aber die beiden **Beobachtungshütten** ② am Parkplatz. Der Weg, der zu ihnen führt, befindet sich außerhalb des Zaunes.

Nachdem wir auf dem gleichen Weg zwischen den Teichen zum Auto zurückgelaufen sind, machen wir noch einen Besuch in den Hütten. Hier kann man auch tagsüber einen Teil der Teichanlage von oben betrachten. Möwen und Enten sind fast immer zu sehen, ein Fernglas ist dabei sehr hilfreich.

Selber angeln?
An verschiedenen Teichen kann man auch selbst Karpfen, Wels und Hecht angeln. Es gibt sogar einen Familienteich mit Karpfen und einen speziellen Teich an dem Kinder angeln können. Dazu ist ein Touristen-Fischereischein notwendig.
Die Tageskarte kostet €16, für Jugendliche €12, für Kinder bis 13 Jahre €6, zuzüglich einer Gebühr pro geangeltem Fisch, Leihangel €5.
www.mueritzfischer.de/angeln

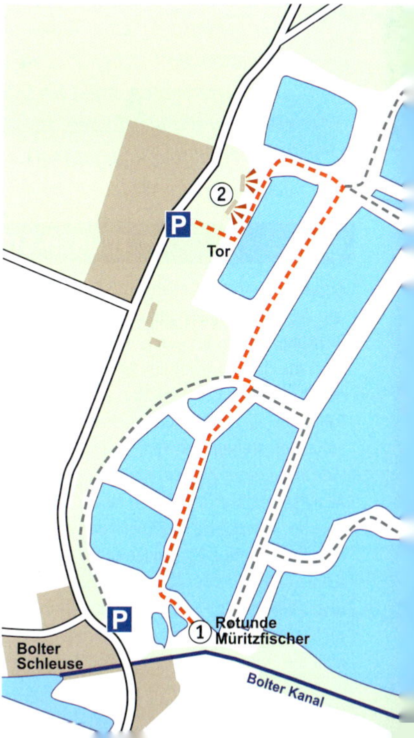

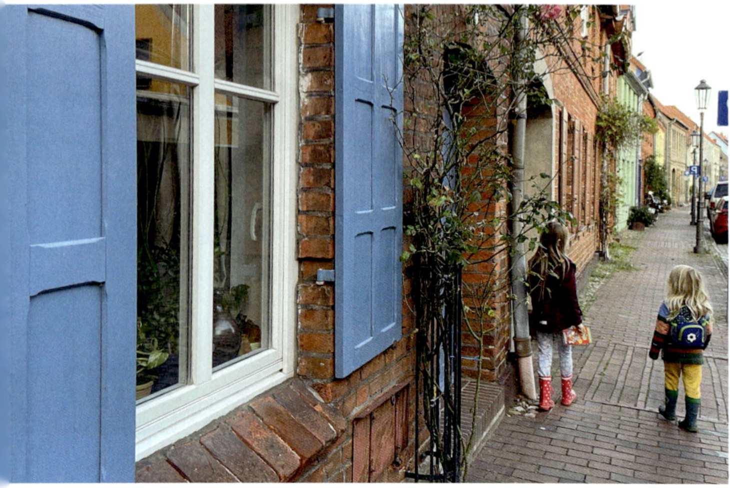

50 m

STRECKE 42 km

4–5 h

ab 8

Tour 20: Stadtausflug und Landpartie

Auf dem Müritzradweg nach Röbel

Der Ortskern von Röbel mit seinem großen Kirchplatz und der schönen Altstadt ist auf jeden Fall einen Besuch wert. Deshalb ist es hier auch meistens recht lebhaft. Wer sich die stressige Parkplatzsuche mit dem Auto sparen will, nähert sich der kleinen Stadt von ihrer schönsten Seite: Nahe am Ufer der Müritz radelt man vom schnuckeligen Örtchen Vipperow an der Südspitze der Müritz durch ruhige Uferwiesen direkt ins Ortszentrum. Die Trasse des Müritzradwegs, der wir hier folgen, ist asphaltiert oder gut geschottert, mühelos befahrbar und gut markiert. Einer entspannten Radtour steht also nichts im Wege.

TOUREN-STECKBRIEF

Anfahrt: Von der Autobahnausfahrt Röbel der A19 fährt man auf der B198 in Richtung Mirow bis nach Rechlin. Der Fahrrad- und Kanuverleih befindet sich direkt am Markt neben der Sparkasse. Fahrräder ab 20 Zoll und auch ein Radanhänger stehen zur Verfügung. Es ist sinnvoll, vorher zu reservieren. ALLERLEImobiles am Neuen Markt 10 in Rechlin. Ganzjährig geöffnet von 9–17 Uhr. Tagesmiete € 10, Kinderrad € 11, Tel. 039823 299611 oder Tel. 0160 95020393 über WhatsApp, www.fahrradverleih-rechlin.de. Mit eigenen Rädern beginnt man die Tour besser in Vipperow.

Charakter: Radweg streckenweise direkt am Müritzufer auf dem gut markierten und durchgängig gut zu fahrenden Müritzrundweg. Auf dem Rückweg wenig befahrene Asphaltstraße. Wenig Schatten.

Highlights: Storchennest in Vipperow, Badestelle in Ludorf, Aussichtsplatz am großen Schwerin, Altstadt und Eisdiele in Röbel, Strandbad Röbel.

Einkehr: Imbiss am Camping Ludorf, Cafés und Gasthöfe in Röbel, Fischerhütte der Müritzfischer in Röbel.

In der Nähe: Strandbad Röbel, Müritz-Therme, Bollewicker Scheune, Irrgarten Bollewick.

Radtour: Vom **Fahrradverleih** ① fahren wir zurück auf die Hauptstraße, folgen dieser nach rechts uns treffen kurz darauf auf die **Kreuzung mit der vielbefahrenen B 198**. Links neben dieser verläuft in sicherem Abstand der Radweg. Wir wechseln links an der Ampel die Straßenseite und halten uns dann rechts. Hier überqueren wir die kleine Müritz und dann die Elde, die in ihrem Mündungsbereich ordentlich breit geworden ist. Hinter dieser zweiten Brücke liegt das Dorf **Vipperow**.

Etwa 400 Meter hinter der Brücke geht es rechts nach Vipperow hinein. An einem Hof rechts der Straße, in dem Hühner und Enten laufen, befindet sich auf dem Stallgebäude ein **Storchennest.** Kurz darauf kommt man an den **Dorfladen** ② und zum Kirchplatz. Vor dem Dorfladen stehen ein paar Tische und man kann hier prima Proviant für ein Picknick einkaufen.

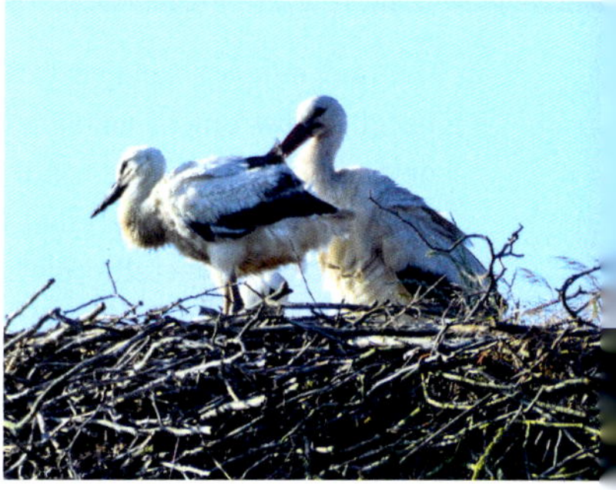

Auf der Hauptstraße fahren wir aus dem Dorf hinaus. Wenig später zweigt rechts der Radweg ab und führt in den Wald

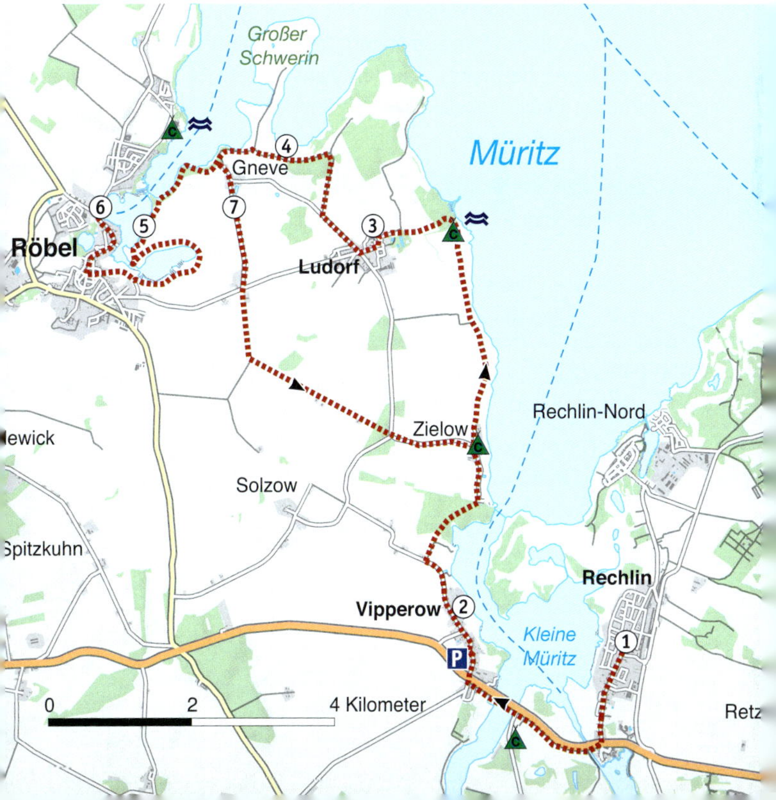

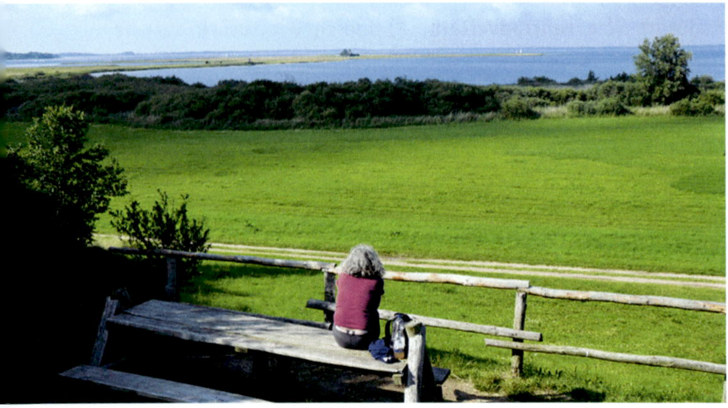

und auf einem schmalen Wall durch ein Sumpfgebiet. Am Seehotel Zielow taucht man wieder aus dem Waldstück auf und radelt ab hier in leichtem Auf und Ab auf asphaltiertem Weg in Müritznähe durch die Felder bis zum **Campingplatz Ludorf** mit öffentlicher Badestelle (Eintritt € 1). Hier biegen wir links nach **Ludorf** ab. Im Dorf lohnt ein Blick in die schöne **Kirche** ③. Im Gutshaus im Ortskern residiert ein Restaurant der gehobenen Preisklasse.

Am Ortsende führt der Müritzradweg rechts durch die Felder hinauf, vorbei an einer Rasthütte und wenig später links auf einen Naturweg. Nach etwa 500 Metern findet man hier auf der linken Seite einen besonders schönen **Pausenplatz** ④: Eine Treppe führt zu einem Picknicktisch mit Blick über das Naturschutzgebiet Großer Schwerin.

Fährt man weiter, passiert man einen weiteren **überdachten Picknicktisch** und erreicht eine Kreuzung. Geradeaus sieht man die ersten Häuser von Gneve. Wir biegen hier rechts ab. Nach kurzer Zeit haben wir wieder Asphalt unter den Rädern und gleich darauf finden wir rechts eine weitere **Rastmöglichkeit direkt am Wasser** ⑤ mit Blick auf den Kirchturm von Röbel.

Pausenziele in Röbel?
Riesige Eiskugeln in einer knusprigen Waffel bekommt man im **Eiscafé** am Ziegenmarkt (gegenüber der Touristen-Info, vorbei am Kirchplatz bis zur Ziegenskulptur an der Straße). Ebenfalls sehr empfehlenswert ist eine Pause am Hafen oder an der Hütte der **Müritzfischer**, die am Uferweg etwas außerhalb des Ortes direkt am Campingplatz und kurz vor dem Strandbad steht.

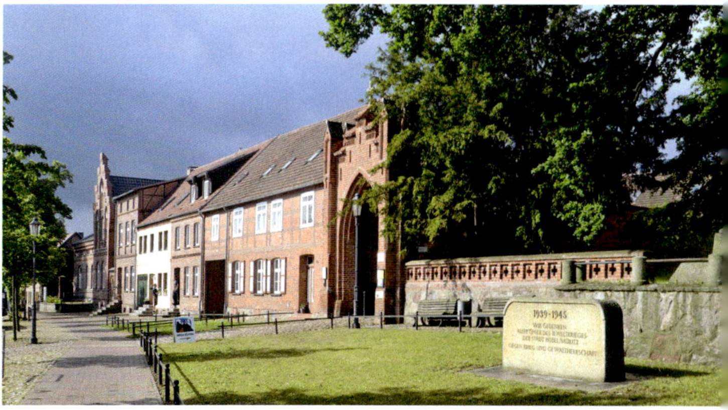

Ein Tipp für die Eltern
Auf dem Weg durch die Altstadt von Röbel zum Hafen steht rechts leicht erhöht auf einem ehemaligen Tempelberg der Wenden die Marienkirche, mit deren Bau wohl bereits im 13. Jahrhundert begonnen wurde. Das Langhaus der Kirche gilt als eines der ältesten Backsteingebäude in Mecklenburg. Tagsüber ist die Kirchentür meist geöffnet.

Dann geht es zweimal kräftig hinauf und hinunter und wir umradeln eine letzte Bucht mit vielen Bootshäusern. Wo die Straße nach links abbiegt, führt unser Weg rechts durch eine Schrebergartenanlage mit Enten und Hühnern. An einer Autowerkstatt erreichen wir die **Altstadt von Röbel** und fahren rechts hinauf. An der Hauptstraße geht es wieder rechts und wir schieben die Räder durch den Ort bis zum **Stadthafen** ⑥.

Zurück geht es das erste Stück auf dem vertrauten Weg. Am **Abzweig nach Gneve** ⑦ fährt man jetzt rechts durch den Ort, überquert die Straße nach Röbel und radelt auf einem schmalen Sträßchen geradeaus weiter. Aus der Asphaltdecke werden Betonplatten. Am nächsten Abzweig folgen wir der Beschilderung nach Zielow, überqueren noch einmal die breitere Straße nach Solzow und erreichen wenig später über eine Nebenstraße den Ort. In **Zielow** halten wir uns rechts, befinden uns wieder auf dem Müritz-Uferweg, und folgen dem bekannten Weg zurück nach Vipperow und weiter nach Rechlin.

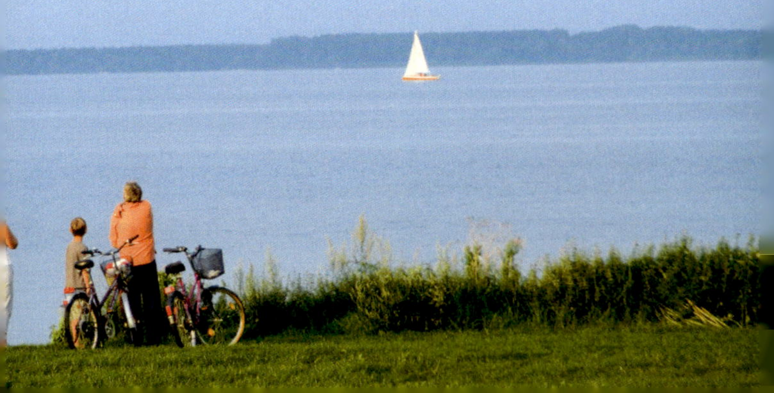

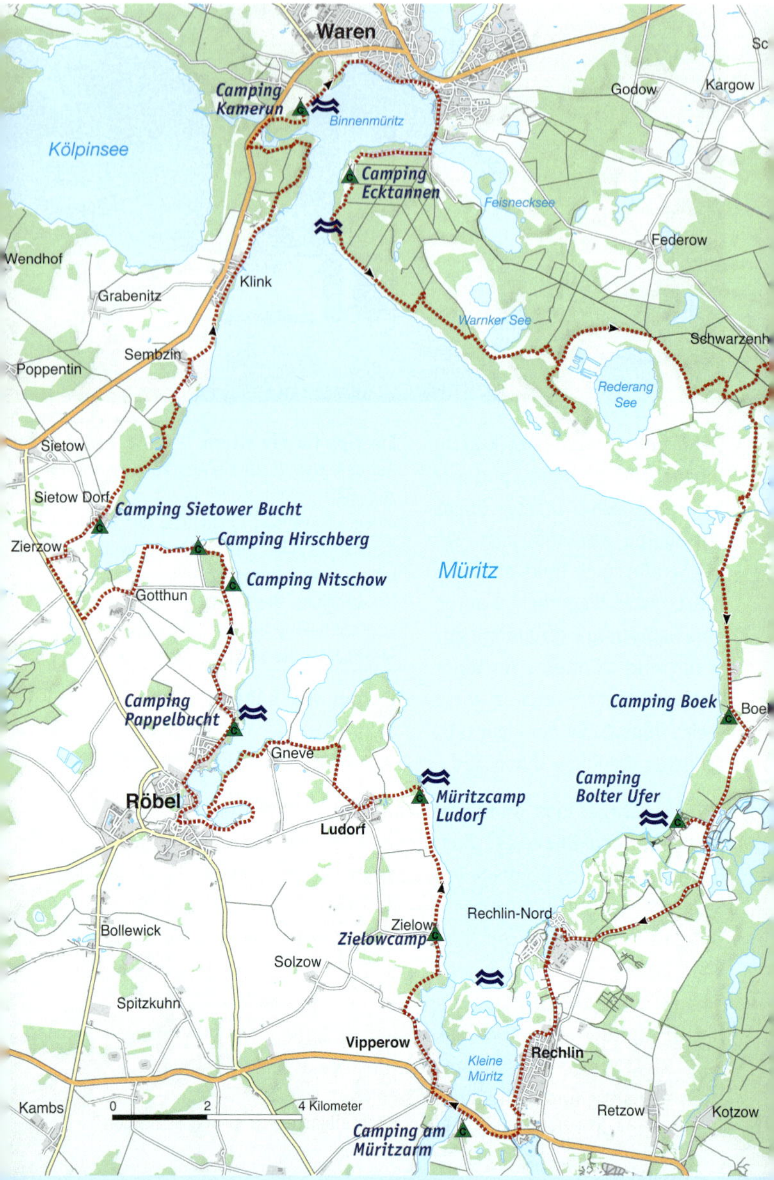
Waren
Camping Kamerun
Binnenmüritz
Kölpinsee
Camping Ecktannen
Godow
Kargow
Feisnecksee
Federow
Wendhof
Grabenitz
Klink
Warnker See
Sembzin
Poppentin
Schwarzenh
Rederang See
Sietow
Sietow Dorf
Camping Sietower Bucht
Zierzow
Camping Hirschberg
Camping Nitschow
Müritz
Gotthun
Camping Pappelbucht
Camping Boek
Boek
Gneve
Röbel
Müritzcamp Ludorf
Camping Bolter Ufer
Ludorf
Rechlin-Nord
Zielow
Zielowcamp
Bollewick
Solzow
Spitzkuhn
Vipperow
Rechlin
Kleine Müritz
Kambs
0
2
4 Kilometer
Retzow
Kotzow
Camping am Müritzarm

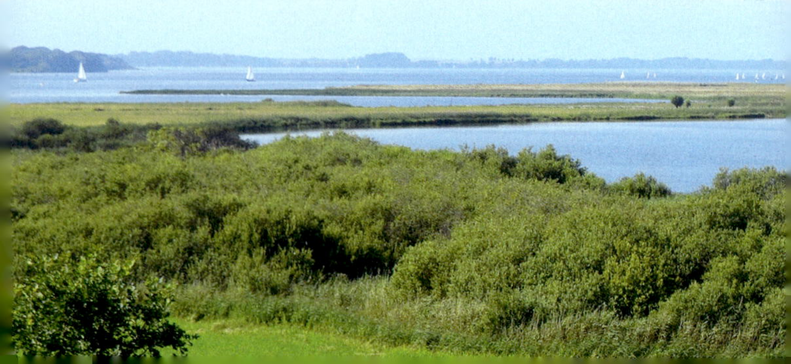

Ein langes Fahrradwochenende auf dem Müritzrundweg

Der gut ausgebaute Müritzrundweg eignet sich besonders für eine erste längere Radtour mit Kindern. Eine große Auswahl an Unterkünften sorgt für flexible Etappen und der durchweg gut ausgebaute und markierte Weg für eine entspannte Fahrt. Attraktionen wie Hochseilgarten und Müritzeum in Waren, die Nationalparkstationen, der Müritzhof und der Wildpark in Boek, die Therme in Röbel und viele schöne Badeplätze an der Müritz machen es einfach, ein spannendes Rahmenprogramm zusammenzustellen.

Als Startpunkt bietet sich Waren mit guter Bahnanbindung und Fahrradverleih an. Die Touren 18 und 20 beschreiben bereits einen guten Teil der Strecke. Sehr schön zu fahren ist auch die Verbindung von Röbel nach Waren. Teilt man die Runde in drei Tagesetappen von jeweils 30 bis 40 Kilometern, ist das gut zu schaffen und es bleibt noch genug Zeit für ein Programm neben dem Radeln. Geeignete Campingplätze gibt es am Bolter Ufer, in Ludorf und in Röbel. In Waren findet man auch eine Jugendherberge. Siehe auch unter Unterkünfte [› Seite 236].

Tipps zu Ausrüstung und Planung für einen mehrtägigen Fahrradausflug finden Sie unter www.wandern-mit-kindern.info unter dem Punkt »Outdoor mit Kindern«.

Waren – Bolter Schleuse: 36 km

Die markierte Trasse des Rundwegs verläuft auf der asphaltierten Fahrradstraße. Folgt man der Markierung, sieht man wenig vom Nationalpark. Reizvoller ist die unter [› Tour 18] beschriebene Strecke.

Bolter Schleuse – Vipperow: 17 km

Auf dieser Etappe folgen Sie der Markierung des Müritzrundweges durch Rechlin und auf dem Radweg neben der Bundesstraße über die Brücke nach Vipperow. Dies ist nicht der schönste Abschnitt der Runde. Am besten zügig durchfahren.

Vipperow – Röbel: 17 km

Ab Rechlin folgen Sie der Beschreibung von [› Tour 20]

Röbel – Waren: 29 km

Von Röbel führt der Radweg meist in unmittelbarer Nähe des Ufers durch Wiesen und kleine Orte. Möglichkeit zur Einkehr an der Schamper Mühle. Kurz vor Waren fährt man direkt unter dem Parcours des Hochseilgartens [› Tour 13] hindurch.

Karte: *Grünes Herz, Müritz 1:35.000*

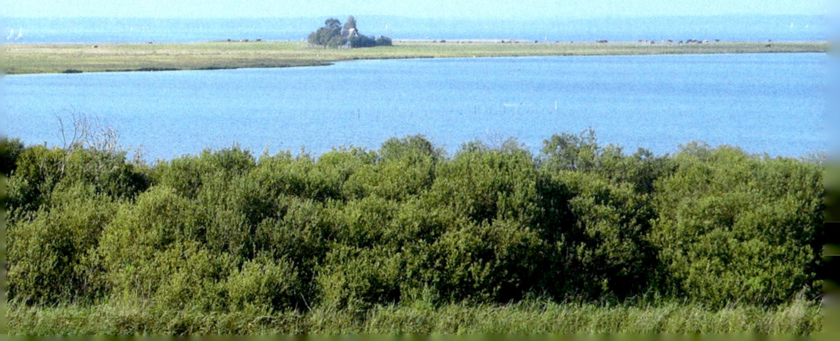

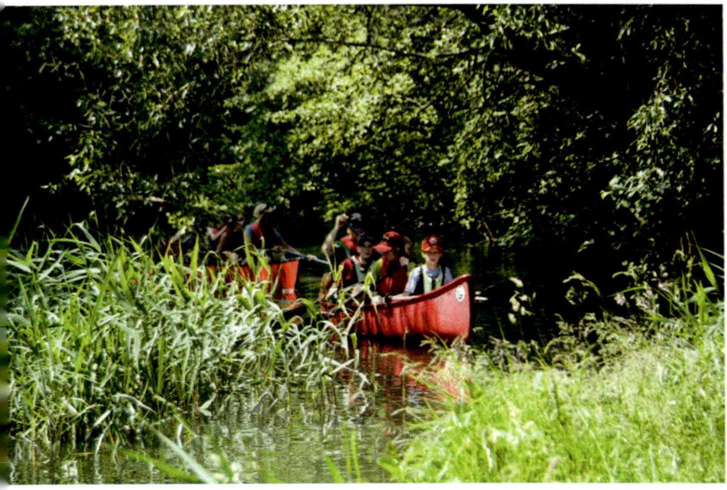

STRECKE 10 km

3–4 h

ab 6

Tour 21: Zwischen Haubentauchern und Seerosen

Paddeltour auf der Alten Fahrt

Über drei Seen und mitten durch das Naturschutzgebiet des Nationalparks führt der obere Teil der sogenannten »Alten Fahrt«, wenn man ihn von Schillersdorf paddelt. Die Strecke ist nicht zu lang, wechselt mehrfach zwischen mühelos zu paddelnden Strecken auf dem Kanal und den etwas anstrengenderen Überquerungen der Seen und hat mit der Rotunde der Müritzfischer an der Bolter Schleuse ein attraktives Ziel. Unterwegs sind uns ein Reiher, viele Enten und ein Seeadler begegnet. Im Schilf sang ein Teichrohrsänger aus voller Kehle. Außerdem soll es hier auch Eisvögel geben…

TOUREN-STECKBRIEF

Anfahrt: Von Mirow in Richtung Granzow/Neustrelitz fahren und nach etwa zehn Kilometern links nach Qualzow abbiegen. Weiter durch Schillersdorf zum Kanu-Verleih Paddel Paul (gleich neben dem Campingplatz Leppinsee) bei **GPS N 53°20'53.2", E 12°49'27.2"**.
Die Boote der Verleihstation sind teilweise schon etwas älter. Man hat die Wahl vom offenen Kanadier für zwei bis zehn Personen bis zu komfortabel zu fahrenden Einer- und Zweier-Wanderkajaks mit Steueranlage von Prion. An Sommerwochenenden Kanus reservieren! Kanadier 2–3 Personen €25, 2er Wanderkajak €35, 1er Wanderkajak €25 pro Tag. Tel. 039829 20324. www.paddel-paul.de

Charakter: Unkomplizierte, nicht zu lange Paddelstrecke ohne Motorbootverkehr, bekannt und beliebt und deshalb nur an Wochentagen oder in der Nebensaison einsam.

Highlights: Tierbegegnungen an den Seen, viele Seerosen, abwechslungsreiche Strecke.

Einkehr: Fischerrotunde.

In der Nähe: Schloß Mirow.

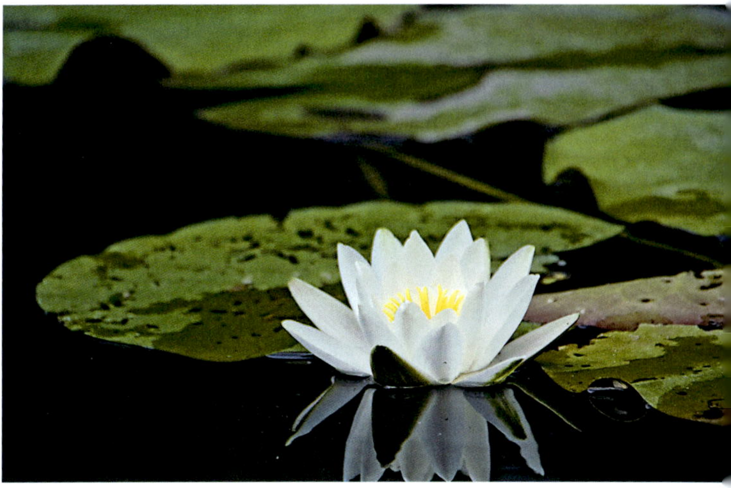

Paddeltour: Die komplette Tour führt durch den Nationalpark, sodass nur an offiziellen Rastplätzen angelegt werden darf. Die fünf Kilometer zwischen dem Kanuverleih und dem Ziel an der Bolter Schleuse müssen also durchgepaddelt werden, unterwegs darf man nicht angelegen. Also nicht vergessen, vorher noch mal auf die Toilette zu gehen!

Die Tour beginnt zum Einpaddeln mit der Überquerung des oberen Teiles des **Leppinsees,** auf dem vereinzelt Motorboote unterwegs sind (nur für Anwohner gestattet). Der Rest der Paddel-

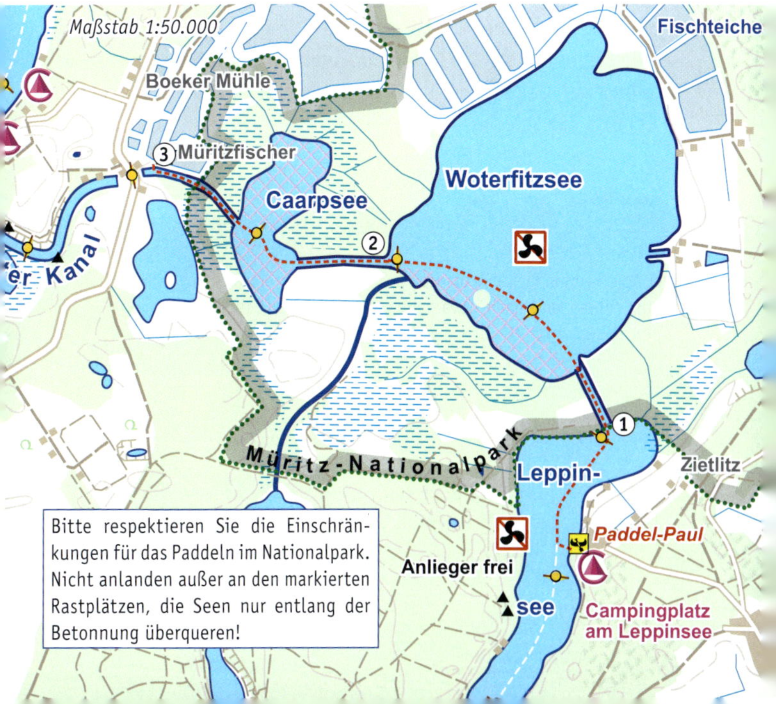

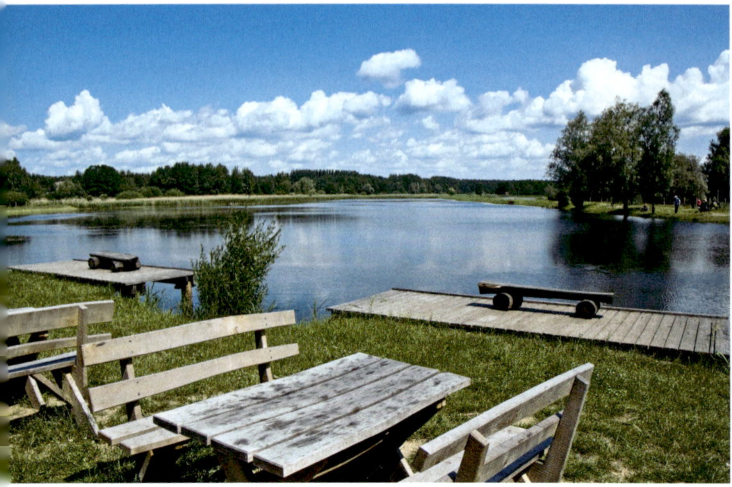

Ein Platz in der ersten Reihe hat man an den Tischen der Bolter Fischerrotunde

strecke ist für alle Fahrzeuge mit Motor gesperrt. Die Holzstangen eines Fischernetzes markieren die erste **Einfahrt in den Kanal** ①, der schon wenig später in den Woterfitzsee führt. Auf der weiten Seefläche sollte man die Augen offen halten, die angrenzenden Bolter Fischteiche sind beliebtes Jagdrevier der Fisch- und Seeadler. Einige der witzigen Haubentaucher kommen recht nahe ans Boot heran, ansonsten sind die Tiere im Nationalpark sehr scheu. Ein Fernglas tut immer gute Dienste.

Der **Woterfitzsee** und auch der folgende Caarpsee dürfen nur entlang der grünen Betonnung befahren werden, der Rest der Seen gehört den Wasservögeln. Die Seeüberquerung hat es vor allem bei Gegenwind in sich und ist der anstrengendste Abschnitt der Strecke.

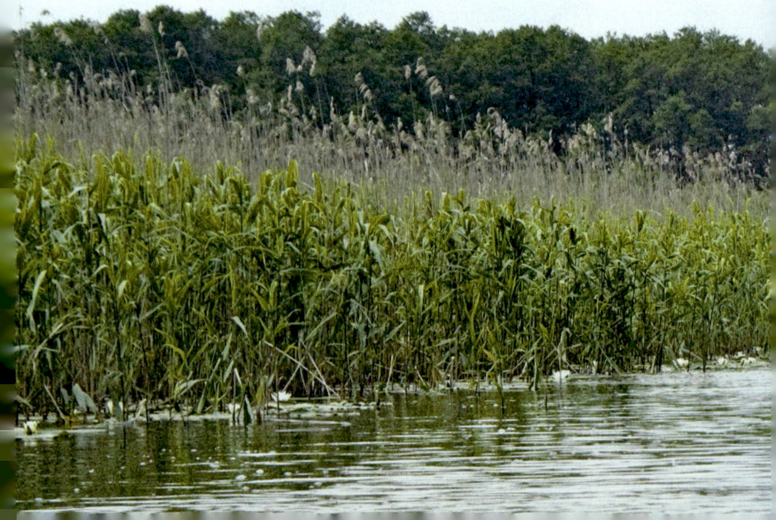

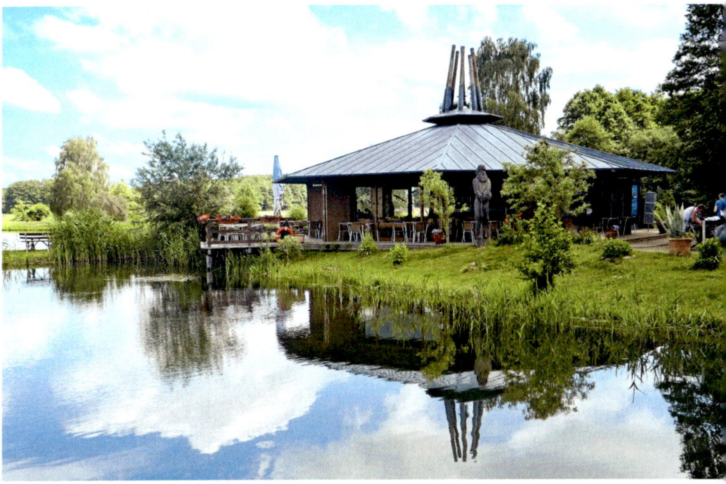

Die Rotunde der Müritzfischer an den Bolter Fischteichen

An der Ausfahrt geht es durch viele Seerosen, die uns auch im Kanal weiter begleiten. Dann folgt die **schmale Durchfahrt in den Caarpsee ②**. Durch diesen Schilfgürtel lässt man sich am besten langsam treiben. Nicht nur, um das Schilfrohr nicht zu beschädigen, denn zwischen den Halmen hört man stetiges Schnattern und Plantschen. Hier gibt es fast immer Tiere zu hören und zu sehen.

Der kleinere Caarpsee ist schnell überquert, und nach einem knappen weiteren Kilometer sieht man rechts den **Anleger der Fischerrotunde ③**. Oben sitzt man an Holztischen direkt an den Teichen. Es gibt frisch geräucherten Fisch, Fischbrötchen, Pommes frites, Eis, Kuchen und Getränke. Rund um die Wasserfläche verteilen sich die Angler – es gibt also einiges zu sehen. Die Bolter Fischteiche sind ein bevorzugtes Jagdgebiet der großen Greifvögel. Ein Fernglas kann also auch hier nicht schaden. Zurück paddeln wir auf dem gleichen Weg.

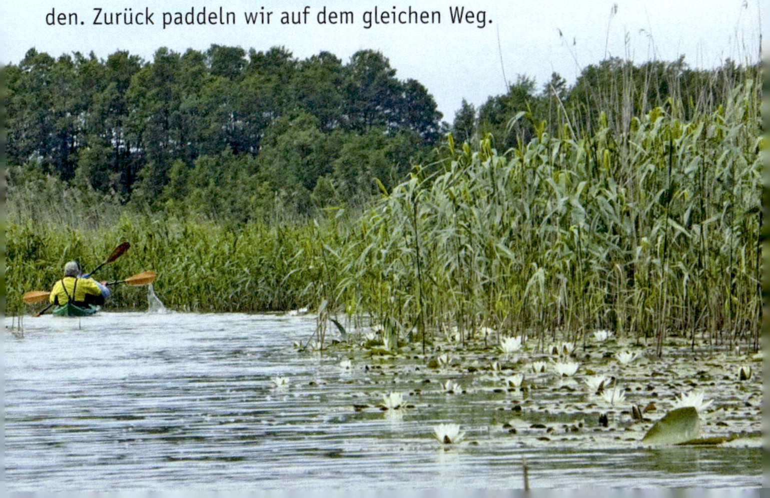

Der König der Seen
Im Revier der Seeadler

Mit einer Flügelspannweite bis zu 2,50 Metern ist der Seeadler der größte Greifvogel in Deutschland. Bis zu sieben Kilo wiegt ein Seeadlerweibchen – die männlichen Vögel sind ein bisschen kleiner und leichter. Vom Flugbild und Verhalten unterscheiden sich Seeadler deutlich von den kleineren Fischadlern. Anders als diese erbeuten sie nicht nur Fisch, sondern auch Wasservögel. Dabei greifen sie meist junge oder kranke Tiere an und fressen auch Aas oder tot auf dem Wasser treibende Fische, während der Fischadler nur lebende Fische mag. In Mitteleuropa lebende Seeadler sind Standvögel, das heißt sie leben das ganze Jahr an einem Platz. Wie Steinadler, die in den Bergen zuhause sind, beziehen Seeadler, wenn sie mit fünf bis sieben Jahren erwachsen sind, paarweise ein festes Revier. Im dichten Wald bauen sie in der Krone hoher Bäume riesige Horste. Ein Paar legt im Laufe der Zeit mehrere Horste an und benutzt sie im Wechsel. Ein bis drei Eier legt das Weibchen zwischen Ende Februar und Anfang April. Die Jungen schlüpfen nach etwa 38 Tagen und bleiben drei Monate im Nest.

Junge Seeadler sind braun gescheckt und werden erst mit den Jahren dunkler. Noch nicht ausgefärbte Vögel werden von den Altvögeln im Revier geduldet. Erst wenn sie nach fünf Jahren das dunkelbraune Federkleid eines erwachsenen Adlers tragen, werden sie verjagt. Oft unternehmen Seeadler in ihrer Jugendzeit weite Erkundungsflüge. Jugendliche Adler tun sich auch zu Gruppen zusammen, nutzen gemeinsame Schlafbäume und jagen am gleichen Ort. Vor allem im Winter versammeln sich Jungadler zur Jagd an Löchern in der Eisdecke, in denen Blässhühner und Enten schwimmen.

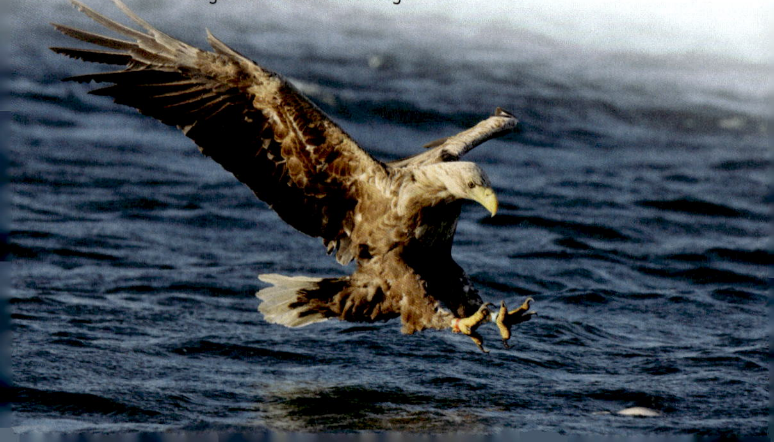

Vom Flugbild hat ein Seeadler gerade breite Flügel mit den typisch gefingerten Adlerschwingen.

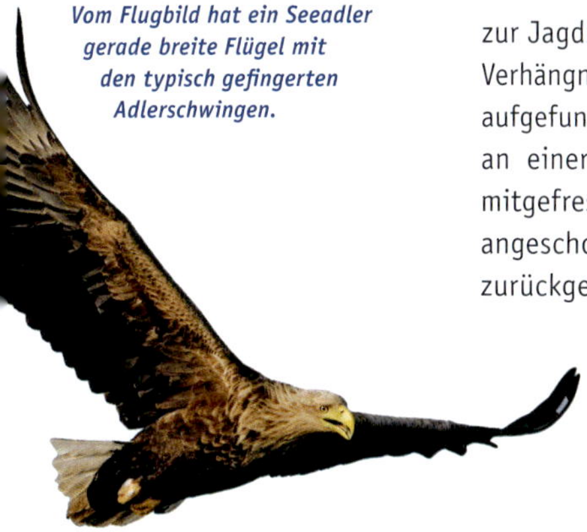

zur Jagdzeit im Herbst oft zum Verhängnis wird. Die meisten tot aufgefundenen Seeadler sterben an einer Bleivergiftung durch mitgefressene Schrotkörner aus angeschossenem Wild oder den zurückgelassen Innereien.

Zur Jagd sitzen Seeadler gerne auf Bäumen am Rande der Seen und warten auf die passende Gelegenheit – auf dem Wasser treibende Fische, ein verletztes Blässhuhn oder ein schlecht beaufsichtigter Jungvogel. Auch Nester von Kormoranen und Reihern, und sogar von andereren Greifvögeln werden ausgenommen. Gerne frisst der Seeadler die Reste toter Tiere, was ihm

Seeadler beobachten?
Wenn man mit dem Kanu oder dem Fahrrad unterwegs ist, sieht man Seeadler oft hoch über den Bäumen kreisen. Ein Seeadler bei der Jagd ist dagegen ein seltenes Erlebnis. Als gute Beobachtungsplätze gelten die Bolter Fischteiche im Nationalpark oder auch die Beobachtungstürme »Seeadler« südlich von Krakow oder »Moorochse« am Nordufer des Plauer Sees.

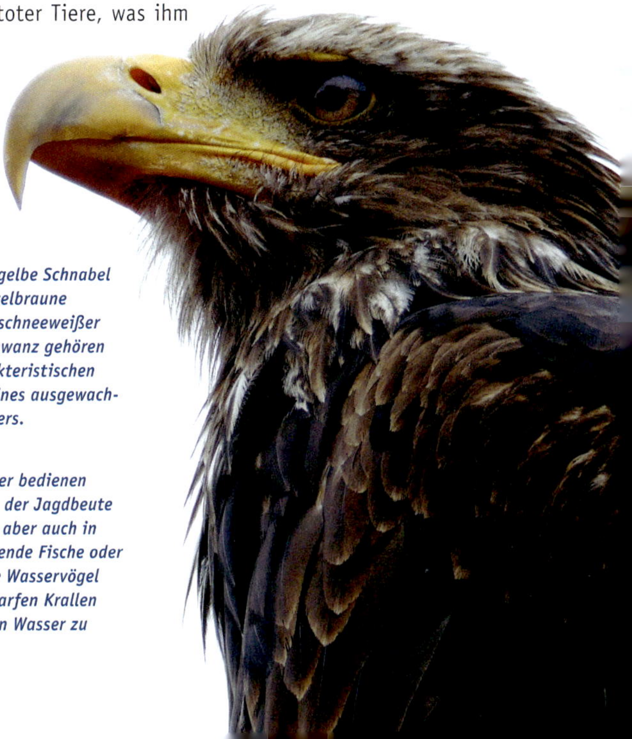

Der kräftige gelbe Schnabel und das dunkelbraune Gefieder mit schneeweißer Binde am Schwanz gehören zu den charakteristischen Merkmalen eines ausgewachsenen Seeadlers.

Links: Seeadler bedienen sich gerne an der Jagdbeute anderer, sind aber auch in der Lage, lebende Fische oder unvorsichtige Wasservögel mit ihren scharfen Krallen direkt aus den Wasser zu greifen.

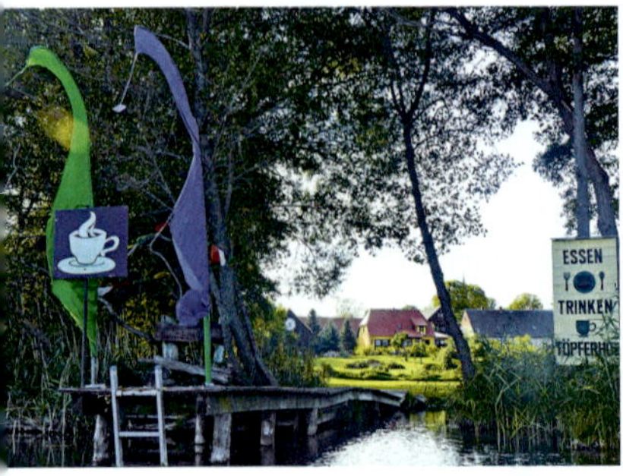

Tour 22: Granzin und der Käbelicksee

Eine Paddeltour für Einsteiger und Genießer

STRECKE 9 km

3 h

ab 6

Diese Tour hat von allem etwas und verspricht einen bunten, entspannten Familientag mitten im Müritz-Nationalpark. Über schmale Sträßchen geht es zu einem netten kleinen Ort, eingebettet in viel Natur. Hier wollen wir ein bisschen paddeln – aber nicht zu viel. So bleibt noch Zeit zum Baden und zum Picknicken in einer verborgenen Bucht oder zu einer Pause im Café des liebevoll hergerichteten Granziner Töpferhofes. Die Paddelstrecke ist einfach, aber abwechslungsreich: Ein Stück geht es auf der Havel entlang und dann über zwei stille, nicht zu große Seen. Wie weit wir die Runde ausdehnen, haben wir selbst in der Hand.

Paddeltour: Wer noch nie gepaddelt ist, lässt sich vor dem Start von Andreas Landau und seinem Team die wichtigsten Paddelschläge zeigen und startet erst dann ins erste Kanu-Abenteuer. Vom Verleih geht es ein kurzes Stück die **Havel** entlang und dann in den **Granziner See**. Sowohl unser Rastplatz, als auch der Töpferhof befinden sich an dessen Ufer. Aber jetzt wollen wir erst einmal ein bisschen paddeln und steuern auf die zweite **grüne Boje** zu, die die **Einfahrt in die Havel** (1) markiert. Breit genug und fast gerade ist dieser Havelabschnitt, gut zum Einpaddeln und warm werden.

TOUREN-STECKBRIEF

Anfahrt: Granzin liegt mitten im Nationalpark und ist nur über schmale Sträßchen erreichbar. Vom Süden gibt es eine Zufahrt über Blankenförde und Babke. Da dies aber eine beliebte Fahrradroute ist, sollte man in der Saison möglichst auf die Zufahrt über Kratzeburg ausweichen. In Granzin biegt man von der Durchfahrtsstraße rechts ab und überquert die Havelbrücke. Links hinter der Brücke befindet sich der Kanuverleih Kormoran Kanutouring, rechts der Straße bei **GPS N 53°24'31.8", E 12°54'23.9"** ein Parkplatz.
Kanadier 4 h € 29–33, pro Tag € 34–38, Einer-Tourenkajak 4 h € 24, pro Tag € 28. Plant man nicht mehr als eine Stunde Pause, kommt man mit einem halben Tag hin. Ansonsten lässt der nur wenig höhere Tagestarif Spielraum für längere Aufenthalte, Tel. 039822 29888 oder 0172 2740966.
www.kormoran-kanutouring.de

Charakter: Unkomplizierte Paddelstrecke ohne Motorbootverkehr, flexibel in der Länge. Sehr geeignet für einen ersten Paddelversuch.

Highlights: Motorbootfreier See, schöner Rast- und Badeplatz, Granziner See mit versteckten Buchten.

Einkehr: Havelkrug, Café im Töpferhof mit Anleger für Boote.

In der Nähe: Fledermausausstellung, Badestelle und Lütte Meierie in Kratzeburg.

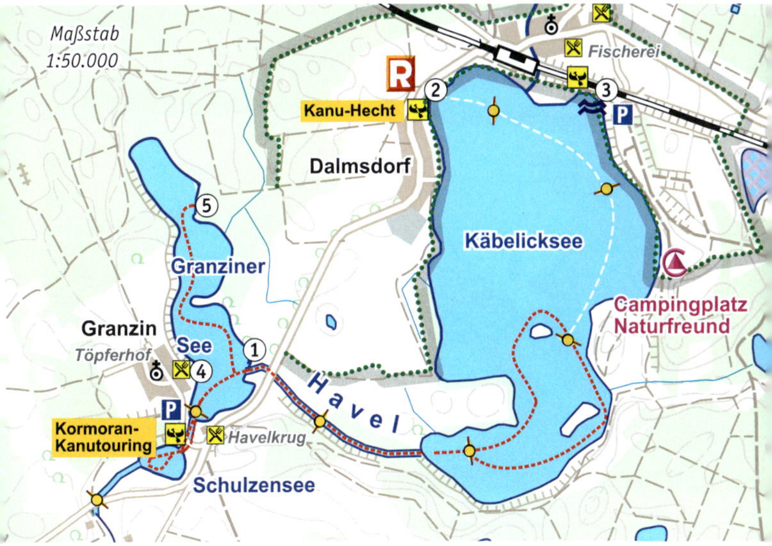

Bitte respektieren Sie die Schutzzonen für Wasservögel und damit die Einschränkungen für das Paddeln im Nationalpark. Nicht anlanden außer an den markierten Rastplätzen!

Nach einem guten Kilometer weiten sich die Ufer und wir treiben hinaus auf den **Käbelicksee**. Im unteren Bereich hat dieser zwei Inselchen, die wir umrunden, um dann zurück zur Havel paddeln. Wer will, kann auch am linken Ufer die Imbisshütte von **Kanu Hecht** ② in Dalmsdorf ansteuern oder die **Badestelle in Kratzeburg** ③. Noch netter ist es auf dem kleineren verwinkelten Granziner See, in den wir hinter dem bereits vertrauten Havelabschnitt einbiegen können. Zwei bunte Drachenfahnen und ein Schild mit Kaffeetasse markieren links den Anleger des **Töpferhofes** ④.

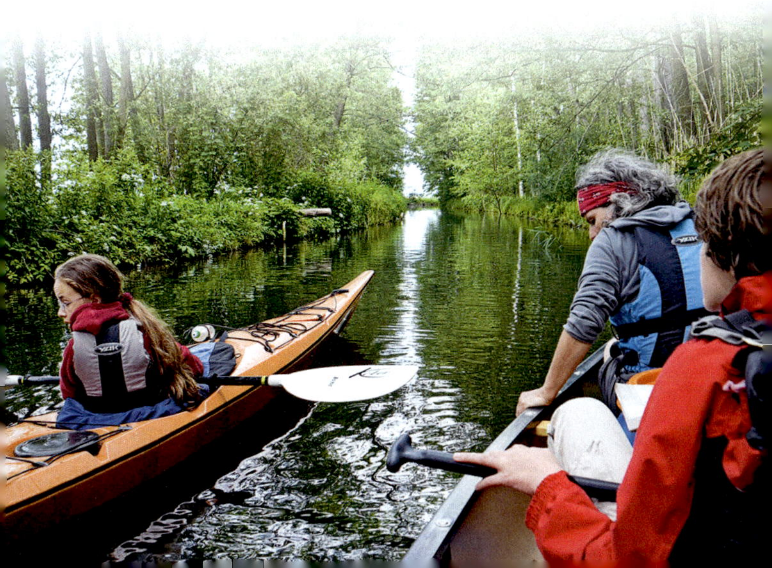

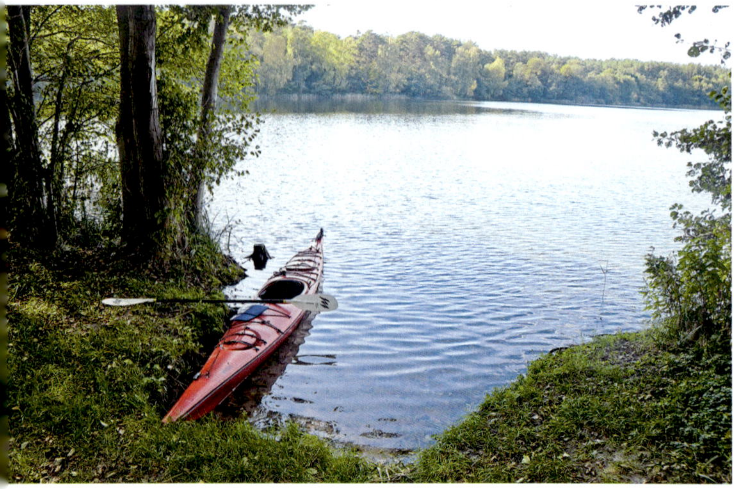

Wer nach einer dörflichen Unterkunft im Nationalpark sucht, findet auf dem **Töpferhof Steuer** in Granzin auch eine Ferienwohnung. Außerdem kann man hier an **Töpferkursen** teilnehmen.
Tel. 039822 20242, toepferhof-steuer.de.

Der kleine **Badeplatz** ⑤, an dem man auch sehr schön picknicken kann, liegt im oberen Seedrittel am Ostufer. Man durchquert die erste Engstelle im See und steuert dann die leicht vorstehende Landzunge am rechten Ufer an. Mehr als zwei Lücken im Schilf sind von dieser Seite nicht zu sehen. Fährt man um die Landnase herum, findet man dahinter zwei etwas größere Buchten. Dahinter, zwischen Bäumen verborgen, befindet sich eine größere Wiese mit einem Picknicktisch, die mittags auch etwas Sonne abkriegt. Von hier paddelt man in gemütlichem Tempo eine knappe halbe Stunde zurück zum Verleih.

Wer mag, kann noch ein kurzes Stück in die andere Richtung weiterfahren. Die Havel ist hier schmaler und ein wenig zugewachsen und führt in einen verschilften **Teich mit Seerosen**. Hier drehen wir dann um und steuern unser Kanu wieder zurück in den Heimathafen.

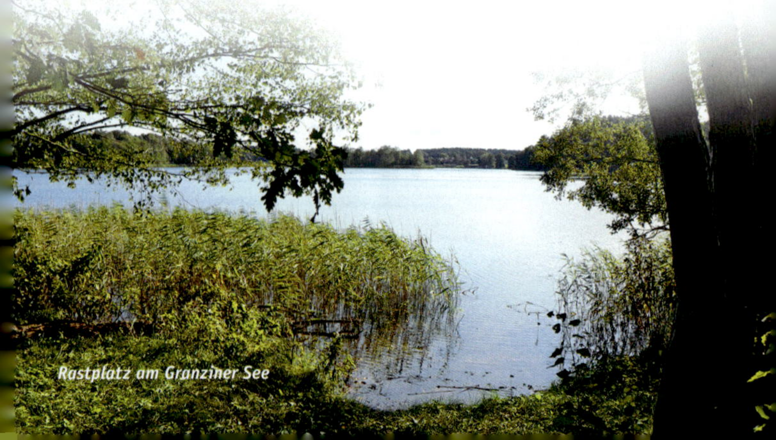

Rastplatz am Granziner See

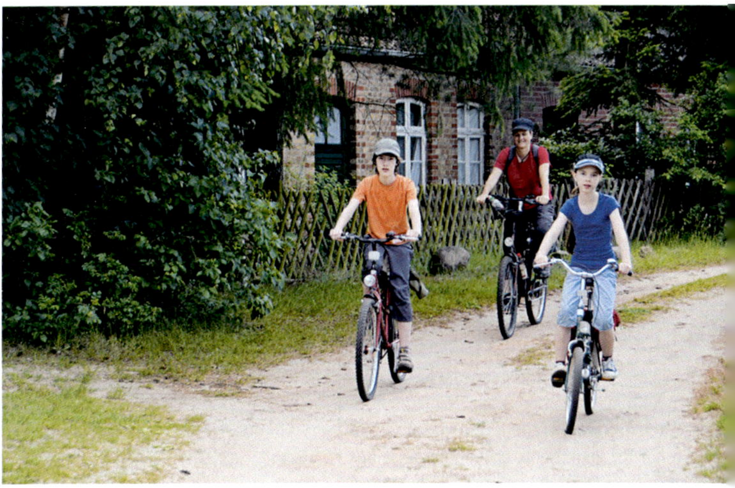

Tour 23:
In der Heimat der Fischadler

25 m

STRECKE 18 km

3 h

ab 6

Eine Fahrradtour für junge Naturforscher

Ebenfalls von Granzin startet diese Radtour. Sie führt durch einen ruhigeren Bereich des Nationalparks. Hier kommen vor allem junge Vogelbeobachter auf ihre Kosten. Wenn das Wetter passt, lohnt der Stopp an der schönen, kleinen Badestelle am Pagelsee, die sich auch für ein Picknick eignet. Hier sind auch jüngere Kinder begeistert dabei, während die Beobachtungsstände an den Boeker Fischteichen und die Fischadlerhorste direkt rechts des Radweges die etwas Größeren ansprechen. Ein wenig Geduld und ein gutes Fernglas braucht es schon, um hier Tiere zu beobachten.

TOUREN-STECKBRIEF

Anfahrt: Granzin liegt mitten im Nationalpark und ist nur über schmale Sträßchen erreichbar. Von Waren und Neustrelitz nimmt man die Strecke über Kratzeburg. In Granzin biegt man von der Durchfahrtstraße über die Havelbrücke und am Gasthof Havelkrug vorbei rechts ab. Links hinter der Brücke befindet sich der Kanu- und Fahrradverleih Kormoran Kanutouring. Parkplatz rechts der Straße bei **GPS N 53°24'31.8", E 12°54'23.9"**

Fahrradverleih: Fahrrad ab €7,50 pro Tag, Kinder- oder Jugendrad ab €5.
Tel. 039822 29888 oder 0172 2740966.
www.kormoran-kanutouring.de

Wer von Süden kommt und keine Leihräder braucht, startet die Radtour am besten gleich in Babke.

Charakter: Zum großen Teil feste Fahrwege, Naturwege im Umfeld der Zartwitzer Hütte und ein paar Sandlöcher vor den Fischteichen. Fernglas nicht vergessen!

Highlights: Mehrere Fischadlerhorste an der Strecke, Beobachtungsplatz an den Fischteichen (Seeadler), Badestelle.

Einkehr: Havelkrug und Töpferhof in Granzin, Fischerei in Babke, Lütte Meierie in Kratzeburg.

In der Nähe: Fledermausausstellung und Badestelle in Kratzeburg.

Radtour: Am Havelkrug geht es rechts und an der nächsten Wegkreuzung wählen wir die linke Straße in Richtung **Babke**. Auf einem gut zu fahrenden Betonplattenweg geht es durch den Wald. Etwa nach der halben Strecke sind links auf einer Lichtung zwei der Strommasten mit **Fischadlerhorsten** ① besetzt. Während der Brut- und Nestpflegezeit trifft man hier fast sicher auf Fischadler. Wenig später ist rechts an einem kleinen Parkplatz ein Beobachtungsstand ausgeschildert, von dessen Plattform man einen weiten Blick über die Havelwiesen hat.

> Wer **mit eigenen Fahrrädern** unterwegs ist, startet die Runde am besten in Babke. Die Badestelle erreicht man dann etwa zur Halbzeit der Tour. Fährt man die Tour gegen den Uhrzeigersinn, kann man nach der Pause zu den Fischteichen weiterradeln und kommt zu einer für Vogelbeobachtungen günstigen Zeit am Spätnachmittag dort an.

Der Plattenweg führt weiter in Richtung Babke und noch vor den ersten Häusern führt links ein Abstecher zur **Fischerei** ② mit

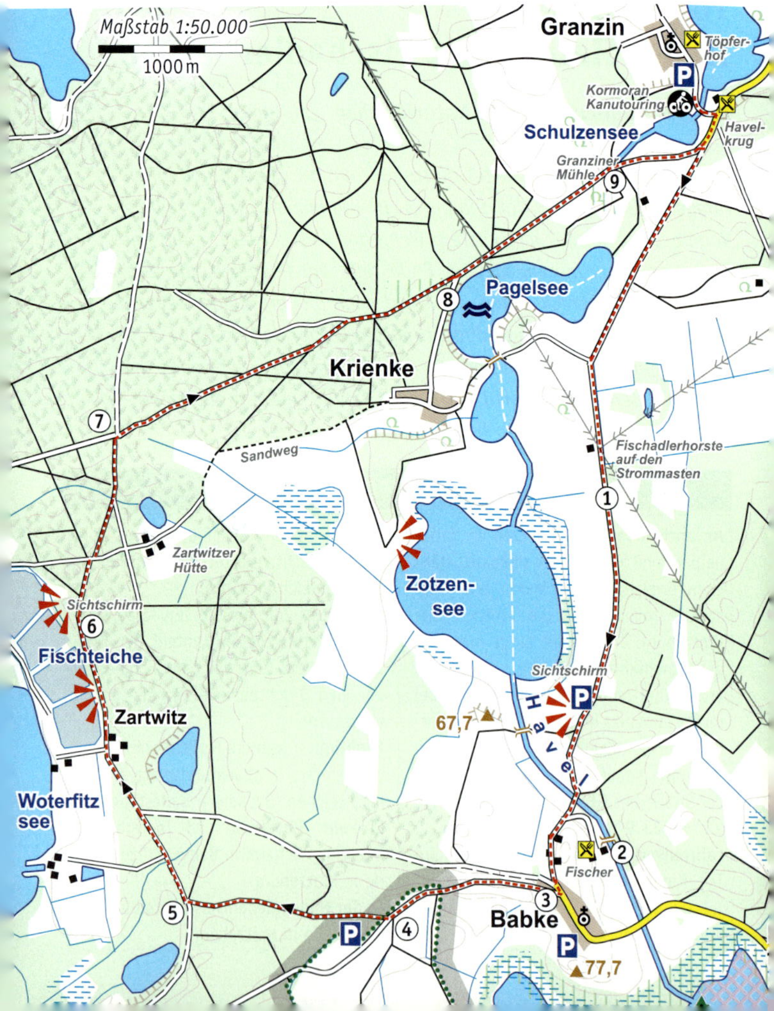

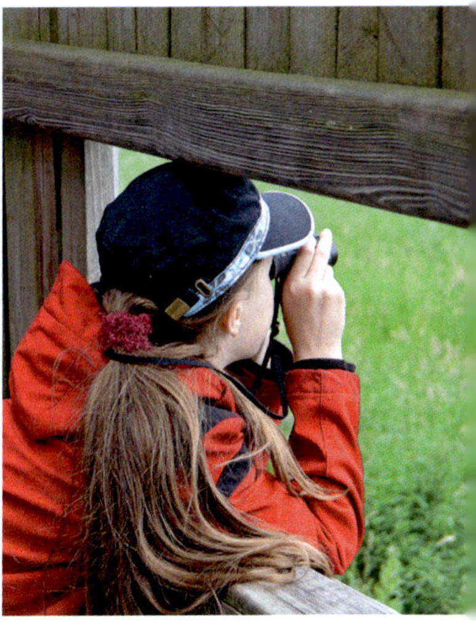

einer Terrasse über dem Havelkanal und einer kleinen Speisekarte. Fischbrötchen sind immer zu haben, in der Saison gibt es auch Pommes und Backfisch.

Dann rollen wir in den Ort hinein. Gleich am ersten **Abzweig** ③ radeln wir rechts auf einer etwas breiteren Straße weiter in Richtung Schillersdorf. Etwa nach einem Kilometer folgen wir dem **Hinweisschild in Richtung Zartwitz** ④ und verlassen die Straße nach rechts auf einen Schotterweg.

An der nächsten **Kreuzung** ⑤ geht es noch einmal rechts. Wir passieren einen Abzweig zum Woterfitzsee und erreichen die wenigen Häuser von **Zartwitz**. Links vom Weg liegen jetzt die Bolter Fischteiche und der Boden wird sandig. Zwei Teiche weiter kann man an einem Picknicktisch das Fernglas auspacken und zu einem **Sichtschirm** ⑥ laufen. Auf den Teichen schwimmen fast immer einige Wasservögel und Möwen. Die **Fischteiche** sind aber auch ein besonders beliebtes Jagdrevier der See- und Fischadler.

Wir verlassen die Fischteiche und radeln immer geradeaus durch den Wald bis wir auf eine schmale **Asphaltstraße** ⑦ treffen, die

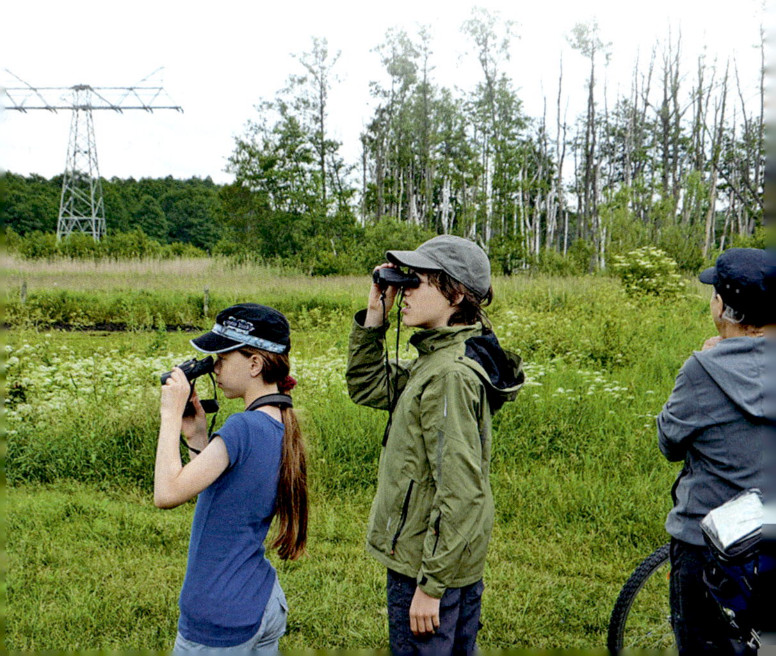

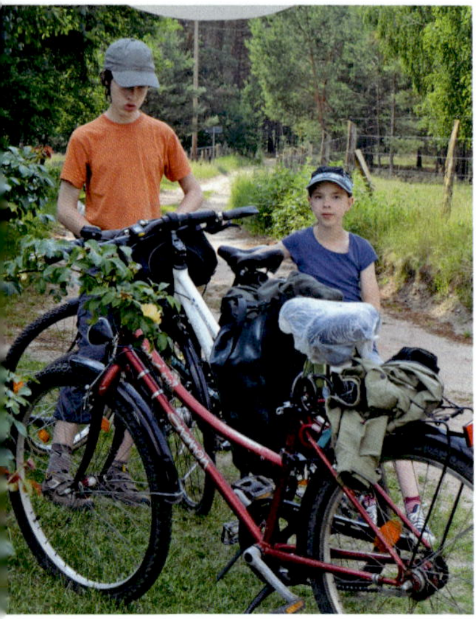

Wer seinen Urlaub gerne mitten in der Natur verbringt und die abgeschiedene Lage der **Zartwitzer Hütte** mitten im Nationalpark und nahe an den Fischteichen als etwas ganz Besonderes zu schätzen weiß, findet an diesem zauberhaften Ort zwei stilvoll eingerichtete **Apartments** für jeweils vier Personen und ein kleines **Ferienhaus**. Preise zwischen € 60 und € 90 pro Tag, je nach Wohnung, Aufenthaltsdauer und Saison.

Ellen und Albrecht von Kessel,
Zartwitzer Hütte, 17248 Rechlin.
www.ferien-im-mueritznationalpark.de

nur von Anwohnern genutzt werden darf. Wir biegen rechts ab und rollen entspannt über Asphalt bis zur Schranke am Beginn der gesperrten Strecke. Dort liegt rechts die schöne kleine **Badestelle am Pagelsee** ⑧.

Wenig später kommen wir an der **Ruine der Granziner Mühle** ⑨ vorbei. Hier queren immer wieder Kanuten die Straße, denn zwischen Schulzensee und Pagelsee gibt es keine Wasserverbindung. Rechts der Straße sind die Schienen der Lorenwagen zu sehen, die beim Transport der Boote über die 700 Meter lange Landbrücke helfen.

Kurz darauf biegen wir an der Straßenkreuzung links ab und fahren dann links über die Brücke zurück zur Kanustation in Granzin. An der Brücke liegt der Gasthof Havelkrug mit einladendem Gastgarten.

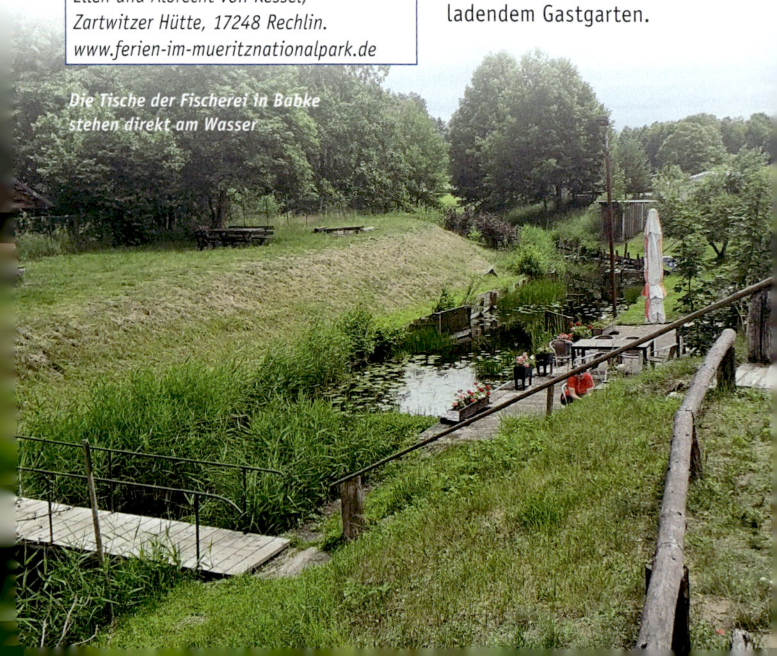

Die Tische der Fischerei in Babke stehen direkt am Wasser

Tour 24:
Von Granzin nach Blankenförde

Auf dem Wasserweg durch das Herz des Nationalparks

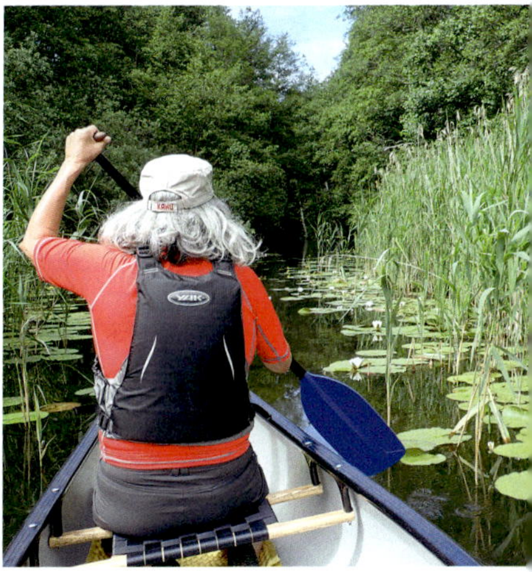

Dem Lauf der Havel folgend führt diese Paddeltour mitten durch die Schutzzone des Müritz-Nationalparks. Große Strecken sind wir auf dem hier noch recht schmalen Fluss unterwegs. Dazwischen liegen stille Seen, die auch mit dem Kanu nur auf einem markierten Korridor befahren werden dürfen. Hier begegnet man fast immer verschiedenen Wasservögeln. Eine erste Pause zum Picknicken, Baden und Austoben kann man an der schönen Badebucht am Pagelsee einlegen, die man kurz nach der ersten Umtragestrecke erreicht. Hier werden die Kanus auf eine Lore verladen. Eine Einkehr ist später im Fischerhof in Babke möglich.

STRECKE 10 km

4 h

ab 6

Paddeltour: Die ersten Paddelschläge machen wir auf der Havel, die hier noch ziemlich schmal ist. Kurz darauf fließt sie durch

TOUREN-STECKBRIEF

Anfahrt: Die Tour wird von zwei Verleihstationen angeboten: Kormoran Kanutouring in Granzin und Kanu-Hecht in Kratzeburg. Beide bieten auch den Rücktransport von Blankenförde an.
Von Granzin ist die Strecke fünf Kilometer kürzer, was für Familien mit wenig Kanuerfahrung oder selbst paddelnden Kindern völlig ausreicht. Wer am Ende noch nicht müde ist kann kurz vor dem Ziel noch einen Badeabstecher zum Kleinen Jamelsee machen.
Kratzeburg und Granzin erreichen Sie von der B193 über eine Stichstraße ins Nationalparkgebiet. Kurz nach Kratzeburg im Ortsteil Dalmsdorf befindet sich die Station von Kanu-Hecht. Der Verleih liegt links an der Straße bei **GPS N 53°25'36.7", E 12°55'52.3"**. Tel. 039822 17988 oder 0172 9323625. www.kanu-hecht.de
Wir fahren weiter nach Granzin, biegen am Ende der Straße rechts ab und überqueren die Havelbrücke. Links hinter der Brücke befindet sich Kormoran Kanutouring bei **GPS N 53°24'31.8", E 12°54'23.9"**.
Dreier-Kanadier €38 pro Tag, Einer-Tourenkajak €28 pro Tag. Tel. 039822 29888. www.kormoran-kanutouring.de

Charakter: Motorbootfreie Strecke durch Naturschutzgebiet mit stetigem Wechsel zwischen der strömungsfreien Havel und verschiedenen Seen, die nur an der Betonnung überpaddelt werden dürfen. Eine lange (700 m) und eine kurze (30 m) Umtragestrecke, jeweils mit Lorenwagen.

Highlights: Viele Wasservögel, Badestelle am Pagelsee

Einkehr: Havelkrug und Töpferhof in Granzin, Fischerei in Babke, Imbiss in Blankenförde.

In der Nähe: Fledermausaustellung, Lütte Meierie und Badestelle in Kratzeburg.

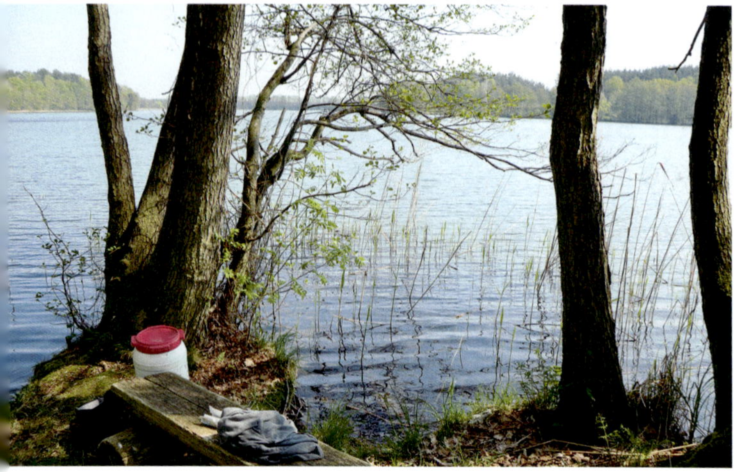

Von Kratzeburg nach Granzin

Von der Einsetzstelle am oberen Ende des Käbelicksees paddeln wir in Ufernähe bis zu den beiden Inselchen an dessen unterem Zipfel. Mit ein bisschen Glück begegnen wir hier schon den ersten Reihern. Rechts an der zweiten Insel vorbei geht es an der markierten Einfahrt zum ersten Mal auf die Havel. Beinahe geradeaus paddeln wir zum Granziner See, den wir nur am untersten Rand überqueren. Eine weitere grüne Boje markiert die erneute Einfahrt in die Havel. Vorbei am Granziner Wasserwanderrastplatz treiben die Kanus durch ein enges kurviges Havelstück. Rechts passieren wir den Kanuverleih Kormoran Kanutouring, links stoßen wir dann auf den Anleger des Granziner Havelkrug. Wer ein richtiges Mittagessen möchte, legt hier an.

einen flachen Teich mit Seerosen. Wenig später durchfahren wir an der **Granziner Mühle** ① einen Linksknick und die Boote müssen zum ersten Mal aus dem Wasser. Hier ist der Fluss nicht befahrbar. Es geht über eine schmale Straße zur **Lorenbahn**.

Jeweils vier Kanus passen auf eine Lore. Da drei Loren im Einsatz sind, gibt es nur bei Hochbetrieb längere Wartezeiten. Ist es ruhiger, muss man oft erst einmal einen der Wagen holen, was bei 700 Meter Landweg durchaus eine Weile dauert. Die Lore ist auch mit vier Kanus noch leicht zu schieben, denn in dieser Richtung geht es stetig leicht bergab. Dann können wir am **Pagelsee** wieder einsetzen.

Wer ein Picknick plant, findet auf halber Seehöhe am rechten Ufer an der **Badestelle** ② den richtigen Platz. Ab hier werden die Anlegemöglichkeiten rarer. Erst eine gute Paddelstunde weiter kann man in Babke wieder an Land gehen.

Wo viele Jahre eine lange Holzbrücke den Pagelsee an seiner schmalsten Stelle überspannte entsteht jetzt eine neue **Pontonbrücke** ③. Dahinter paddeln wir an der grünen Boje wieder in die Havel bis zur Ausfahrt in den **Zotzensee.** Auf dem See darf die mit Bojen markierte Fahrlinie nicht verlassen werden, um

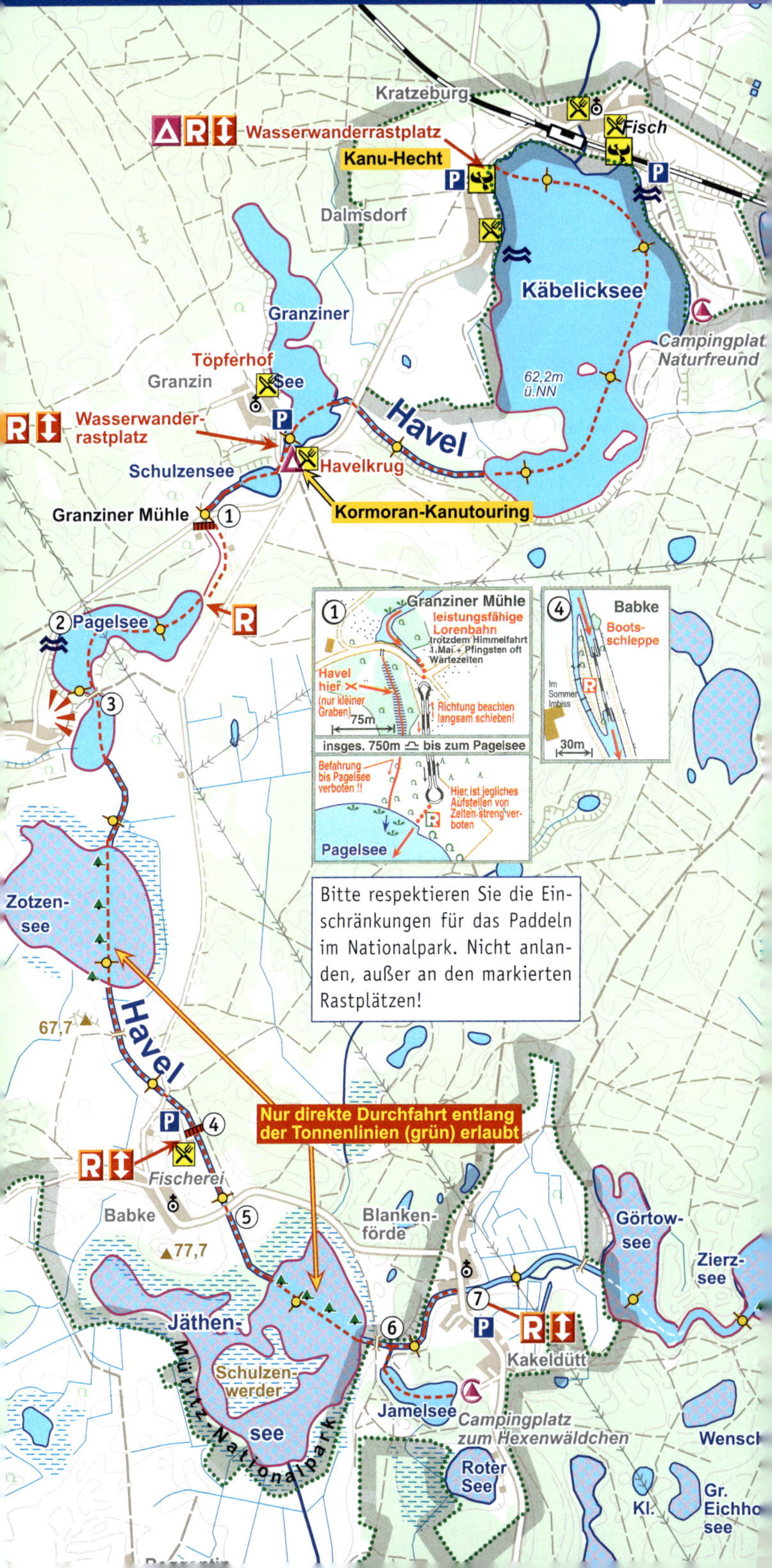
Kratzeburg
Wasserwanderrastplatz
Kanu-Hecht
Fisch
Dalmsdorf
Käbelicksee
Campingplatz Naturfreund
62,2m ü.NN
Granziner See
Töpferhof
Granzin
Wasserwander-rastplatz
Havel
Schulzensee
Havelkrug
Kormoran-Kanutouring
Granziner Mühle
Pagelsee
Granziner Mühle
leistungsfähige Lorenbahn
trotzdem Himmelfahrt 1.Mai + Pfingsten oft Wartezeiten
Havel hier (nur kleiner Graben)
Richtung beachten langsam schieben!
75m
insges. 750m bis zum Pagelsee
Befahrung bis Pagelsee verboten !!
Hier ist jegliches Aufstellen von Zelten streng verboten
Pagelsee
Babke
Boots-schleppe
Im Sommer Imbiss
30m
Bitte respektieren Sie die Einschränkungen für das Paddeln im Nationalpark. Nicht anlanden, außer an den markierten Rastplätzen!
Zotzen-see
67,7
Havel
Nur direkte Durchfahrt entlang der Tonnenlinien (grün) erlaubt
Fischerei
Babke
77,7
Blanken-förde
Görtow-see
Zierz-see
Jäthen-see
Schulzen-werder
Müritz-Nationalpark
Kakeldütt
Jamelsee
Campingplatz zum Hexenwäldchen
Roter See
Kl.
Gr. Eichhorn-see

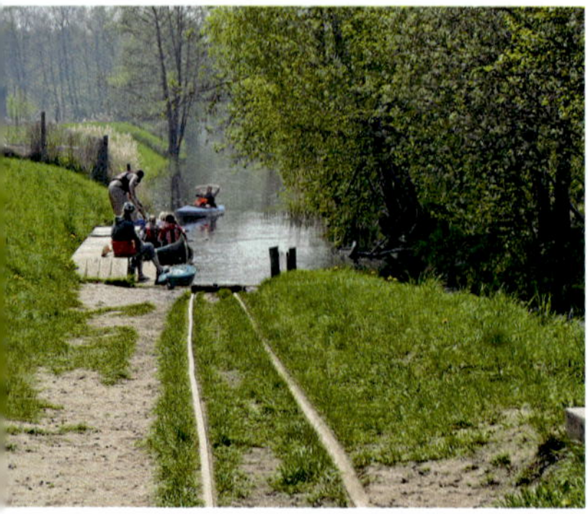

Vom Hexenwäldchen zum Pagelsee
15 km, etwa 5 Stunden. Alternativ kann man diesen Teil des Nationalparks ohne Rücktransport auf der Straße auch vom Campingplatz Hexenwäldchen erpaddeln. Die Strecke führt dann über Jäthen- und Zotzensee zur Badestelle am Pagelsee und wieder zurück. Eine Kanustation gibt es direkt auf dem Campingplatz.

Vögel im Schilf nicht zu stören. Sucht man mit einem Fernglas die Ufer ab, wird man sicher den einen oder anderen entdecken. Vielleicht bekommt man auch zum Flug startende Schwäne zu sehen.

Hinter dem Zotzensee folgt ein langes Stück Havel, die hier beinahe gerade durch Wiesengelände fließt. Mittendrin erreichen wir die zweite **Bootsschleppe bei Babke ④**. Auch hier werden die Boote auf einen Metallwagen gehoben und 30 Meter auf Schienen geschoben. Am rechten Ufer befindet sich die **Fischerei Babke**. Im Sommer kann man hier frischen Räucherfisch, Fischbrötchen oder Backfisch mit Pommes frites erstehen.

Dann geht es wieder auf's Wasser. Auf dem ersten Abschnitt wuchert das Schilf so heftig, dass nur eine schmale Fahrrinne bleibt. Zwischen Wiesen paddeln wir unter einer **Brücke ⑤** hindurch und kommen zur Einfahrt des **Jäthensees**. Auch hier geht es nur an den Tonnen entlang weiter bis zur nächsten **Haveleinfahrt**.

Wer noch zum Baden zum **Kleinen Jamelsee** möchte, muss jetzt gut aufpassen. Nach knapp 100 Metern markiert ein Schild die Zufahrt durch einen **schmalen Graben ⑥**. Bei niedrigem Wasserstand kommt man nur hindurch, wenn man das Boot »treidelt«. Das bedeutet, die Insassen steigen aus, damit das Boot weniger Tiefgang hat und es an der Leine durch das seichte Wasser gezogen werden kann. Bei höherem Wasserstand kann man

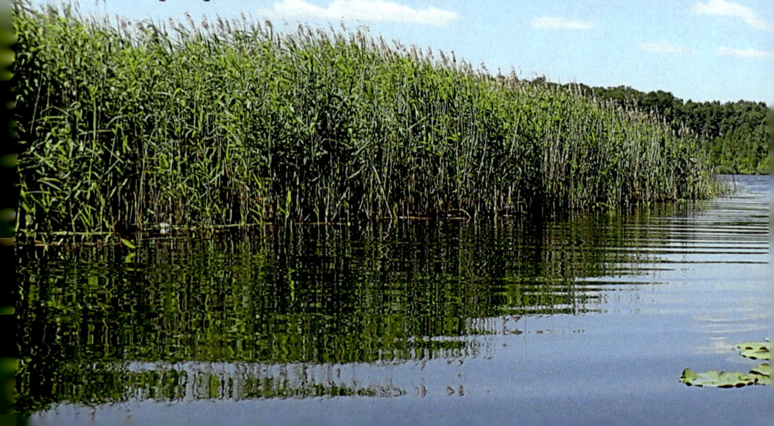

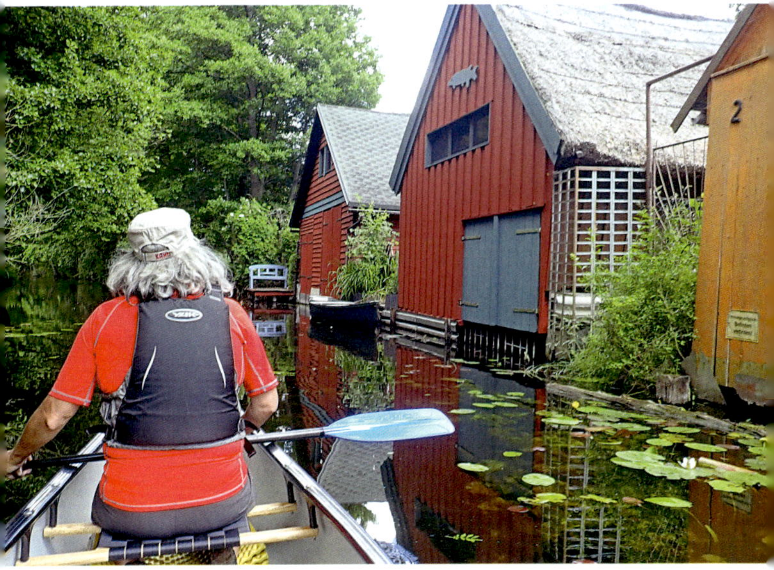

vorsichtig durch den Kanal paddeln und erreicht schnell den See, an dessen unterem Ende der Steg des Campingplatzes zu sehen ist. Am rechten und linken Ufer gibt es mehrere Stellen, an denen wir gut zum Baden anlegen können. Die Badestelle am Campingplatz Hexenwäldchen ist dessen Gästen vorbehalten. Pagel- und Jamelsee sind die einzigen Seen an der Strecke in denen man auch baden darf.

Um zur **Ausbootsstelle Kakeldütt** zu kommen, müssen wir dann zurück auf die Hauptroute. Hier erwartet uns jetzt noch einmal ein besonders schöner, sehr schmaler Abschnitt der Havel. Rechts und links stehen etliche Bootshäuser direkt am Wasser. Hinter einer kleinen Brücke rechts treffen wir dann auf den **Kanuanleger** ⑦. Er besteht aus einer Treppe aus Holzimitat über den wir die Kanus gut hinaufziehen können. Oben am Rastplatz stehen ein Imbisswagen und Tische, sodass wir hier gut die Zeit überbrücken können bis wir abgeholt werden.

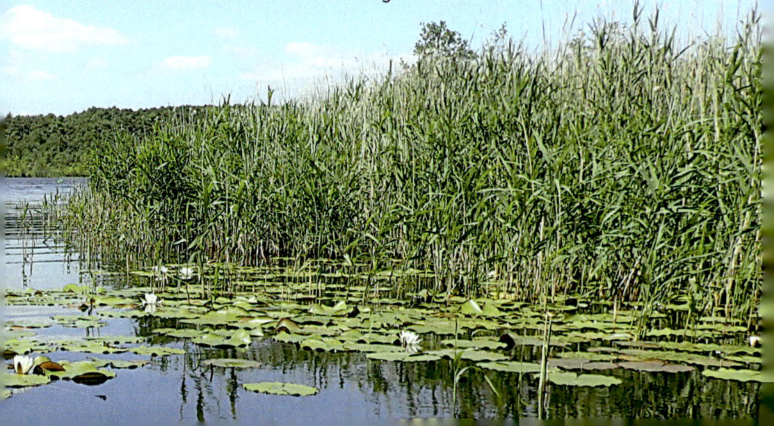

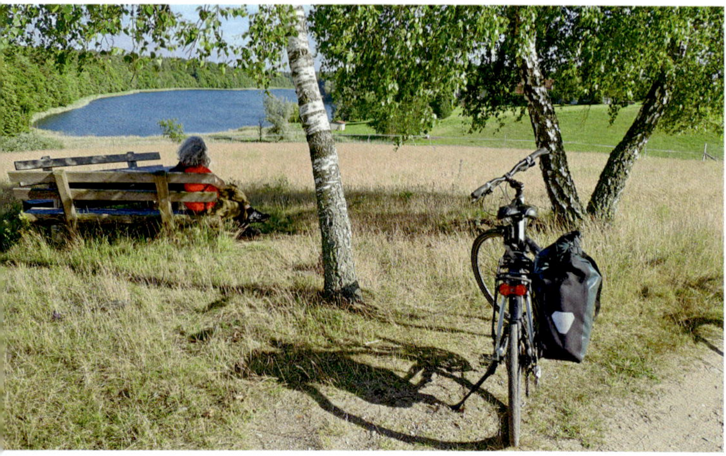

30 m

STRECKE 20 km

3–4 h

ab 8

Tour 25: Der Havel auf der Spur

Fahrradtour vom Mühlensee zum »Flatterhus«

Ein hübscher Badeplatz macht den Mühlensee zu einem interessanten Ausflugsziel. Ursprünglich war er der erste Quellsee der Havel, heute fließt sein Wasser in Richtung Ostsee ab. Die Quelle der Havel sprudelt jetzt aus einem Becken an der südlichen Seespitze. Picknicktische unter Bäumen neben dem munter sprudelnden Bach machen die Quelle zu einem angenehmen Rastplatz. Auf Wald- und Feldwegen, die teilweise mit Steinen, Wurzeln und einzelnen Sandlöchern sichere Fahrtechnik erfordern, rollt man zügig bis Kratzeburg. Dort wartet das Flatterhus – eine interaktive Fledermausausstellung in der Nationalparkinfo. Kurz danach lockt die »Lütte Meierie« mit hausgemachtem Softeis und Kuchen sowie einem Besuch bei Enten, Gänsen, Kälbchen und Schweinen. Auf der anderen Seite der Havelquellseen geht es dann zurück nach Ankershagen. Auf halber Strecke wartet noch mal eine schöne Badestelle auf Wasserratten und in Ankershagen ein trojanisches Pferd, das eigentlich eine Rutsche ist.

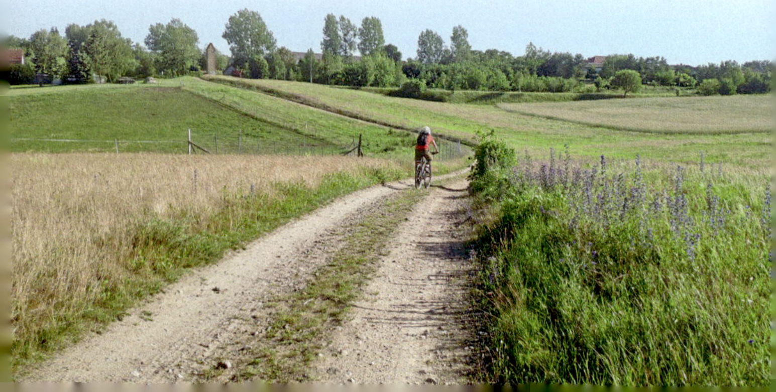

Radtour: Vom Parkplatz führt unser Weg am Eingang der Nationalparkinfo vorbei und wir folgen rechts vom Haus dem Schotterweg, der mit einem **Fahrrad und dem roten Hirsch markiert** ist. Auf einem recht hoppeligen Waldweg mit vielen Steinen geht es stetig auf und ab. Wir radeln am Abzweig des Rehwegs vorbei und erreichen nach drei Kilometern eine größere **Kreuzung** ①. Ein kurzer Abstecher nach rechts bringt uns zu einem im Wald verborgenen **Großsteingrab**, das noch recht gut zu erkennen ist.

Wieder zurück an der Kreuzung fahren wir den Berg hinunter auf den Ort **Bornhof** zu, der in schöner Lage leicht oberhalb des Bornsees thront. Ein **Picknicktisch in traumhafter Lage** ② könnte der Platz für eine erste Pause sein.

Dann führt unser Weg durch einige Sandlöcher bergauf in den Ort – ohne schieben wird es kaum gehen. An der einzigen **Kreuzung** fahren wir geradeaus weiter. Der Weg ist immer noch etwas sandig und verläuft am Waldrand entlang bis zu einigen **Häusern** ③. Hier geht es links wieder in den Wald hinein. Jetzt wird es noch einmal ziemlich hoppelig. Kurz bevor wir die Havelquelle erreichen, zweigt rechts ein mit Findlingen für Autos gesperrter Weg ab. Wer jetzt zum **Rast- und Badeplatz am Mühlensee** ④ möchte, fährt noch ein Stück geradeaus und hinter der Quelle links. Wer sich den Stop für den Rückweg aufhebt, folgt gleich dem roten Hirsch nach rechts.

Ab jetzt werden die Wege besser und man kommt deutlich schneller und müheloser vorwärts. Auf einem meist festen und beinahe ebenen Waldweg radeln wir bis zu einer **T-Kreuzung**. Hier geht es rechts und weiter bis zu den ersten Häusern von **Dambeck** ⑤.

TOUREN-STECKBRIEF

Anfahrt: Ankershagen und die Nationalparkinfo im benachbarten Friedrichsfelde liegen am Rand des Müritz-Nationalparks und sind über einen Abzweig von der B 192, die Waren mit Neustrelitz verbindet, zu erreichen. Die Nationalparkinformation, in der man auch Fahrräder leihen kann, liegt an der Hauptstraße. Dem Abzweig zum Haus folgen. Parkplatz bei **GPS N 53°29′06.9″, E 12°57′05.2″** links neben dem Eingang.

Charakter: Im Bereich zwischen der Nationalparkinfo, Bornhof und der Havelquelle Naturwege, die streckenweise mit Steinen, Wurzeln und einzelnen Sandlöchern recht anspruchsvoll zu fahren sind. Der Rest der Wege ist in besserem Zustand. Die Ostroute zwischen Kratzeburg und Ankershagen ist fast durchgängig asphaltiert und gut zu fahren. Meist geht es leicht bergauf oder bergab, was etwas Kondition erfordert. Genug Zeit einplanen.

Highlights: Badeplätze am Mühlensee und in Pieversdorf, Fledermausausstellung, Picknickplatz an der Havelquelle.

Einkehr: Storchennest, Café am Schliemann-Museum oder Silberschälchen in Ankershagen, Fischerei, Bistro und Lütte Meierie in Kratzeburg.

In der Nähe: Schliemann Museum.

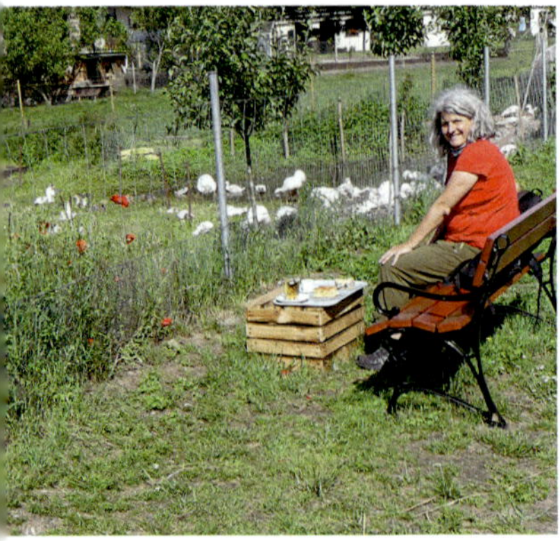

Auf Asphalt fahren wir links in den Ort hinein, vorbei am Dambecker Park – einer Feriensiedlung der AWO. Die letzten Kilometer folgen wir einem schönen Weg am Waldrand bis nach Kratzeburg. Am Wegrand stehen die Infotafeln des Spurenwegs. Kurz vor dem Ort erwarten uns die letzten Sandlöcher dieser Tour.

Kratzeburg ist nicht unbedingt eine Augenweide, hat aber zwei besonders reizvolle Ziele zu bieten. Zunächst einmal ist die interaktive **Fledermausausstellung** einen Besuch wert. Beim lustigen Knöpfchendrücken und Räderdrehen erfährt man viel über die verschiedenen Fledermausarten – von der winzigen Kleinen Hufeisennase bis zum blutrünstigen südamerikanischen Vampir. Und spätestens beim virtuellen Falterjagen am Computerbildschirm ist das Interesse aller Kinder geweckt. Wer jetzt hier auf halber Strecke einkehren möchte, hat in Kratzeburg den **Fischerhof**, das Bistro Piccolino oder die **Lütte Meierie** ⑥ zur Auswahl. Und damit wären wir bei der zweiten Attraktion des kleinen Dorfes. In der Meierei gibt es nicht nur hausgemachtes Softeis aus eigener Milch, sondern auch Gänse, Enten, Kälbchen und Schweine. Einige Tische stehen direkt zwischen den Gehegen.

Am Ortsende rechts ist der **Badeplatz am Käbelicksee** ⑦ perfekt für ein Picknick und eine Badepause. Die Zufahrt ist am Ende des Dorfes rechts ausgeschildert. Auf einer Asphaltstraße rollt man leicht bergab bis zur Bahnunterquerung und

> Wer keine Sandlöcher mehr sehen kann, bleibt am Ortseingang von Dambeck besser auf der schmalen Straße und kommt so ebenfalls nach Kratzeburg.

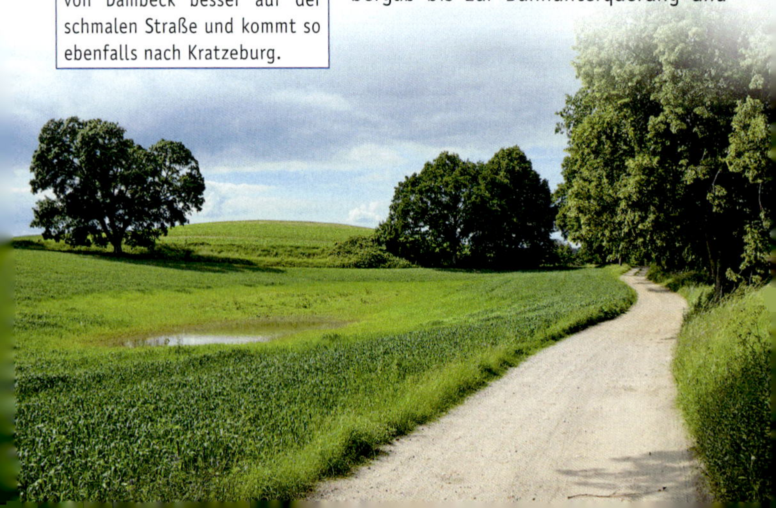

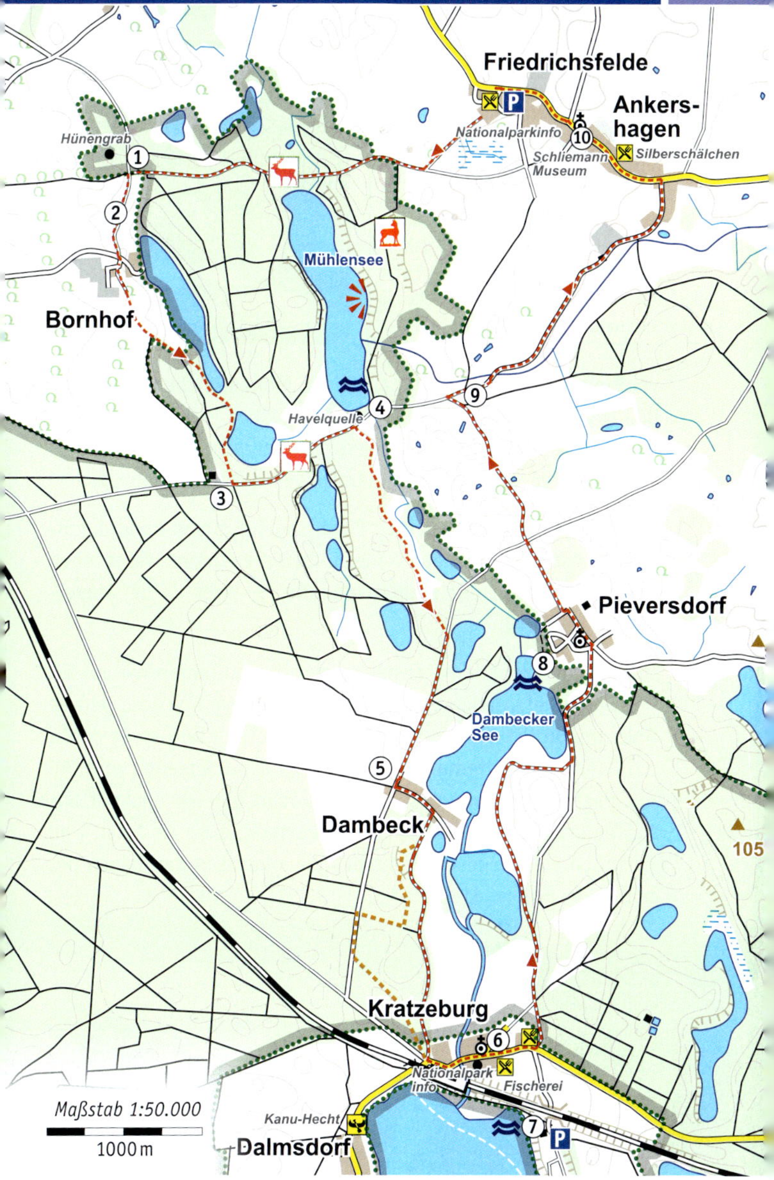

direkt hinter dieser rechts zum Seeufer mit einer Reihe Picknicktischen und einer großen Liegewiese.

Naturerlebnispfad SpurenWeg

Der 3,5 Kilometer lange Lehrpfad macht auf Spuren aufmerksam, die Menschen in der Natur hinterlassen haben. Und er zeigt von Menschen verlassene Orte, die sich die Natur zurückholt. Der Weg startet in Kratzeburg und ist in der Karte orange eingezeichnet.

Von Kratzeburg geht es dann auf einer schmalen Asphaltstraße weiter in Richtung Pieversdorf, bis der Radweg links abzweigt. Wir fahren auf einem meist gut befahrbaren Naturweg am See entlang, bis dieser kurz

Variante für kleine Radler
13 km, 2–3 h, ⇅25 m
Mit eigenen Fahrrädern können wir die Runde auch in Kratzeburg starten und auf der asphaltieren Ostseite bis zur Havelquelle und zum Badeplatz am Mühlensee radeln. Zurück geht es dann auf dem Waldweg auf der Westseite der Havel. Eine Einkehr in der »Lütten Meierie« mit ihren vielen Tieren oder ein Picknick an der Badestelle in Kratzeburg runden den Ausflug ab.

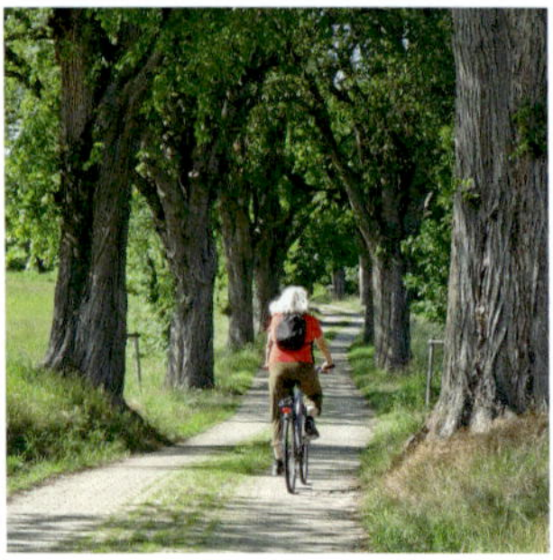

vor **Pieversdorf** auf die Straße mündet. Links erreichen wir schnell den Ort und hoppeln über Kopfsteinpflaster. Links hinunter ist mit einem leicht zu übersehenden Holzschild der Abzweig zu einer schönen **Badestelle** ⑧ am Dambecker See beschildert.

Auf dem letzten Wegstück ab Pieversdorf hat man dann durchgängig Asphalt unter den Rädern. Zwischenstopps wären noch am **Grillplatz an der Mühlenscheune** ⑨ oder an der **Havelquelle** möglich.

Die letzten drei Kilometer nach Ankershagen fahren wir auf einer wenig befahrenen Straße. Vorbei an einem Kuhstall geht es links in den Ort hinein. Das riesige hölzerne Pferd sorgt dafür, dass dort das **Schliemann Museum** ⑩ nicht übersehen wird. An ein paar Tischen vor dem Museumsladen gibt es nachmittags Kaffee und Kuchen und an der Museumskasse Eis am Stiel. Und natürlich muss jedes Kind mindestens einmal in den Bauch des hölzernen Pferdes klettern.

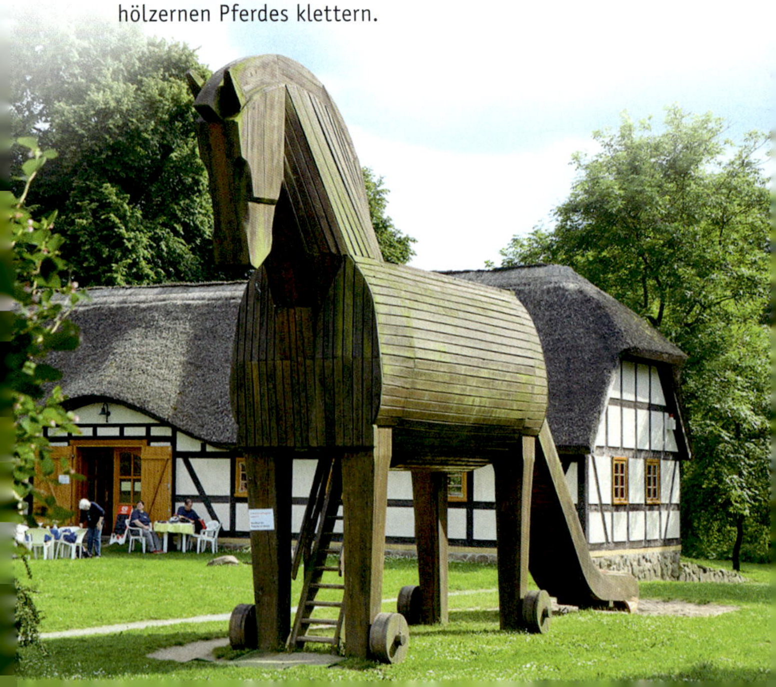

Wie das Trojanische Pferd in den Müritz-Nationalpark kommt

Die fantastische Lebensgeschichte des Heinrich Schliemann

Die Geschichte vom Trojanischen Pferd gehört zu den bekanntesten Sagen der Welt. Die List, mit der Odysseus die Stadt Troja erobert haben soll, beeindruckte schon den jungen Heinrich Schliemann, der vor fast 200 Jahren hier in Ankershagen seine Kindheit verbrachte. Sein Vater war Pfarrer im Ort und das Haus, in dem heute das Museum untergebracht ist, ist das alte Pfarrhaus, in dem die Schliemanns damals lebten. Die Schule musste der Junge vorzeitig abbrechen, da seine Familie nicht viel Geld hatte.

Als Heinrich erwachsen wurde, reiste er als Kaufmann in der Welt herum. Er war sehr erfolgreich und verdiente viel Geld. Schliemann lebte in Amsterdam und später in Sankt Petersburg, aber die Träume seiner Kindheit vergass er nie. So begann er erneut zu reisen.

Mit 44 Jahren verkauft er seine Handelshäuser und fängt an zu studieren: Sprachen, Literatur und Altertumskunde. Noch immer träumt er davon, Troja zu entdecken. Und noch einmal, 14 Jahre später, beginnt er zu graben: Auf einem Hügel mit dem Namen Hissarlik in der Türkei, unter dem er die Reste der antiken Stadt Troja vermutet. Reste historischer Orte auszugraben ist damals noch völlig ungewöhnlich und hat wenig Vorbilder. Und Heinrich Schliemann wird tatsächlich fündig: 1873 entdeckt er den sogenannten Schatz des Priamos, der unter anderem zwei kleine Goldkelche, Dolche und Speerspitzen aus Kupfer sowie verschiedene Gefäße und Messerschneiden aus Silber enthielt. In einer großen Vase fand er wertvollen Schmuck, Knöpfe und Ringe. Heute weiß man, dass Schliemann damals tatsächlich auf die Mauern von Troja stieß, auch wenn Priamos den ihm zugeordneten Schatz vermutlich niemals in den Händen hatte.

Außerdem begründete Schliemann mit seiner Arbeit eine ganz neue Form der Archäologie: Erst jetzt begann man nach Resten alter Kulturen zu graben. Heinrich Schliemann gilt heute als Entdecker von Troja und das Pferd vor dem Haus erinnert daran, welche Macht Geschichten haben können und welch starker Antrieb die Fantasie ist, wenn es darum geht, neue Wege zu gehen.

*Das **Museum** ist von Mai bis Oktober Di bis So von 10–18 Uhr und von November bis April Mi bis So von 10–16 Uhr geöffnet. €7, Kinder bis 18 Jahre frei. www.schliemann-museum.de*

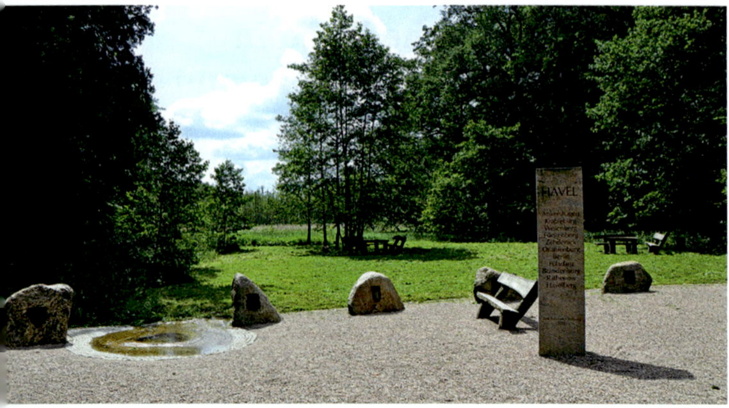

50 m

STRECKE 6,3 km

2 h

ab 6

Tour 26: Vom Storchennest zur Havelquelle

Auf dem Rehweg zum Mühlensee

Schöner, abwechslungsreicher und nicht zu langer Rundweg im Gebiet der Havelquellen im Müritz-Nationalpark. Wir wandern auf Wiesen- und Waldwegen und ein Stückchen auf einem Uferpfad am Mühlensee entlang. Ein Beobachtungsstand am Seeufer, die schöne Badestelle am Mühlensee und der Picknickplatz an der Havelquelle sorgen für Abwechslung und schöne Zwischenziele. Ein kleiner Schlenker führt uns auch noch zum Schliemannmuseum mit Holzpferdrutsche und Café.

Wanderung: Dem Schild »zu den Wanderwegen« folgend laufen wir an der Nationalparkinfo vorbei und durchqueren den großen Findlings- und Pflanzengarten hinter dem Haus. Am Parkausgang geht es links auf einen Feldweg. Gleich an der nächsten Kreuzung folgen wir dem **Schild mit dem Reh** ① rechts auf einen **Grasweg**. Dieser mündet nach etwa 1,5 Kilometern in einen breiten Waldweg und stößt kurz vor den Havelquellen auf eine

TOUREN-STECKBRIEF

Anfahrt: Ankershagen und die Nationalparkinfo im benachbart liegenden Friedrichsfelde liegen am Rand des Müritz-Nationalparks und sind über einen Abzweig von der B 192, die Waren mit Neustrelitz verbindet, zu erreichen. Die Nationalparkinformation befindet sich an der Hauptstraße. Dem Abzweig zum Haus folgen und links neben dem Eingang auf den Parkplatz bei **GPS N 53°29‘06.9“, E 12°57‘05.2“** fahren.

Charakter: Kurze Wanderung auf meist schmalen Wald- und Wiesenwegen. Im Wald auch gut für Kinderräder geeignet, den Grasweg muss man eher schieben.

Highlights: Badeplatz und Beobachtungshaus am Mühlensee, Picknickplatz an der Havelquelle, botanischer und geologischer Garten an der Naturparkinfo.

Einkehr: Café Storchennest oder Café am Schliemann Museum.

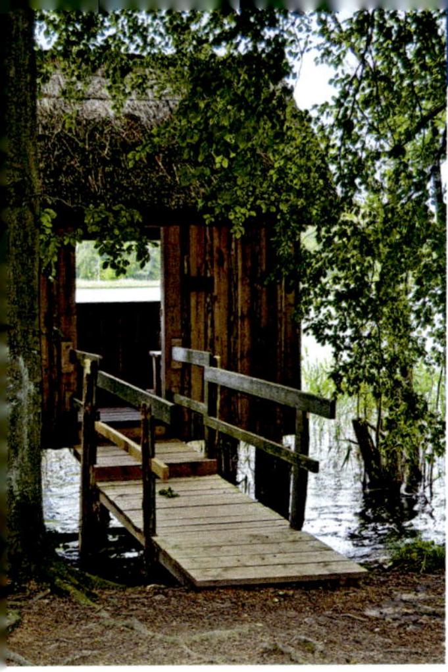

Im Uferdickicht verborgen und vom Wasser kaum wahrnehmbar kann man in einer einfachen Holzhütte Tiere auf dem Wasser beobachten.

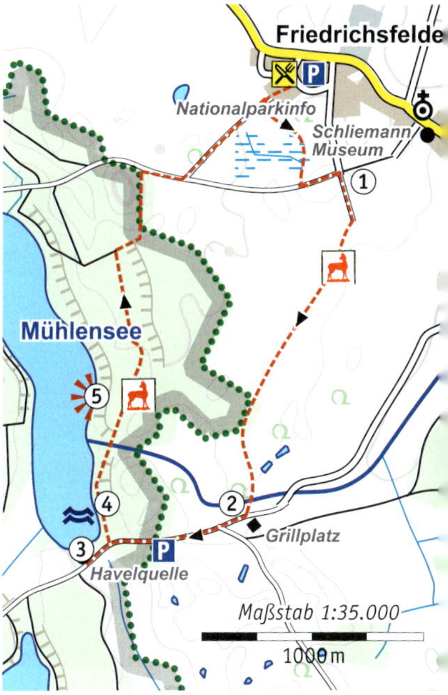

asphaltierte Straße ②. Hier laufen wir rechts zum Parkplatz und zum **Picknickplatz an der Quelle** ③.

Am anderen Ende von Ankershagen lohnt auch das **Schliemann Museum** einen Besuch. Wer einen Blick in das Leben des mecklenburgischen Archäologen werfen oder einfach nur vor dem Haus im Garten einen Kaffee trinken möchte, während die Kinder das Holzpferd erkunden, plant nach der Wanderung einen Stopp am Museum ein.

Von der Quelle geht es dann direkt am See entlang zum **Badeplatz** ④ mit Steg. Wir überqueren eine **Holzbrücke** und kommen zu einem **Beobachtungshaus** ⑤ am Seeufer. Hier verlässt der Weg den See und verläuft durch den Wald und später am Waldrand entlang wieder hinauf zur Nationalparkinfo.

Der einladende Badeplatz am Mühlensee

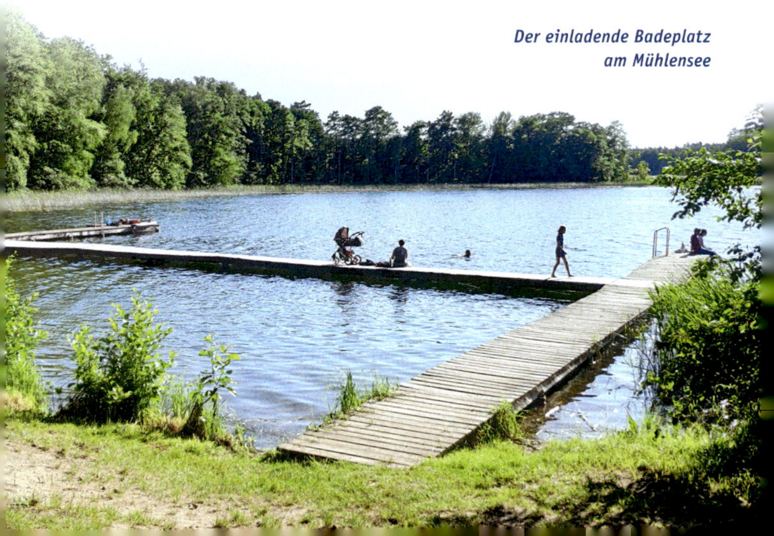

Adebar der Klapperstorch
Störche in Fabel und Wirklichkeit

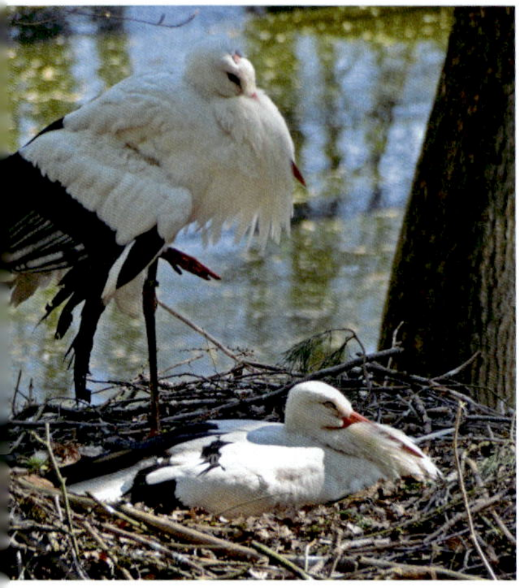

Stehend ist ein Storch bis zu 80 Zentimeter groß, und selbst die mächtigsten Exemplare bringen nicht mehr als 4,5 Kilo auf die Waage – ungefähr so viel wie auch ein kräftiger Säugling. Allein schon vor diesem Hintergrund wirkt die Mär vom Storch, der die Babys bringt, etwas unglaubwürdig. Trotzdem handelt es sich bei der Geschichte um eine Fabel mit Tradition, die ihren Ursprung etwa im 17. Jahrhundert hat. Aus dieser Zeit stammt wohl auch der Name Adebar, den der Storch in alten Geschichten trägt und den Sprachforscher auf die germanischen Wörter auda (Glück) und bera (tragen, gebären) zurückführen.

Wie der Storch zu dieser Ehre kam, ist heute unklar. Allerdings bauten Störche ihre Nester schon immer gerne in den Dörfern und lebten ihr Familienleben, von der bei Störchen recht exzessiven Paarung bis zur Aufzucht der Jungen, deutlich sichtbar direkt vor den Augen der Menschen. Am Ende des Sommer verschwanden sie dann, um erst im nächsten Frühjahr wie aus dem Nichts wieder aufzutauchen. Fast genau so rätselhaft wie die Ankunft eines Babys den älteren Geschwistern erscheinen mag.

Störche ernähren sich ausschließlich von Fleisch. Außer Fröschen stehen auch noch Fische, Mäuse, Maulwürfe und kleine Vögel auf ihrem Speiseplan. Sie brauchen also nicht unbedingt Feuchtgebiete zum Überleben. Dort finden sie ihr Futter aber besonders leicht. Zum Nisten mag der Storch einen erhöhten Platz, von dem er sein Futtergebiet gut überblicken kann. Dabei hat er relativ wenig Scheu vor Menschen und akzeptiert neben hohen Bäumen eben auch Hausdächer und Nisthilfen. Störche führen eine Saisonehe. Im Frühjahr sind es die Männchen, die zuerst zurückkommen. Sie versuchen, das Nest vom letzten Jahr erneut zu belegen. War ein anderer schneller, kommt es zu heftigen Revierkämpfen. Die Weibchen treffen etwas später ein und manchmal, aber nicht immer, kann der Storchenmann seine Frau vom letzten Jahr erneut für sich gewinnen. Hat sich ein Paar gefunden, legt das Weibchen nach der Paarung drei bis fünf Eier ins Nest. Nach etwa 30 Tagen Brutzeit schlüpfen die jungen Störche. Sie werden von den Eltern weitere zwei Monate gefüttert. Dann beginnen sie zu fliegen und können sich bald selbst versorgen.

Geht der Sommer zu Ende, machen sich zuerst die Jungstörche auf den Weg nach Süden. Ende August ist dann das Nest verwaist. Auch die Storcheneltern sind unterwegs nach Afrika. Sie legen dabei täglich 150 bis 300 Kilometer zurück. Störche nutzen zum Fliegen die Thermik – das heißt sie fliegen überwiegend nicht mit aktivem Flügelschlag, sondern segeln mit den Luftströmungen. Sie lassen sich von den warmen Aufwinden hinauf tragen und gleiten dann weiter – bis zum Fuß des nächsten »Aufzugs«. Die Aufwinde, die sie dazu brauchen, entwickeln sich nur über dem Land. Deshalb umfliegen Störche das Mittelmeer auf den Weg nach Afrika. Die Westroute führt dabei über die Meerenge von Gibraltar. Die Ostroute, die die meisten Mecklenburger Störche wählen, über den Bosporus und die Türkei.

Ein ausgewachsener Storch braucht pro Tag 500 bis 700 Gramm Nahrung. Das entspricht 16 Mäusen oder etwa 500 Regenwürmern. So lange noch Junge versorgt werden, hat ein Storchenpaar also ganz schön zu tun und braucht ein ertragreiches Futtergebiet ganz in der Nähe des Nests.

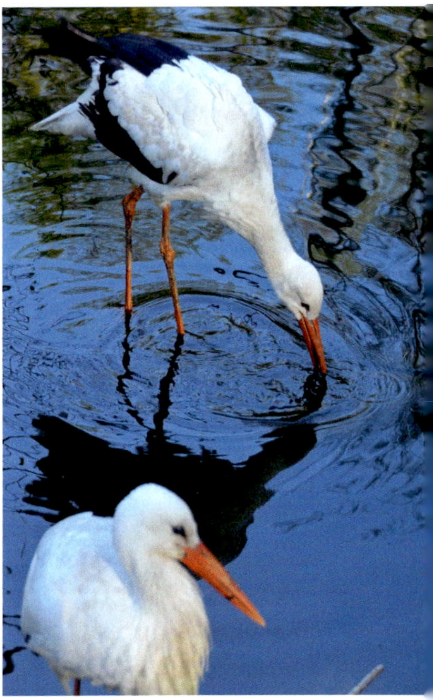

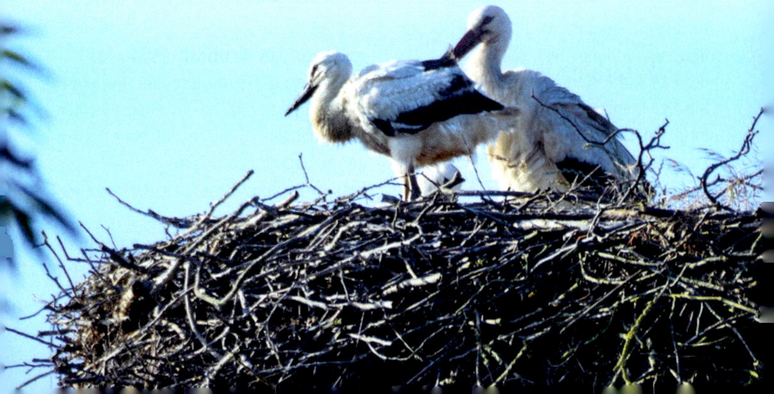

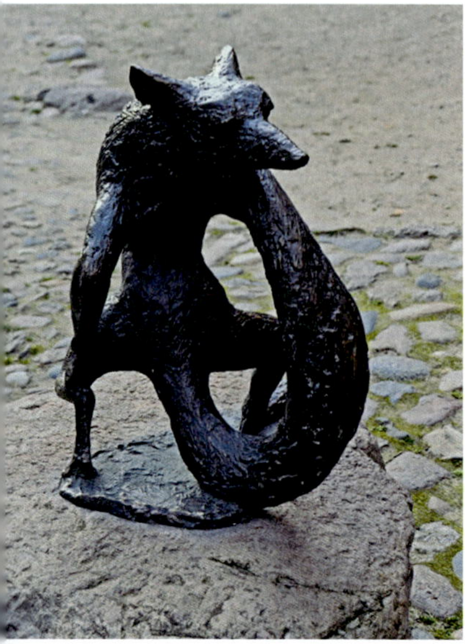

Tour 27: Magisches Mittelalter?

Auf der Alten Burg in Penzlin

Schwarze und weiße Magie, Kräuterkunde und heilende oder verfluchende Sprüche gehörten im Mittelalter zum Leben der Menschen. Wer an einer Führung durch die Alte Burg teilnimmt, taucht ein wenig ein in die mittelalterliche Sicht der Welt – und auch in ein grausames Kapitel der europäischen Geschichte. Die Kirche, die sich durch Aberglauben und magische Gebräuche bedroht sah, ließ im 16. und 17. Jahrhundert Tausende von Menschen als Hexen und Zauberer verbrennen. Mit brutalen Verhörmethoden brachte man unschuldige Menschen dazu, sich zur Hexerei zu bekennen. Meist waren es Frauen, oft besonders gebildete und heilkundige, die sich nicht den Gesetzen der Kirche beugen mochten, die man so zum Schweigen brachte.

1–2 h

ab 8

Das Museum: Die Geschichte der Alten Burg in Penzlin reicht zurück bis in die Zeit der slawischen Besiedlung im 9. Jahrhundert. Sie wurde um 1220 auf den Resten einer slawischen Burganlage errichtet und war dann ab 1501 im Besitz der Familie von Maltzahn. 1560 wurden die **Hexenkeller,** die bis heute erhalten sind, eingebaut und ein Gericht der Inquisition nahm Quartier im Rittersaal der Alten Burg. Fast 4.000 Prozesse gegen Menschen aus der Region wurden hier geführt. Eine lange Liste mit

TOUREN-STECKBRIEF

Anfahrt: Penzlin liegt nördlich von Neustrelitz nahe des Tollensesees. Von der B193, die Waren mit Neustrelitz verbindet, biegt man ab nach Penzlin und folgt im Ort den Wegweisern bis zum Parkplatz der Alten Burg bei **GPS N 53°30'22.6", E 13°05'17.1"**.

Öffnungszeiten der Burg: April bis Oktober 10–17 Uhr, Mai bis August bis 18 Uhr, November bis März Sa und So 13–16.30 Uhr, Eintritt € 5, Familienkarte € 12,50.

alte-burg.amt-penzliner-land.de

Charakter: Besichtigung der Burg mit Folterkammer und Hexenkeller, Museum zur Hexenverfolgung im Mittelalter, sehr gut gemachte Führungen.

Einkehr: Burgrestaurant Hexenkeller, Alte Burg 1.

In der Nähe: Spielplatz vor dem Burgtor, Badeufer am Stadtsee 300 Meter von der Burg entfernt.

Namen, die man aus den Verhörprotokollen im Burgarchiv zusammengetragen hat, machen aus abstrakten Zahlen Menschenschicksale.

Berühmt ist die Burg vor allem für ihre Kellerräume. Folterkammer und Hexenverliese sind eindrucksvoll erhalten. Durch ein enges Loch steigt man hinunter in die ebenso engen Kammern unter der Burg. Das zugehörige **Museum über Magie und Hexenverfolgung** befindet sich dann im hellen, deutlich freundlicheren ersten Stock. Ein Kräutergarten und eine alte Schwarzküche mit mittelalterlicher Ausstattung ergänzen den Blick in die Vergangenheit.

Man kann die Burg auch auf eigene Faust erforschen, es empfiehlt sich jedoch, an einer der Führungen teilzunehmen. Die Mitarbeiterinnen des Museums erzählen bunt und plastisch. Ihre Geschichten lassen nicht nur die Zeit der Hexenverfolgung, sondern auch die Denkweise der Menschen im Mittelalter greifbar werden und sind auch für größere Kinder gut verständlich. Man erfährt hier viel Interessantes, das man sich im ersten Stock mühsam erlesen müsste.

Die jüngsten Gäste finden anschließend vor den Toren der Burg auf dem **magischen Spielplatz** zwischen Hexenhaus, Seilbahn und einem wilden Teufelskarussell noch viel Platz zum Toben.

Burgführungen finden regelmäßig ohne Aufpreis statt. Bitte fragen Sie an der Kasse. Gruppen sollten ihren Besuch unter Tel. 03962 210494 anmelden.

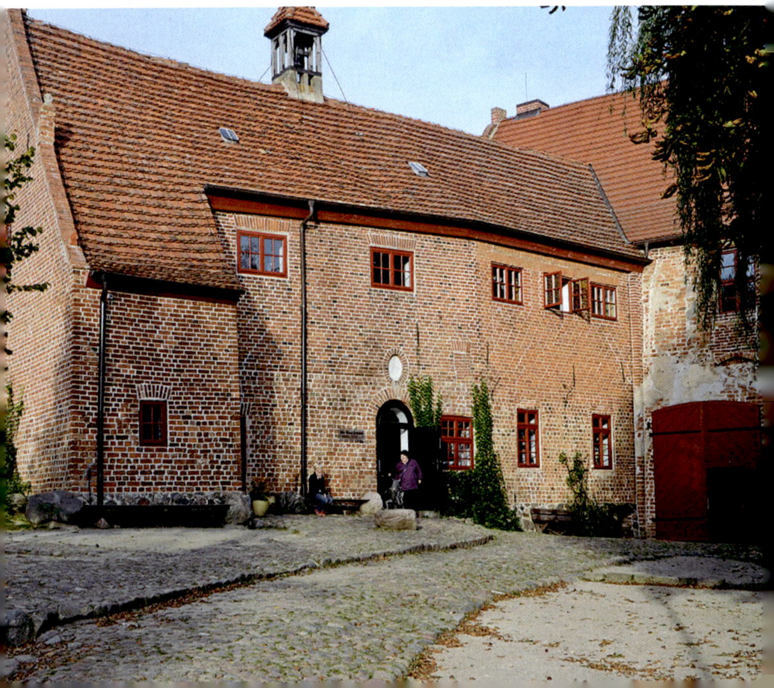

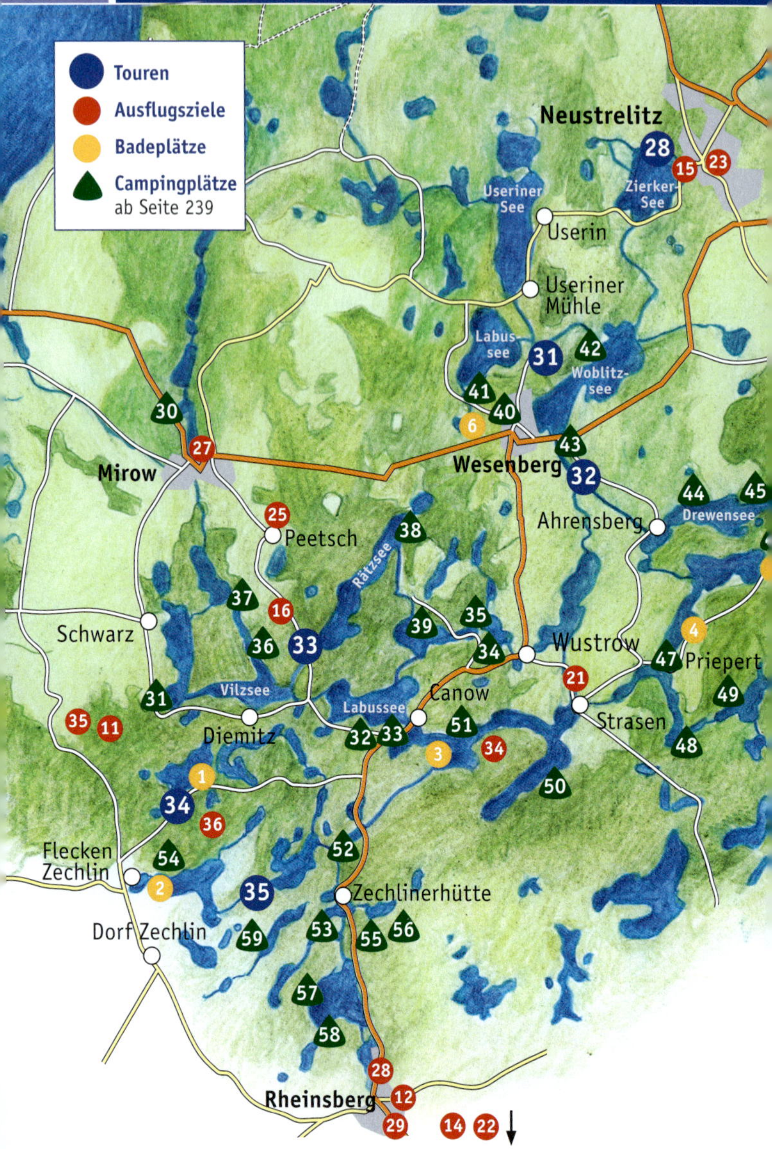

Im Südosten der Müritz erstreckt sich das Gebiet, das der Mecklenburgischen Seenplatte den Namen »Land der tausend See« eingebracht hat. Ist man mit dem Auto unterwegs, wird man allerdings nur selten Wasser sehen – dichter Wald umgibt die Seen. Zugänglich sind ihre Ufer nur zu Fuß oder mit dem Fahrrad – oder eben mit dem Boot. Hier befindet sich das Traumland der Wasserwanderer. Ein See reiht sich an den anderen, viele davon sind durch natürliche Zuflüsse oder künstlich angelegte Kanäle miteinander verbunden. Hausboote ziehen zwischen Rheinsberg, Mirow, Wesenberg, Neustrelitz und Fürstenberg ihre Bahnen. Aber auch Kanuten finden

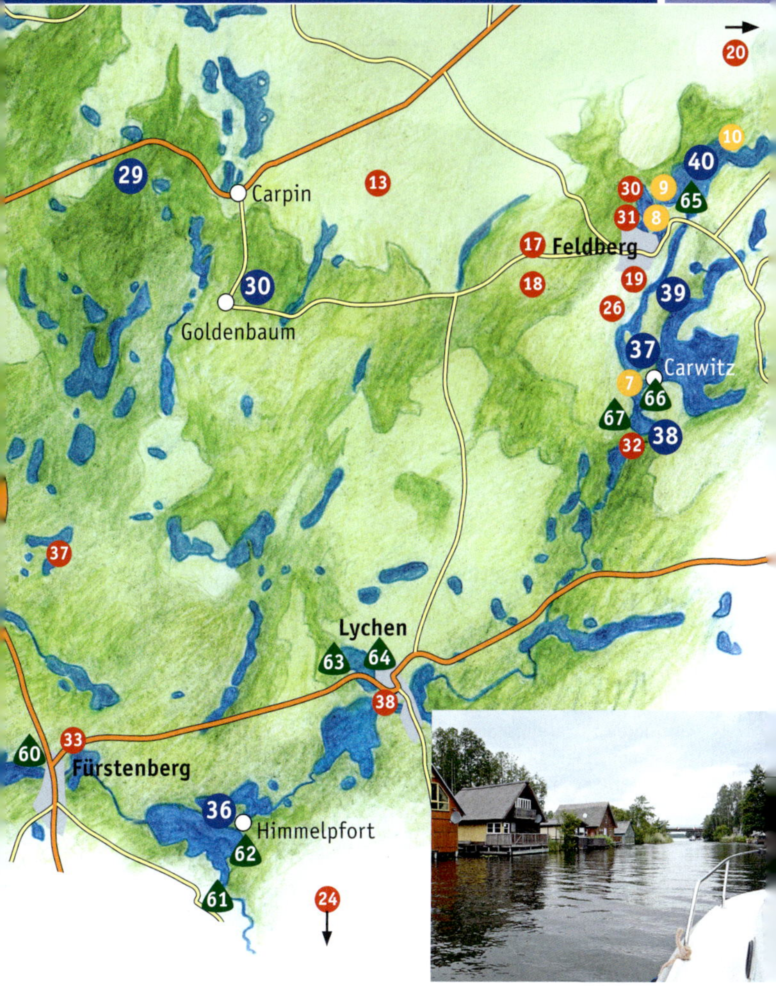

noch ruhige Winkel. Und wer für seinen Badeurlaub einen einsam am See gelegenen Campingplatz sucht, ist hier genau richtig.

Die Feldberger Seen sind über eine Kette von Seen und Flüsschen mit der Kleinseenplatte verbunden. Auf dem Wasserweg sind sie nur mit dem Kanu erreichbar – und das auch nur mit einigen Umtragestrecken. Die Landschaft ist leicht hügelig und deutlich offener. Die gepflegte Kleinstadt Feldberg und das Dörfchen Carwitz sind das touristische Zentrum. Die Feldberger Seen sind fast alle für Motorbootverkehr gesperrt und nicht nur für Paddler sehr reizvoll. Vor allem im glasklaren Schmalen Luzin lohnt sich auch das Tauchen.

Das Gebiet zwischen Neustrelitz und Feldberg gehört zum Müritz-Nationalpark. Diese, als Serrahner Teil bezeichnete Region wird vergleichsweise wenig besucht, obwohl ihre alten Buchenwälder zum UNESCO-Weltnaturerbe gehören.

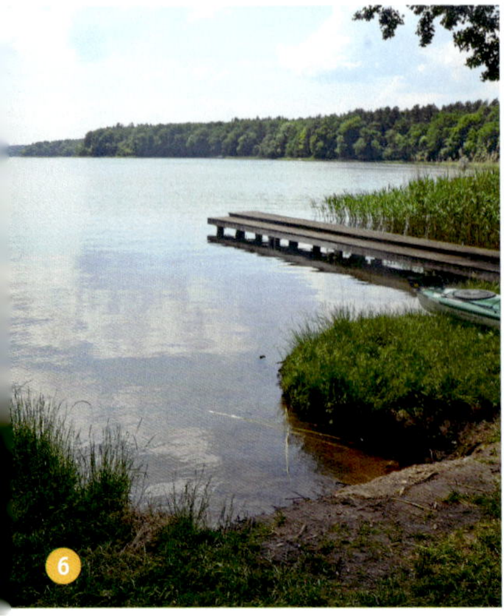

Baden mit Kindern

Viele der versteckt liegenden Seen der Kleinseenplatte sind von der Straße schwer erreichbar. Die meisten Badeplätze dieser Region gehören zu Ferienanlagen oder Campingplätzen. Die hier vorgestellten Plätze am See sind entweder öffentliche Strandbäder oder kleine, frei zugängliche Buchten, an denen man unterwegs gut baden kann.

1 Wummsee / Kapellensee

Badestelle am glasklaren Großen Wummsee und Strandbad mit Liegewiese am gegenüberliegenden Kapellensee. [› Tour 34]

2 Flecken Zechlin

Ausgesprochen schöne kleine Badestelle mit Liegewiese, Steg und sanftem Einstieg ins Wasser. Abseits des Ortes gelegen. Ab und zu trainiert hier eine Tauchschule.
[› Tour 35]

3 Strandbad Kleinzerlang

Kleines Strandbad mit Liegewiese und Steg am Ortsrand. Unkompliziert erreichbar. Am Ortsende links zum Parkplatz bei GPS N 53°11′18.9″, E 12°55′07.6″.

4 Badestelle Priepert

Wiesengelände mit Badestelle und großer Steganlage am Priepertsee. Von der Ortsdurchfahrt in die Straße »An der Freiheit« und zu einer Reihe Parkplätze bei GPS N 53°13′08.1″, E 13°02′20.1″.

5 Wangnitzsee

Links neben der Straße von Priepert zur Bundesstraße nach Neustrelitz kann man gut an der Straße parken und auf der gegenüberliegenden Seite im See baden.

6 Weißer See

Schöner kleiner See bei Wesenberg mit zwei Badestellen. Das große Strandbad mit aufgeschüttetem Sandstrand liegt am Südufer und ist vom Ort aus erreichbar. Es geht hier sehr sanft ins Wasser – perfekt

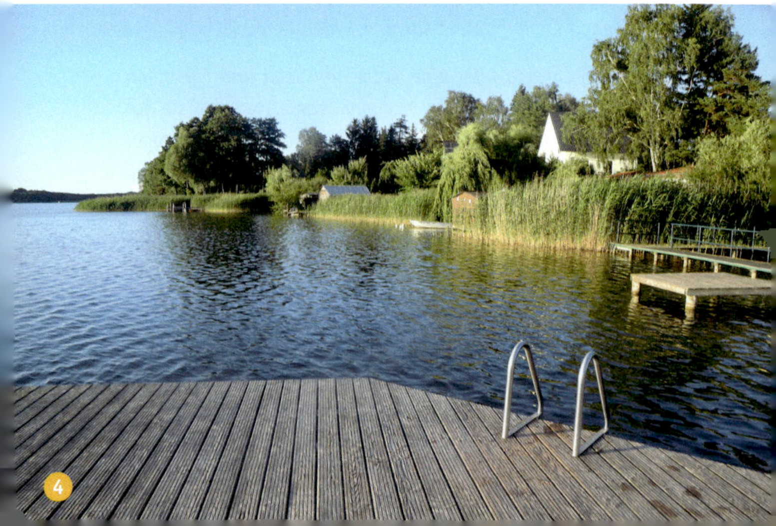

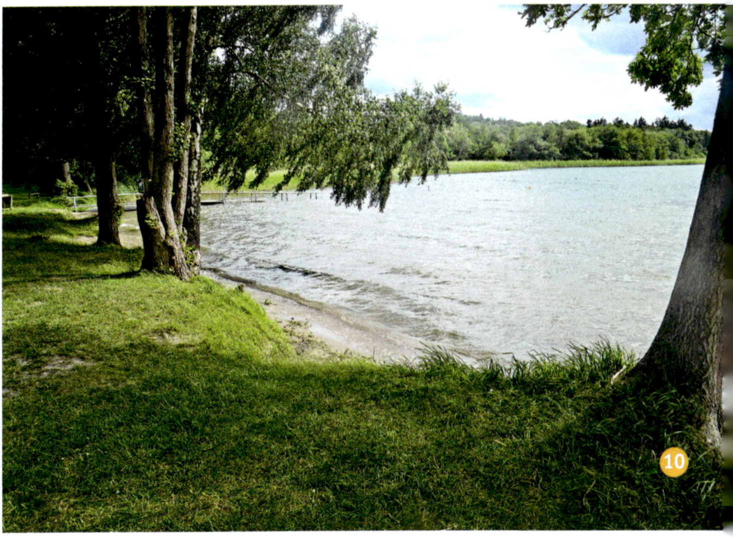

für Familen mit kleinen Kindern. Am Ostufer des Sees liegen weitere kleine Badebuchten mit Liegewiese. Dieser Seebereich ist am besten vom hinteren Parkplatz zugänglich. Dazu in Wesenberg links in Richtung Campingplätze fahren und hinter dem Campingplatz Weißer See links abbiegen.

Badeplätze an den Feldberger Seen:

7 **Ziegenwiese Carwitz**
Badebucht am Schmalen Luzin mit glasklarem Wasser und großer Wiese in Hanglage am Ortseingang von Carwitz. Das Auto am besten auf dem Parkplatz vor dem Ort abstellen und am Kreisel links zum See hinunter laufen. **[› Tour 37]**

8 **Feldberg Amtswerder**
Der Amtswerder ist eine langezogene Halbinsel, die bei Feldberg in den Haussee ragt. Auf der Westseite gibt es hinter der Fischerei einen Badestrand.

9 **Badebucht Feldberger Hütte**
Eine weitere schöne Badestelle mit großer Wiese gibt es auf der Landverbindung zwischen Haussee und Breitem Luzin. Zufahrt über schmale Naturstraße zum unebenen Parkplatz bei GPS N 53°21'04.1", E 13°26'41.6".

10 **Breiter Luzin**
Ein besonders schöner naturbelassener Badeplatz mit großer Wiese versteckt sich am Waldrand am Ostufer des Breiten Luzin. Auf Asphalt ist er nur in einem Bogen über den kleinen Ort Lichtenberg zu erreichen. Großer Parkplatz bei N 53°21'54.8", E 13°29'13.2".

Kultur, Natur und Museen

11 Ein nostalgisches Kinoerlebnis verspricht ein Besuch im **Autokino in Zempow**.
Zempower Dorfstraße 25, Wittstock. Eintritt €10, Tickets online unter autokino-zempow.de.

12 Die traditionsreiche Stadt **Rheinsberg** ist nicht nur wegen ihrer imposanten Schlossanlage einen Besuch wert. Nette Gässchen mit bunten Häusern und eine Promenade mit Fischerei und Cafés am Seeufer ermöglichen einen angenehmen Nachmittagsbummel. Pferdekutschen stehen zur Stadtrundfahrt bereit (etwa 30 Minuten) und das Schloss kann auch besichtigt werden. Dazu gibt es sogar einen Audioguide speziell für Kinder. Auch der Schlosspark hat für Kinder seine Reize. Auf dem Weg zum Eingang kann man zwei Weidentun-

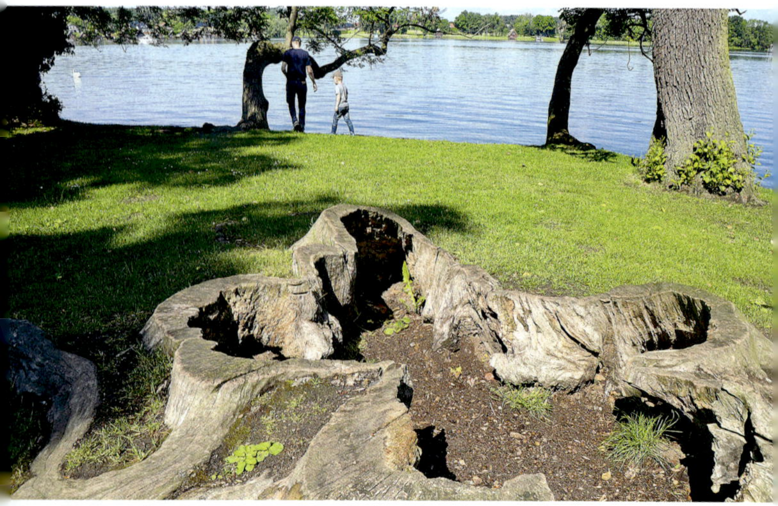

Die Reste eines Baumriesen auf der winzigen Liebesinsel am Mirower Schloss

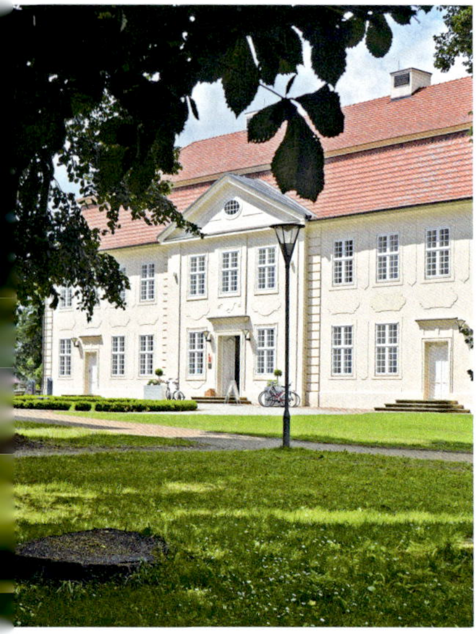

nel durchqueren und auf der Brücke den Enten nachschauen.
Schlossbesichtigung von April bis Oktober mit Führung oder Audioguide. Familienkarte € 15, Di bis So 10–18 Uhr November bis März nur bis 17 Uhr.

13 Einen **Planwagen** als Ferienwohnung kann man auf dem Biobauernhof in Grünow mieten, es gibt dort aber auch normale Ferienwohnungen – und außerdem einen ganzen Hof voller Tiere. Kinder können in den Ferien auch an **mehrtägigen Trekkingfahrten** mit den Planwagen teilnehmen, genauso wie Gruppen aus mehreren Familien (auf Absprache). Für Externe gibt es Kremserfahrten und einmal pro Woche eine Familienkremserfahrt.
Am Nationalpark 31, Grünow, Tel. 039821 40888. www.planwagencamping.de

14 Die **Huskyfarm** von Elmar Fust und Sabine Kühn in Frankendorf bietet einen Familienspaziergang mit Huskies an, bei dem die Jüngsten in der Kinderkutsche mitfahren können. Auch eine Fahrt mit dem Huskyschlitten oder ein Tag für Juniormusher zwischen 9 und 15 Jahren ist möglich. In den Ferien werden Abenteuercamps angeboten. Mehr Infos auf der Homepage.
Familienspaziergang (4 km, 2 h) € 36, Kinder € 21, Juniormushertag ab € 98. Tel. 033924 79946. www.freizeit-mit-huskies.de

15 In den Lehmhütten des **Slawendorfes Neustrelitz** können Kinder schnitzen, schmieden, weben, filzen oder töpfern und sich so in Techniken versuchen, die früher dem Herstellen lebensnotwendiger Dinge dienten. [› Seite 158].

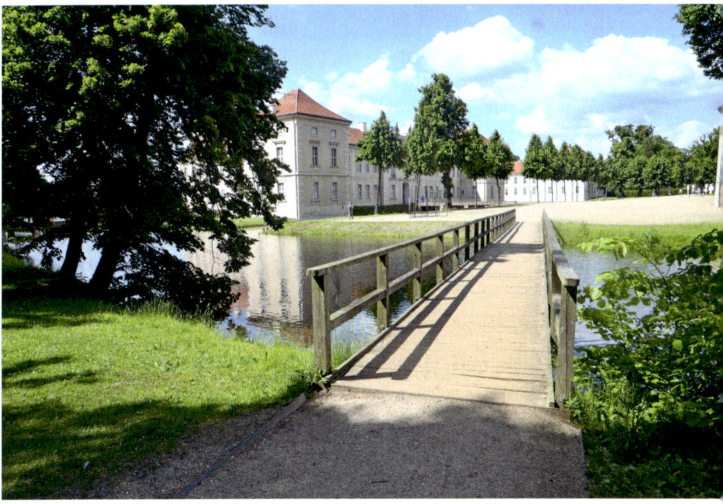

Durch den Schlosspark zum Rheinsberger Schloss

16 Im Wald übernachten, Spuren lesen und Tiere beobachten, Pilze kennenlernen, eine Schutzhütte bauen, ohne Streichhölzer ein Feuer entzünden und in großen Töpfen über dem Feuer kochen – das alles und noch viel mehr kann man in den Camps der **Wildnisschule Seenland** erleben. Ob nun ein Wildnis-Paddel-Wochenende für Vater und Kind, das Sommer-Wildniscamp für die ganze Familie oder ein Kinder- und Jugendcamp für sieben bis 16-jährige ohne ihre Eltern – im Programm der Wildnispädagogen gibt es viel Interessantes zu entdecken.
Wildnisschule Seenland, Wieland Woesler, Fleether Mühle 7
OT Fleeth, 17252 Mirow.
www.wildnisschule-seenland.de

17 Im **Waldmuseum Lütt Holthus** kann man viele unserer Waldtiere in Ruhe betrachten. Präparate von Vögeln und Kleinsäugern werden ergänzt durch eine interaktive Ausstellung und eine schöne Außenanlage. Duftorgel und Geräuschebox sowie ein begehbarer Fuchsbau sind die Highlights des kleinen Museums. Es befindet sich direkt an der Straße von Feldberg nach Lychen beim Ort Lüttenhagen.
Geöffnet Mai bis September 10 – 16 Uhr, Oktober und April 13 – 16 Uhr, montags geschlossen. € 2, Kinder € 1, Tel. 039831 59125.

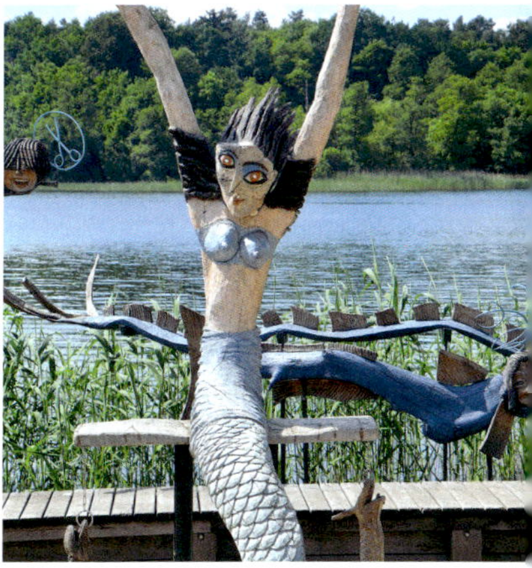

An der Seepromenade von Rheinsberg

18 Die **Heiligen Hallen** bei Lüttgenhagen sind Deutschlands ältester Buchenwald. Über 50 Meter hohe Baumriesen ragen hier in den Himmel. Die alten Bäume werden langsam mürbe, was Spechte und andere Höhlenbewohner richtig klasse finden. Ein Pfad führt durch das Gelände am alten Buchenwald. Um dorthin zu kommen, muss man vom Holzmuseum oder einem Parkplatz an der Straße aber erstmal zwei bis drei Kilometer Strecke auf breiten Waldwegen hinter sich bringen.

19 Nicht unbedingt preisgünstig, aber auch ziemlich ungewöhnlich sind die **Adler Touren** (z.B. per Jeep, €85 pro Person, ab drei Personen) und die Fotosafaris mit dem Ranger und Naturfotografen Fred Bollmann, der die Adlerplätze der Feldberger Seen kennt wie seine Westentasche. Auf seinen Touren erfahren Sie alles über Adler, Milan und andere Bewohner der Seen. Tel. 0171 7920594. *www.ranger-tours.de*

20 Mühlenmuseum Woldegk

Eine der vier Windmühlen des Museums ist voll funktionstüchtig und während der Öffnungszeiten drehen sich die Windmühlenflügel. Der Eingang befindet sich in der Mühle mit den rotierenden Flügeln. Diese und eine zweite können auch von innen besichtigt werden. Treppen führen mehrere Stockwerke hinauf, dort kann man beobachten, wie die Schatten der riesigen Mühlenflügel an den Fenstern vorbeihuschen. Oben unter dem Dach ist an einem riesigen Holzzahnrad der Mechanismus in Betrieb zu erkennen und unten im Eingangsbereich stehen jede Menge einfache, aber sehr effektive alte Maschinen, die dem Müller sein Tagwerk erleichterten. Fragen Sie unbedingt nach, Sie können alle selbst ausprobieren. Hier können auch Kinder zentnerschwere Mehlsäcke heben und einen Baumstamm lupfen und sind davon schwer beeindruckt. Genauso spannend ist das einfache Verfahren, um Hafer von Erbsen zu trennen und die Herstellung von Frühstücksmüsli mit Muskelkraft.

Geöffnet April bis September Di bis So 10–12 Uhr und 13–16 Uhr, März und Oktober Sa, So vormittags geschlossen. Eintritt €5, Kinder ab 6 Jahre €2. Tel. 03963 211384. Das Mühlenmuseum ist ein gemeinnütziges Projekt. Der Eintritt wird zum Erhalt der Mühlen verwendet.

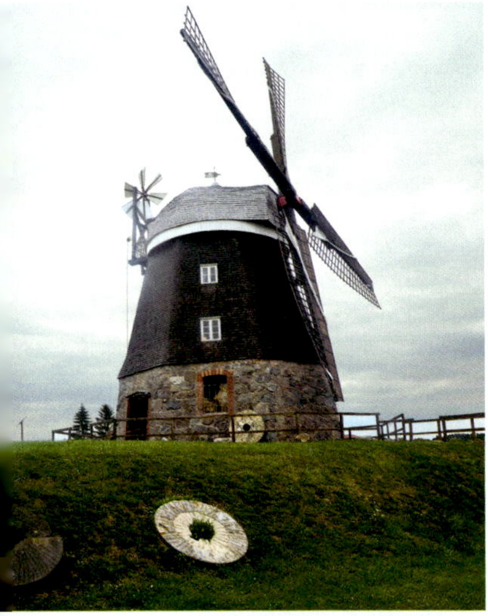

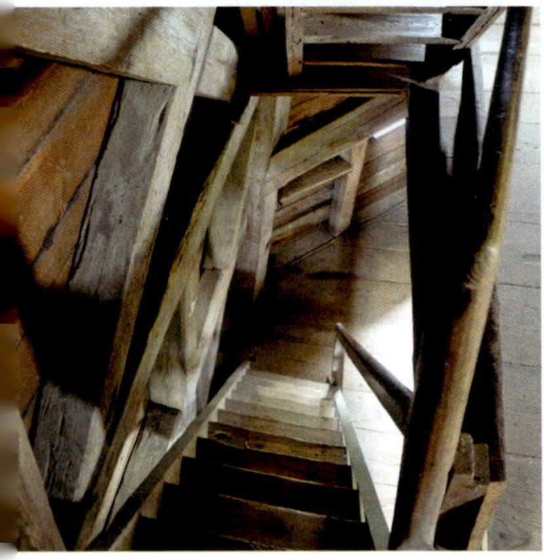

Tier- und Freizeitparks

21 Alpakahof Simagi

Was mit elf Alpakas hinter dem Haus begann, ist heute eine erfolgreiche mehrfach ausgezeichnete Zucht mit 200 Tieren. Es gibt einen kleinen Hofladen mit Wollprodukten und man kann mit einigen dazu trainierten Tieren auf Wanderschaft gehen. Die Alpakaweide dürfen Besucher auch betreten, um die Tiere genauer zu betrachten. Hier ist eine ganz Herde versammelt. Manche Tiere kommen neugierig näher, andere bleiben vorsichtig auf Abstand. Nur die Mütter mit Nachwuchs sind auf einer Wiese etwas weiter hinten untergebracht. Die Tiere sind so sanft, dass Sie ohne Bedenken auch Kinder mit auf die Weide nehmen können. Der Besuch

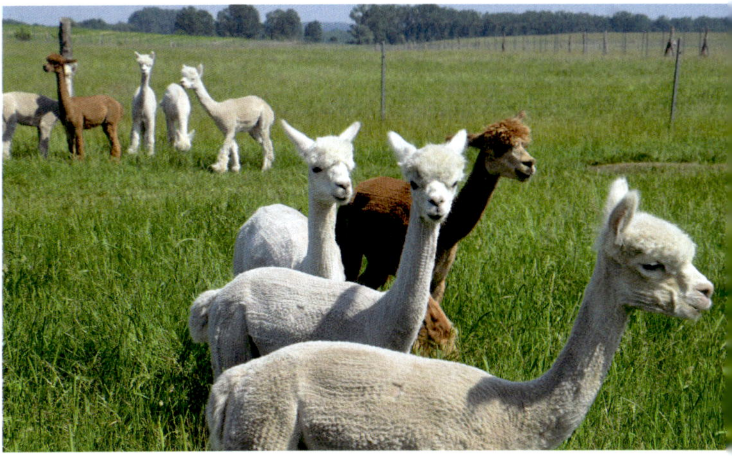

ist übrigens kostenlos.
Zur Flake 4, Strasen. Tel. 039828 20486. www.simagi-alpaka.de

22 Im **Tierpark Kunsterspring** leben in naturbelassenen Gehegen heimische Tierarten wie Wölfe, Wisente, Luchse, Wildschweine, Fischotter oder Waschbären. Der Eulenwald, das Reich der Uhus des Parks, ist begehbar. Besonders interessant ist ein Besuch während der Fütterungszeiten zwischen 11 und 15 Uhr. Ein Abenteuerspielplatz und die Waldgaststätte Eichkater mit umfangreicher Speisekarte runden das Angebot ab.
Direkt an der Bundesstraße zwischen Rheinsberg und Neuruppin.
April bis September 9 – 19 Uhr, Oktober bis März nur bis 17 Uhr. €5, Kinder 3 – 16 Jahre €2. tierpark-kunsterspring.de

23 Von der Hausmaus bis zum Puma reicht der Tierbestand im **Tiergarten in Neustrelitz**. Ursprünglich ist der Park aus einem Damwildgehege entstanden. Heute werden auf dem Gelände am Rand der historischen Innenstadt in großen Gehegen außer Dam-, Muffel- und Schwarzwild auch Wölfe, Luchse, Wildkatzen, Waschbär, Marderhund und Nutztiere wie Ziegen, Schafe, Esel und Ponies gehalten. Eine besondere Attraktion sind die begehbaren Gehege von Damwild, Mufflons, Ziegen und Berberaffen – Damwild und Ziegen darf man auch füttern. Ein Spielplatz sorgt für Raum zum Toben. Das Bistro im Park ist bei schönem Wetter geöffnet.
Mai bis September 9 – 18 Uhr, Juni bis August bis 19 Uhr, April und Oktober 9 – 17 Uhr, November bis März bis 16 Uhr. €6,50, Kinder 3 – 14 Jahre €3,50. www.tiergarten-neustrelitz.de

24 Für Westernfans lohnt sich ein Abstecher nach Templin. Wilde Stuntshows auf der Straße und eine authentische Westernkulisse erlebt man in der **Westernstadt El Dorado.** Hier kann man Gold waschen, mit der Postkutsche fahren, reiten und Bogenschießen. Bei einem Familieneintritt von €59 (sonntags €49) ist das Ganze allerdings kein billiges Vergnügen (bei Online-Buchung minus €10). Vier Attraktionen sind im Preis inbegriffen. Auch die Übernachtungspreise in den Ranchhäusern der urigen Westernstadt können sich fast mit den Tarifen eines Schlosshotels messen.
www.eldorado-templin.de

25 Spielt das Wetter nicht mit, bieten in der **Bowlingscheune** in Peetsch bei Mirow vier moderne Bowlingbahnen Abwechslung und Vergnügen. Pizza gibt es hier auch.
€13 pro Bahn und Stunde, Bowlingschuhe €1,80, Tel. 039833 20887. www.bowlingscheune-heise.de

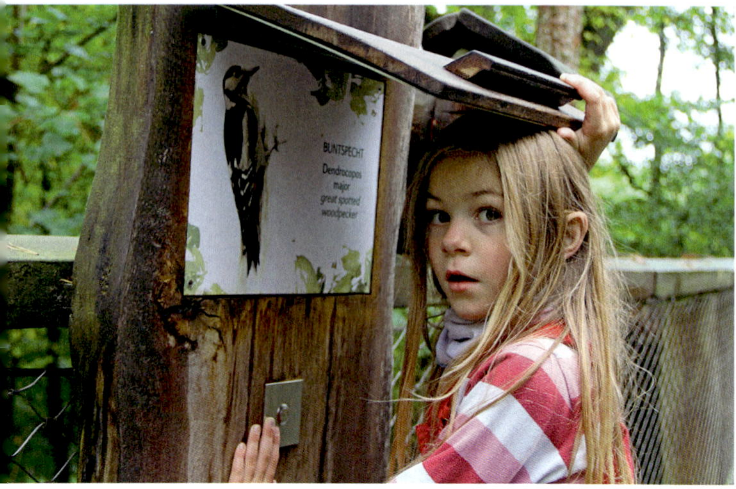

26 Kinderquad-Bahn Feldberg

Für junge Motorenfans bietet sich hier die Gelegenheit, ganz alleine ein echtes Quad zu fahren – in Kindergröße und in einem eingegrenzten Parcours. Damit sich auch Nichtfahrer amüsieren, gibt es auf den Quaki Spielhof einen Spielplatz und einen Imbiss.

Fahrpreis 10 min €5, 20 min €9, Tel. 0171 2152282. www.quaki-spielhof.de

Auf dem Wasser

27 Bootsausflüge ab Mirow

Die Blau-weiße-Flotte fährt von Mirow nach Waren oder Rheinsberg. Kürzere Touren führen ins Seerosenparadies oder nach Diemitz. Zwei-Stundentour €18 pro Person, die Tagestouren kosten €30.

www.blau-weisse-flotte.de

28 Fahrgastschifffahrt Rheinsberg

Vom Schiffsanleger in Rheinsberg starten die Schiffe der Reederei Halbeck zu verschiedenen Seerundfahrten: Tagesfahrten nach Röbel oder Lychen, Halbtagesfahrten nach Fürstenberg oder Strasen oder die gut zweistündige Seenrundfahrt nach Flecken Zechlin. Das Ticket für zwei Stunden kostet €18. Kinder bis 14 Jahre zahlen die Hälfte.

www.schifffahrt-rheinsberg.de

29 Kanutour Rheinsberger Rhin

Nur vom 15. Juni bis Ende Oktober ist der Rheinsberger Rhin, der von Rheinsberg in Richtung Neuruppin fließt, zu befahren. Ansonsten ist der Fluss aus Naturschutzgründen gesperrt. Diese Paddeltour auf einem der wenigen Fließgewässer der Region bietet zum Beispiel **Rheinsberger Adventure Tours** an. Gestartet wird an der Rhinbrücke in Rheinsberg, das Ziel ist Zippelsförde, wo Boot und Kanuten wieder abgeholt werden. Das Ganze kostet für zwei Personen im Zweierkajak und inklusive Transfer faire €50. Die Paddelzeit liegt bei etwa fünf Stunden.

Robert Franck Tel. 0172 6048375. www.rhintour.de

30 Ob nun auf den Spuren der Eiszeit oder auf Seeadlertour – wenn Sie mit dem Naturführer Frank Berg und seinem **Elektroboot De Groot Luzin** unterwegs sind, lernen Sie die Feldberger Seen ganz bequem aus der Wasserperspektive kennen. Wer lieber auf eigene Faust mit einem kleinen Elektroboot starten will, bekommt dieses ebenfalls bei Familie Berg am Feldberger Haussee. An der Station werden außerdem auch Kanus und Tretboote vermietet. [› Tour 40]

Boots-Berg, Strelitzer Str. 36, Tel. 039831 20554. www.boots-berg.de

Outdoorsport

31 Im **Tauchcenter Feldberg** direkt am Feldberger Haussee können auch Kinder ab acht Jahren erste Tauchversuche machen. Die **PADI-Tauchschule** bietet alle gängigen Ausbildungskurse. Wer es einfach mal ausprobieren will, kann am dreistündigen Schnuppertauchen teilnehmen. Komplett mit Ausrüstung kostet das €39 pro Person. www.tauchcenter-feldberg.de

32 Dicht wuchern die Wasserpflanzen im Dreetzsee. Dazwischen schwimmen Hechte, Schleie, Barsche und Karpfen. Für Anfänger und zum Schnuppertauchen ist der zehn Meter tiefe See besonders geeignet. Die **Luzindiver** – ebenfalls eine **PADI-Tauchschule** – haben ihr Quartier auf dem Campingplatz am Dreetzsee und bieten neben Materialverleih für erfahrene Taucher auch Anfängerkurse und einen Schnuppertauchgang an. Kinder können hier ab 10 Jahren teilnehmen. Der Tauchgang, von einem zertifizierten Lehrer begleitet, kostet inklusive Leihausrüstung €35.
André Lattek, Tel. 0170 7450862.
www.luzindiver.de

33 Eine weitere **Draisinebahn** startet am Stadtrand von **Fürstenberg**. Für die 24 Kilometer nach Lychen und zurück hat man vier bis fünf Stunden Zeit. Da bleibt genug Zeitreserve für ein Bad im Großen Lychensee oder einen Stopp mit Fußweg zum 1000 Meter von der Station entfernten Ort Himmelpfort, wo neben dem Weihnachtsmannpostamt auch der Gastgarten am Mühlenfließ und der Stolpseefischer locken.

Vormittagstour von 9–11 Uhr,
Richtungswechsel um 12 Uhr,
Rückgabe 13–14 Uhr.

Nachmittagstour von 14.30–15.30 Uhr,
Richtungswechsel um 16.30,
Rückgabe bis 18 Uhr.

Draisine €40, Tel. 03377 3300850.
www.erlebnisbahn.de **[› Tour 11]**

34 Ein besonderer Ort für Wanderreiter und Isifreunde befindet sich in abgeschiedener Lage in Großzerlang am Pälitzsee. Auf der **Moguntia Ranch** macht man Reiturlaub in kleinen Gruppen auf Islandpferden. Hier gibt es Reiterferien mit vielen Ausritten für Mädchen ab acht Jahren, eine Wanderreitwoche für Frauen und, außerhalb der Schulferien, Familienquartiere in einer Ferienwohnung und einem Blockhaus. Badeplatz direkt am Hof.
Anne Schwab, Dorfstr. 17,
Großzerlang, Tel. 033921 70315.
www.moguntia-ranch.de

35 Auf der abseits mitten in der Natur gelegenen **Bioranch Zempow** gibt es in den Ferien immer am Dienstag einen Kinder-Bio-Erlebnistag mit gemeinsamem Kochen, Spielen, Treckerfahren und einem Besuch bei den Ponies. Die Eltern haben den Tag frei. €35 pro Tag, Geschwisterkind €20.

Mit dem Kanu auf dem Schmalen Luzin

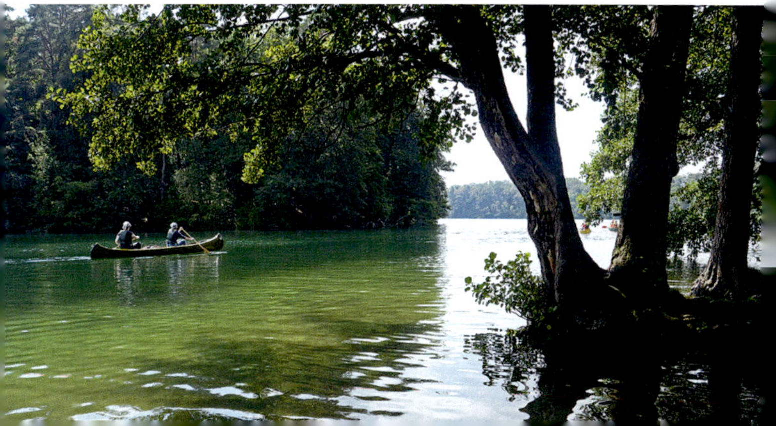

Außerdem stehen auf den Wiesen der Bioranch in einem schmucken Holzhausdorf Ferienwohnungen zur Verfügung. Auf dem Hof kann man dann eine Bio-Ranch-Safari mit dem Traktor machen, ein Seminar im Kuhflüstern belegen oder mit Gotlandschafen wandern und sie dabei näher kennenlernen. Auch Ponyspaziergänge sind möglich.
Tel. 033923 76915.
www.bio-ranch-zempow.de

36 Auf dem **Reiterhof Lück** in Repente kann man ebenfalls ausreiten und Ponies für einen Waldspaziergang mit kleineren Pferdefans ausleihen, €15 für eine Stunde. Eine Ausreitstunde für Erwachsene kostet €20. Auch zwei Ferienwohnungen stehen zur Verfügung.
Bitte anmelden bei Karin Lück
Tel. 0173 6224406.
luecksreiterhof-gbr.de

37 **Reiter und Westernfans** finden bei Godendorf südöstlich von Neustrelitz ein kleines Paradies. Genauso wie eine Herde Pferde – bunt gescheckt und in allen Größen – sowie ein Haufen Hühner und jede Menge Hunde und Katzen, die das Glück haben, in **Hilly & Billy Town** zu Hause zu sein. Auf dem liebevoll gestalteten Gelände kann man in einfachen Holzhäusern wohnen oder im Tipi übernachten und natürlich auch reiten. Auf ihren ruhigen, selbst ausgebildeten Westernpferden nimmt die Chefin auch Anfänger mit ins Gelände – nur im Schritt und im leichten Jog versteht sich. Die Möglichkeiten sind vielfältig. Direkt vor der Tür beginnt der ausgedehnte und wenig besuchte Serrahner Teil des Müritz-Nationalparks. Nach dem Ritt bietet der Saloon eine stilechte Kulisse für eine Pause und wer schon immer mal Line-Dance lernen wollte, ist hier auch am richtigen Platz.

Ponyführen in den Ferien täglich 10–15 Uhr, ansonsten nur an den Wochenenden oder nach Absprache. Für Ausritte bitte vorher telefonisch anmelden!

Individuelle Ausritte ab €20 pro Person (bei 3 Personen), Spaziergang mit geführtem Pony für die Jüngsten €10 für 20 min, €15 für 40 min. Tagesritte für Fortgeschrittene €100. Tel. 01608 460400.
www.hilly-billy-town.de

38 An **Ausritten ins Gelände** auch für Anfänger (mit Führer zu Fuß oder zu Pferd) auf ruhigen Pferden und Ponies kann man bei Familie **Rensch** in Lychen teilnehmen. Der Einzelausritt mit Begleitung kostet €30 pro Stunde, der Gruppenausritt €20. Auf dem Hof gibt es auch zwei preisgünstige Ferienwohnungen und Reiterferien für Kinder.
Tel. 039888 2778.
www.muli-rensch.de

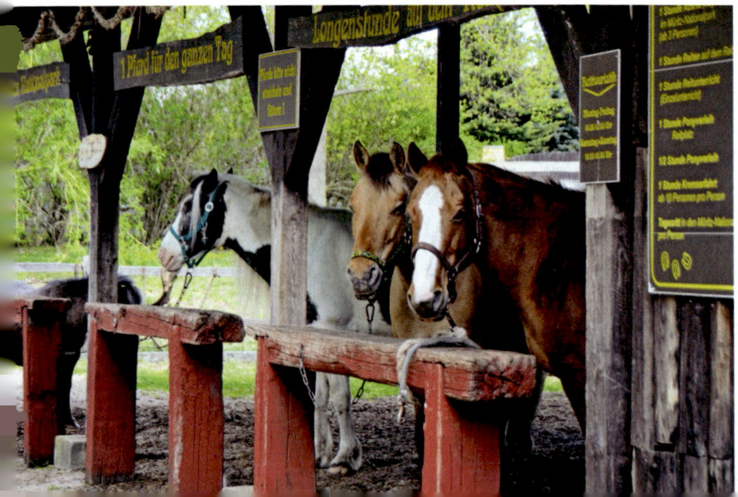

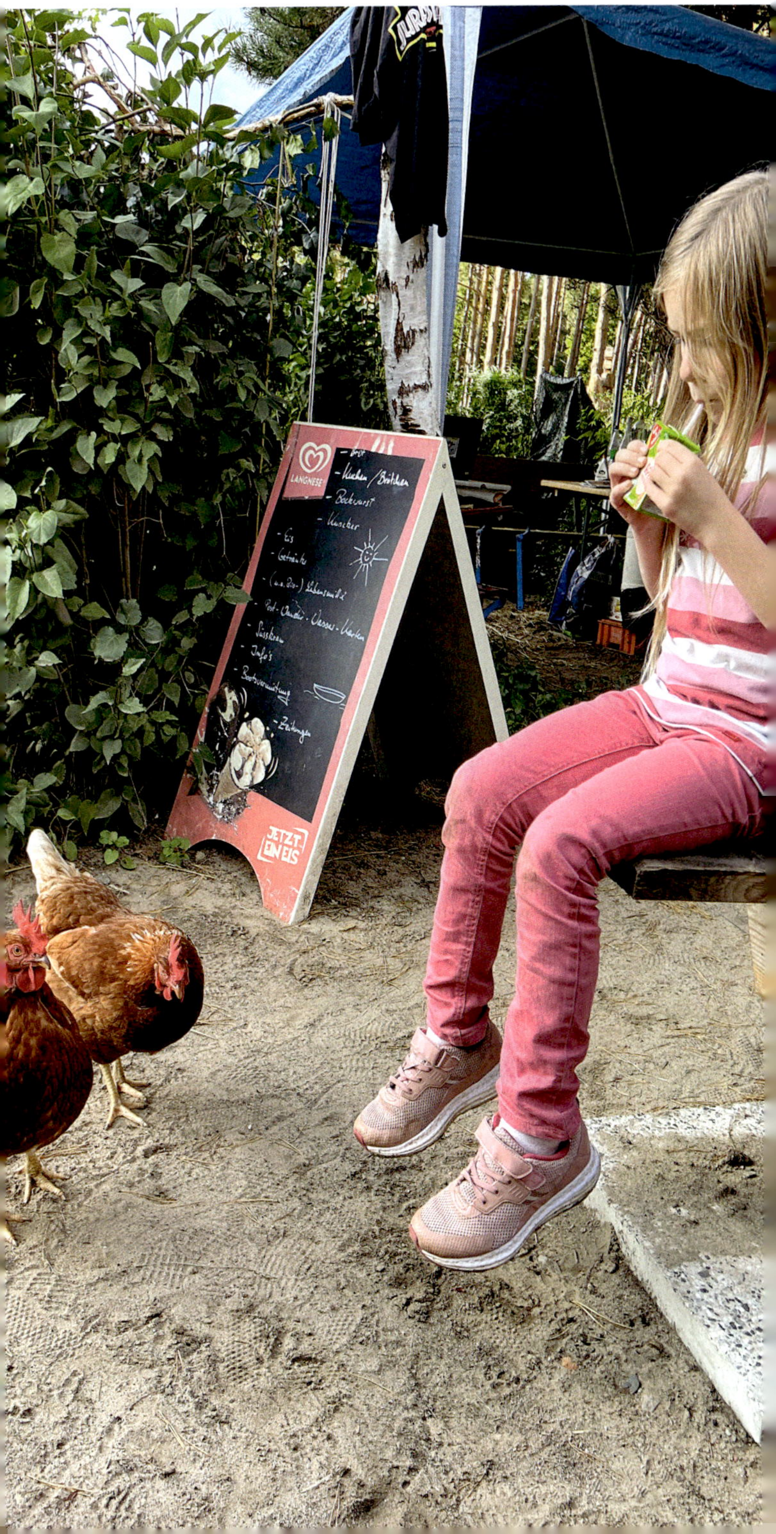
LANGNESE
- Kuchen / Brötchen
- Bockwurst
- Eis
- Getränke
- Süsskram
- Info's
- Bootsvermietung
- Zeitungen
JETZT EIN EIS

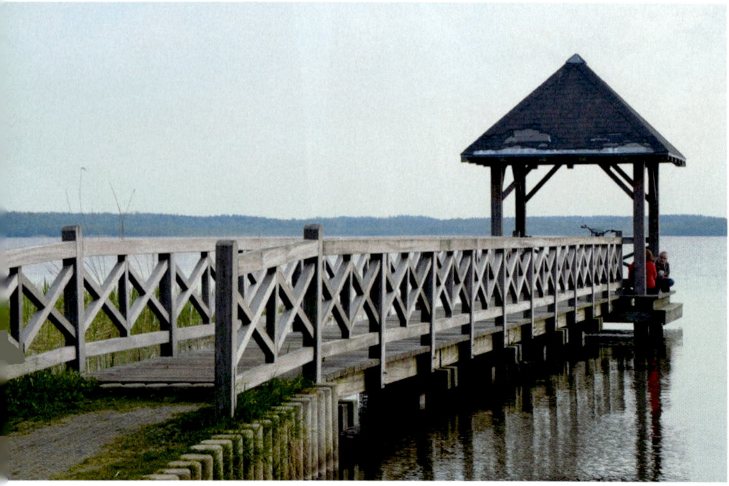

10 m

STRECKE 12 km

2 h

ab 4

Tour 28: Einmal um den Zierker See

Badespaß und Slawendorf

Einfache Rundtour auf Schotterwegen und wenig befahrenen Straßen um den Zierker See, den man allerdings nur an der Nordspitze und in Neustrelitz wirklich zu Gesicht bekommt. Es gibt viele abwechslungsreiche Zwischenziele. Die Auswahl reicht von Damwildgehege und Badeplatz zum Findlingsgarten bis zum Moorsteg mit Seeblick. Ein längerer Aufenthalt lohnt sich im Slawendorf in Neustrelitz. Auch der Stadthafen, an dem die Tour beginnt und endet, hat seine Reize.

Radtour: Um den Besuch des Slawendorfes am Ende der Radtour unterzubringen, umrunden wir den Zierker See gegen den Uhr-

TOUREN-STECKBRIEF

Anfahrt: Ein guter Startpunkt für die Radtour ist der große Parkplatz am Stadthafen von Neustrelitz bei **GPS N 53°21'50.8"N, E 13°03'20.0"**.
Fahrradverleih: Wer keine eigenen Räder dabei hat kann im Stadthafen Fahrräder und E-Bikes leihen. Bitte fragen Sie beim Hafenmeister.
Hafenmeisterei, Am Stadthafen 11, Tel. 03981 262996 oder 0152 01614033, Mai bis September täglich 8–20 Uhr, April und Oktober 9–18 Uhr.
Alternativ bekommt man im Ortsteil Zierke Leihräder. Fahrradcenter P. Ballin, Zierke 36, Tel. 03981 203044. www.fahrradcenter-ballin.de
Charakter: Gute Radwege, wenig befahrene Straßen. Für den Besuch des Slawendorfes ein bis zwei Stunden zusätzlich einplanen.
Highlights: Pause und Picknick am Badeplatz Prälanksee, Slawendorf, Wildgehege.
Einkehr: Imbiss und Restaurants am Hafen in Neustrelitz oder Picknick am See.
In der Nähe: Tierpark Neustrelitz, Ausflugsfahrten per Boot ab Neustrelitz, Slawendorf Neustrelitz.

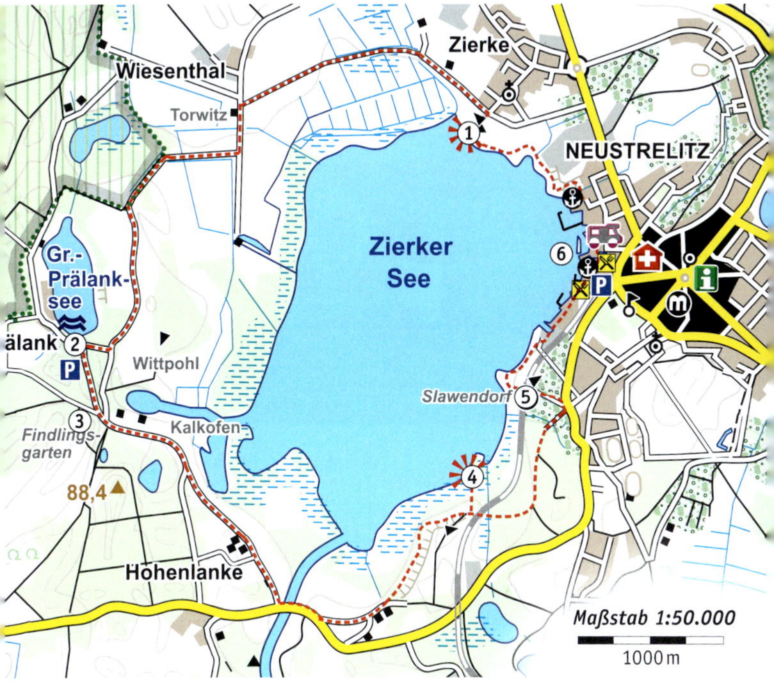

zeigersinn. Am **Stadthafen** fahren wir von der Hafenmeisterei nach Norden am Hafenbecken vorbei und biegen links zum Dampferanleger ab. Bevor wir das Wasser erreichen, führt rechts ein schmaler Weg am See entlang. Er bringt uns erst zum Wassersportverein Neustrelitz (dort befindet sich auch ein Fahrradverleih) und durch dessen Gelände hindurch. Dann geht es auf dem Trimm-Dich-Pfad in Ufernähe weiter. Hinter den letzten Häusern fahren wir an einem **Damwildgehege** vorbei bis zum **großen Holzsteg** (1), von dem man schöne Blicke auf den See hat. Hier geht es rechts bis zu einem breiten Schotterweg und auf diesem links weiter durch ein Wiesengelände bis nach **Torwitz**.

Hier biegen wir links auf die asphaltierte Straße ab und folgen dem nächsten Abzweig nach rechts (der Weg geradeaus weiter endet wenig später) bis nach Prälank. Kurz bevor wir den Ortsteil Kalkofen erreichen, führen zwei kurze Abzweige zu interessanten Zielen: An der Straße nach Prälank Siedlung kommt man nach etwa 50 Meter zu einer netten, seichten **Badestelle am Großen Prälanksee** (2)**.** Hier ist der beste Platz auf der Runde für eine Pause mit kleinem Picknick.

Noch ein Stückchen weiter in der Kurve vor dem Landhotel führt ein hoppeliger Waldweg hinauf zu einem großen **Findlingsgarten** (3) auf einer Waldlichtung. Die Fahrräder lassen wir für den Besuch am besten unten am Parkplatz stehen.

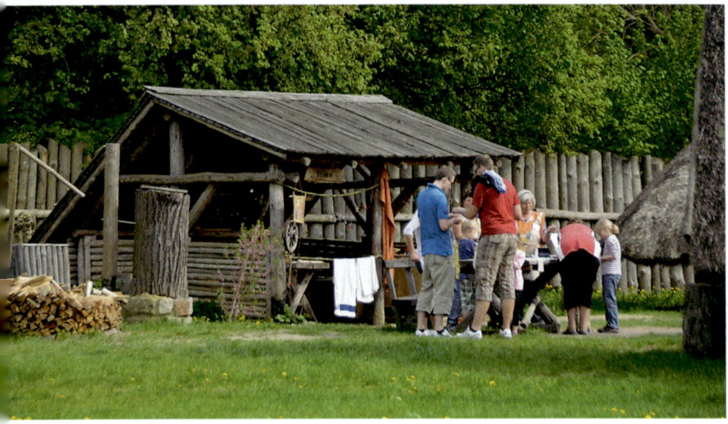

Das Slawendorf Neustrelitz

Das Slawendorf ist ein Museum zum Mitmachen. In den Lehmhütten der Siedlung können Kinder selbst schnitzen, schmieden, weben, filzen oder töpfern und sich so in Techniken versuchen, die früher dem Herstellen lebensnotwendiger Dinge dienten. Vom Aussichtsturm hat man einen weiten Blick über den Zierker See und hinunter auf den Anleger des Slawenbootes, mit dem man auch auf den See hinausfahren kann.

Man zahlt für das Dorf einen Grundeintritt von €4 (Kinder €2), die einzelnen Aktivitäten kosten dann extra etwa ein bis zwei Slawentaler pro Station. (Wechselkurs: 1 Slawentaler entspricht etwa €1). Dafür werden die Kinder hier jeweils von ein bis zwei Personen betreut und angeleitet und nehmen selbstverständlich auch ihr selbstgefertigtes Werkstück mit nach Hause.

Geöffnet Mai bis September Mo bis Fr 10–17 Uhr, Oktober Mo bis Fr 10–16 Uhr. Letzter Einlass eine Stunde vor Torschluss. www.slawendorf-neustrelitz.de

Von hier folgt man dann weiter der asphaltierten Straße bis zur nächsten Kreuzung und wählt dort den geschotterten, aber gut befahrbaren Wanderweg bis zur Bundesstrasse nach Neustrelitz. Der Fahrradweg verläuft wenige Meter neben der Straße und verschwindet dann wieder im Wald. Der nächste Stopp bietet sich am **Franzosensteg** ④ an, der vom Waldweg zum längst nicht mehr sichtbaren Seeufer führt.

Dann geht es vorbei an der Schlosskoppel zum **Slawendorf Neustrelitz** ⑤.

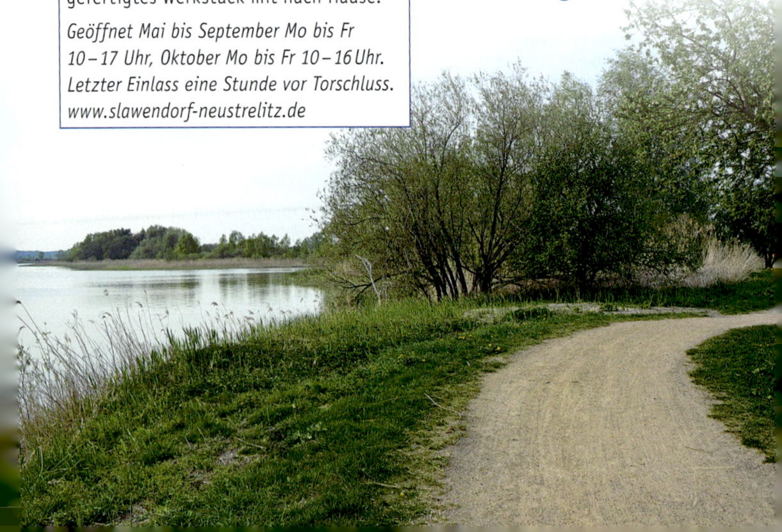

Um von hier nach Neustrelitz zurückzukommen, fährt man nicht zum Seeufer hinunter – es sei denn, es macht einem nichts aus, die Fahrräder anschließend über die Stufen der Weißen Brücke zu schleppen – sondern fährt geradeaus weiter und neben der Useriner Straße zum Hafenbecken.

Im **Stadthafen** ⑥ hat man zum Abschluss der Tour auch noch einmal verschiedene Möglichkeiten zur Einkehr. Am Wasser gibt es mehrere Fischlokale, zum Beispiel die urige Neustrelitzer Fischerei und das Bootshaus. Preisgünstiger und auch recht gut ist der Imbiss an der Holzbude im Hafen mit einer Auswahl von Fischbrötchen bis Currywurst. Die gepflegte Gastronomie im alten Speicherhaus mit Hafenblick rundet das Angebot ab.

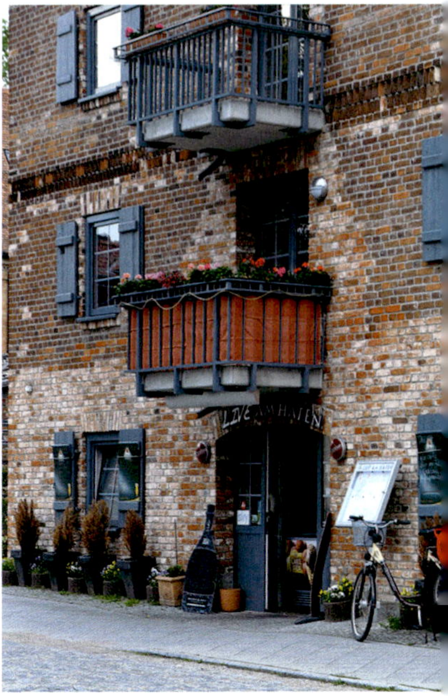

Die schön restaurierten Speicherhäuser am Ufer des Zierker See geben dem Stadthafen von Neustrelitz besonderes Flair. Schön sitzt man im »Live« direkt am Jachthafen, am Hafenimbiss oder in der Fischerei direkt am Seeufer. Im Stadthafen findet sich für jede und jeden der richtige Platz.

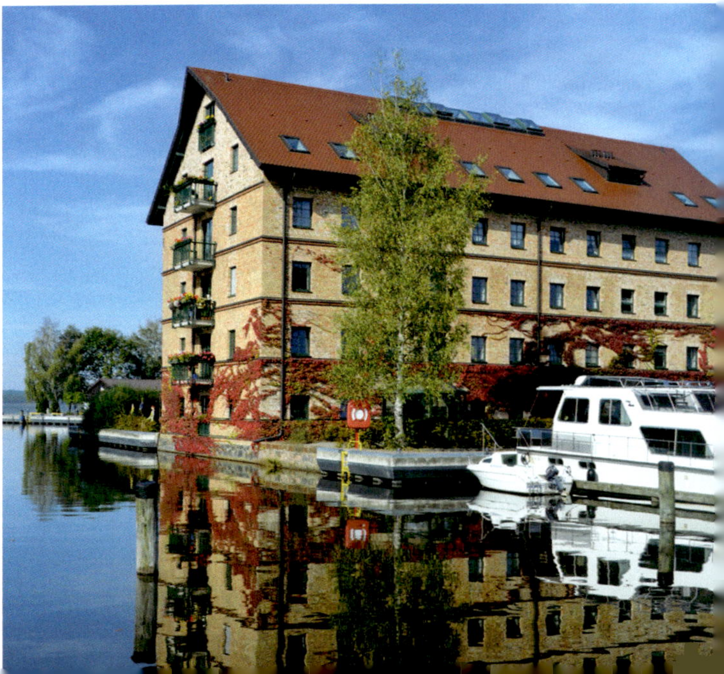

Mecklenburg im 7. Jahrhundert
Spuren der slawischen Kultur

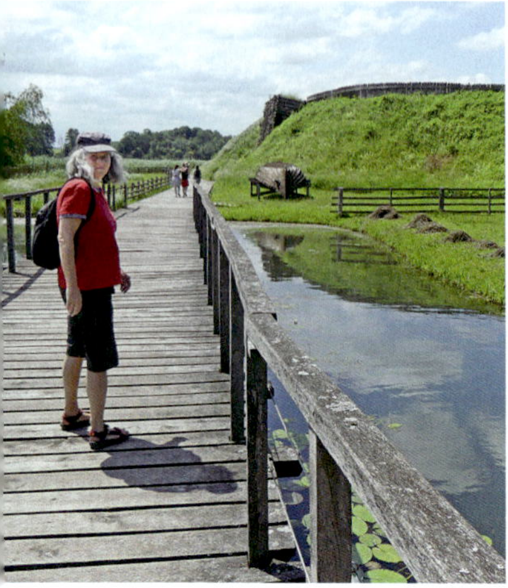

An vielen Stellen in Norddeutschland fanden Archäologen die Reste alter Ringwälle. Sie dienten ursprünglich als äußere Begrenzung einer Burganlage. Außerhalb der Wälle fand man die Fundamente von Siedlungen, Keramikreste, Werkzeuge und Schmuck. Aus all diesen Funden, von denen man einige in der Ausstellung im Museum in Groß Raden anschauen kann, machten sich die Forscher ein Bild, wie die Menschen hier wohl vor etwa 1400 Jahren lebten. Das Volk der Slawen kam im Zuge der Völkerwanderung aus dem Nordosten Europas. Als das römische Reich zerfiel, zogen die germanischen Völker, die bislang im Norden Deutschlands gesiedelt hatten, nach Süden. Das Land im äußersten Norden wurde für die nachrückenden Slawen frei. Noch unter Karl dem Großen blieben die slawischen Stämme dort unabhängig. Erst Mitte des 12. Jahrhunderts wurde das Land an der Ostsee Teil des deutschen Reiches.

Alle Fotos auf dieser Seite sind im Museumsdorf **Groß Raden** bei Sternberg entstanden. Weitere Informationen zum Museum auf **[› Seite 32]**.

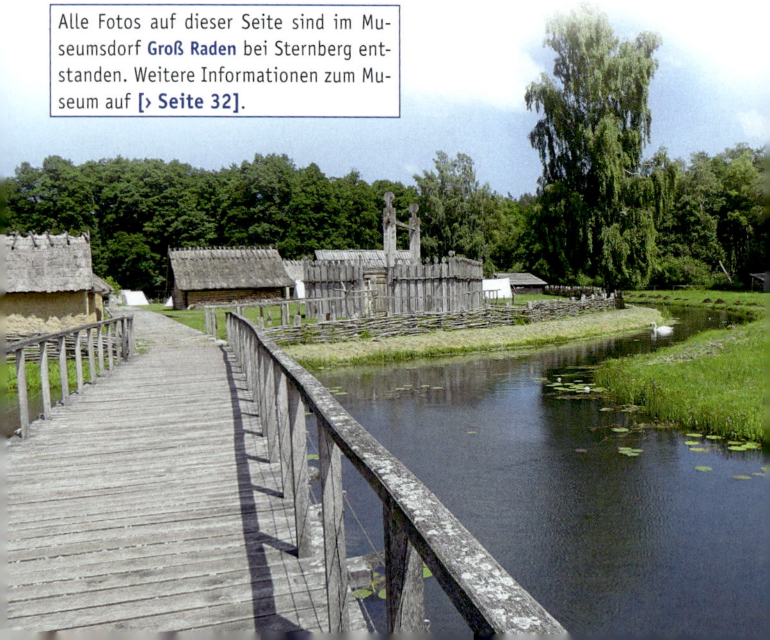

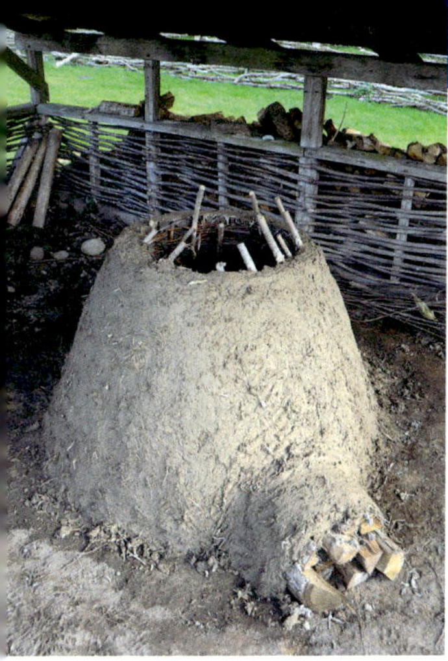

Alle Einrichtungen des Dorfes sind funktionsfähig. In diesem Ofen wird bei Veranstaltungen auch gebacken

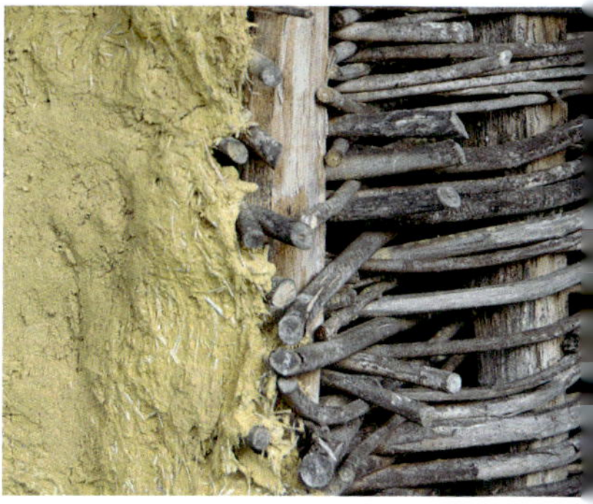

Einrichtung und Häuser sind ohne Metall gebaut. An dieser halbfertigen Wand ist die Bautechnik gut zu erkennen.

Man geht heute davon aus, dass das Volk der Slawen nur zurückhaltend Kriege führte. Das Leben der Menschen war bestimmt von Ackerbau, Viehzucht und Handel. Dörfer entstanden in der Nähe von Burganlagen, die bei Angriffen Schutz boten. Burgen wurden besonders gerne auf der Kuppe von Hügeln oder auch auf Inseln und Halbinseln gebaut, die es ja hier zwischen den vielen Seen reichlich gab. Ein gutes Beispiel ist die Burgwallinsel in Teterow. Auch auf dem Bohnenwerder in Carwitz wurden Reste einer slawischen Burganlage gefunden. Besonders spannend an den nachgebauten Slawendörfern ist für Familien aber gar nicht die spezifische Geschichte dieses einen Volksstammes. Viel interessanter ist es für Kinder, ganz plastisch zu erleben, wie Menschen früher lebten: Wie sie ihre Häuser bauten und ihr Brot buken, wie das Werkzeug aussah und die Kleidung hergestellt wurde. So bekommt man als Besucher der Slawendörfer Einblick in eine ganz andere Lebensweise: einfacher und näher an der Natur.

Bei Veranstaltungen und für angemeldete Gruppen erwacht das Museumsdorf Groß Raden zum Leben. An langen Tafeln kann auch gemeinsam gegessen werden.

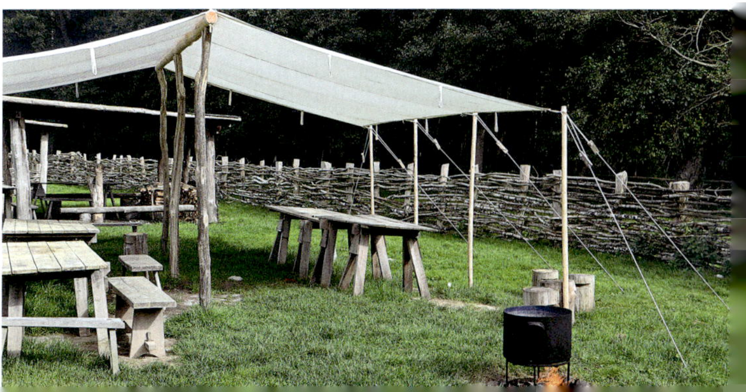

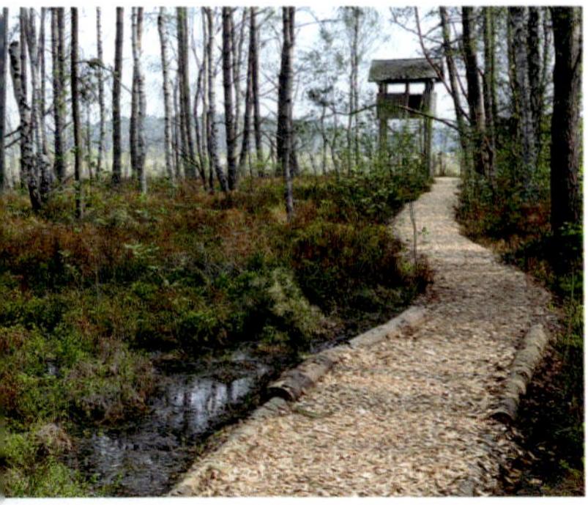

Tour 29: Der lange Weg zum Urwald

Auf dem Walderlebnispfad von Zinow nach Serrahn

35 m

STRECKE 8 km

2 h 30

ab 6

Ohne spektakuläre Installationen gelingt es diesem anschaulichen Lehrpfad, seinen Besuchern den Wald und seine Prozesse zu erklären. Er lädt ein, intensiv in das Erlebnis »Wald« einzutauchen. Das Gebiet um Serrahn wird schon seit Jahrzehnten nicht mehr forstwirtschaftlich genutzt, und so erleben wir hier einen Wald auf dem Weg zurück zum Urwald. Riesige, 200 Jahre alte Fichten neben jungem Laubwald mit Eichen und Buchen und dazu das Moorgebiet um den Serrahner See sorgen für eine äußerst vielgestaltige Landschaft. Vom Beobachtungsstand am See kann man mit ein wenig Glück das Fischadlerpaar entdecken, das dort zuhause ist. Ein Fernglas muss also auf jeden Fall in den Rucksack!

Wanderung: Der Waldlehrpfad ist durchgängig mit einem **grünen Blatt** markiert, sodass bis zum Forsthaus Serrahn die Wegsuche kein Thema ist. Direkt am Parkplatz verschwindet ein schmaler Pfad im Wald und führt zum **Beginn des Lehrpfades an einer Infotafel**. Hier findet man in einem Kasten Faltblätter mit Informationen über die Pflanzen und Tiere im Wald und eine Skizze mit dem Weg und den einzelnen Stationen.

Vom Eingang läuft man die ersten 45 Minuten bis zum Aussichtsturm auf einem gewundenen Pfad durch ganz verschiedene Waldbereiche. Wie sehr unterscheidet sich ein bunter Mischwald von einer Fichtenmonokultur! Ein Stopp in der **Lauschecke** macht

TOUREN-STECKBRIEF

Anfahrt: An der Verbindungsstrasse von Neustrelitz zur Feldberger Seenplatte liegt – etwa 10 Kilometer östlich von Neustrelitz – der Weiler Zinow, der aus wenigen Häusern besteht. Zum nicht ausgeschilderten Wanderparkplatz in Zinow knapp hinter dem Ortsschild rechts (von Neustrelitz kommend) dem Wegweiser nach Serrahn folgen. Aus der Straße wird schnell ein Sandweg. Trotzdem an den Häusern vorbei noch etwa 50 Meter weiter fahren und rechts in den Parkplatz bei **GPS N 53°21'41.3", E 13°10'28.4"** einbiegen.

Charakter: Wanderung auf schmalen Waldpfaden, schön gemachter Waldlehrpfad.

Highlights: Stationen des Lehrpfades, Ausstellung im Forsthaus, Möglichkeit Seeadler zu beobachten am Aussichtsturm. Fernglas nicht vergessen!

Einkehr: Im Sommer kleines Café in einem Privathaus neben dem Forsthaus.

In der Nähe: Waldmuseum Lütt Holthus.

aufmerksam für die Geräusche des Waldes. Ist man im Juli hier unterwegs kann man sogar den Geschmack des Waldes kosten: Rechts und links des Weges gibt es unzählige Blaubeerbüsche.

Der Echte Zunderschwamm wächst in der Rinde kranker oder toter Bäume und macht ihr Holz mürbe, sodass der Specht leicht seine Höhlen bauen kann.
Getrockneten Zunderschwamm hat man früher als Zündmaterial zum Entfachen von Feuer verwendet.

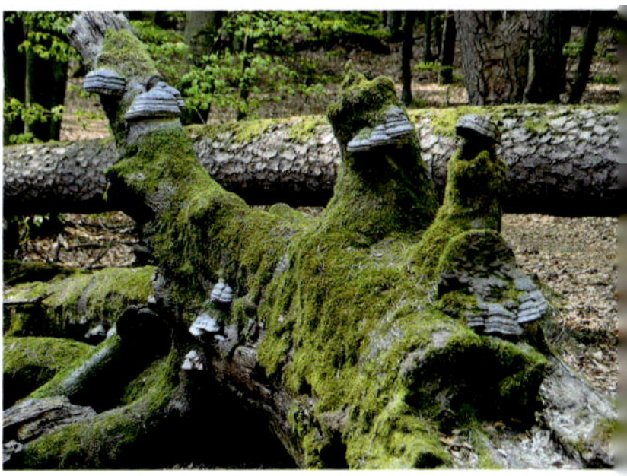

Nach einiger Zeit wird der Weg breiter und an einer Station kann man aus Hängematten in die Baumwipfel gucken. Wenn dann der Boden immer feuchter wird, erreicht man den **Ausguck** ① über den großen Serrahnsee und das Sumpfgebiet an seinen Ufern. Gegenüber in den Baumwipfeln thront ein Fischadlerhorst und auch ein Seeadlerpaar kreist häufig über dem See. Die kahlen Bäume am Ufer sind für beide Adlerarten beliebte Ansitze zur Jagd.

Vorbei an Mauerresten einer alten Siedlung und an gestürzten Baumriesen mit dichtem grünen Moospelz nähern wir uns dem ältesten Teil des Waldes rund um das Forsthaus Serrahn. Dort, wo wir aus dem Wald heraustreten, stehen zwei gemütliche **Holzbänke mit Forsthausblick** ②. Wir folgen hier der Markierung nach links und wandern in einem Bogen durchs Moor. Am

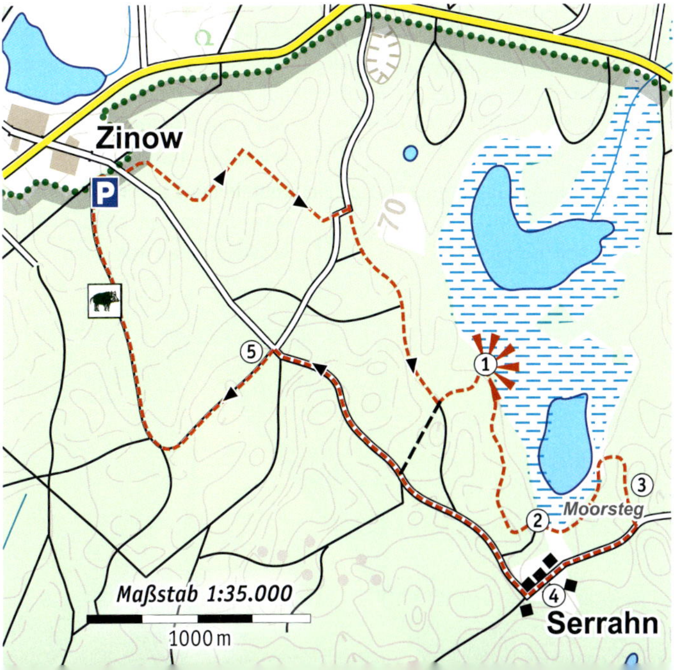

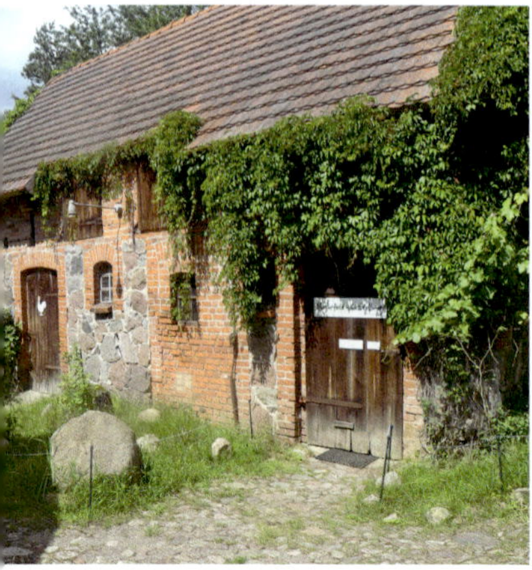

Holzsteg ③, der durch das Sumpfgebiet führt, erklären Bildtafeln die Pflanzen, die unter uns im Wasser wachsen.

Weiter geht es auf einem Pfad bis dieser auf einem breiteren Waldweg endet. Hier folgen wir nicht dem Blatt-Wegweiser, sondern biegen rechts zum **Forsthaus** ④ ab. Im ersten Haus links des Weges gibt es im Sommer Kaffee und Kuchen im Garten und in der alten Scheune gegenüber der Forstverwaltung ist eine kleine Ausstellung über den Wald mit interaktiven Stationen eingerichtet, die auch Kindern Spaß machen. Der Besuch der Ausstellung ist kostenlos.

Wenn man nicht auf dem gleichen Weg zurück will, geht es von hier aus zügig, aber nicht sehr spannend auf der Forststraße bis zu einer **Kreuzung** ⑤ etwa auf halbem Weg. Dort verlassen wir die Straße nach links und laufen einen Bogen auf einem Waldweg, der nicht von ungefähr **mit dem Wildschwein markiert** ist. Am Wegrand und im Unterholz kann man die Spuren ganzer Wildschweinrotten erkennen.

Barfuß durch den Wald

Ein Naturerlebnis für Sommertage

Die Wege des Walderlebnispfads führen durchgängig über federnden, naturbelassenen Waldboden ohne Schottersteinchen und eignen sich daher auch zum barfuß gehen. So kann man den Wald noch intensiver mit allen Sinnen spüren. Fichtennadeln unter den Füßen fühlen sich anders an als Buchenlaub, und wenn plötzlich etwas piekst, war das vielleicht eine Buchecker?

Noch ein paar Tipps fürs erste Barfußexperiment:

Wer barfuß unterwegs ist, muss auf den Boden achten und aufmerksam auftreten. Barfuß läuft man daher langsamer als mit geschützten Füßen, was bei der Zeitplanung eingerechnet werden sollte. Außerdem bitte auch Schuhe mitnehmen – die ganze Strecke ist für ungeübte Barfußgeher zu weit. Vorsicht auf dem Holzsteg durchs Moor: An den grob gehobelten Brettern holt man sich leicht Splitter!

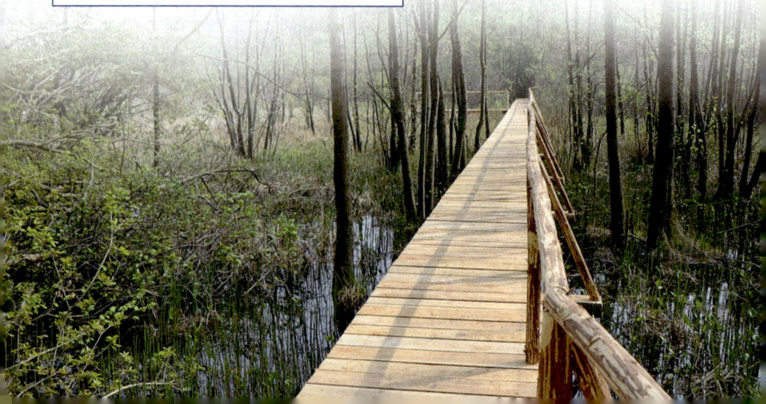

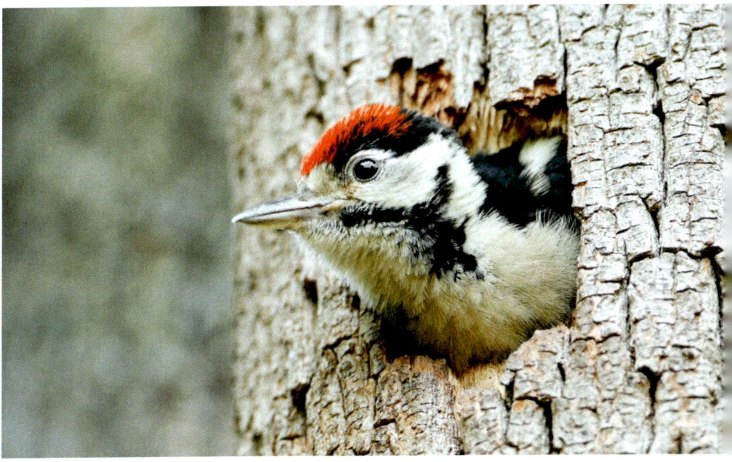

Familie Specht zieht aus
Neuer Lebensraum im Alten Wald

Die Wälder rund um Serrahn sind so, wie Spechte sie lieben. Dicke alte Buchen und Eichen mit mürbem Holz zum Höhlenbau finden sie hier genauso wie schmackhafte Käfer und Insekten. Vor allem Totholz, also abgestorbene oder vom Sturm entwurzelte Bäume, steckt voller Leben und Futter. Und wo Spechte ihre Höhlen zimmern, finden auch andere Tiere ein Zuhause. Spechte bauen mehr Höhlen, als sie selbst bewohnen. Zieht Familie Specht dann aus, stehen die Nachmieter bereits Schlange.

Viele Höhlenbrüter können selbst nicht bauen, und so ein geräumiges Spechtloch ist eine komfortable, sichere Wohnung. Meisen und Kleiber, aber auch größere Vögel wie Eulen oder Hohltauben brüten in verlassenen Spechthöhlen und selbst Säugetiere wie der Siebenschläfer oder sogar Marderfamilien schätzen die Arbeit der Spechte. In einem Wald mit vielen Spechten ist also auch Platz für viele andere Tiere.

Zwei bis vier Wochen baut ein Spechtpaar an seiner Bruthöhle. Am Baumstamm sieht man nur ein rundes Loch. Von dort führt ein Gang in den Stamm und in eine geräumige, nach unten abgesenkte Höhlung. Ein paar Holzspäne polstern das Nest, in dem das Weibchen fünf bis sieben Eier ablegt. Gebrütet wird abwechselnd. Allzu viel Geduld brauchen die Spechte dabei aber nicht. Schon nach neun bis zehn Tagen knacken Buntspecht-

Live aus der Spechthöhle

Der Spechtforscher Klaus Ruge hat in einem Park in Ludwigsburg eine Kamera in einer Spechthöhle installiert. So konnte er zum ersten Mal einen Blick in die Kinderstube einer Spechtfamilie werfen. Bilder davon gibt es unter www.planet-schule.de/spechte. Auch bei Youtube findet man mehrere Filme, die Spechte beim Füttern ihrer Jungen zeigen.

küken ihre Eier. Zuerst sind sie nackt und müssen von ihren Eltern ständig gewärmt werden – hudern nennt man das in der Fachsprache. Drei Wochen werden die Jungvögel von ihren Eltern gefüttert, dann sind sie fast so groß wie die Altvögel und lernen, selbst zu fliegen. Der bekannteste und häufigste Specht ist der Buntspecht. Es gibt aber noch einige andere Spechtarten. Vom eher unauffälligen Kleinspecht über den Mittel- und den Grünspecht bis zum besonders eindrucksvollen Schwarzspecht – hier im Wald von Serrahn sind sie alle zu finden.

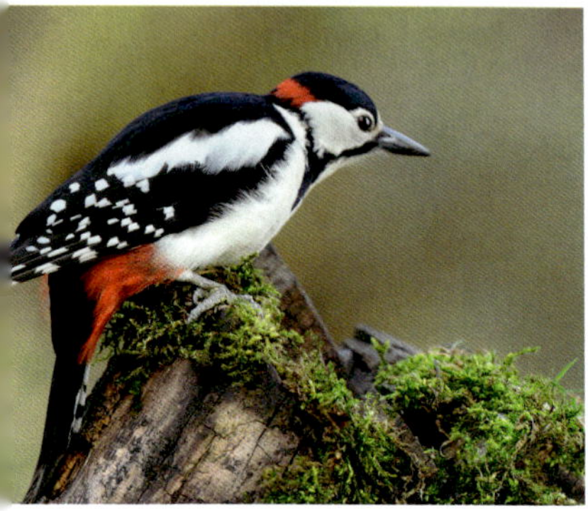

Ein **Buntspecht** wird 20 bis 25 Zentimeter groß, hat schwarz-weiße Federn und einen knallroten Fleck unter dem Schwanz und im Nacken. Im Sommer frisst er Insekten und Käfer, im Winter weicht er dann auf Nüsse und Samen aus. Buntspechte sind äußerst fleißige Höhlenbauer und bevorzugen dabei alte Buchen. Buntspechtmännchen beginnen bereits früh im Jahr zu trommeln, um damit ihr Revier abzustecken und Weibchen anzulocken.

Der **Grünspecht** ist mit 34 Zentimetern auch ein recht stattlicher Vogel. Sein Lieblingsfutter sind Ameisen, die er mit seiner langen klebrigen Zunge vom Boden pickt. Seine Höhle hat er aber hoch oben im Baum. Da er keine Insekten aus der Rinde holt, trommelt der Grünspecht nur selten.

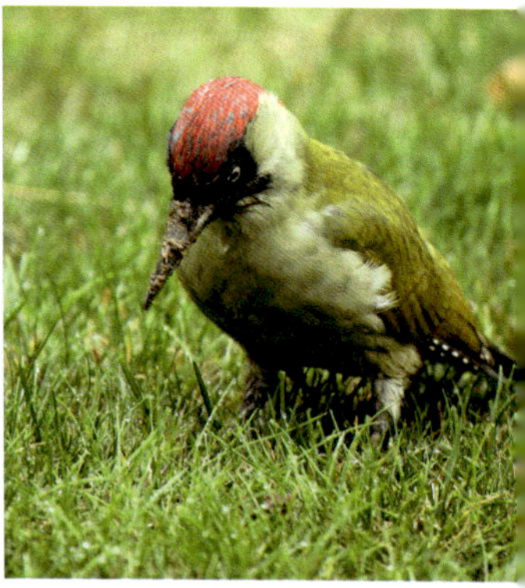

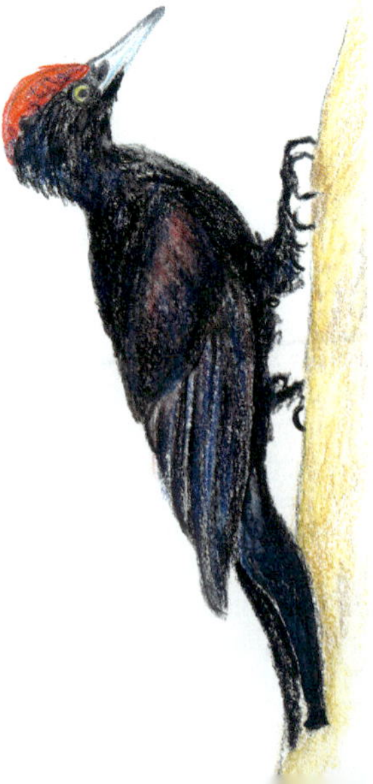

Pechschwarz mit feuerrotem Kamm und bis zu 45 Zentimeter groß ist der **Schwarzspecht** imposant und unverkennbar. Auch er liebt Ameisen, holt sich sein Futter aber auch aus dem Holz. Schwarzspechte gelten als besonders intelligent. Sie brüten länger als Buntspechte, die Jungvögel verlassen das Nest später. Schwarzspechthöhlen sind besonders beliebt bei größeren Säugern und Käuzchen.

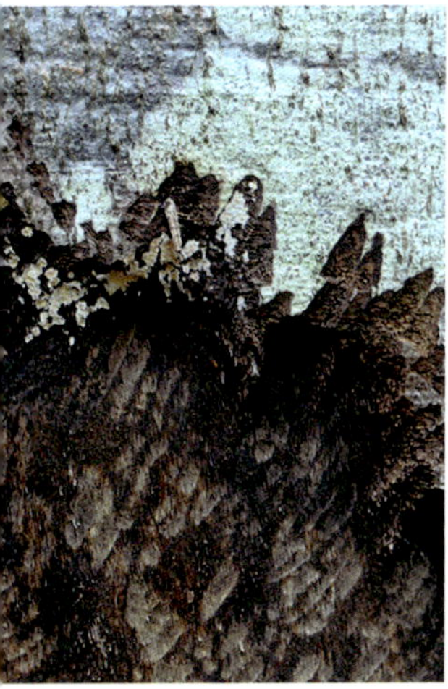

Tour 30: Biberspuren und Wasserwildnis

Von der Steinmühle nach Goldenbaum

Auch im Gebiet des Jugendwaldheims Steinmühle befindet sich der Wald auf dem Weg zum Urwald. Hier wird nicht bewirtschaftet, und umgestürzte Bäume werden nur von den Gehwegen entfernt. Am Uferweg gibt es immer wieder etwas zu überklettern und Baumstämme zum Balancieren finden sich in Hülle und Fülle. Biber haben hier ihre Spuren hinterlassen und auf dem Wasser des Mühlenteiches sieht man Haubentaucher und Kormorane. Der Rückweg führt durch das abgelegene Nationalparkdorf Goldenbaum, wo in jedem Garten Hühner und Enten schnattern und ein Storchenpaar regelmäßig sein Quartier bezieht.

40 m

STRECKE 7 km

2 h 15

ab 6

TOUREN-STECKBRIEF

Anfahrt: Von Neustrelitz auf der N198 in Richtung Woldegk. Im Ort Carpin rechts nach Goldenbaum abbiegen und wenig später links dem teilweise asphaltieren Waldweg zum Jugendwaldheim Steinmühle folgen. Die Straße endet am Parkplatz vor der Steinmühle bei **GPS N 53°19'46.8", E 13°16'16.9"**.

Charakter: Wanderung auf Waldpfaden, Forst- und Feldwegen.

Highlights: Weg am See mit vielen Kletter- und Balancierbäumen, Biberspuren, Storchennest in Goldenbaum. Badeplatz und Kletterstuhl an der Steinmühle.

In der Nähe: Waldmuseum Lütt Holthus.

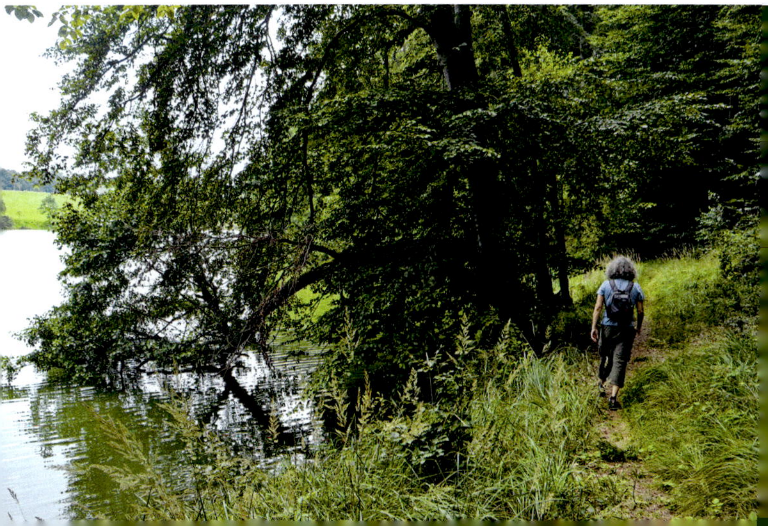

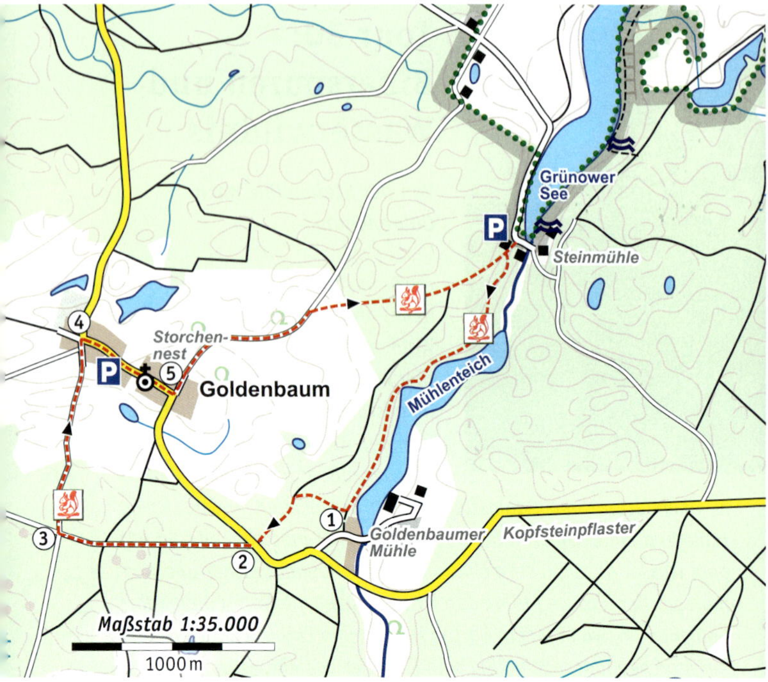

Wanderung: Der mit rotem Eichhörnchen markierte Weg beginnt direkt vor dem ersten Haus der Steinmühle und führt rechts hinauf, am **Mühlenfließ** entlang, bis zu einer Weggabelung. Wir wählen den linken Weg und laufen zuerst am **Ufer des Mühlenteiches**. Der Weg bleibt ein Stück oberhalb der Wasserfläche, bietet aber mehrfach einen schönen Blick über den zugewucherten See. Links sind viele Bäume bis über Kniehöhe entrin-

Wer eine einsamere **Bade- oder Picknickstelle** sucht und noch Kraftreserven hat, folgt dem Fahrweg, vorbei an der Steinmühle und läuft auf einem Waldweg oberhalb des Grünower Sees entlang. Ein Abzweig links (Wegmarkierung grünes Eichblatt) führt zum Ufer und zu einer schönen Badestelle hinunter (Gehzeit einfach etwa 20 Minuten).

Weitere Plätze findet man noch weiter oben am See.

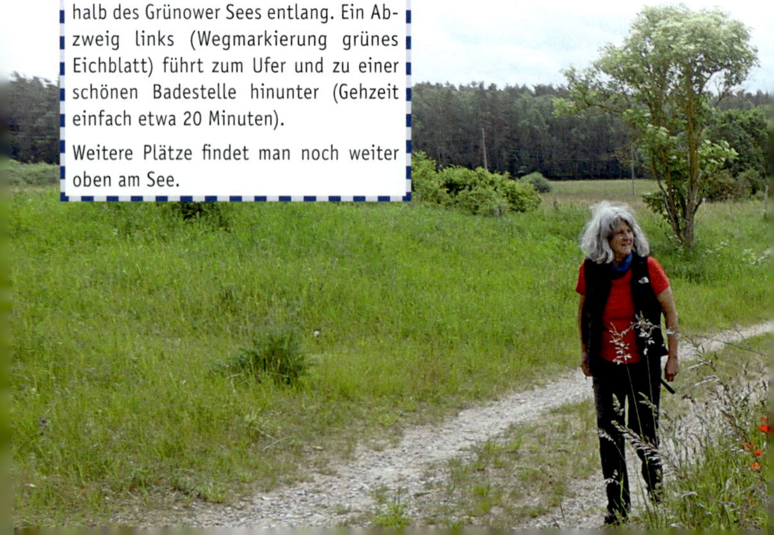

det – wer genauer hinschaut, kann die Spuren kräftiger Nagezähne erkennen. Die Biber, die im Mühlenteich zu Hause waren, haben hier gründliche Arbeit geleistet. Die meisten Spuren sind aber schon etwas älter und beginnen unter neuer Rinde zu verschwinden. Der Biberbestand im Mühlensee ist inzwischen auf ein naturverträgliches Maß reduziert.

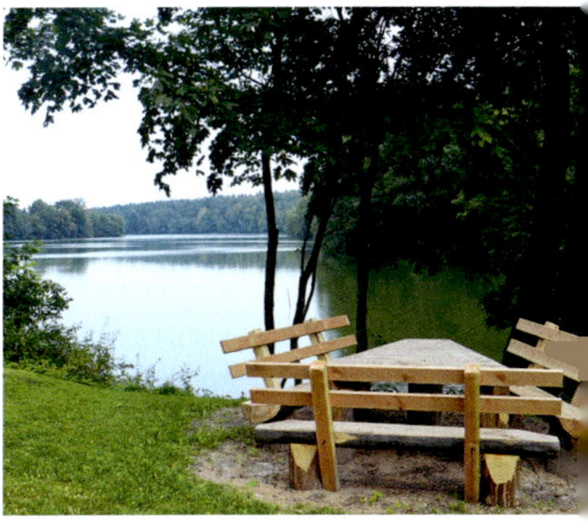

Picknicktisch an der Steinmühle

Am **unteren Seeende** ① – wir sehen schon die Gebäude der **Goldenbaumer Mühle** – verlässt der Weg das Seeufer und führt rechts durch den Wald hinauf. Der Eichhörnchenwegweiser schickt uns wenig später an einer **Stromleitung** entlang noch einmal rechts hinauf. Am nächsten Weg biegen wir wieder nach links ab und erreichen nach etwa 20 Metern eine **Straße** ②.

Auf der anderen Seite laufen wir schnurgerade in den Wald hinein bis zur zweiten **Kreuzung** ③. Hier geht es wieder rechts und die Umgebung wird abwechslungsreicher. Zwischen Wiesen erreichen wir kurz darauf die ersten Häuser von **Goldenbaum** ④. Wir folgen der Dorfstraße nach rechts und durchqueren den Ort. Links gibt es einen Honigverkauf, gegenüber an der **Infotafel** des Nationalparks einen Picknicktisch und einen kleinen Spielplatz direkt an der Pferdekoppel. Das **Storchennest** ⑤ findet man am Ortsende, wo der Eichhörnchenweg den Ort wieder nach links verlässt, in luftiger Höhe auf einem Pfahl.

In sanftem Auf und Ab wandern wir von hier das letzte Stück zurück zur Steinmühle, erst durch wellige Weideflächen und dann noch einmal durch den Wald. Wenn es warm genug ist, kann man dann an der Steinmühle auch baden.

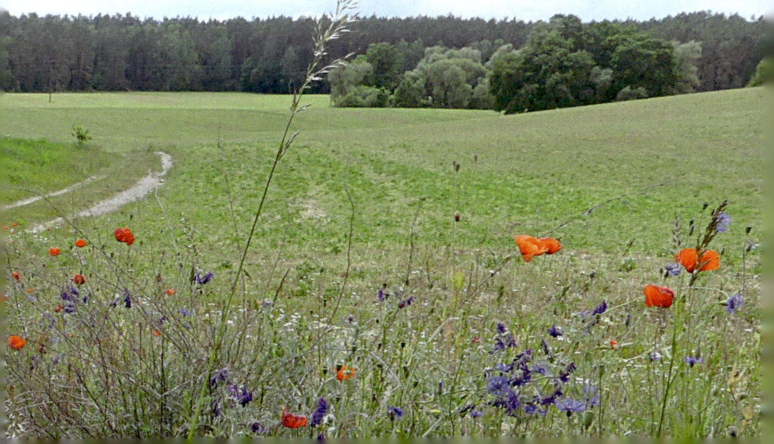

Der Biber – Landschaftsgärtner mit Heckantrieb

Biber sind nachtaktiv und tagsüber kaum zu entdecken. Begegnen kann man ihnen in den frühen Morgenstunden und in der Abenddämmerung. Ihre Spuren sind aber auch tagsüber nicht zu übersehen. Biber leben in Höhlen in der Uferwand. Die Höhle ist oft durch einen Aufbau aus Ästen erweitert, der mit Lehm abgedichtet ist. In einem Bau lebt ein Biberpaar mit seinen Jungen. Außer dem Wurf des aktuellen Jahres sind auch die Jungbiber des Vorjahres dabei. Biberjunge werden behaart und mit offenen Augen geboren und beginnen schon nach zwei Wochen, Pflanzen zu fressen. Alle Biber sind geschickte Schwimmer und können bis zu 15 Minuten tauchen. Ihr breiter Schwanz – auch Kelle genannt – dient dabei als Antrieb und Steuerruder. An Land sind sie eher schwerfällig.

Um vor Feinden geschützt zu sein, liegt auch der Eingang zur Biberburg unter Wasser. Dazu muss das Gewässer zwischen 50 Zentimetern und einem Meter tief sein. Fällt der Wasserstand, wird der Biber aktiv. Er baut Dämme. Oberhalb des Dammes entsteht dann ein sogenannter Biberteich, der große Uferbereiche komplett unter Wasser setzen kann. Die Vegetation verändert sich. Und wie praktisch: Viele der Pflanzen, die in so einem Biberteich wachsen, schmecken den Tieren besonders gut. Biber leben nämlich absolut vegetarisch. Im Sommer

Biber werden einen knappen Meter lang und gut 30 Kilo schwer. Die Tiere leben im Familienverband und beanspruchen und verteidigen ein eigenes Revier von etwa ein bis drei Kilometer Flussufer. Zweijährig werden sie aus dem Reich ihrer Eltern vertrieben und wandern dann, bis sie einen eigenen Platz und einen Partner gefunden haben. In Freiheit erreichen Biber ein Alter von etwa 10 bis 17 Jahren.

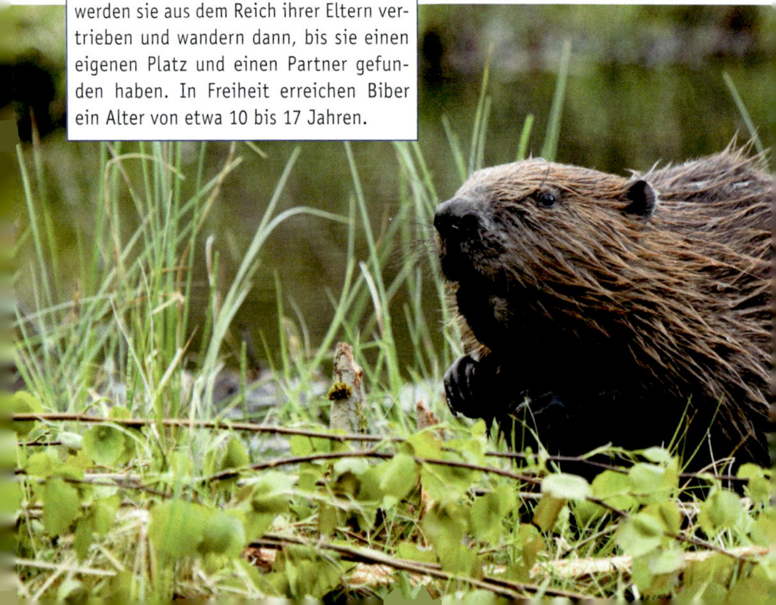

fressen sie Wasserpflanzen wie Rohrkolben, Schilf, Wasserlilien und Seerosen. Im Winter weichen sie hauptsächlich auf Baumrinde aus. Und spätestens hier beginnt der Konflikt mit dem Menschen.

Wie man auch am Mühlenteich sehen kann, ist eine Biberfamilie in der Lage, ein Gebiet nachhaltig zu verändern. In der kompletten Uferzone sind die Bäume bis zu einer Höhe von einem Meter entrindet. Um an weiteres Futter zu kommen, oder um Bauholz für ihre Dämme zu erhalten, fällen Biber auch Bäume mit beachtlichem Umfang. Einen Stamm mit 40 Zentimetern Durchmesser schaffen sie leicht in einer einzigen Nacht. Eigentlich lieben Biber Weichholz und ziehen jüngere Bäume vor, aber wenn man ihre Spuren dann doch an einem uralten Giganten sieht, der bald quer über den Teich oder Fluss zu fallen droht, tut das nicht nur Forstleuten in der Seele weh.

Von Menschen systematisch verfolgt war der Biber bereits kurz vor dem Aussterben. In den letzten Jahrzehnten breitet er sich dank eines Schutzprogrammes wieder aus. Um im dicht besiedelten Deutschland eine friedliche Koexistenz mit dem Menschen zu gewährleisten, werden in Bibergebieten wertvolle alte Bäume mit Draht geschützt und Drainagerohre in Biberdämme gelegt, um die oft wenig willkommene Teichbildung zu steuern.

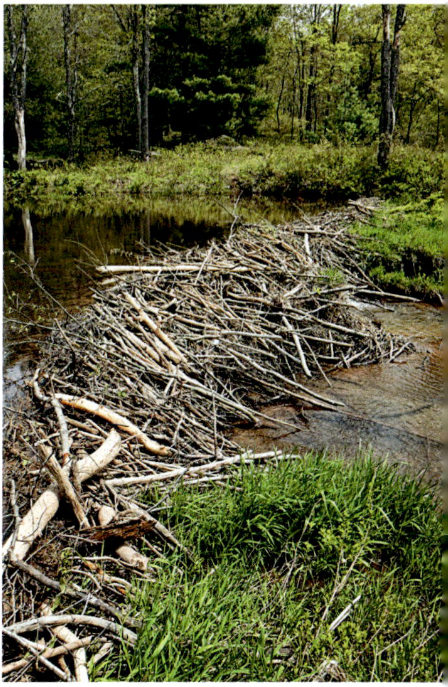

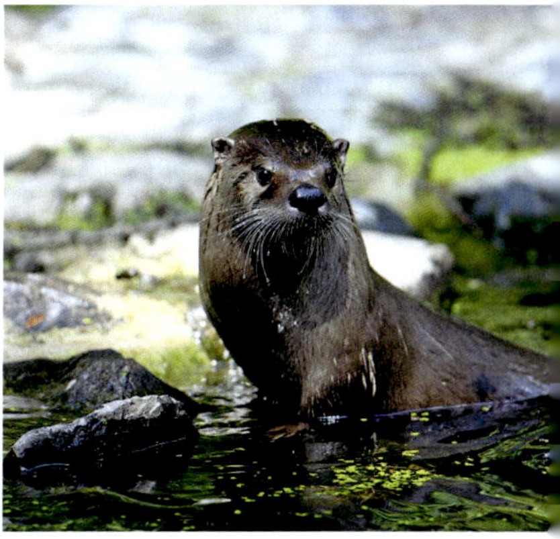

Ebenfalls an den Mecklenburgischen Seen zu Hause ist der seltene und sehr scheue **Fischotter**, der dem Biber nur auf den allerersten Blick ähnlich ist. Er gehört nämlich zur Familie der Marder und ist damit ein Raubtier. Fischotter verschlafen den Tag meist in Höhlen oder Verstecken in der Ufervegetation und jagen in der Nacht. Sie fressen neben Fisch und Wasservögeln aber auch Mäuse und Insekten. Ihr Lebensraum sind flache Flüsse mit zugewachsenen Ufern und da sie ein recht großes Revier zum Jagen brauchen, finden sie in Deutschland nur noch wenig Lebensraum.

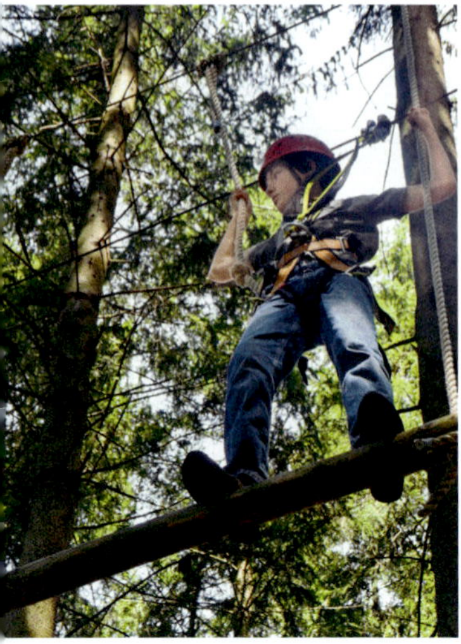

Tour 31: Zwischen Badesee und Hochseilgarten

Eine Fahrradtour bei Wesenberg

Diese kurze und leichte Rundtour führt auf schönen Feld- und Waldwegen vom Großen Weißen See – der eigentlich weder groß noch weiß ist, aber dafür eine schöne Badestelle mit seichtem Einstieg und Sandboden hat – durch Felder und Hügel zum Hochseilgarten auf dem Campingplatz Havelberge. Hier schwanken vier Parcours zwischen den Bäumen, die sich besonders gut für eine allererste Kletterwald-Erfahrung eignen. Sie sind nicht zu hoch und nicht zu schwierig – aber langweilen wird sich auch keiner. Wer mag, macht auf dem Rückweg noch einen Abstecher nach Wesenberg zum kleinen Stadthafen oder der schön gelegenen Fischerhütte.

25 m

STRECKE 18 km

2–3 h

ab 6

Radtour: Vom **Parkplatz** fahren wir am See und am Gasthaus vorbei und auf dem für Autos gesperrten Weg weiter. Bald stoßen wir auf einen zweiten Parkplatz und dann auf eine Asphaltstraße. Diese überqueren wir geradeaus in Richtung Campingplatz »Ihr Familienpark« und fahren dann auf dem breiten Weg am **Ufer des kleinen Labussees** durch den Campingplatz hindurch. Der Weg ist markiert mit dem blauen »M« des Müritzweges. Er ist nicht als Radweg ausgewiesen, aber sehr gut befahrbar. Nahe am Großen Labussee geht es durch den Wald bis zu einer **Straße** ①, der wir links nach **Klein Quassow** folgen. Im Ort weist rechts ein Wegweiser in den Fuß- und Radweg zum Camping Havelberge. Hier fahren wir weiter auf einem breiten Feldweg bis zu einem **Bahnübergang** ②.

TOUREN-STECKBRIEF

Anfahrt: Direkt von der B 198 zweigt vor der westlichen Ortseinfahrt von Wesenberg eine schmale Straße zur Gaststätte am Weißen See und zum Camping ab. An deren Ende befindet sich hinter dem Strandbad ein großer Parkplatz (im Sommer kostenpflichtig). Wer Leihfahrräder braucht, beginnt die Tour beim Fahrradverleih in Wesenberg.

Fahrradverleih: Im Ortzentrum von Wesenberg, Vor dem Mühlentor 1, Tourenräder ab € 10, Kinderräder ab € 5. Tel. 0173 1980815. www.fahrradservice-wesenberg.de

Charakter: Radtour auf Forst- und Feldwegen mit Durchquerung von Wesenberg.

Highlights: Hochseilgarten.

Einkehr: Restaurant und Imbiss auf dem Campingplatz.

Zum Campingplatz geht es neben den Gleisen nach links. Auf einem angenehmen, schattigen Weg radeln wir am Waldrand weiter bis zur nächsten Straße. Hier biegen wir rechts ab und fahren weiter bis zur **Rezeption** ③. Hier lässt man sich am besten zeigen, wo der Hochseilgarten zu finden ist, denn der Platz ist etwas größer.

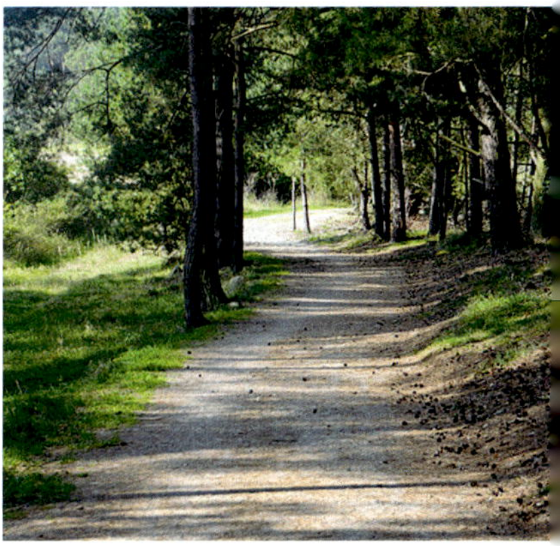

Zurück geht es bis zum **Bahnübergang** auf dem bekannten Weg. Dort radeln wir dann links den Berg hinauf der Fahrradwegmarkierung nach. Munter hinauf und hinunter dreht der Weg eine Kehre und führt zum Ufer des **Woblitzsees** hinab. Durch eine Reihe Bäume vom Ufer getrennt rollen wir dann zuerst am Hochufer und dann auf Seehöhe zurück bis Wesenberg.

Kurz vor dem Ort geht es über einen **Holzsteg** durch einen Er-

Hochseilgarten Havelberge

Kinder unter 14 Jahren dürfen nur in Begleitung eines Erwachsenen zwischen die Bäume. Die Mutprobe gilt also auch für die Eltern! Der Hochseilgarten ist auch für Externe offen, es macht aber unbedingt Sinn, sich vorher telefonisch anzumelden und eine Zeit auszumachen! Sonst klappt es vielleicht gar nicht mit dem Klettern!

Geöffnet April bis Oktober, im Sommer täglich 10 – 19 Uhr, Nebensaison bis 18 Uhr, Kinder ab Körpergröße 1,35 Meter.
Familienkarte 1 Erw. + 2 Kinder €35, 2 Erw. + 2 Kinder €49, Kleinkindparcours €10, Tel. 03981 247933.

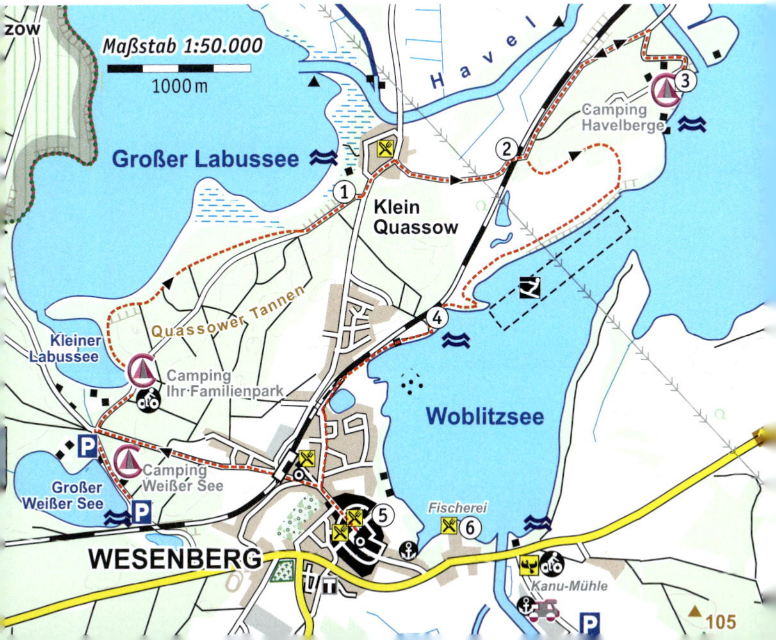

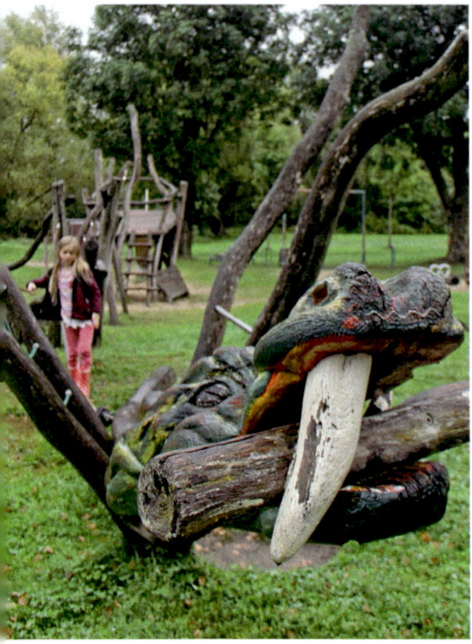

lenbruch und in Sichtweite der ersten Häuser links zu einem **Badeplatz** ④.

Zwischen Bahnschienen und See führt uns der Weg dann bis zur Ortseinfahrt. Zwischen unschönen Plattenbauten radeln wir nach **Wesenberg** hinein. Wer zurück zum Weißen See will, fährt die Straße bis zur ersten großen Kreuzung und folgt hier gleich rechts dem Schild zum Camping Weißer See bis zur Schranke am Platzeingang. Auf der Gegenseite kann man dann hinunter zum Parkplatz am Strandbad rollen.

Vorher lohnt ein Abstecher nach Wesenberg. Dazu halten wir uns an der ersten großen Kreuzung im Ort links und fahren in den Ortskern mit der gut restaurierten **Burg Wesenberg**. Vor der Burganlage wartet ein schöner **Spielplatz** ⑤ und daneben der **Wasserwanderrastplatz** mit einer großen Wiese und einigen Picknicktischen. Gemütlich sitzen können wir auch noch 400 Meter weiter beim **Fischereiimbiss** ⑥, der vom Wasserwanderrastplatz ausgeschildert ist.

Blick vom Wasserwanderrastplatz auf die Fischerhütte

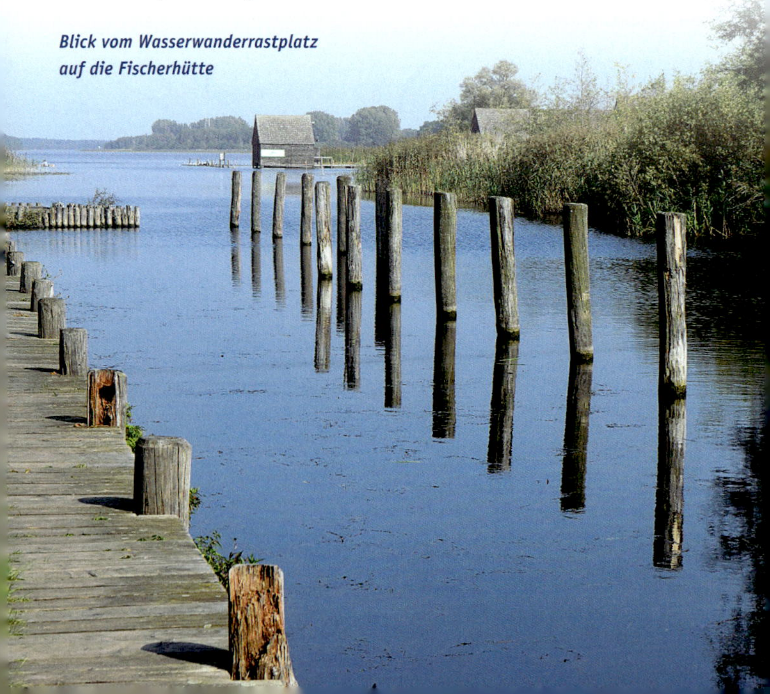

Tour 32: Mit dem Kanu auf großer Fahrt

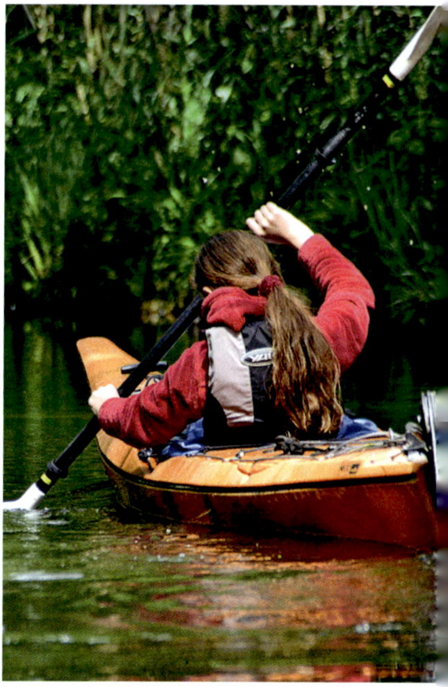

Eine Wasserwandertour für junge Abenteurer

Alles was man so braucht ist wasserdicht in den Kanus verpackt und so geht es los in ein dreitägiges Abenteuer. Morgens in den Tag hineinpaddeln, mittags am See in der Sonne liegen, stille Plätzchen entdecken und, wenn es zu warm wird, ins Wasser springen. Wenn man dann abends des Paddelns müde ist, wird am Seeufer das Zelt aufgeschlagen und am Feuer gekocht und gegessen. Abends sitzt man am Wasser bis es dunkel ist und am nächsten Morgen geht es weiter zu neuen Entdeckungen. So ungefähr gehen Wasserwander-Träume.

Da wir nicht in der kanadischen Wildnis unterwegs sind, gibt es auf unserer Runde Wasserwander-Träume in leicht gezähmter Version. Übernachten darf man hier in Deutschland nur auf Campingplätzen – dort sind für Kanuten meist einige Plätze direkt am Wasser reserviert. Auch eine Feuerstelle steht oft zur Verfügung – außerdem eine warme Dusche, frische Brötchen am Morgen und an einigen Campingplätzen auch ein Laden für das Nötigste oder sogar ein Imbiss. Wer es naturnah mag, findet auf dieser Runde auch abgelegene Waldcampingplätze, die sich glatt ein bisschen nach Wildnis anfühlen.

STRECKE
40 km

3 Tage

ab 6

TOUREN-STECKBRIEF

Anfahrt: Von Mirow aus den Ort Wesenberg auf der B198 durchqueren. Hinter der Ortsausfahrt, hinter der Havelbrücke rechts in Richtung Ahrensberg abbiegen. Gleich rechts befindet sich bei **GPS N 53°16‘47.4“, E 12°59‘08.6“** die Kanumühle.
Mietpreise für drei Tage: 1er Wanderkajak €50, 2er Wanderkajak €90, 3er Kanadier €70, 4er Kanadier €90,
Tel. 039832 20350.
www.kanu-muehle.de

Charakter: Drei-Tages-Tour fast durchgängig motorbootfrei auf Seen und kleinen Flüsschen, längere Tour (10-Seen-Runde) teilweise auch von Hausbooten befahren. Übernachtung auf dem Campingplatz.

Highlights: Schwaanhavel, Lagerfeuer am Campingplatz, Zeltplätze direkt am See.

Verpflegung: Einkaufen auf den Campingplätzen möglich, Fleether Mühle für Pause mit Einkehr am zweiten Tag.

> An der **Kanumühle** östlich von Wesenberg bekommt man nicht nur gepflegte Kanus aller Art zu fairen Preisen, sondern auch eine geduldige persönliche Beratung in sehr netter Atmosphäre und verständliche und ausführliche Erklärungen. Für Anfänger werden immer am Wochenende Kurse für Kajak und Kanadier angeboten. Einen Kajakkurs gibt es samstags nachmittags auch speziell für Kinder. Außerdem kann man auf dem Gelände direkt am Havelkanal auch übernachten – entweder im Zelt oder in einem der einfachen Holzhäuschen.
> *Telefon 039832 20350.*
> *www.kanu-muehle.de*

Unsere dreitägige Tour ist eine gekürzte Version der als Zehn-Seen-Runde bekannten Strecke. Wir paddeln dabei die besonders schöne erste Etappe doppelt und lassen den südlichen Bogen über Pälitzsee, Ellbogensee und Priepertsee aus. In diesem Bereich sind viele Hausboote unterwegs, sodass sie zum Paddeln längst nicht so interessant ist wie die Region zwischen Schwaanhavel und Rätzsee, die von Motorbooten nicht befahren werden darf. Dazu wäre das schmale Bett der Schwaanhavel auch gar nicht tief genug. Mit ihren vielen Kurven und einigen engen Durchfahrten zwischen Schilf und Bäumen und einer Vegetation wie im Dschungel, ist das Flüsschen auf jeden Fall ein Höhepunkt der Tour. Dazwischen geht es über grö-

> Bei sehr starkem Wind ist der **Labussee**, wie alle größeren Seen, mit Vorsicht zu genießen. Mit Kindern im Boot sollte man im Zweifelsfall auf die Befahrung verzichten.

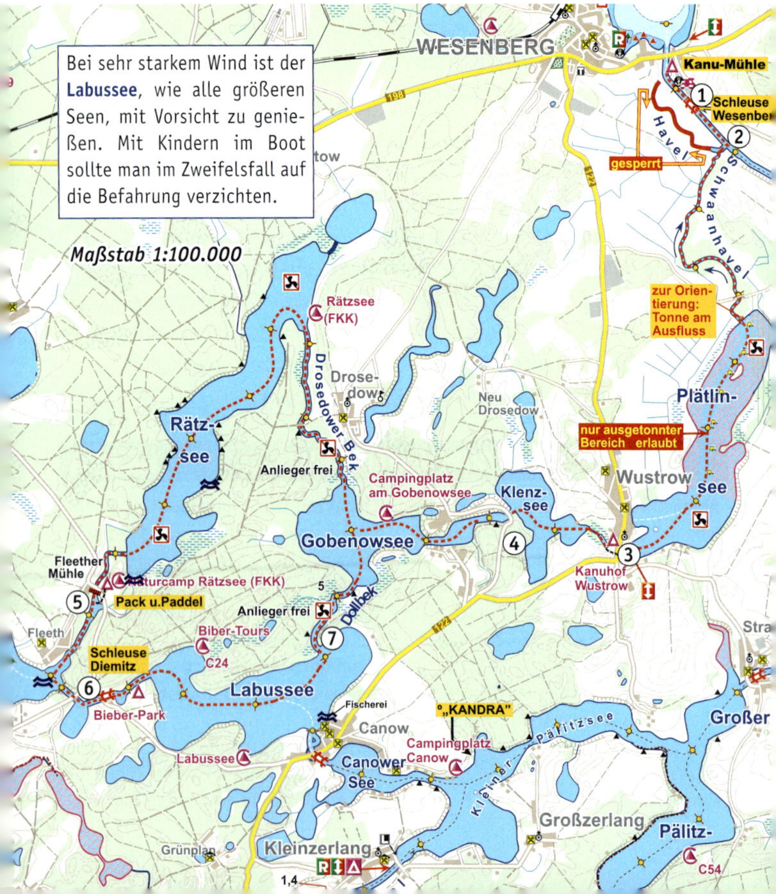

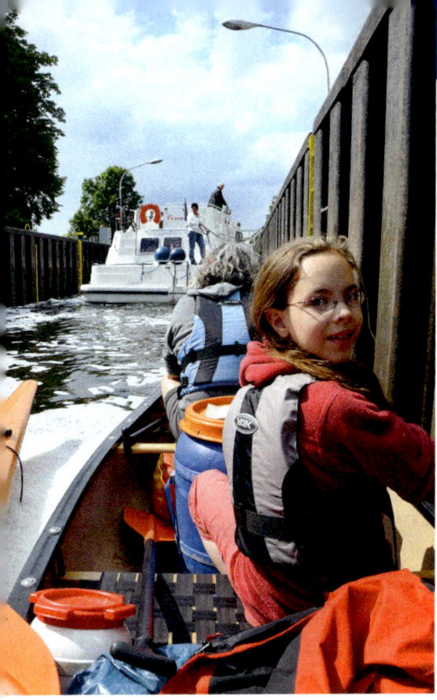

ßere und kleinere Seen und durch stille, mit Seerosen bewachsene Winkel. Auch die Durchfahrt zweier Schleusen bleibt in Erinnerung. Orte wie Wustrow oder die Fleether Mühle sorgen für Möglichkeiten zur Einkehr, und die vielen Campingplätze an der Route erlauben eine flexible Gestaltung der Etappen.

Mit dem Kanu in die Schleuse

Paddelt man auf die Schleusentore zu, sieht man neben der Schleuse eine Ampel. Meist ist sie gerade rot. An einer Seite der Einfahrt sind Anlegevorrichtungen für Motorboote angebracht, und oft warten dort auch ein paar Boote. Mit dem Kanu hält man sich an der Seite, an der die Ampel steht und wartet, bis sie grün wird und bis alle Motorboote in der Schleuse ihren Platz gefunden haben. Erst dann paddelt man hinein.

Das Kanu platziert man entweder auf der freien Seite neben den Motorbooten (dazu sollten diese auf jeden Fall bereits fest vertäut sein) oder, wenn genug Platz bleibt, dahinter und hält sich entweder an einer der Metallstangen oder an einer Metalltreppe fest. Das Kanu hier niemals festbinden! Während dem Schleusen sinkt oder steigt der Wasserstand in der Schleuse und ein festgebundenes Kanu würde jämmerlich an seinem Seil baumeln – vermutlich ohne Passagiere.

Werden dann vorne die Tore geöffnet, lässt man die Motorboote passieren und paddelt am Schluss zügig hinterher.

Etappe 1: Wesenberg (Kanumühle) – Wustrow 8 km

Paddelt man aus der Zufahrt zur Kanumühle hinaus, landet man fast sofort mitten im Getümmel. Vor allem an Sommerwochenenden ist die Havel hier kurz vor der **Wesenberger Schleuse** ① gut befahren. Die Schleusentore erreichen wir nach wenigen hundert Metern, sodass unsere Tour gleich mit dem ersten Abenteuer beginnt.

Dann geht es etwa 500 Meter den Havelkanal hinunter, bis wir rechts einen Bach einmünden sehen. Das ist die **Schwaanhavel** ②. Fast sofort gibt es rechts einen weiteren gesperrten Flussarm (Altarm der Havel), an dem wir vorbeipaddeln. Die Schwaanhavel ist Naturschutzgebiet, deshalb soll man sich hier einigermaßen still verhalten. Anlegen ist im ganzen Verlauf verboten. Hier gibt es unter anderem auch Eisvögel. Gesehen haben wir aber trotz Ruhe und sanftem Paddeln leider keinen. Viele Kurven und einige Engstellen weiter geht es unter einer Holzbrücke hindurch. Wir paddeln den letzten, stark verschilften Teil des Flüsschens und erreichen die weite Wasserfläche des **Plätlinsees**. Der See darf nur entlang der gelben Betonnung befahren werden. Am

Seeende paddeln wir auf zwei Buchten zu und steuern die linke davon an. Der **Ausstieg** ③ befindet sich an einem gut sichtbaren Steg. Hier müssen die Boote aus dem Wasser, über die Straße getragen und im Klenzsee wieder eingesetzt werden. Im **Kanuhof Wustrow** oben an der Straße können wir gegen ein Pfand und eine kleine Gebühr einen Bootswagen leihen.

Am **Kanuhof in Wustrow** gibt es neben dem Bootsverleih auch eine Zeltmöglichkeit auf der Wiese unter einigen Bäumen und mit gepflegten Sanitäranlagen. In Wustrow finden wir einen Gasthof und einen Laden. Eine Fahrt auf der 10-Seen-Runde kann man auch hier starten.

Kanuverleih Kanuhof Wustrow
Ramona Arlt & Thomas Seydl,
Tel. 039828 20083.
www.kanuhof-wustrow.de

Camping am Gobenowsee
Schöne Plätze unter Bäumen direkt am See, ein himmlischer Sitzplatz mit Bank auf dem Steg, gute Sanitäranlagen und ein netter Empfang erwarten Paddler auf dem Camping am Gobenowsee. Jede Menge Tische und Stühle, Lagerfeuerplatz und Kinderspielplatz sorgen für Unterhaltung und einen bequemen Aufenthalt. Der gut sortierte Laden hat in der Vorsaison etwas knappe Öffnungszeiten, die man an der Rezeption erfragen kann.

Wasserwanderer €6,50–7,50,
Kinder €4,50–5, Schlaffass €21–26,
Tel. 039828 20355.
www.gobenowsee.m-vp.de

Wustrow – Gobenowsee – 3,5 km
Die Strecke von Wustrow bis zum Camping am Gobenowsee ist kurz und sehr angenehm zu paddeln. Zwischen Seerosen geht es über den kleineren Klenzsee und unter einer **Brücke** ④ hindurch in einen Ausläufer des Gobenowsees. Dort, wo der See breiter wird, sehen wir schon rechts die Holzstege des Campingplatzes. Der Anlegeplatz für Wasserwanderer liegt kurz vor der Landspitze, hinter der der See sich noch mal nach Norden ausweitet.

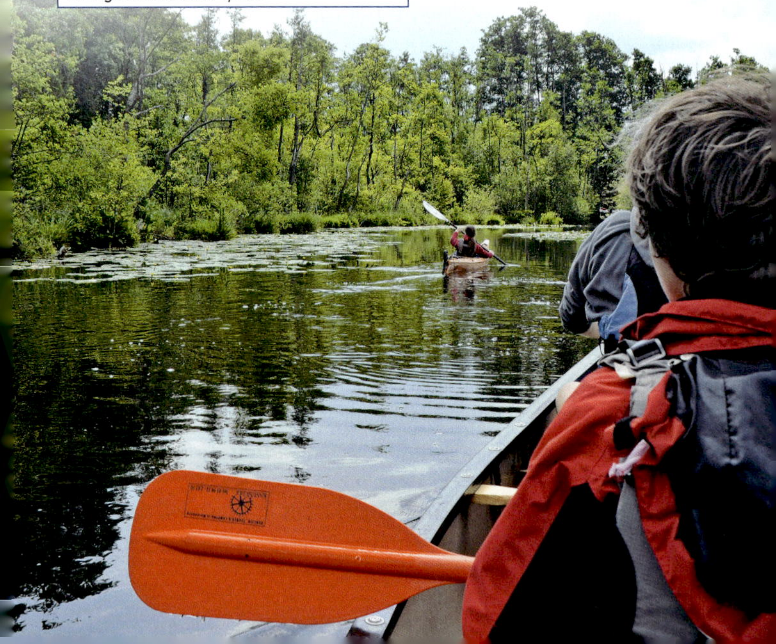

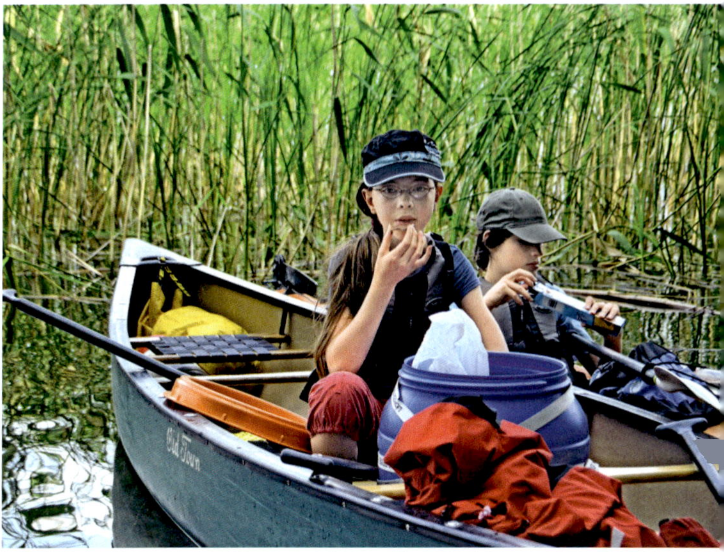

Oben: Pause am Rätzsee. Unten: Wasserwildnis auf der Schwaanhavel

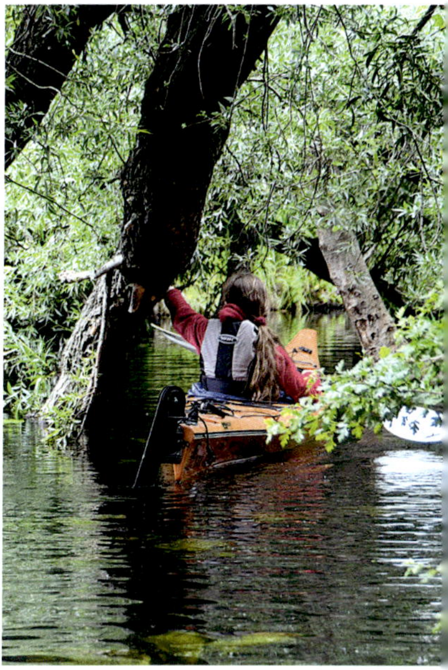

Etappe 2: Gobenowsee – Fleether Mühle – 9 km

Am Camping Gobenowsee können wir, um die Packerei in Grenzen zu halten, die Zelte stehen lassen und mit Tagesgepäck auf die Rätzseerunde starten. In welcher Richtung man am besten fährt, ist von der Windrichtung abhängig. Gegenwind auf den Seen ist anstrengend. Fahren wir die Runde gegen den Uhrzeigersinn, wenden wir uns vom Campingplatz nach rechts, umpaddeln die Landnase und fahren durch die **Drosedower Bek** hinauf zum Rätzsee. Am unbebauten und für Motorboote gesperrten Rätzsee gibt es besonders viele Plätzchen zum Anlegen und Pause machen. Sie sind in der Karte als schwarze Dreiecke eingezeichnet.

Am südlichen Seeende finden wir am Westufer die schmale Einfahrt zur **Fleether Mühle** ⑤. Hier müssen die Boote noch einmal aus dem Wasser. Einen Bootswagen bekommen wir bei »Pack- und Paddel« an der Ausbootstelle, leere Boote kann man die 50

Meter bis zur Einsatzstelle an der Mühle aber auch tragen. An der Fleether Mühle sitzt man sehr nett im Garten vor dem Imbiss. Hier bekommt man Getränke, Kuchen, Pommes und Würstchen und am Wochenende ein paar kleine Gerichte.

Die 10-Seen-Runde

Insgesamt vier Tage, knapp 50 km

Statt auf der bekannten Route vom ersten Tag zurückzupaddeln können wir die Fahrt auch über Pälitzsee, Ellbogensee, den großen Priepertsee und dann über die Havel fortsetzen. Für diese Strecke brauchen wir mit Kindern einen weiteren Tag und sind bis hinter Priepert durchgängig auf Seen unterwegs, die zu einer gängigen Hausbootroute gehören. Die letzten vier Kilometer verbringen wir dann wieder auf dem von der Hinfahrt vertrauten Havelkanal. Zwei weitere Schleusen unterbrechen die Fahrt, umtragen müssen wir dafür nicht mehr. Schöne Plätze zum Übernachten findet man am Labussee auf dem Naturcamping Biber Tours auf der nördlichen Seeseite. Als letztes Quartier eignen sich der Naturcamping am Großen Pälitzsee mit sehr schönem Wasserwandererplatz oder der Camping Havelperle im netten Örtchen Priepert.

Genauere Beschreibung der Campingplätze **[› Seite 238]**

Pack und Paddel

Am Bootsverleih gibt es eine Zeltmöglichkeit auf der Wiese. Das zugehörige Bistro hat außerhalb der Hochsaison nur am Wochenende geöffnet.

Tel. 039833 26727.
www.packundpaddel.de

Fleether Mühle – Gobenowsee – 7 km

Durch einen schmalen Flussarm paddeln wir weiter, bis die Häuser von Fleeth links am Ufer auftauchen. Hier geht es in den Vilzsee. Wir halten uns links am Ufer und verlassen den See gleich wieder. Vorbei am nicht sehr großen Großen Peetschsee nähern wir uns der **Diemitzer Schleuse** ⑥. Die zweite Schleuse ist schon nicht mehr ganz so aufregend. Die Motorboote lässt man erst mal davontuckern – es gibt auf dem

Idylle pur: Der Anlegesteg für Wasserwanderer am Camping Gobenowsee

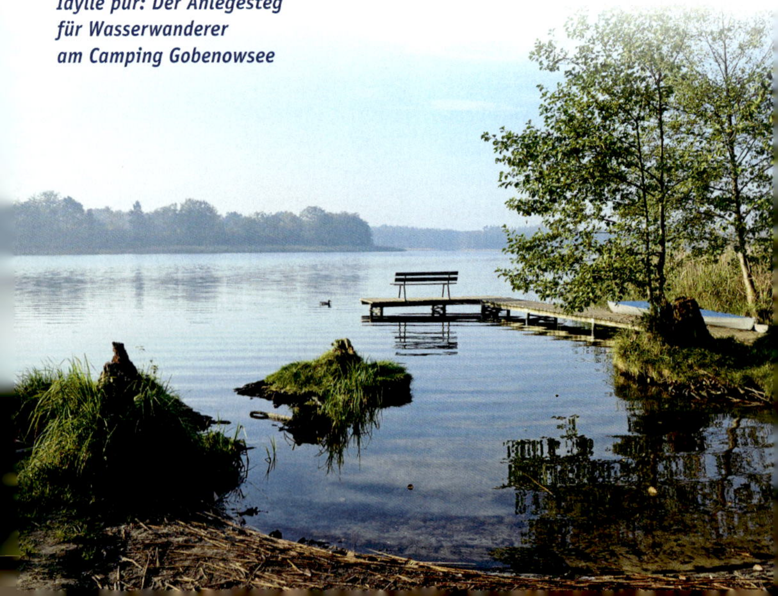

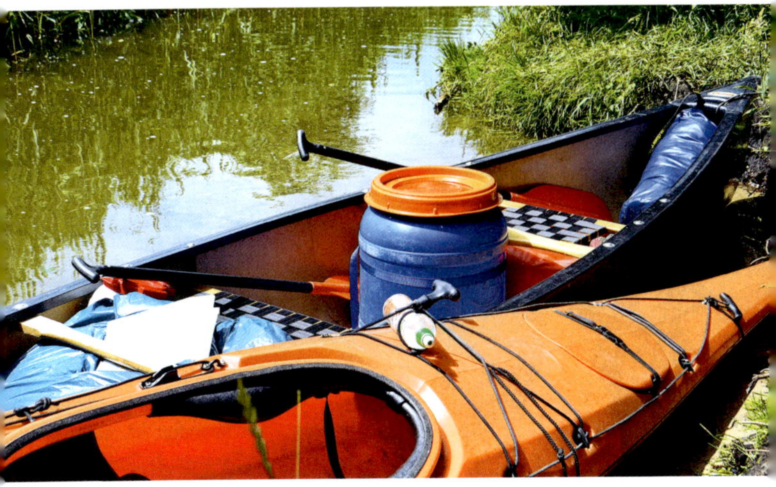

Gut verpackt in wasserdichten Tonnen und Packsäcken geht alles, was wir brauchen, mit auf die Reise. Auch in den Luken eines Wanderkajaks verschwindet erstaunlich viel Gepäck.

Labussee sowieso genug davon. Kurz hinter der Schleuse ist links am Ufer der Anleger des schönen Naturcampingplatzes Bibercamp zu sehen. Auch hier gibt es einen gut ausgestatteten Bootsverleih.

Bei Wochenendverkehr oder starkem Wind auf dem Labussee lassen wir unser Kanu nach 2,5 Kilometern Seefläche erleichtert in die **Einfahrt der Dollbek** ⑦ treiben. Hier haben Motorboote keine Zufahrt. Quer über den Gobenowsee kehren wir dann zu unserem Zelt zurück.

Etappe 3: Gobenowsee – Kanumühle – 12 km

Auf der bereits bekannten Strecke paddeln wir jetzt in die andere Richtung und mit ganz neuen Blickwinkeln zurück nach Wesenberg. Für die reine Paddelzeit müssen wir etwa vier Stunden rechnen. Bei Gegenwind dauert die Überquerung des Plätlinsees länger. Spätestens um 18 Uhr müssen die Kanus abgegeben werden.

Abenteuerferien im Kanu

7–8 Tage, knapp 90 km

Wer richtig lange unterwegs sein will, sollte schon ein paar mal im Kanu gesessen haben. Ansonsten ist die Mecklenburgische Seenplatte ein gefahrloses Revier – auch für weniger erfahrene Wasserwanderer.

Eine der schönsten Runden, die man mit dem Kanu erforschen kann, beginnt und endet im Müritz-Nationalpark. Von Kratzeburg am Käbelicksee geht es immer der Havel nach durch große und kleine Seen bis Blankenförde [› Tour 24] und weiter durch Useriner und Woterfitzsee nach Wesenberg. Von hier folgen wir Tour 32 bis zum Rätzsee und zur Fleether Mühle. Rechts hinauf ist man dann elf Kilometer bis Mirow auf einer gut frequentierten Motorbootstrecke unterwegs. Zwischen Mirow und der Müritz sind die Paddler aber wieder fast unter sich. Hier beginnt die sogenannte Alte Fahrt, der man bis zum Leppinsee folgt. Von hier lohnt sich ein Abstecher zur Fischerrotunde an der Bolter Schleuse [› Tour 21], bevor man per Paddel-Taxi wenige Kilometer nach Babke übersetzt, um von dort zum Ausgangspunkt am Käbelicksee zurückzupaddeln.

Kormoran und Haubentaucher
Flinke Taucher auf Fischfang

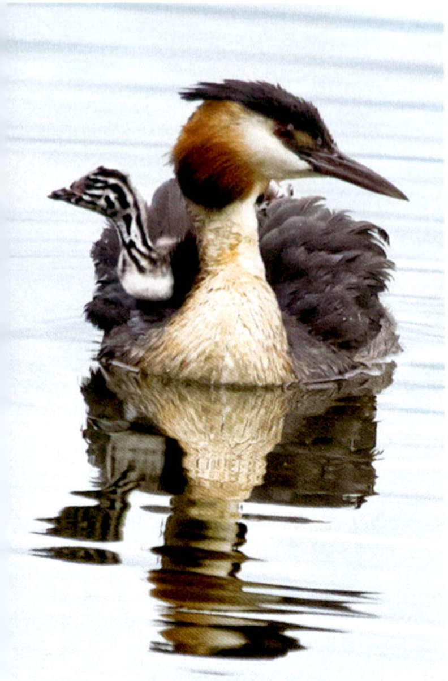

Sind wir mit dem Kanu auf den Seen unterwegs, werden wir ganz sicher dem ein oder anderen Haubentaucher begegnen. Auf den ersten Blick wirkt dieser wie eine zu zartgliedrig geratene, dunkle Ente. Aber spätestens wenn der Vogel vor unseren Augen schwungvoll abtaucht und anschließend spurlos verschwunden ist, können wir sicher sein: Was da eben noch auf dem Wasser schwamm, war ein Haubentaucher.

Natürlich verschwinden **Haubentaucher** nicht wirklich im Wasser. Da sie aber gut eine halbe Minute ohne Luft auskommen und dabei locker bis zu 40 Meter weit und 20 Meter tief tauchen, verliert man sie leicht aus den Augen. Wenn sie dann mit einem leisen plopp wieder durch die Wasseroberfläche brechen, glitzert oft ein Fisch in ihrem Schnabel. Vor allem wenn der Nachwuchs gefüttert werden will, sind Haubentaucher fleissige Unterwasserjäger. Außer kleinen Fischen fangen sie auch Wasserinsekten, Kaulquappen und Molche.

Die Paarungszeit beginnt Anfang April. Fast wie ein Tanz wirkt das Balzritual zwischen Weibchen und Männchen. Mit aufgestellten Hauben, gereckten Hälsen und wildem Schütteln der Köpfe umschwimmen und umwerben sich die potentiellen Partner.

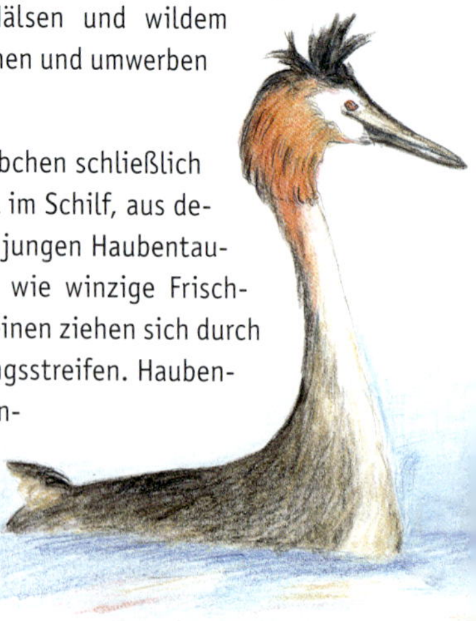

Zwei bis sechs Eier legt das Weibchen schließlich in das gemeinsam gebaute Nest im Schilf, aus denen nach etwa vier Wochen die jungen Haubentaucher schlüpfen. Sie sehen aus wie winzige Frischlinge: Wie bei jungen Wildschweinen ziehen sich durch den hellen Grundton dunkle Längsstreifen. Haubentaucher sind Nestflüchter und können schon nach kürzester Zeit schwimmen. Trotzdem hocken die Jungvögel in den ersten drei Wochen meist im Gefieder

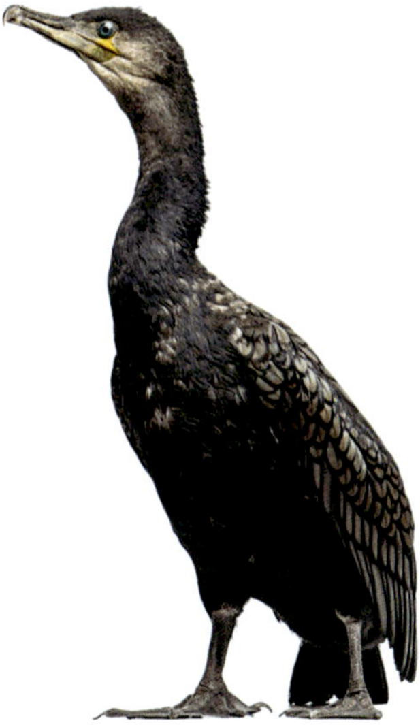

der Eltern auf deren Rücken und lassen sich durchs Wasser tragen. Das sieht besonders nett aus und dient dem Schutz der Jungvögel vor hungrigen großen Raubfischen wie zum Beispiel dem Hecht. Nach sechs Wochen lernen die Jungen tauchen und mit etwa elf Wochen können sie selbstständig fischen. Junge Haubentaucher erkennt man auch im Spätsommer noch an ihrem hellen Gefieder.

Mit einer Körperlänge von 80 bis 90 Zentimeter ist der Kormoran deutlich größer als ein Haubentaucher.

Ein ebenso geschickter Fischjäger ist der **Kormoran**. Er ist allerdings deutlich größer als der Haubentaucher. Der Kormoran ist einer der wenigen Vögel der nicht nur gut tauchen, sondern auch gut fliegen kann – allerdings erst, wenn seine Flügel nach dem Fischen wieder getrocknet sind. So ist es die typische Trockenhaltung mit abgespreizten Flügeln, die einen Kormoran unverkennbar macht. Oft sitzen Gruppen von mehreren Vögeln reglos nebeneinander auf abgestorbenen Bäumen oder Buhnen am Wasser und halten ihre Flügel in die Luft.

Wie auch Reiher leben und brüten Kormorane in Kolonien. Sie bauen ihre Nester auf hohen Bäumen am Seeufer. Große Kormorankolonien sind in Seegebieten nicht gerne gesehen. Wer mal so eine Kolonie gesehen und gerochen hat, weiß auch wieso. Der Kot der Vögel ist stark ätzend und zerstört unaufhaltsam die Vegetation rund um die Nester. Angler und Fischer sehen die großen schwarzen Vögel außerdem als Konkurrenz und als Gefahr für die Fischbestände. So wurden Kormorane früher vertrieben und verfolgt und waren fast aus Deutschland verschwunden.

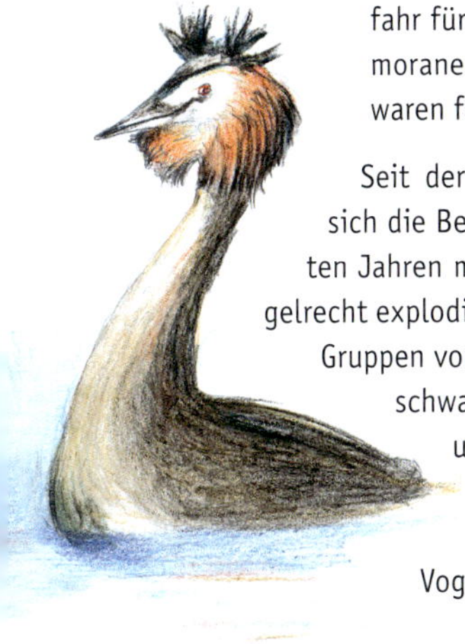

Seit der Vogel unter Schutz steht, haben sich die Bestände erholt und sind in den letzten Jahren mangels natürlicher Regulierung regelrecht explodiert. So sieht man an manchen Seen Gruppen von mehreren hundert Vögeln in einer schwarzen Wolke über das Wasser ziehen, um zu jagen. Nicht nur Fischer zweifeln inzwischen am Sinn der Maßnahme und betiteln den schwarzen Vogel als »Pleitegeier«.

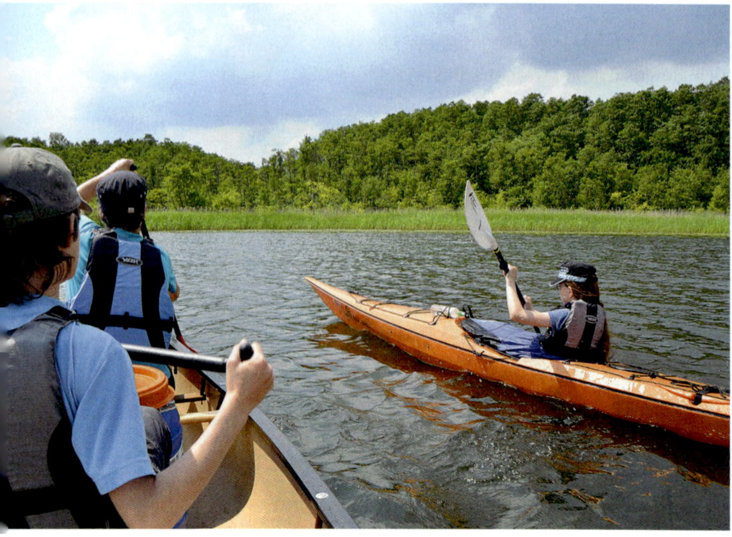

STRECKE 16 km

5–6 h

ab 6

Tour 33: Paddeln auf der Rätzseerunde

Eine Tagestour im Herzen der Kleinseenplatte

Die besonders schöne und vor allem beinahe motorbootfreie Rundtour im Zentrum der Kleinseenplatte gehört zu den beliebteren Paddelstrecken der Seenplatte. Kein Wunder, sie verbindet die Fahrt durch schmale Flüsschen wie Drosedower Bek und Dollbek mit der reizvollen Überquerung des gut fünf Kilometer langen motorbootfreien Rätzsees. Da diese Tour nicht durch den Nationalpark führt, ist am Rätzseeufer auch das Anlegen erlaubt. Verborgene Badeplätzchen und Picknickstellen warten hier auf ihre Entdeckung. Eine kurze Umtragestelle an der Fleether Mühle und die Fahrt durch die Diemitzer Schleuse bringen Abwechslung und spannende Momente.

TOUREN-STECKBRIEF

Anfahrt: Gute Ausrüstung bekommen Sie an beiden nahe beeinander gelegenen Verleihstationen direkt an der Rundtour. Die Preise unterscheiden sich kaum. Von Mirow der Straße in Richtung Diemitz folgen. Pack und Paddel finden Sie direkt an der Fleether Mühle bei **GPS N 53°13′14.2″, E 12°51′41.2″**, Biber-Tours nur wenig weiter am Camping C24 an der Diemitzer Schleuse.

Kanuverleih: Pack und Paddel:
1er Kajak €20, Kanadier für 2–3 Personen €30, 2er Tourenkajak oder Kanadier 3–4 Personen €35, Tel. 039833 26727. www.packundpaddel.de
Biber Tours: 1er Kajak €20, 2er Tourenkajak €35, Kanadier 2–3 Personen €30, 4 Personen €35, Tel. 039827 30011. www.bibertours.de

Charakter: Paddelrundtour fast ausschließlich auf motorbootfreien Gewässern.

Highlights: Pause am Rätzsee, Paddeln durch die schmalen Verbindungskanäle.

Einkehr: Fleether Mühle, Bistro bei Pack und Paddel.

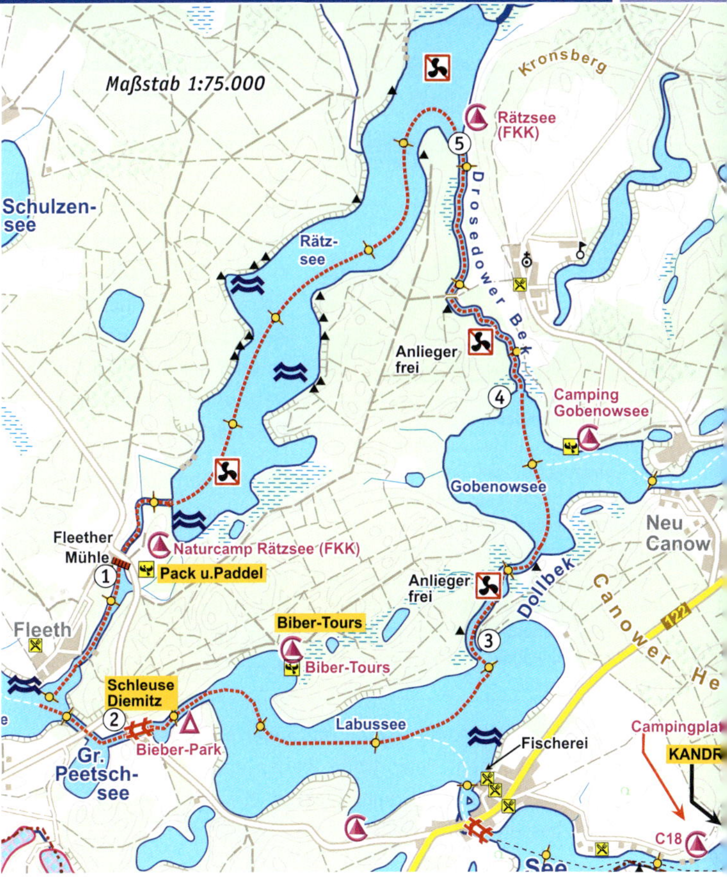

Paddeltour: Von der **Fleether Mühle** (1) paddeln wir durch einen schmalen Flussarm bis die Häuser von Fleeth rechts am Ufer auftauchen. Hier geht es in den Vilzsee. Wir halten uns links am Ufer und verlassen den See gleich wieder.

Vorbei am nicht sehr großen Großen Peetschsee nähern wir uns der **Diemitzer Schleuse** (2). Mit dem Kanu wartet man, bis alle

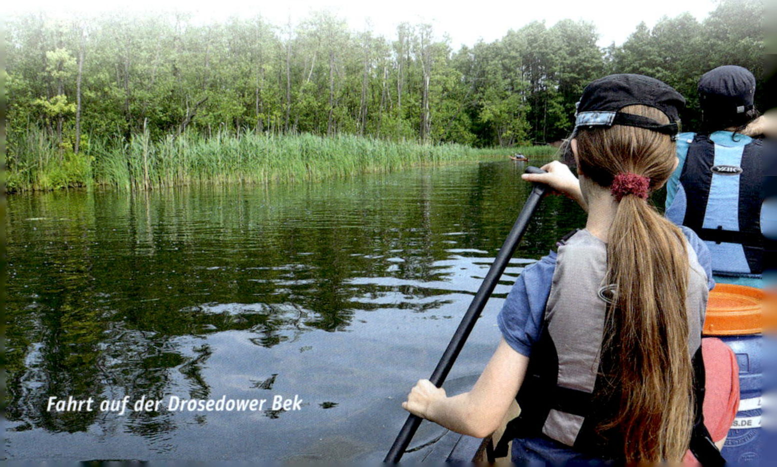

Fahrt auf der Drosedower Bek

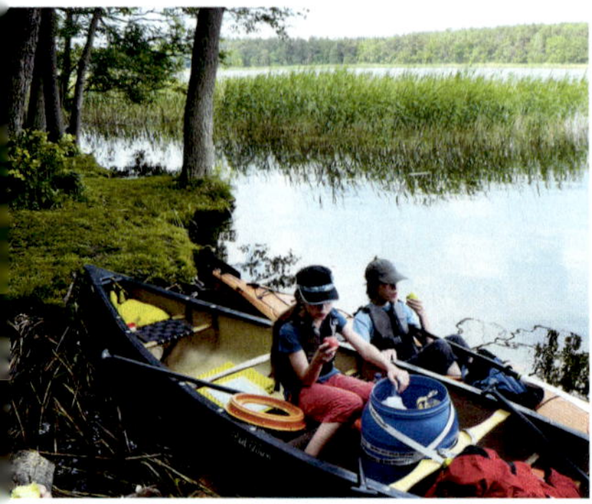

Nicht einmal für eine Pause sind die Kinder aus den Booten zu bekommen.

Ein Tipp für Camper
Paddeln wir die Runde vom schön gelegenen Campingplatz am Gobenowsee, wo für Platzgäste ein paar gepflegte Kanus vermietet werden, kann man nach der halben Strecke an der Fleether Mühle eine Pause mit Einkehr einlegen. Im Imbiss bekommen wir Würstchen, Pommes frites und Kuchen. Gegenüber im Bistro von Pack und Paddel gibt es auch noch Pizza zur Auswahl.

Motorboote fest vertäut hinter den Toren liegen und paddelt erst dann in die Schleuse. Kanus darf man in der Schleuse niemals festbinden, man hält sich einfach an einer der gelben Metallstangen, an einer Treppe oder am Nachbarkanu fest. Weitere Infos zu Schleusen auf **[› Seite 177].**

Hinter den Hausbooten fahren wir dann auf den See hinaus. Der **Labussee** ist Kreuzungspunkt mehrerer Hausbootrouten, hier sind entsprechend viele Motorboote unterwegs. Nahe vorbeifahrende Boote sorgen immer mal wieder für kräftige Wellen, die Paddel-Anfänger schon aus dem Konzept bringen können. Sehr große Wellen sollte man nicht auf die Seite des Bootes schwappen lassen. Mit der Nase voraus kommt man besser hindurch.

Wir halten uns im linken Uferbereich und biegen nach zwei Dritteln der Seelänge links in die **Dollbek** ③ ein. Ab hier sind wir dann auch die Motorboote los. Am anderen Ende des Flüsschens kommen wir zum Gobenowsee, den wir gerade überqueren. Links am Campingplatz vorbei geht es weiter durch die **Drosedower Bek** ④ zum Rätzsee. Am unbebauten und für Motorboote gesperrten **Rätzsee** ⑤ gibt es besonders viele Plätzchen zum Anlegen und Pause machen. Am südlichen Seeende finden wir am Westufer die schmale Einfahrt zur **Fleether Mühle**. An der Umtragestelle links ist die Station von **Pack und Paddel,** an der wir unsere Rundfahrt begonnen haben.

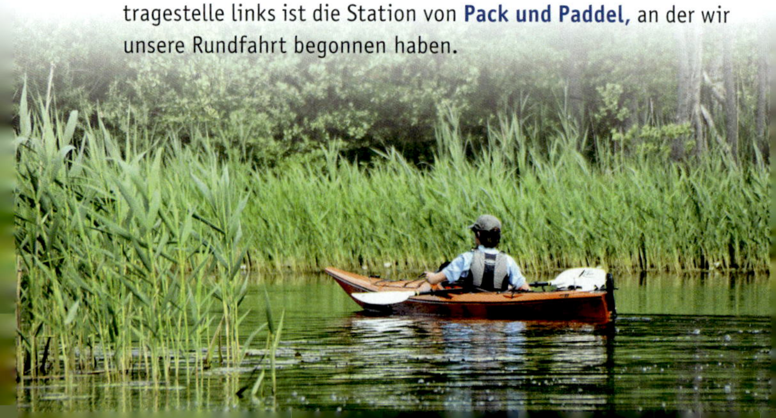

Die Sinfonie der Rohrsänger
Sommerkonzert im Schilf

Laut tönt eine Reihe rhythmischer Töne aus dem wogenden Schilf. Oft wird der Ruf von einer anderen Richtung aufgenommen und die Antwort klingt über den See: Kare-kare-kiet-kiet-kiet zerr zerr zerr uit uit uit tiri-tiri-tiri krick-krick-krick... So könnte man den Ruf eines Teichrohrsängers in Lautsprache umsetzen. Ist er mit einer Tonfolge fertig, wiederholt und variiert er sie. Unermüdlich. Am frühen Morgen, in der brütenden Mittagshitze und auch noch, wenn es schon längst dunkel ist.

Man glaubt es kaum, was da so durchdringend tiriliert, ist ein zierlicher, nur 13 Zentimeter großer Vogel. Seine hellbraunen Federn tarnen ihn perfekt. Obwohl man den Sänger ganz in der Nähe orten kann – zu sehen bekommt man ihn fast nie.

Die längste Zeit des Jahres verbringen Teichrohrsänger im Süden, erst Ende Mai kehren die zarten Vögel aus Afrika zurück. So muss dann alles ziemlich schnell gehen: Zwischen den Schilfhalmen baut das Weibchen sein kugelförmiges Nest und legt drei bis fünf Eier hinein. Nach nur zwölf Tagen Brutzeit schlüpfen die Jungvögel. Zwei Wochen später hüpfen die jungen Teichrohrsänger durch die Schilfhalme. So nähert sich im Juli das Schilfkonzert seinem Höhepunkt. Spätestens Anfang August ist der Zauber vorbei. Als einer der ersten Zugvögel fliegt der Teichrohrsänger gen Süden.

Schilf wächst nur an den Uferzonen sauberer Seen. Da an der Mecklenburgischen Seenplatte noch viele Ufer unbebaut und dicht mit Schilfrohr bewachsen sind, ist das markante Lied der kleinen Sänger im Juni und Juli fast überall zu hören. So wird es vor allem für Angler und Kanuten, die viel Zeit in stillen Regionen am Wasser verbringen, zum vertrauten und lieben Begleiter des Sommers am See.

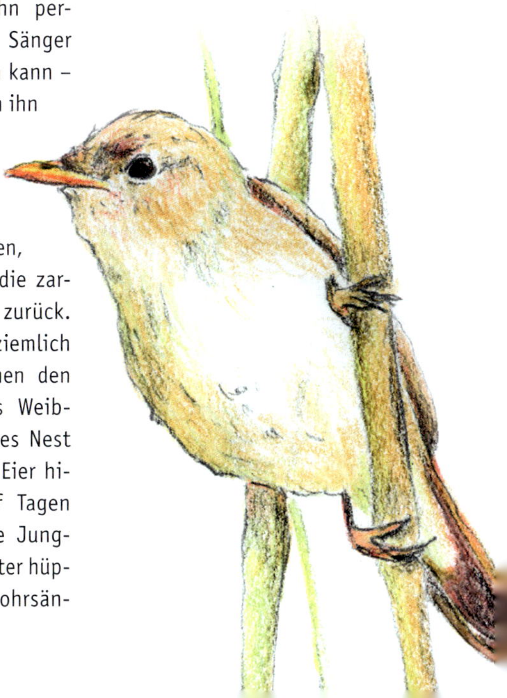

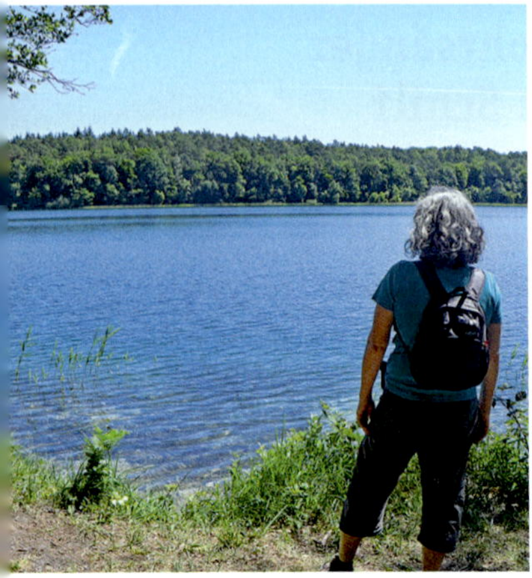

Tour 34: Um den Großen Wummsee

Eine Wanderung im Naturschutzgebiet

Rund um den Wummsee wandern wir meist auf einem stillen Uferpfad – der See versteckt sich in einer abgelegenen, mäßig besuchten Ecke der Kleinseenplatte. Unterwegs findet man ausschließlich Natur und schöne, einsam gelegene Stellen für ein Picknick am Seeufer. Eine offizielle Badestelle mit glasklarem Wasser und durchweg schattige Wege machen die Runde auch an einem warmen Sommertag zu einer guten Wahl.

30 m

STRECKE 10 km

3 h

ab 8

Wanderung: Wir laufen auf der Straße ein kurzes Stück weiter in Richtung Flecken Zechlin und biegen auf der Höhe des Schildes »Grüne Hütte« dem Wegweiser der Wummseerunde folgend (Markierung: dunkelgrüner Punkt) rechts ab. Der Weg führt in den Wald hinein und wenig später am Seeufer entlang bis zum **Maronstein** (1). Hier müssen wir links weiter. Vorher lohnt ein kurzer Abstecher auf den Hügel, auf dem uns ein **Picknicktisch mit Seeblick** und ein Denkmal für den Förster Louis Maron erwartet.

Immer der gut sichtbaren Markierung folgend geht es geradeaus bis zu einer **T-Kreuzung**. Hier biegen wir rechts ab und folgen dem Weg einen knappen Kilometer, bis uns die Rundwegmarkierung rechts in einen schmalen Wiesenpfad schickt. Ein **Holzsteg** (2) rettet uns davor, neben dem **kleinen Wummsee** im Moor zu versinken. Durch urwaldähnlichen Wald umrunden wir den durch die Bäume schimmernden Tümpel und erreichen nach einer guten Stunde Gehzeit erneut das Ufer des Großen Wummsees.

TOUREN-STECKBRIEF

Anfahrt: Von Zechlinerhütte über Luhme in Richtung Flecken Zechlin bis zum Ort mit dem Namen Grüne Hütte (ehemalige Glashütte). Kurz nach dem Abzweig Heimland/Repente führt links ein breiter Weg mit Metalltor in den Wald. Der Wanderparkplatz befindet sich 50 Meter weiter auf der linken Seite zwischen Straße und Kapellensee: **GPS N 53°11'01.0", E 12°48'35.9"**

Charakter: Wanderung auf einem schmalen, am Nordufer leicht hügeligen Waldweg direkt am Seeufer. Mückenschutz nicht vergessen.

Highlights: Badestelle am glasklaren See, Kletterbaum.

Einkehr: Picknick mitnehmen!

In der Nähe: Fischerhof am Schwarzen See in Flecken Zechlin, Badeplatz in Flecken Zechlin.

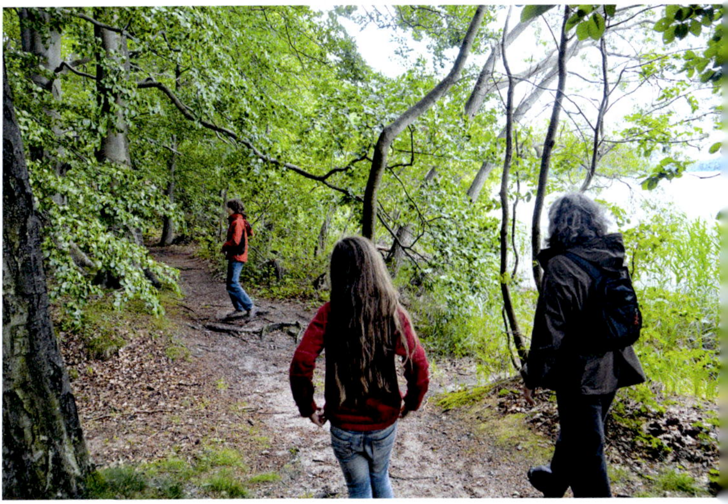

Im leichten Auf und Ab geht es auf einem **von Wurzeln durchzogenen Waldpfad** ein Stück oberhalb des Sees am Ufer entlang. Rechts und links des Wegs stehen mehrere Picknicktische, der schönste Platz für eine Pause befindet sich jedoch kurz vor dem letzten Zipfel des Nordufers: Ein baumfreier **Uferplatz** mit bequemem Zugang zum Wasser lädt hier zum Rasten ein.

Noch ein paar Minuten weiter ragt ein umgestürzter **Baumgigant** ③ mit Krone und Zweigen weit ins Wasser hinein. Von diesem Platz hat man den perfekten Seeblick, und im Augenblick eignet sich der mächtige Stamm auch noch hervorragend als Ausguck – aber Vorsicht, das Holz wird bereits morsch und mürbe und beginnt zu

> Das Gebiet am großen Wummsee ist Naturschutzgebiet – das Schwimmen ist daher nur an der offiziellen Badestelle gestattet.

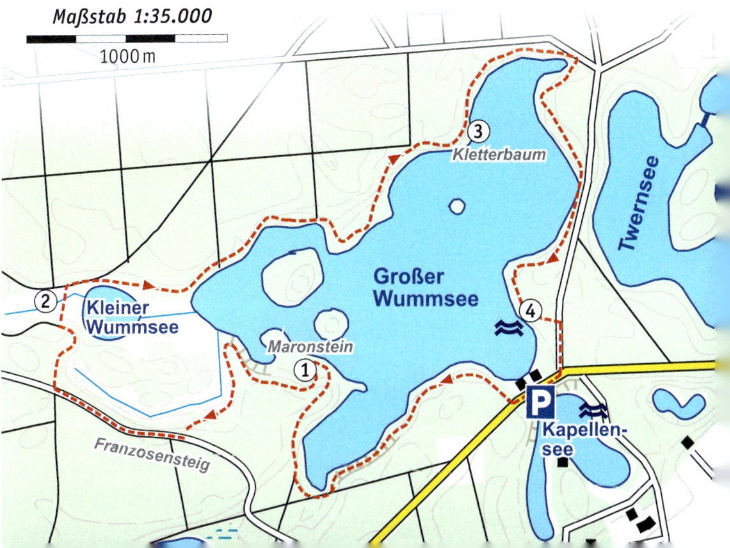

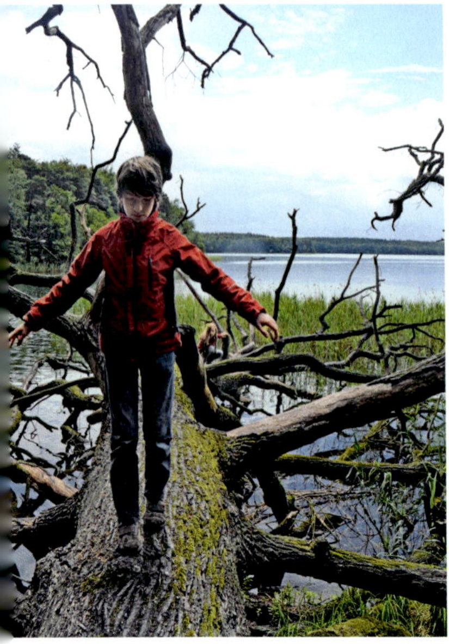

zerbröckeln. Bevor man Äste als Halt verwendet, unbedingt prüfen, ob sie noch stark genug sind!

Um den Seezipfel herum geht es vorbei an einem Angelplatz mit Seeblick und dann, immer in Ufernähe, zwischen dicken alten Bäumen zurück bis zur Straße. Kurz bevor der Pfad auf einen Fahrweg mündet, erreichen wir den einzigen offiziellen **Badeplatz** ④ am Wummsee, der auch auf den meisten Karten eingezeichnet ist. Er eignet sich hervorragend für ein abschließendes Bad in dem wunderbar klaren Wasser. Für einen längeren Aufenthalt fehlt ein gemütlicher Platz in der Sonne. Für einen längeren Badeaufenthalt oder zum Plantschen mit kleinen Nichtschwimmern kann man auf das Badeufer mit Liegewiese am gegenüberliegenden **Kapellensee** ausweichen – das Wasser ist hier aber längst nicht so schön klar wie am Wummsee.

Varianten für Familien mit jüngeren Kindern:
Strecke 4,5 km, Gehzeit etwa 1,5 h

Laufen Sie die Wanderung gegen den Uhrzeigersinn und wählen die kleine Bucht am Nordufer als Ziel für ein Picknick. Zurück geht es dann auf dem gleichen Weg.

Alternativ kann man bereits geschickt Fahrrad fahrende Kinder auch radeln lassen und sie zu Fuß begleiten. Der Weg ist aber kein bequemer Spazierweg, sondern ein schmaler, kurviger Waldpfad, auf dem es auch mal hoch und runter und über Wurzeln geht. Kurzzeitig müssen die Räder auch getragen werden.

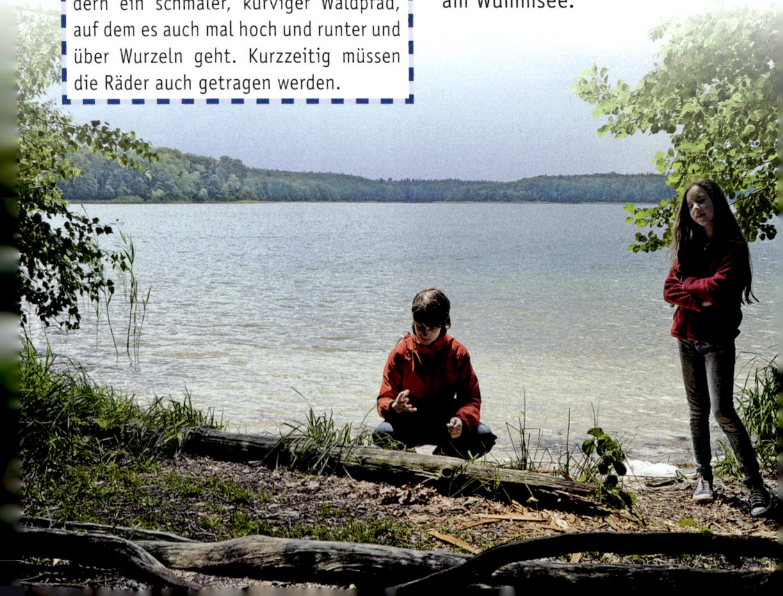

Tour 35: Zwischen Badestrand, Fischerei und Hofcafé

Eine bunte Fahrradtour bei Zechlin

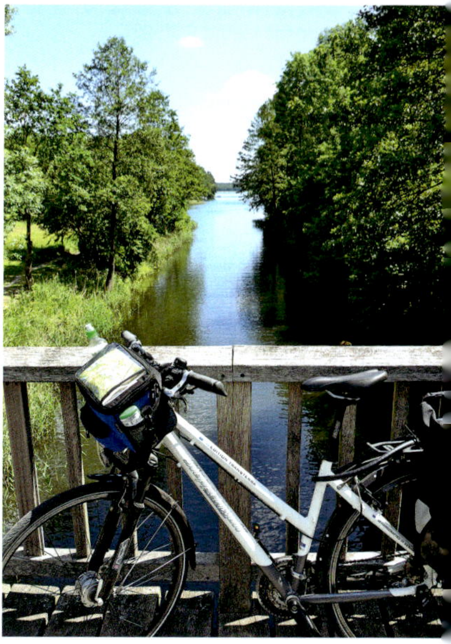

Schattige Wege und drei schöne, sehr unterschiedliche Badeplätze machen diese Radrunde zur perfekten Sommertour. Gefahren wird auf autofreien Waldwegen und wenig befahrenen Waldstraßen. Ein Stopp im alten Dorf Flecken Zechlin am Schwarzen See, das mehrere Möglichkeiten zur Einkehr bietet, sorgt für kulinarische Höhepunkte zwischen frischen Beeren, Räucherfisch und hausgebackenem Kuchen.

40 m

STRECKE 24 km

3–4 h

ab 6

Radtour: Vom Parkplatz radelt man auf der Neustrelitzer Straße ein kurzes Stück in den Ort hinein und zweigt dann vor dem Hotel »Haus am See« ab in Richtung Luhme. Wir radeln am **Bootsanleger der Fahrgastschifffahrt** vorbei und überqueren die **Kanalbrücke** ①. Dahinter biegen wir, den Schildern zum Campingplatz Schlabornhalbinsel folgend, links ab in eine schmale, hoppelige Kopfsteinpflasterstraße.

Die Straße führt in den Wald und verzweigt sich. Wir halten uns hier rechts in Richtung Flecken Zechlin. An der nächsten **Weggabelung** ② wählen wir den linken Weg nach Kagar und folgen diesem 1,5 Kilometer bis zum Abzweig zum **Badestrand am Zermittensee** ③ auf der rechten Seite. Für eine erste Pause am See rollen wir rechts steil hinunter auf eine Wiese am See mit

TOUREN-STECKBRIEF

Anfahrt: Der Ort Zechlinerhütte liegt nördlich von Rheinsberg am Bornsee. Parkplätze findet man im Ort, einen Fahrradverleih in der Neustrelitzer Straße 33. Hier bekommt man gepflegte Räder aller Größen, Tel. 0172 6568852.

Charakter: Die Strecke besteht je zur Hälfte aus asphaltierten Radwegen und geschotterten Forstwegen. Dazwischen liegen kurzen Strecken auf Feldwegen, einige Stellen sind leicht sandig. Bei zwei Ortsdurchfahrten radeln wir auf der Straße.

Highlights: Mehrere tolle Badestellen, Schloss Rheinsberg.

Einkehr: Hofcafé im Kossätenhof Behm und Fischerei am See in Flecken Zechlin, Mühlengasthof in Dorf Zechlin.

Volleyballnetz und zwei Grasbuchten. Der Sprungturm wird vor allem größere Kinder erfreuen, die kleineren hüpfen vielleicht lieber vom Steg ins schnell tiefer werdende Wasser.

Wer ein bisschen Hoppelei auf einem Abenteuer-Pfad mit etlichen Baumwurzeln vertragen kann, fährt am Seeufer weiter und erreicht kurz darauf eine zweite **Badewiese** am benachbarten kleinen Zermittensee (FKK). Auf der anderen Wiesenseite führt ein Pfad in den Wald und verzweigt sich gleich darauf. Hier halten wir uns links und folgen dem schmalen, aber festem Weg direkt am Seeufer entlang bis er wieder auf die Fahrstraße trifft.

Minitour für kleine Radler:
Strecke 15 km, ab 4 Jahre

Diese kurze Runde enthält alle Höhepunkte der längeren Tour. Sowohl die volle Auswahl der Badeplätze, als auch die reizvolle Einkehr im Bauernhof oder in der Fischerei in Flecken Zechlin sind möglich. Brauchen Sie einen Fahrradverleih, werden Sie im Ort Flecken Zechlin unten am Bootsverleih fündig, von dem man diese Runde gut beginnen kann.

Von Flecken Zechlin radeln wir zuerst zum Badeplatz am großen Zechliner See und dann über Beckersmühle bis zum Campingplatz. Hier ist ein Bade-Abstecher zum großen Zermittensee möglich. Über Kagar geht es dann bis Dorf Zechlin und zum Mühlenhof und auf der Fahrradstraße bequem und schnell zurück nach Flecken Zechlin.

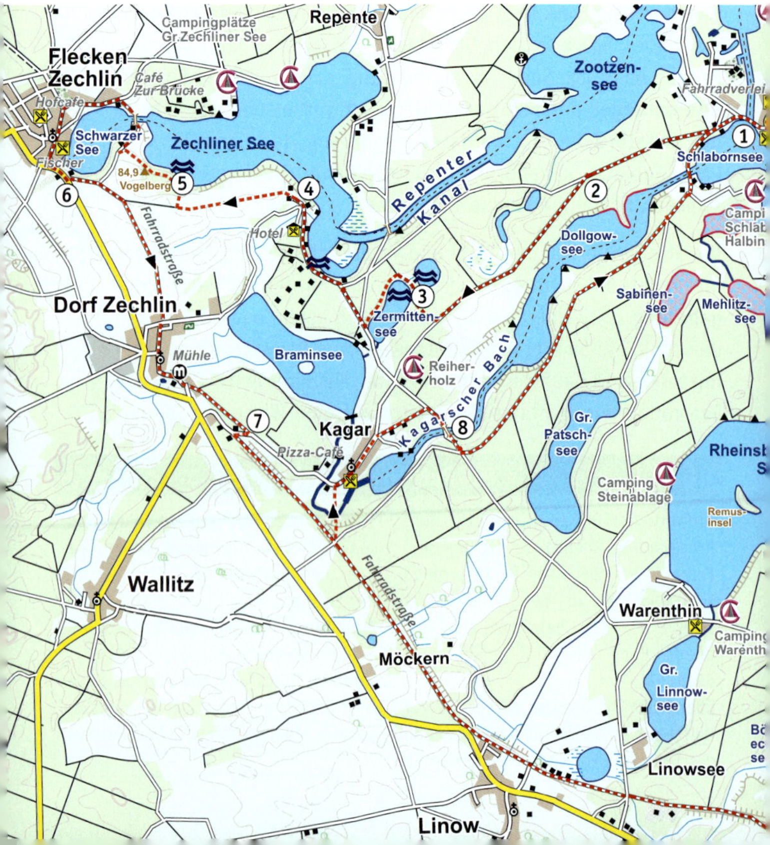

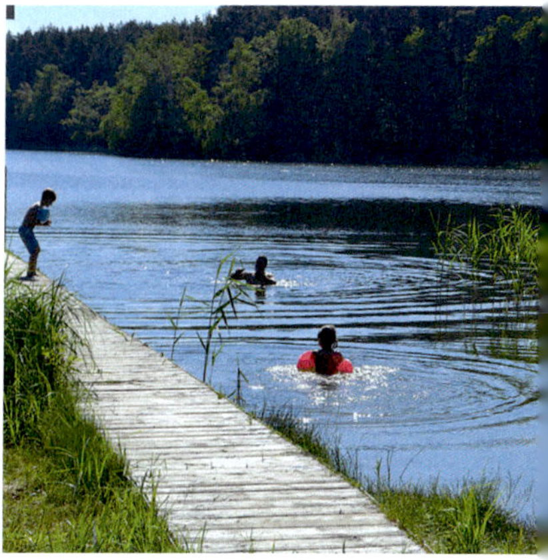

Badesteg am Großen Zermittensee

Wer keine Lust auf Hoppelwege hat, kehrt vom Badeplatz zum bekannten Abzweig zurück. Fährt man dann rechts bis zum Campingplatz und von dort wieder rechts auf die Asphaltstraße, erreicht man ganz bequem die Einmündung des Uferpfades.

Wir folgen der Straße bis zu einem weiteren **Badeplatz** auf der rechten Seite. Der aufgeschüttete Sandboden sorgt für einen bequemen Einstieg. Auf der schmalen Straße fahren wir weiter in Richtung Dorf Zechlin, vorbei am **Hotel Gutenmorgen** hinter dem im Ort **Beckersmühle** eine riesige neue Anlage mit Ferienhäusern entsteht. **Achtung!** Beim **Abzweig** ④ in der Kurve hinter dem Hotel dem unmarkierten schmaleren Asphaltweg geradeaus und bergauf folgen. Er wird schnell zu einem schönen Feldweg mit ein paar sandigen Stellen, bleibt aber fahrbar. Nach einem guten Kilometer weist wieder ein Schild nach rechts zum Badestrand. Dort kommen wir zu einer dritten sehr schönen **Badestelle mit Steg** ⑤ am Großen Zechliner See. Vorsicht, es geht steil hinunter.

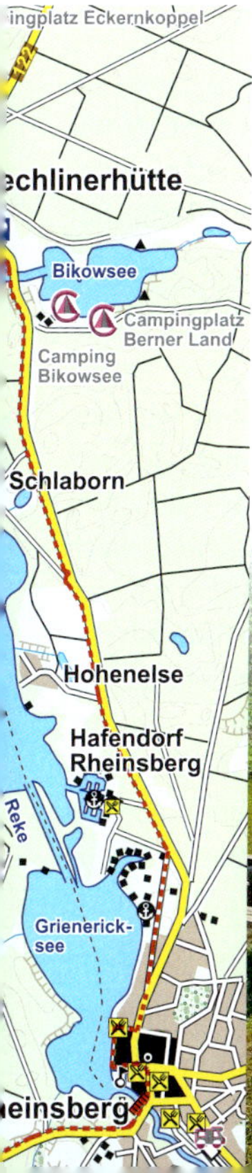

Den Badeplatz verlassen wir am hinteren Ende der Wiese auf dem schmalen, aber festen Uferweg, bis dieser in eine asphaltierte Straße mündet. Dort halten wir uns rechts und radeln weiter bis zur **Brücke**. Die Räder lassen sich auf dem Treppenrand hinaufschieben, Kinder brauchen dabei Hilfe.

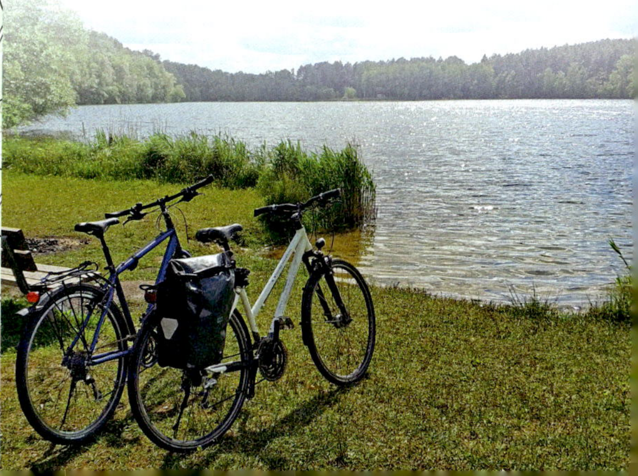

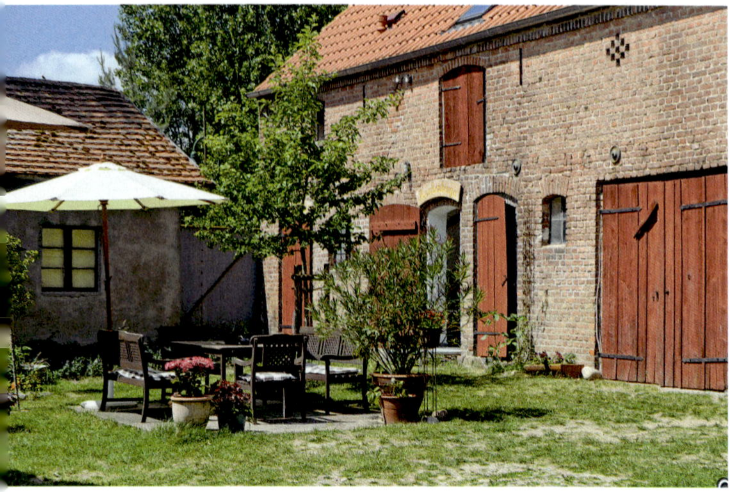

Der Kossätenhof mit Café und Hofladen in Flecken Zechlin

Spargel und Beeren – der Hofladen auf dem Zechliner Mühlenhof

In der alten Wassermühle im Dorf Zechlin wurde bis 1989 Getreide gemahlen – zuletzt für die örtliche LPG »Frieden«. Mit der Wende wurde der Mühlenbetrieb als unrentabel eingestuft und die Familie Krüger, die sie in fünfter Generation bewirtschaftet, brauchte ein neues Betriebskonzept. Wie eine Wassermühle funktioniert, kann man seitdem nur noch im Mühlenmuseum erleben. Heute werden auf den Ländereien der Mühle Spargel und Beeren angebaut. Ein Restaurant gibt es hier leider nicht mehr, aber im Hofladen kann man im Sommer frische Früchte oder auch Marmeladen und Liköre kaufen. Auf dem Hof werden außerdem sechs preisgünstige Ferienwohnungen vermietet.

Öffnungszeiten Mühlenmuseum:
Mittwoch bis Montag von 12 – 18 Uhr,
Eintritt €2, Kinder frei.
www.muehlenhof-zechlin.de

Auch die **Ferienwohnungen und die Heuherberge** im historischen Bauernhof auf dem **Kossätenhof Behm** in Flecken Zechlin sind ein reizvolles Ferienquartier.
www.fewo-behm.de

Auf der anderen Brückenseite folgen wir der gepflasterten Straße und radeln am Seeufer entlang in den Ort hinauf. Im Ortskern rechts hinauf geht es zum besonders malerischen, liebevoll gestalteten und geführten **Hofladen mit Café der Familie Behm**, links hinunter kommen wir zum **Fischerhof** unten am See.

Wir fahren durch Flecken Zechlin hindurch und dabei einmal fast um den Schwarzen See. Am **Aussichtspunkt** ⑥ verlassen wir die Straße auf einem schmaleren Asphaltweg. Nach wenigen Metern biegen wir rechts ab auf die **Fahrradstraße,** die auf einem ehemaligen Bahndamm verläuft. An der Ortseinfahrt von Dorf Zechlin folgen wir der Hauptstraße und biegen an der ersten Kreuzung rechts in Richtung Rheinsberg ab. Diese Straße führt auch am **Mühlenhof** vorbei.

Am Ortsende folgen wir zunächst dem Fahrradweg nach Rheinsberg. Den **ersten Abzweig nach Kagar** ⑦ können wir links liegen lassen, wir biegen dann erst an der nächsten Kreuzung links in den schmaleren Waldweg ein, der sich Kagar von Süden nähert.

Rechts an der Ortsstraße befand sich früher die nächste Einkehr – aber das Pizza-Café ist leider inzwischen geschlossen. Nur das Schild hängt noch am Gartenzaun. Wir fahren also weiter durch den Ort und wählen vor dem **Lebensmittelladen** den rechten Weg. An der nächsten Kreuzung geht es noch einmal rechts und auf einem leicht sandigen Waldweg bis zur **Brücke über den Kagarbach** ⑧.

Wir überqueren diese und an der kurz darauf folgenden Kreuzung biegen wir links ab. Hoch über dem Ufer des Dollgowsees fahren wir dann die letzten 4,5 Kilometer immer geradeaus zurück nach Zechlinerhütte.

Zu kalt zum Baden?

Die längere Variante über Rheinsberg
Strecke 30 km, ab 8 Jahre.

Lädt das Wetter nicht zum Seebesuch ein, kann man diese Radtour auch verlängern und mit einem Stopp in Rheinsberg krönen. Ob nun ein Bummel im Schlosspark mit Weidentunnel, eine Schlossbesichtigung, eine Stadtrundfahrt mit der Pferdekutsche oder lieber eine Eisprobe an der Eisdiele mit 365 verschiedenen Eissorten – Rheinsberg ist ein Ziel mit vielen Möglichkeiten. Die zusätzlichen Fahrradkilometer verschwinden auf den gut angelegten Radwegen um die Stadt schnell und leicht unter den Fahrradreifen.

Von Dorf Zechlin fährt man für diese Variante geradeaus weiter auf der Fahrradstraße, bis diese kurz vor Rheinsberg auf die Bundesstraße trifft. Auf dem Radweg neben der Straße erreichen wir das Schloss und hinter der Rhinbrücke geht es links hinunter zum See. Am Ufer trifft man erst auf die Fischerei mit Fischbrötchenverkauf und Restaurant und wenig später auf das Café-Bistro Fontane.

Von Rheinsberg nach Zechlinerhütte folgt man der Beschilderung weiter in Richtung Hafendorf und fährt dann auf dem parallel zur Bundesstraße verlaufenden, angenehmen Fahrradweg zügig zum Parkplatz zurück.

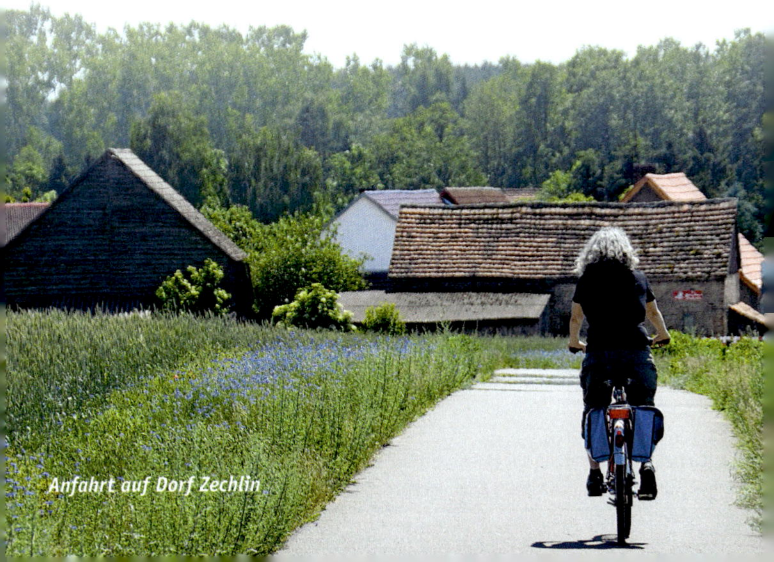

Anfahrt auf Dorf Zechlin

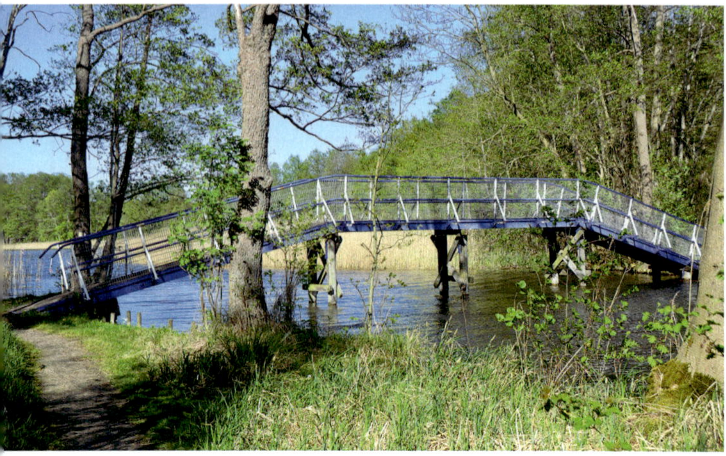

10 m

STRECKE 4 km

1 h 30

ab 4

Tour 36: Zu Besuch beim Weihnachtsmann

Rund um den Haussee in Himmelpfort

Der Haussee von Himmelpfort hat viele Gesichter. Ein idyllischer Waldpfad führt am gut erschlossenen Westufer direkt am Wasser entlang. Wir passieren hier Bootsanleger, einen Holzsteg und mehrere kleine Badestellen. An den Seespitzen befindet sich in der Mitte des Ortes die Schleuse zum Stolpsee und im gegenüberliegenden Bereich ein größeres Strandbad. Das Ostufer dagegen ist unberührt und zugewachsen. Auf dieser Seite folgen wir einem Pfad durch dichte Ufervegetation.

Wanderung: Wir beginnen unseren Rundgang an der **Schleuse** ① in der Mitte des Ortes. Zwischen der Ruine des Zisterzienserklosters und der Schleuse läuft man direkt am Kanal entlang und kann hier aus nächster Nähe beobachten, wie die Boote durch die Tore fahren. Weiter geht es dann auf einem schönen Pfad immer am **Ufer des Haussees** entlang. Vorbei an mehreren Bootsanlegern kommen wir nach etwa 15 Minuten an eine schmale **blaue Brücke** ②, die das Wasser zwischen Haussee und Moderfitzsee überspannt. Wir gehen hinüber und laufen weiter di-

TOUREN-STECKBRIEF

Anfahrt: Von Fürstenberg den beschilderten Rechtsabzweig nach Himmelpfort nehmen. Einige Parkplätze im Ort an der Straße. Weiterer Parkplatz rechts vor dem Ort.
Charakter: Wanderung auf einem schmalen Uferweg mit schönen Seeblicken. Zurück geht es auf einem ebenso schmalen Waldpfad. Auch für Kinderfahrräder geeignet.
Highlights: Schöner Uferweg, Schleuse in Himmelpfort, Badestelle am Haussee.
Einkehr: In Himmelpfort.
In der Nähe: Draisinebahn.

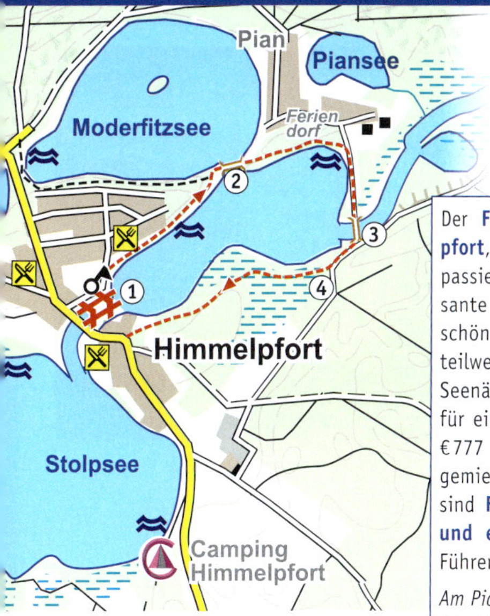

Der **Ferienpark Himmlisch Himmelpfort**, den man auf dieser Rundtour passiert, ist eine wirklich interessante Unterkunft für Familien. Die schön eingerichteten **Blockhäuser,** teilweise auch mit Sauna, stehen in Seenähe unter Bäumen und können für einen Wochenpreis von €518 bis €777 (je nach Haustyp und Saison) gemietet werden. Im Preis enthalten sind **Fahrräder,** pro Haus **ein Kanu und ein kleines Motorboot** (ohne Führerschein fahrbar).

Am Piansee 4, 16798 Himmelpfort-Pian, Tel. 039832 21349. www.himmlisch-himmelpfort.de

rekt am Seeufer entlang bis zur Badestelle am oberen Zipfel des Sees. Direkt nebenan liegt ein schön gestaltetes **Feriendorf aus Holzblockhäusern**, der Strand ist daher meist belebt. Wir wenden uns hier nach rechts und folgen der asphaltierten Fahrradstraße. Wenig später erreichen wir eine **Brücke** ③ über die Woblitz, unter der die Hausboote in den nächsten See schippern.

Wir bleiben auf der anderen Seite der Brücke noch etwa 500 Meter auf dem Fahrradweg, bis rechts ein unauffälliger und **unmarkierter Waldpfad** ④ abzweigt. Auf diesem laufen wir durch Wald und Moorgebiet an der anderen Seite des Haussees zurück nach Himmelpfort. An der einzigen Abzweigung wählen wir den breiteren rechten Weg und sehen schon bald die ersten Häuser.

Hier mündet der Waldweg auf eine schmale Straße, die rechts hinunter in den Ort führt. Vorbei an einem großen Hotel erreichen wir die Hauptstraße an der Brücke über den **Mühlenfließ** und laufen rechts das kurze Stück zur Schleuse zurück.

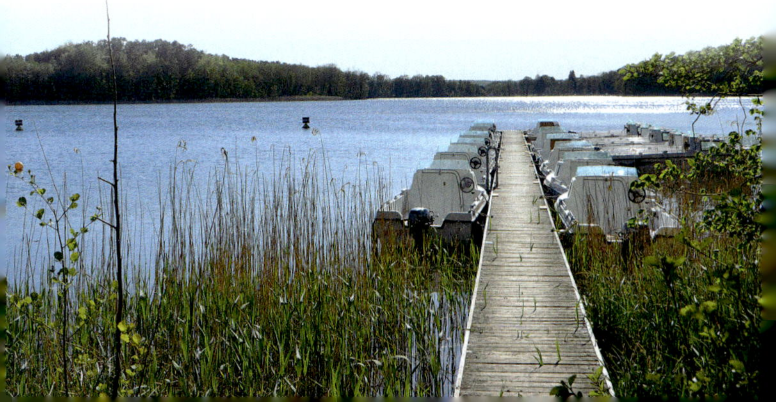

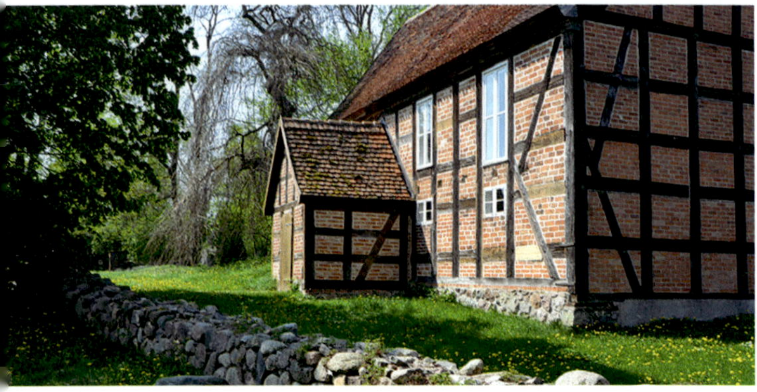

20 m

STRECKE 4,5 km

1 h 30

ab 4

Tour 37: Carwitz und der Bohnenwerder

Dorfidylle und ein Berg im See

Genau 100 Meter ragt die Kuppe des halb versunkenen Berges im Carwitzer See, den man den Bohnenwerder nennt, über den Meeresspiegel. Während der Badesaison ist die Halbinsel ein beliebter Badeplatz für nackte und angezogene Wasserratten. Den Rest des Jahres kann man hier spielen, toben, in der Sonne sitzen und auf den See schauen, den Sonnenuntergang beobachten oder Verstecken spielen. Der Weg zum Bohnenwerder führt quer durch Carwitz. Beim gemütlichen Spaziergang durchs Dorf können die Großen die alten Fachwerk- und Klinkerhäuser, die Windmühle und die Dorfkirche bewundern. Literarisch Interessierte zieht es vielleicht auch ins Fallada-Haus. Kinder freuen sich wohl eher auf das leckere Eis und den Spielplatz direkt am Bach, wo die Kanufahrer auf dem Weg in den Carwitzer See ihre Boote über die Straße tragen.

Wanderung: Vom Parkplatz folgen wir der Straße in den Ort hinein und kommen an einen **Kreisel**. Rechts sieht man die alte **Windmühle**, die jedoch nicht mehr in Betrieb ist, links geht es hinunter zum **Badeplatz am schmalen Luzin** ①. Hinter dem Kreisel reihen sich die Gasthöfe an der Straße. Die Auswahl fällt

TOUREN-STECKBRIEF

Anfahrt: Von Feldberg nach Carwitz. Parkplatz ohne Zeitbeschränkung am Kreisel vor der Windmühle an der Ortseinfahrt rechts bei **GPS N 53°17′55.7″, E 13°25′54.8″**
Charakter: Spaziergang durch die kopfsteingepflasterten Gassen von Carwitz und am Seeufer über die Halbinsel Bohnenwerder.

Highlights: Fachwerkhäuser im Ort und schöne Bade- und Picknickplätze auf dem Bohnenwerder.
Einkehr: Café Sommerliebe, Biergarten an der Alten Scheune, Eiscafé und Restaurant Mitten in't Dörp, Carwitzeck und der Gartengrill im unteren Teil des Dorfes.
In der Nähe: Badeplatz Ziegenwiese.

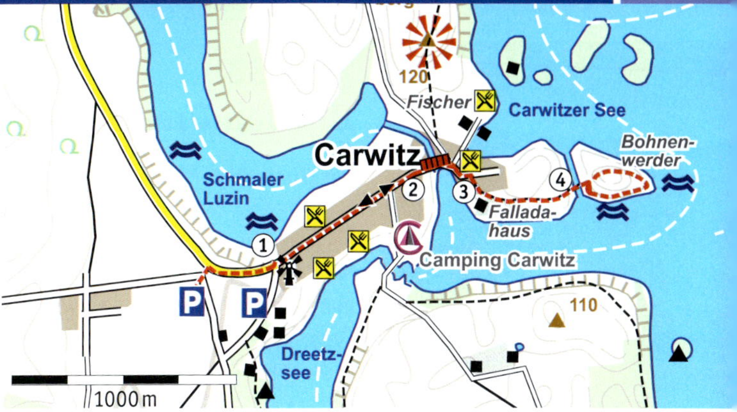

schwer. Besonders urig ist die Alte Scheune. Im Gasthof Mitten in't Dörp gibt es hausgemachte Spezialitäten zu etwas höheren Preisen. Das Café Sommerliebe lockt mit seinem schön gestalteten Garten und besonders leckerem Kuchen und unten im Dorf macht der Spielplatz vor der Tür das Carwitzeck interessant.

In Carwitz hat der Schriftsteller **Hans Fallada** von 1933 bis 1944 gelebt und gearbeitet. Mit seiner Frau und seinen drei Kindern bewohnte er das Haus, in dem heute das Fallada-Museum untergebracht ist. Hier verlebte er die elf stabilsten Jahre seines immer wieder durch Drogen- und Alkoholmissbrauch erschütterten Lebens und schrieb fast die Hälfte seiner Bücher.

Die sieben Räume im Haus sind teilweise originalgetreu eingerichtet und enthalten Ausstellungen zu Falladas Leben. In der Scheune des direkt an den See grenzenden Gartens sind regelmäßig Lesungen seiner Werke zu hören.

Geöffnet April bis Oktober 10–17 Uhr, November bis März 13–16 Uhr, Montags geschlossen. Eintritt €4, inklusive Audio-Guide. www.fallada.de

Am höchsten Punkt des Ortes ragt inmitten einer Feldsteinmauer eine alte **Fachwerkkirche** ② empor – allerdings ohne Glockenturm, der wurde 1912 abgerissen. Die Glocke hängt einem hölzernen Glockenstuhl im Kirchgarten. Von hier geht es hinunter bis zur Bootsanlegestelle und zum **Spielplatz** ③. Der erste Linksabzweig führt auf den Hullerbusch, der zweite zur Fischerei und rechts geht es auf den **Bohnenwerder.** Zuerst bringt uns ein breiter Sandweg durch Wiesen über den breiteren Hauswerder. Über eine **Brücke** ③ betreten wir dann das Inselchen. Ein Weg führt rechts am Ufer entlang zu den Badestellen, ein weiterer hinauf auf den Berg. Der vordere Badeplatz bleibt meist den Familien und Textilfreunden vorbehalten, läuft man um die Spitze herum, kommt man in den FKK-Bereich.

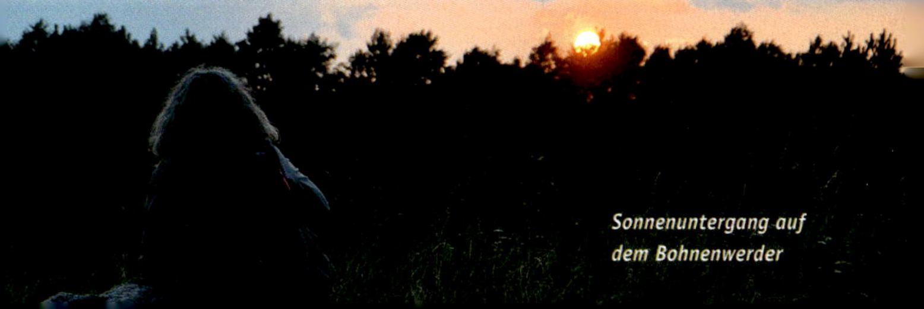

Sonnenuntergang auf dem Bohnenwerder

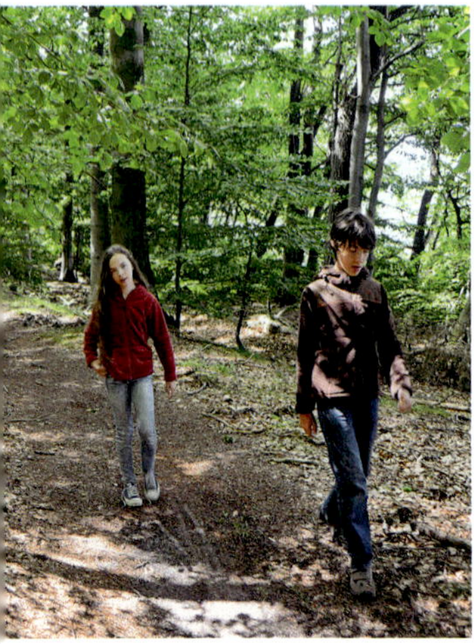

Tour 38: Um den Dreetzsee

Ein Trimm-Dich-Pfad am Seeufer

Ein schmaler Pfad führt nahe am Ufer rund um Dreetzsee. Ob man die Tour nun vom Dörfchen Carwitz oder vom Campingplatz am Dreetzsee beginnt, in gut zwei Stunden hat man den kleinen See komplett umrundet. Unterwegs sorgen einige Trimm-Dich-Stationen für Abwechslung und in Carwitz locken mehrere Gasthöfe und Cafés.

20 m

STRECKE 6,5 km

2 h 15

ab 6

Wanderung: Die Runde um den Dreetzsee ist nicht markiert. Von Carwitz bis zum Campingplatz Dreetzsee kann man aber den Hinweisen »Zeltplatz Thomsdorf« folgen. Vom Parkplatz läuft man erst ein Stück die Straße hinunter, bis links ein schmaler Pfad zum See führt. Er bringt uns zu einer Bucht, in der früher Schafe gewaschen wurden – so ist sie auch heute noch auf Karten mit dem Namen **Schapwasch** (1) verzeichnet.

Stets in Wassernähe folgen wir dem Pfad bis zum Campingplatz (45 Minuten). Durch das Tor am Uferweg überqueren wir das **Campingareal** bis zum Spielplatz, laufen auf einem Schotterweg am Strandbad vorbei und kehren dahinter zum Seeufer zurück. Am anderen Ende des Campingplatzes begleitet ein **Trimm-Dich-Pfad** (2) mit verschiedenen Stationen die Runde um den

TOUREN-STECKBRIEF

Anfahrt: Von Feldberg nach Carwitz. Parkplatz ohne Zeitbeschränkung am Kreisel vor der Windmühle an der Ortseinfahrt rechts oder vor dem Ort bei **GPS N 53°17'57.4", E 13°25'39.7"**. Alternativ kann man die Runde auch vom Camping Dreetzsee starten.

Charakter: Wanderung auf einem schmalen, am Nordufer leicht hügeligen Waldweg direkt am Seeufer. Mückenschutz nicht vergessen.

Highlights: Schöner Seeweg, Kletterbaum, mehrere Badestellen.

Einkehr: Cafés und Gasthof in Carwitz.

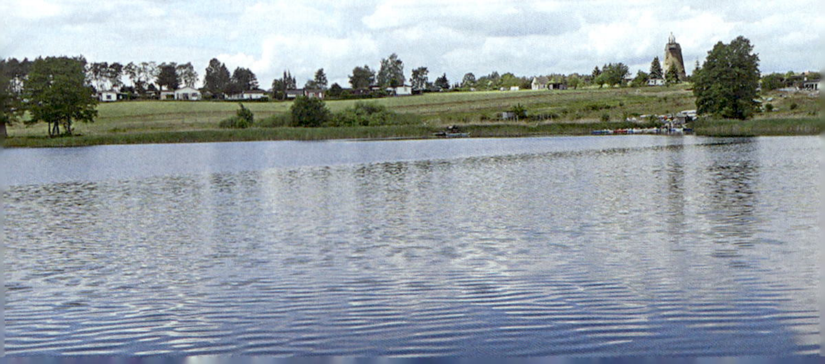

See und sorgt für Abwechslung für jüngere Wanderer. Auf halber Seehöhe kommen wir an einen kleinen **Kiesstrand** ③, der sich gut für eine Spielpause am Seeufer eignet.

Weitere 15 Minuten wandern wir von hier noch bis zu einer schmalen Brücke und den ersten Häusern des Postkartenörtchens **Carwitz**. Am Zaun des Campingplatzes entlang geht es hinauf und wir schlendern auf der kopfsteingepflasterten Straße durchs Dorf. Hier kann man im Gasthof »Mitten in't Dörp« ein hausgemachtes Eis kaufen oder im benachbarten Imbiss Pommes frites und Fischbrötchen. Fisch gibt es auch gegenüber im Fischladen. In dessen Garten stehen die Tische des Café Sommerliebe und es wird hausgebackener Kuchen serviert. Auch eine Einkehr im Gasthof ist möglich.

Anschließend folgen wir der gepflasterten Straße dorfauswärts. Rechts hinter den letzten Häusern gibt es noch einmal einen **Badeplatz am Schmalen Luzin** ④, der auf der anderen Seite des Dorfes liegt. Dann geht es links zurück zum Parkplatz an der Windmühle.

Ein Abstecher zur Krüseliner Mühle

zusätzlich 4,5 km, 1 h 30 min

Vom Spielplatz auf dem Campingplatz Dreetzsee laufen wir hinauf zur Rezeption, verlassen den Platz und überqueren die Straße. Genau gegenüber führt ein breiter Waldweg hinunter zur Bootseinsatzstelle am Krüseliner See. Kurz vor dem Steg geht unser Pfad links weg und verläuft immer ein Stück über dem Steilufer des Krüselinsees entlang bis zur familienfreundlichen **Krüseliner Seeschänke** ⑤ mit Bootsanleger und Terrasse direkt am Wasser. Mit Eierkuchen, Reiberdatschi und Fischstäbchen dürften die meisten Kinder glücklich sein, und auch für Erwachsene findet sich auf der Speisekarte neben frisch zubereitetem Fisch aus dem See eine umfangreiche Auswahl.

Geöffnet April bis Oktober Mi bis So ab 12 Uhr, Juli und August auch dienstags. Ferienhaus und Appartments zu vermieten, Tel. 039820 30440. www.krueseliner-muehle.de

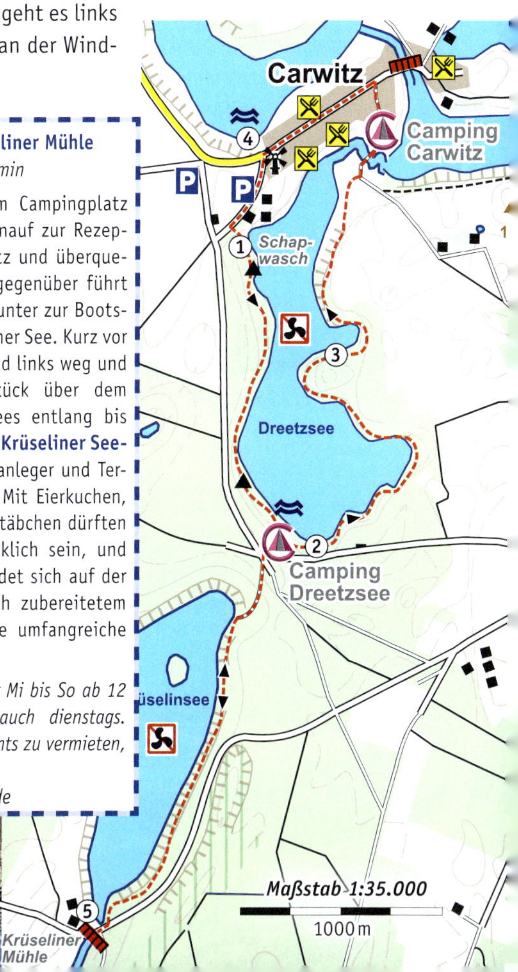

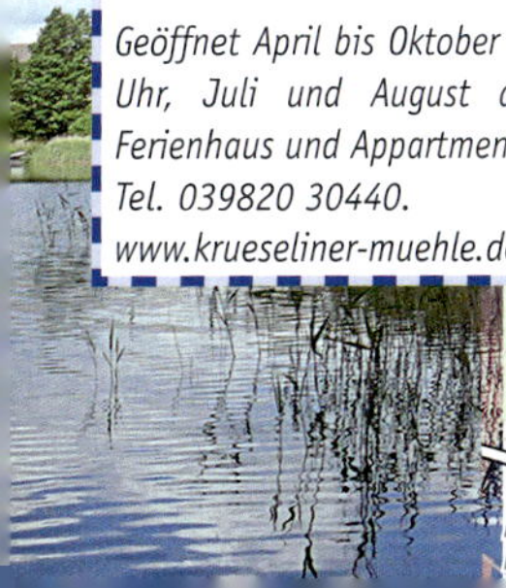

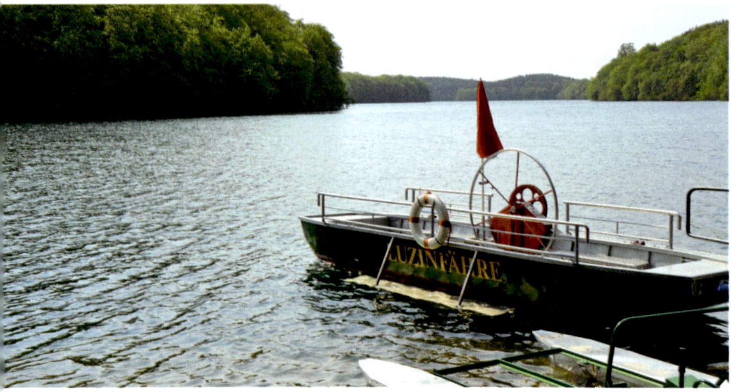

50 m

STRECKE 11 km

4 h

ab 8

Tour 39: Per Fähre auf den Hullerbusch

Eine Wanderung um den Schmalen Luzin

Die Umrundung des glasklaren Schmalen Luzin ist ein Klassiker und das zu Recht. Erstaunlich, welch unterschiedliche Eindrücke in eine einzige Wanderung passen. Nach der Überfahrt auf der kleinen, von Hand betrieben Luzinfähre führt ein Waldpfad zwischen die mächtigen Buchen in den bewaldeten Teil des Hullerbusch. Wenig später wandern wir über sonnige Wiesen mit dicken Findlingen und zauberhaft platzierten Bänken, bekommen einen echten freien Seeblick über den Zansen und einen Winkel des Carwitzer Sees – ganz ohne zwischen Ästen und Blättern hindurchzuzwinkern. Abgerundet wird die Tour mit einer gemütlichen Einkehr im Dörfchen Carwitz und dem Stopp auf einem kleinen Spielplatz. Der Rückweg auf dem Uferpfad verläuft immer direkt am Schmalen Luzin entlang.

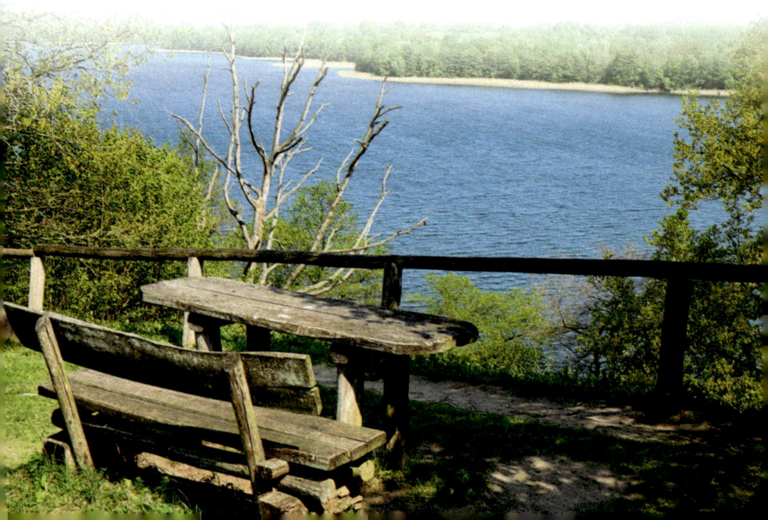

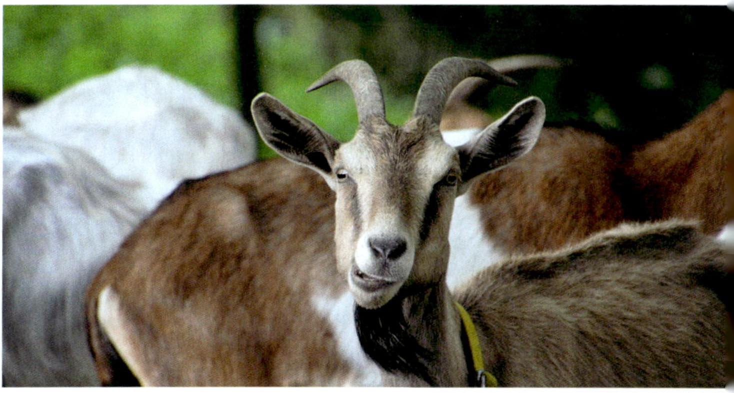

Begegnung auf dem Hullerbusch: Die Ziegenherde der Schäferei hat es sich auf dem Weg bequem gemacht.

Wanderung: Von der Einfahrt des Parkplatzes führt ein Pfad mit 105 Stufen hinunter zum **Anleger der Fähre**. Schon auf dem Weg hinunter hat man die ersten schönen Blicke auf den See. Am Fährhaus könnte man noch einen Kaffee oder ein Eis erstehen, bevor es aufs Wasser geht. Das Boot fährt auf Zuruf. Traditionell ruft man »Fährmann hol över«, wenn die Fähre auf der anderen Seite steht.

Nach der Überfahrt auf dem urigen, handbetriebenen Fährboot, steigt man auf der gegenüberliegenden Seite hinauf zum **Hotel Hullerbusch** ① und folgt der schmalen Asphaltstraße vor dem Gebäude nach links. Aus dem Asphalt wird ein Plattenweg und nach etwa 800 Meter sehen wir auf der rechten Seite die erste **Informationstafel** des Naturpfades. Der schmale Weg, dem wir ab hier folgen, führt rechts hinauf.

Vorbei an den ersten Stationen des Lehrpfades geht es zu einem **Moorsteg im Kesselmoor** und quer über den Hullerbusch bis zum **Teufelsstein** ② auf der anderen Seite der Halbinsel. Hier treffen wir auf den Uferweg hoch über dem Zansen, dem wir nach rechts folgen. Wir passieren weitere Stationen mit Infos über den Wald und die Tiere, die hier leben.

TOUREN-STECKBRIEF

Anfahrt: In Feldberg am südlichen Ortsrand den Hinweisen zur Luzin-Klinik folgen. An der Klinik vorbei auf schmaler Straße, die wenig später zum Schotterweg wird und auf einem Waldparkplatz mit Picknicktischen bei **GPS N 53°19'36.1", E 13°26'28.7"** endet. Von Mai bis Oktober fährt die Fähre von 11–17 Uhr, Juli und August 9–18 Uhr, Oktober ab 12 Uhr, Mittwoch Ruhetag. €2, Kinder 50 Cent, Fahrrad €1. www.luzinfaehre.de

Charakter: Rundtour auf Wald- und Wiesenpfaden, steiler Aufstieg zum Hullerbusch.

Highlights: Überfahrt mit der Fähre, Naturlehrpfad, Pause am Hauptmannsberg, Spielplatz in Carwitz, Badestelle mit glasklarem Wasser am Schmal.

Einkehr: Schäferei Hullerbusch, Cafés und Gasthöfe in Carwitz.

In der Nähe: Pfad der Sinne (Barfußpfad) an der Luzinklinik.

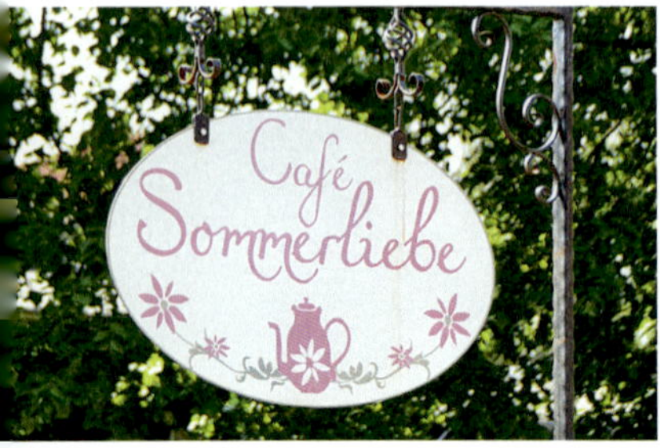

Soll es Kaffee, Tee, heiße Schokolade und hausgebackenen Kuchen geben? Dann ist das **Café Sommerliebe** in Carwitz meine persönliche Empfehlung. Bei Maria stehen nur wenige Tische auf der Terrasse im Garten und der Kuchen ist einfach köstlich. An der Dorfstraße rechts.

Nach einer knappen Stunde Gehzeit erreichen wir am **Jagenstein** ③ einen Abzweig. Hier biegen wir zuerst rechts und kurz darauf vor einer eingezäunten Wiese wieder links ab. Geradeaus ginge es zum Hotel und zur Fähre zurück.

Wir durchwandern zuerst einen kleinen Wald und dann sanft gewellte Wiesen mit einzelnen Bäumen und dicken Findlingen, die sich gut für ein Picknick eignen. Am ersten Picknicktisch zweigt rechts ein Wiesenweg ab, der direkt zur **Schäferei** ④ führt. In deren Hofladen kann man unter anderem frischen Ziegenkäse und Kräutertee erstehen und im zugehörigen Café haben wir die Wahl zwischen heißer Suppe, hausgebackenem Kuchen und Eis aus Ziegenmilch.

Den ersten Ausblick auf den See – noch ein wenig eingeschränkt durch die hohen Buchen am Ufer – haben wir am **Zansenblick** ⑤. Noch mal zehn Minuten weiter gibt es einen Platz mit freiem Blick über die völlig unverbauten Seen. Man sieht hier nur Wasser und Wald. Direkt am Rand der Wiesenterrasse steht ein **Picknicktisch** mit umwerfendem Ausblick. Weitere Tische befinden sich noch einmal zehn Minuten weiter auf dem 120 Meter hohen **Hauptmannsberg** ⑥. Auch hier ist es sehr schön.

Dann steigen wir wieder vom Berg hinab und treffen auf die asphaltierte **Straße nach Carwitz**, der wir nach links folgen. Wenige Minuten später stehen wir an der Bootsanlegestelle mit **Spielplatz** ⑦. Hat man Kinder im Spielplatz-Alter dabei, bietet

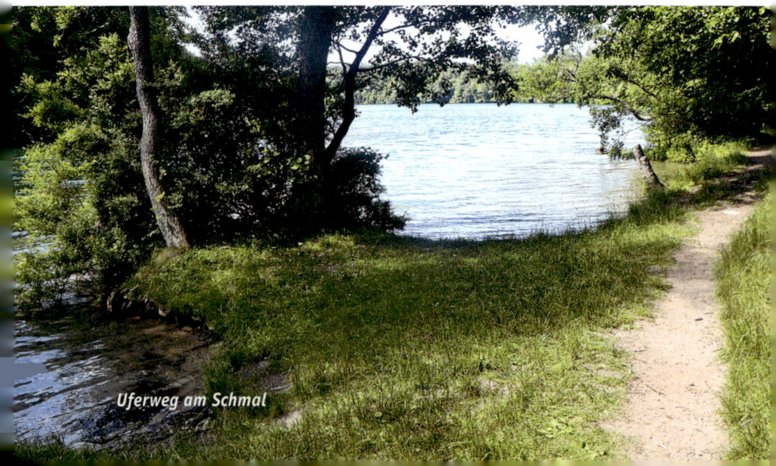
Uferweg am Schmal

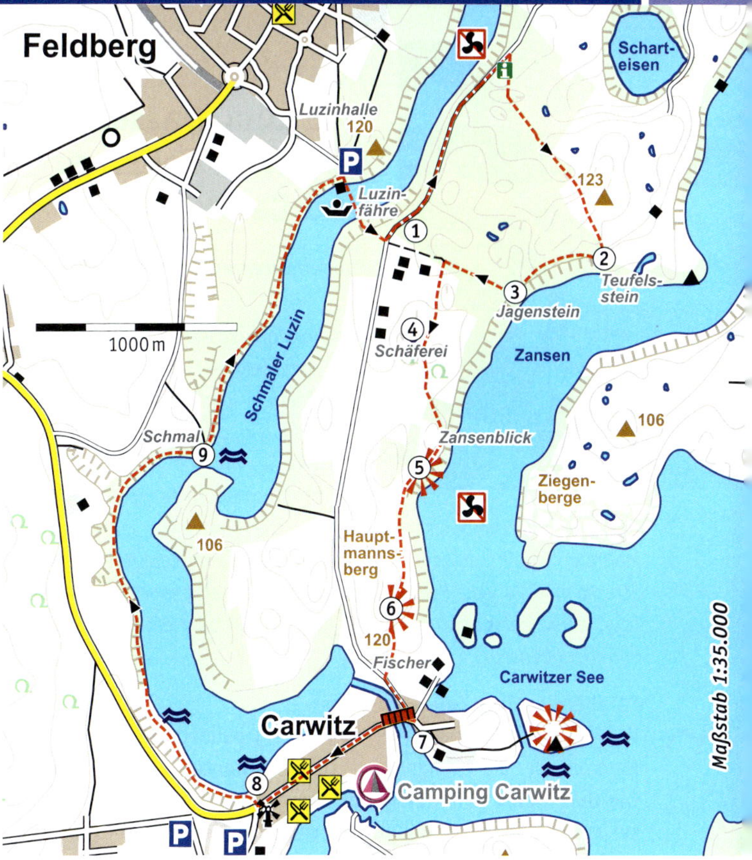

sich die Einkehr im Café Bistro Carwitz Eck fast gegenüber an. Ansonsten läuft man rechts hinauf und findet hier noch den Gasthof »Mitten in't Dörp« und mehrere Cafés.

Weiter geht es durch das Dorf bis fast hinauf zur **Windmühle**. Hinter den letzten Häusern führt ein Pfad hinunter zur **Badestelle am Schmalen Luzin** ⑧ und von dort immer direkt am Wasser entlang. Dabei passieren wir nach etwa 15 Minuten einen weiteren Picknickplatz mit Tisch und am sogenannten **Schmal** ⑨, der engsten Stelle des Sees, eine äußerst reizvolle **Badestelle** mit kleiner Liegewiese.

Der Hullerbusch für kurze Beine

Für einen Ausflug mit jüngeren Kinder bieten sich zwei gekürzte Varianten dieser Tour an.

Luzinfähre und Naturlehrpfad

Gehzeit etwa 1 h 15 min, ab 4 Jahre

Nach dem Übersetzen mit der Fähre folgen wir der Wegbeschreibung bis zum Jagenstein, laufen von dort zurück zur Fähre und setzen ein zweites Mal über nach Feldberg.

Kurze Runde über den Hullerbusch

Gehzeit etwa 3 h, ab 6 Jahre

Um die Strecke ein wenig zu kürzen, schenken wir uns den Naturlehrpfad, laufen von der Fähre kommend rechts am Hotel vorbei und biegen dann gleich wieder rechts ab, um auf direktem Weg die Wiesen des Hullerbusch zu erreichen.

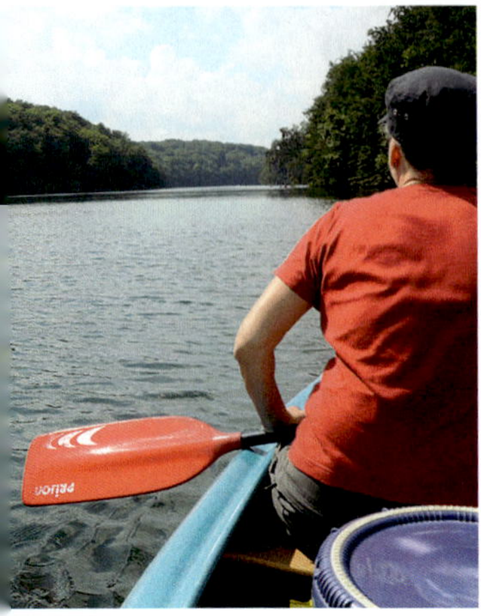

Tour 40: Auf dem Wasser zwischen Feldberg und Carwitz

Paddelrouten am Schmalen Luzin

Das glasklare Wasser der weitläufigen Seen bei Feldberg ist ein Paradies zum Paddeln und Schwimmen. Der Schmale Luzin, der Dreetzsee und der Carwitzer See mit mehreren Inselchen sind für Motorboote gesperrt, sodass nur das fröhliche Kreischen planschender Kinder die Ruhe stört. Mehrere Verleihstationen und drei schöne Campingplätze an der Strecke machen viele Paddelvarianten möglich: eine sportliche Tagestour, einen entspannten Tag auf dem Wasser oder ein zweitägiges Familienabenteuer.

STRECKE 8 – 15 km

3 – 5 h

ab 6

Feldberg – Altes Zollhaus: 3 km

Vom Steg des Bootsverleihs in Feldberg paddelt man über den Haussee, der als einziger auch für Motorboote freigegeben ist. Die **Durchfahrt von hier in den Breiten Luzin** (1) ist vom Wasser aus schwer zu erkennen. Man paddelt zuerst am Amtswerder entlang und fährt dann nicht in den rechten Arm hinein, sondern überquert den See ein Stück links der Betonnung. Nähert man sich dem Ufer, ist dort eine schmale Durchfahrt zu erkennen, durch die man schnell die weite Wasserfläche des Breiten Luzin erreicht. Der direkte Weg führt jetzt rechts am Ufer entlang bis zum Campingplatz am Bauernhof und hier rechts auf die Straßenbrücke zwischen Feldberg und Wittenhagen zu. Der **Gasthof Altes Zollhaus** (2) befindet sich direkt rechts an der Brücke.

TOUREN-STECKBRIEF

Anfahrt: Kanustationen gibt es in Feldberg und Carwitz sowie auf allen Campingplätzen. In Feldberg finden wir einen Verleih am Haussee bei bei Boots-Berg (2er für €35) und an der Luzinfähre (2er-Kajak oder Kanadier €23). In Carwitz bekommt man Boote bei Norbert Fleege an der Hauptstraße (2er Kanadier €21) und auf dem Campinglatz. Diese Tourbeschreibung beginnt in Feldberg. Wer die Tour kürzen oder bis in den Carwitzer See paddeln will, leiht sein Boot zum Beispiel an der Luzinfähre.

Charakter: Vergleichsweise ruhige Seen mit wenigen Elektrobooten.

Highlights: Stille Seen, glasklares Wasser im Schmalen Luzin, baden am Schmal, Besuch in Carwitz.

Einkehr: Fischerei am Amtswerder in Feldberg, Altes Zollhaus, Luzinfähre und Gasthöfe in Carwitz.

In der Nähe: Schnuppertauchen am Schmalen Luzin.

Altes Zollhaus – Luzinfähre: 2,5 km
Zuerst an einer Ansammlung Ferien- und Wochenendhäuschen vorbei und dann an bewaldetem Ufer entlang geht es über den Schmalen Luzin bis zur Station der handbetriebenen **Personenfähre mit Imbiss und Bootsverleih ③**.

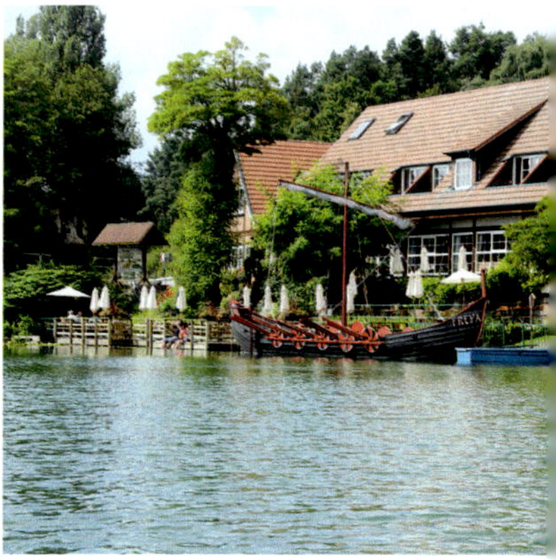

Auf Höhe der ersten Häuser am Ufer gibt es außerdem eine

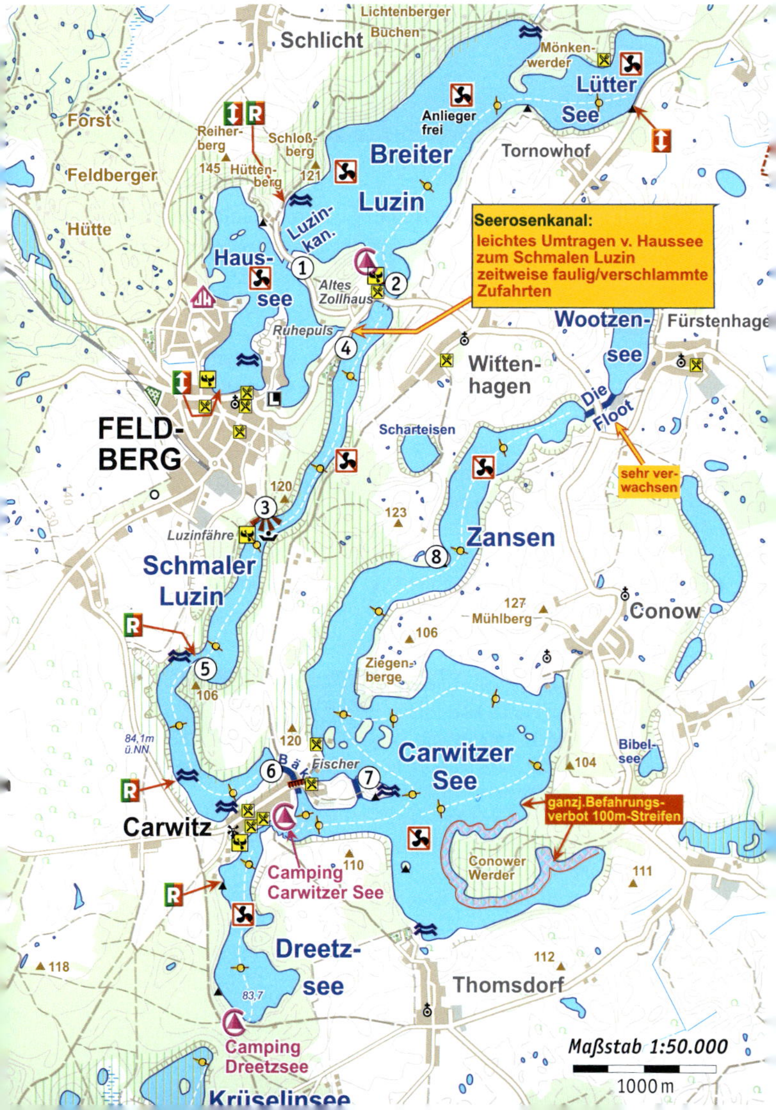

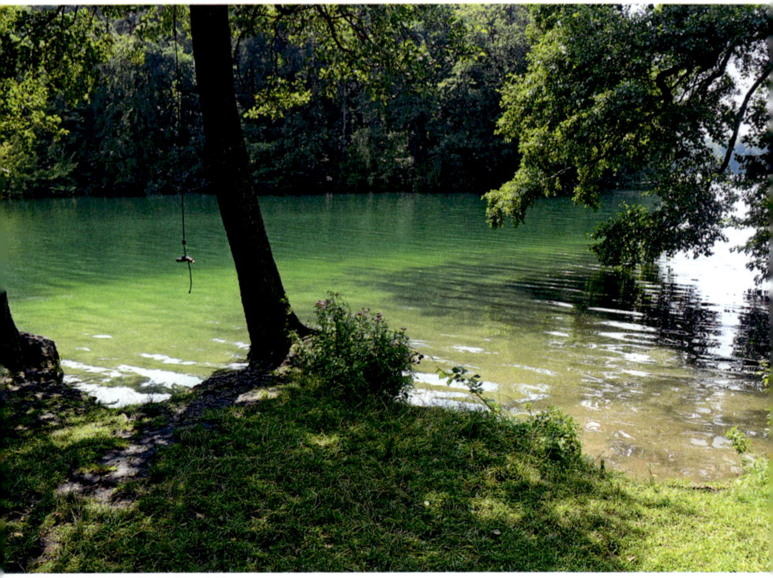

Badeplatz am Schmal

Querverbindung zum Haussee ④. Man paddelt hier durch einen sehr schmalen Kanal. Kurz vor der Brücke muss man die Boote dabei drei Meter über das Land heben.

Luzinfähre – Carwitz: 4 km

Den Luzin hinunter erreichen wir nach einem knappen Kilometer »**das Schmal**« ⑤ – den engsten Bereich des Sees. Rechts am Ufer befindet sich hier eine wahrhaft idyllische Badestelle mit Schwungseil und einer kleinen Liegewiese. Der Badeplatz ist auch über den Uferweg erreichbar – einsam wird es hier

One-Way-Paddeln

Getreu dem Motto »Boote gehören aufs Wasser und nicht auf die Straße« wird auf den strömungsfreien Gewässern der Mecklenburgischen Seen meist zum Ausgangspunkt der Tour zurückgepaddelt. An der Feldberger Seenplatte bietet der Bootsverleih Boots-Berg aber auch Touren mit Bootstransfer. Wer lieber etwas weiter fährt, statt auf der bekannten Route zurückzupaddeln, kann sein Boot (und einen Fahrer für den privaten PKW) abholen lassen. Besonders interessant ist diese Option für die fast komplette Rundfahrt über den schmalen Luzin bis Carwitz und dann durch den Carwitzer See und den Zansen wieder hinauf nach Wittenhagen. Die Strecke lässt sich mit 15 Kilometern gut als Tagestour fahren.

Bitte unbedingt anmelden und rechtzeitig reservieren unter Tel. 039831 20554. www.boots-berg.de

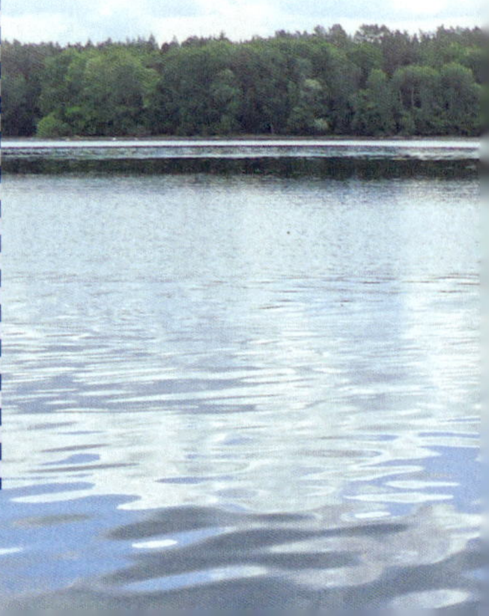

also nicht sein. Ein Stopp lohnt trotzdem, bevor wir die letzten zwei Kilometer nach Carwitz in Angriff nehmen. Im hintersten Seewinkel fahren wir in einen schmalen Kanal und landen kurz darauf an einer **Anlegestelle im Ort ⑥**. Wer hier weiter will, muss die Boote über die Straße tragen und gegenüber neu einsetzen. Wer eine Tagestour ohne Bootstransfer plant, wird nach einer Pause in dem reizvollen Örtchen umdrehen. Das gleich an der Anlegestelle gelegene Bistro Carwitz Eck mit Spielplatz gegenüber ist am einfachsten erreichbar. Oben im Ort finden wir aber weitere Cafés und Gasthöfe für eine Pause mit kulinarischen Höhepunkten.
[› Tour 37]

Carwitz – Wittenhagen: 6 km
Der schmale Kanal, der aus Carwitz hinausführt, bringt uns und unsere Boote in einen Arm des Carwitzer Sees. Wir paddeln um den **Bohnenwerder ⑦** herum, halten uns an dessen Spitze in Ufernähe und biegen zwischen den Inselchen links in den **Zansen** ein. Weiter oben hat auch der Zansen eine schmalste Stelle mit **Badeplatz ⑧** auf der linken Seite, und wenig später sieht man links den Anleger von Wittenhagen.

Zwei Tage auf Tour?
Mit einem Abstecher zu Dreetzsee und Krüselinsee wird aus der Rundtour von Feldberg nach Wittenhagen auch eine gemütliche Zwei-Tagestour, bei der viel Zeit für Pausen und zum Baden bleibt.

Carwitz – Dreetzsee: 2,5 km
Nach der Ausfahrt von Carwitz in den Carwitzer See steuern wir am rechten Ufer entlang, vorbei am Campingplatz und durch eine schmale Durchfahrt in den Dreetzsee. Am unteren Ende des ruhigen Sees treffen wir auf den Campingplatz Dreetzsee mit Strandbad, Tauchschule und Zeltbereich in Ufernähe für Wasserwanderer.

Dreetzsee – Krüseliner Mühle: 2 km
Wer von hier auch noch in den Krüselinsee mit dem Ausflugslokal Krüseliner Mühle als lohnenswertem Ziel übersetzen möchte, braucht einen Bootswagen. 300 Meter Umtragestrecke über den Campingplatz und einen Waldweg hinunter gehen sonst arg in die Knochen. Alternativ kann man bei einer Übernachtung auf dem Camping Dreetzsee in gut 30 Minuten zur Mühle laufen. Der schöne Weg führt immer am See entlang. [› Tour 38]

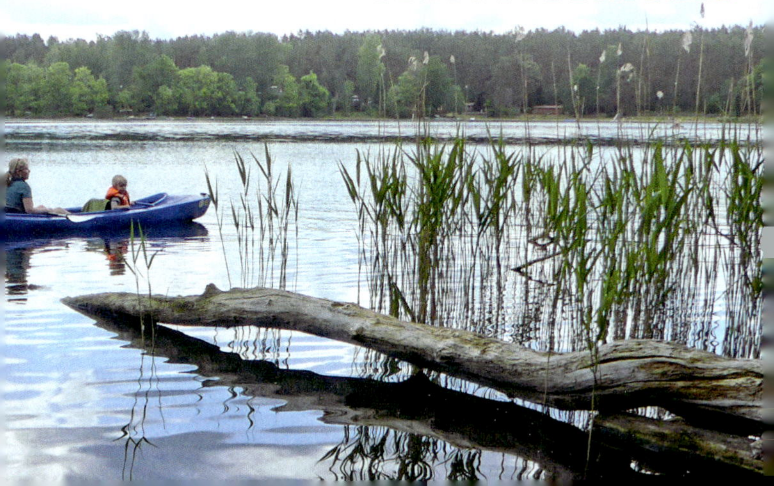

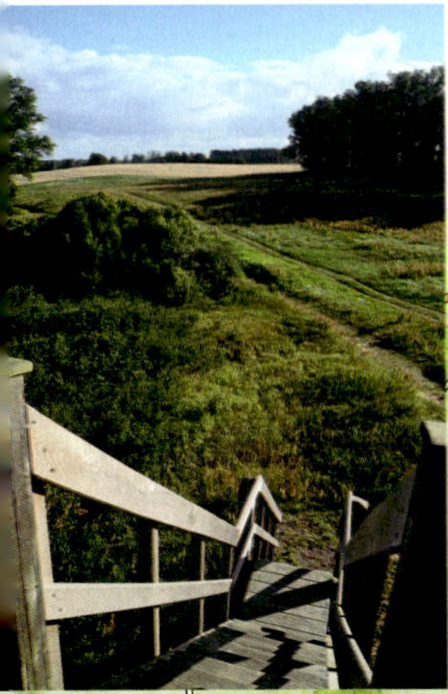

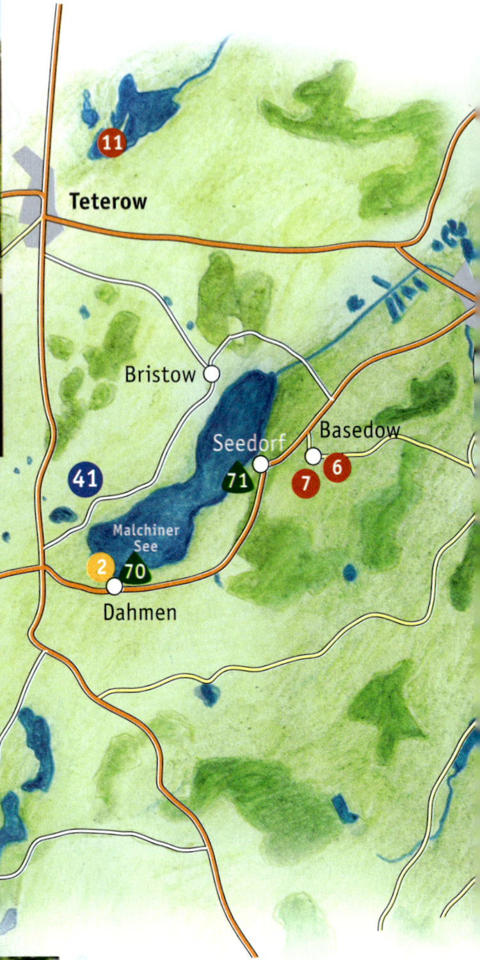

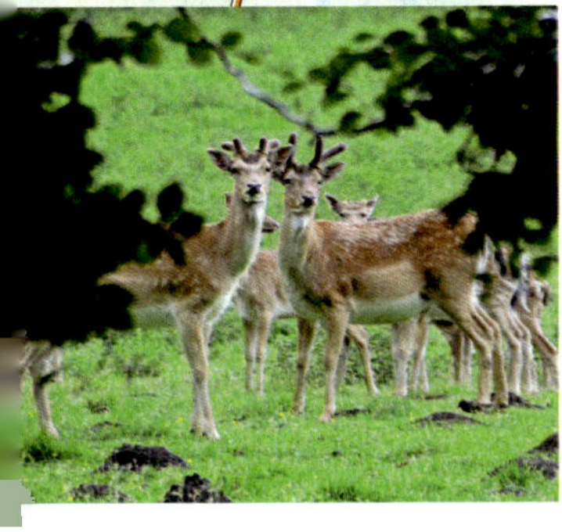

Sanfte grüne Hügel sind charakteristisch für die Landschaft der Mecklenburgischen Schweiz. Darin eingebettet und durch den Flusslauf der Peene verbunden liegen zwei große langgestreckte Seen. Im Süden der Malchiner See und weiter oben der Kummerower See. Folgt man von hier der Peene, paddelt man direkt in die Ostsee. Sehr lohnenswert ist eine Rundfahrt um den Malchiner See mit Stopps an einigen der vielen Schlösser. Abwechslung für die Kinder bringt dabei ein Besuch im Wildpark in Ivenack, der außerdem die ältesten Eichen des Landes und einen Baumwipfelpfad beherbergt. Am Malchiner See finden wir außerdem einige der mecklenburgischen Schlosshotels.

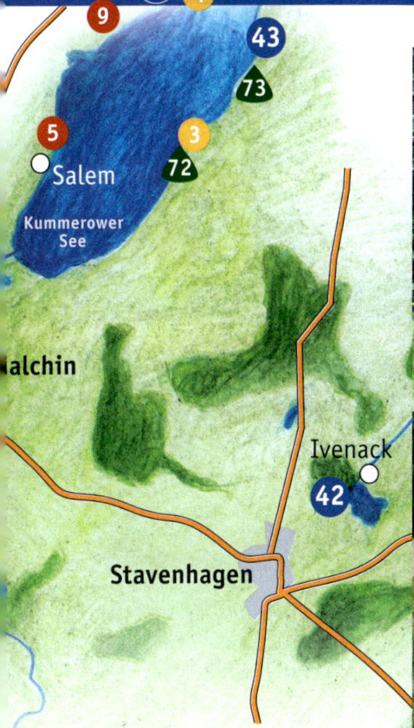

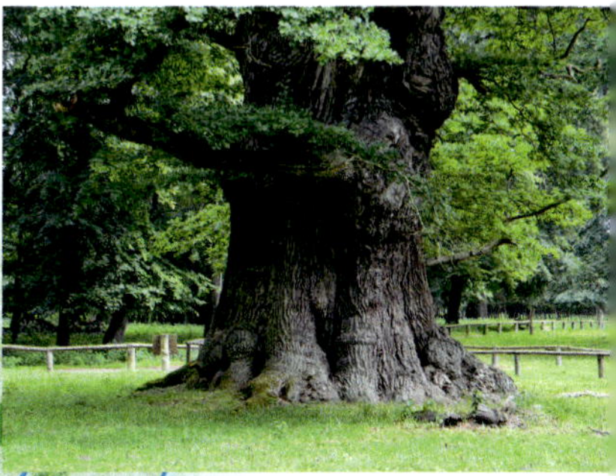

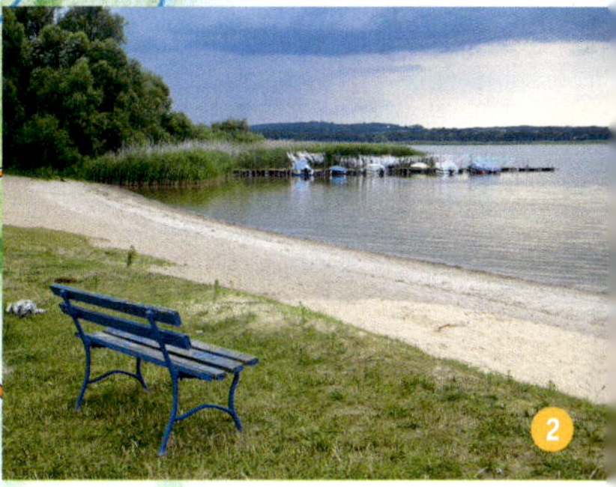

Baden mit Kindern

Die Mecklenburgische Schweiz liegt am Rand des touristischen Gebietes der Mecklenburgischen Seenplatte. Sie ist auch im Hochsommer noch recht ruhig und ein so etwas wie ein Geheimtipp für preisgünstige, naturnahe Familienferien.

1 Badeplatz Bergsee

Kleiner See abseits von Ortschaften. Der Badeplatz mit langem Steg und kleiner Liegewiese wird hauptsächlich von Einheimischen besucht. Parkplatz an der Straße kurz vor Alt Gaarz bei GPS N 53°34'57.9", E 12°30'25.3".

2 Strandbad Dahmen

Öffentliches Strandbad mit sanft abfallendem Sandstrand und Liegewiese. Einfacher Gasthof am See, Campingplatz benachbart.

3 Badestelle Sommersdorf

Lange Sandbucht am Ostufer des Kummerower Sees direkt südlich des Campingplatzes aber öffentlich zugänglich.

4 Strandbad Verchen

Lange Bucht mit sandigem Boden und naturbelassener Wiese im kleinen Ort Verchen. Sehr sanfter Einstieg ins Wasser und daher auch mit kleineren Kindern gut zum Baden geeignet. [› Tour 43 + 44]

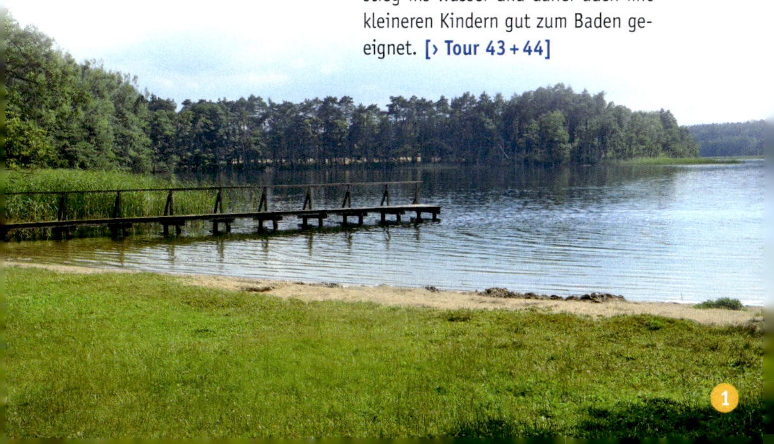

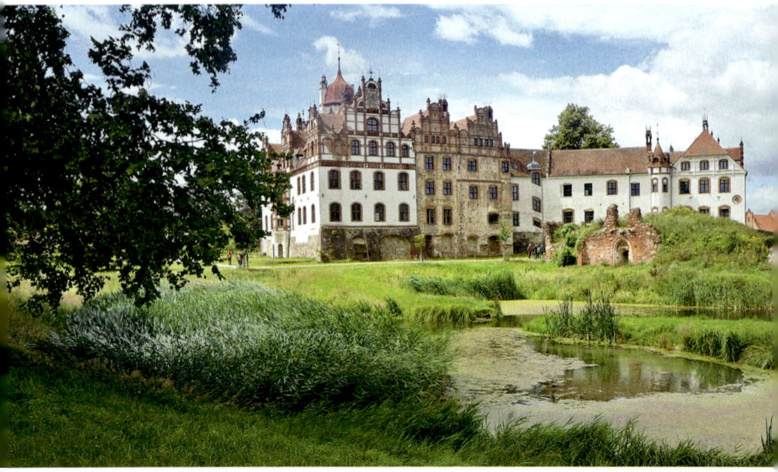

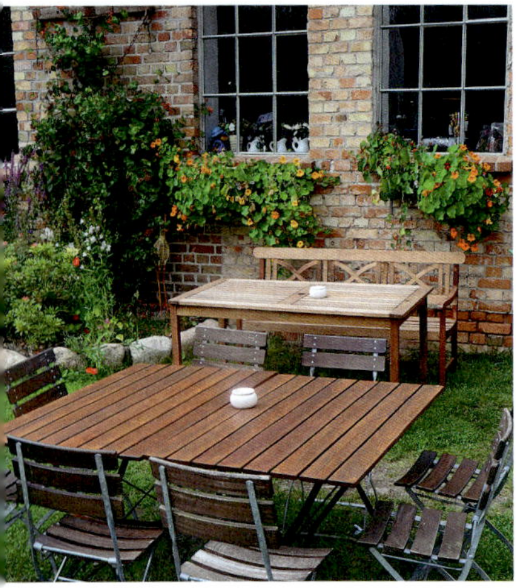

Kultur, Natur und Museen

5 Draisinetour Salem

Die Stopps an der Strecke sind es, die die Draisinenstrecke von Dargun nordwestlich des Kummerower Sees interessant machen. Die 17 Kilometer lange Route nach Salem beginnt nahe an der Kloster- und Schlossanlage Dargun. Das erste Zwischenziel ist eine Badestelle an der Peene. Nach 14 Kilometern in Neukalen können wir zur Zeit nur im Gasthaus am Hafen einkehren, da das Bahnhofscafé geschlossen ist. Am Streckenende in Salem erwartet die Draisinenfahrer*innen eine Badestelle und ein Grillplatz. Im Gegensatz zu den Draisinen in Waren haben die Darguner Wagen keine Gangschaltung.

Geöffnet von März bis November, Ausleihe 9–11 Uhr, Rückgabe 14–18 Uhr. €40 pro Draisine für 4 Personen, Tel. 039959 27804. www.naturpark-draisine.de

6 Schloss Basedow, eine der ältesten Schlossanlagen Mecklenburgs, ist umgeben von einem ausgedehnten Landschaftspark. Dort weiden eine Herde Kühe und eine Gruppe Schafe. Errichtet wurde die Burg im Jahr 1467 von der Adelsfamilie von Hahn, die hier bis 1945 ansässig war. Heute ist das Schloss wieder in Privatbesitz. Das Außengelände ist jedoch frei zugänglich. Einige Räume im Inneren kann man im Rahmen einer Führung besichtigen. Führungen finden einmal täglich statt (im Hochsommer weitere Termine).

Gästeführerin Christel Müller, Schloßstraße 47, Basedow, Tel. 0160 95650843. www.gaestefuehrerin-mueller.de

7 Nach einem Spaziergang im Schlosspark von Basedow sitzt man im **Alten Schafstall** mit Hofladen und benachbartem Storchennest gemütlich in oder vor der Scheune.

www.alter-schafstall-basedow.de

8 Der Blücherhof

Die Anlage des ehemaligen Ritterguts besteht aus Gutshof und Schloss. Im

Innenhof lädt das süße Café Dubenhus zu Kaffee, Tee und Kuchen. Rundherum ist für Kinder viel Platz zum Toben. Wer noch nicht genug gelaufen ist, kann im Schlosspark eine Runde drehen und 160 Baumarten aus aller Welt bestaunen. In den Gebäuden des Guts sind heute Ferienwohnungen untergebracht.
€20 pro Person bis zwei Übernachtungen. €30 pro Wohnung (ab drei Übernachungen), Tel. 039933 71908. www.herberge-bluecherhof.de

9 Kormorane im Großen Roisin

Durch den Abbau der Polder, mit denen man in den 70er Jahren versuchte, landwirtschaftlich nutzbare Flächen im Niedermoor zu schaffen, wird das Wasser im Großen Roisin nun wieder in die Moorgebiete statt direkt in die Peene geleitet. Deshalb steigt dort seit einigen Jahren der Wasserstand. Mitten durch das neue Feuchtgebiet führt die Straße zum Gasthaus Aalbude, das direkt am Peeneufer liegt. Kurz vor dem Gasthof haben sich auf den abgestorbenen Bäumen Kormorane niedergelassen. Die Kolonie besteht aus unzähligen Nestern. Die Wasserfläche auf der anderen Seite wird von Enten, Gänsen, Reihern und Möwen geliebt.

Wir erreichen die Kolonie entweder über den Abzweig zum Gasthaus an der Straße von Dargun nach Salem oder mit Fährfahrt und einem kurzen Fußmarsch von Verchen. Dazu im Ort rechts bis zum Wasserwanderrastplatz fahren und parken. Mit dem Fährboot übersetzen zum Gasthaus und etwa 500 Meter der Straße folgen.

10 Klosterruine Dargun

Das Kloster Dargun wurde ursprünglich von Zisterziensermönchen erbaut und nach der Reformation zum Schloss umstaltet. Nach einem verheerenden Brand am Ende des Zweiten Weltkrieges stand in Dargun eine Ruine, die seit 1990 gesichert und teilweise wieder aufgebaut wird. Der Innenhof zwischen den kargen Mauern bietet heute eine stimmungsvolle Kulisse für Konzerte des Darguner Musiksommers. In einigen bewohnbaren Gebäuden des Klosters gibt es außerdem einen Klosterladen und ein kleines Museum. Park und Ruine sind frei zugänglich. Außerdem gibt es in Dargun ein Strandbad. Auf dem Weg dorthin kommt man an einem kleinen Labyrinth vorbei. Am Zugang zum Bad beginnt auch der **Walderlebnispfad Dargun** mit Niedrigseilgarten und anderen spannenden Stationen.

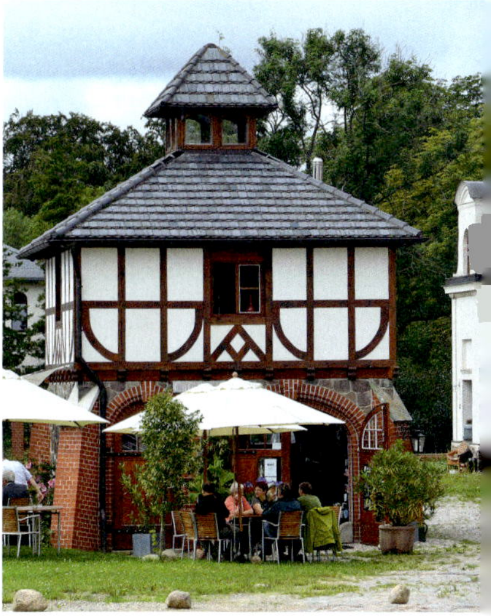

11 Burgwallinsel Teterow

Eine urige Seilfähre, auf der nur ein einziges Auto Platz hat, bringt die Besucher vom Festland auf die kleine Insel. Sie war vor mehr als 1000 Jahren der Standort einer Slawenburg, auf deren gut erhaltenem Wall man eine Runde über den äußersten Zipfel der Insel drehen kann. In unmittelbarer Nähe der Insel lebt eine Kolonie Reiher, sodass die majestätischen Vögel leicht im Flug zu beobachten sind – ob nun vom Beobachtungsturm an der Ostseite der Insel oder vom Badestrand am Wendenkrug, dem Gasthof im Zentrum der Insel. Ein Streichelgehege mit Zwergziegen, und ein schöner Spielplatz sind die Kinderattraktionen am Gasthof. Passt das Wetter nicht zum Baden, bietet ein Verleih mit Tret- und Ruderbooten die Möglichkeit für Ausflüge auf dem Wasser.

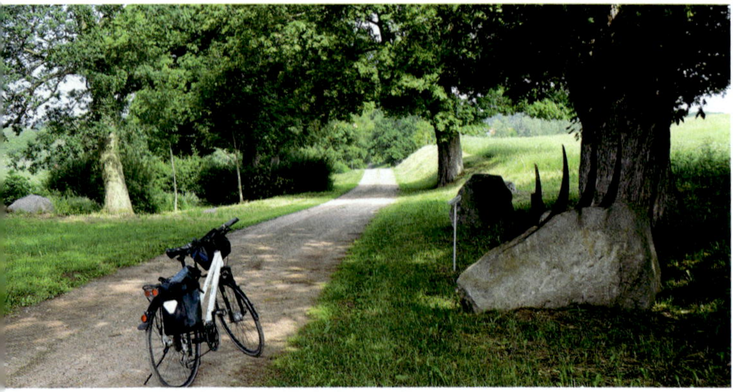

120 m

STRECKE

18 km

2–3 h

ab 8

Tour 41: Auf der kleinen Schlösserrunde

Mit dem Fahrrad durch die grünen Hügel der Mecklenburgischen Schweiz

Mit Korn- und Mohnblumen gesäumte Felder, ein Aussichtsberg, Kunstwerke in der Landschaft auf dem Skulpturenweg und immer mal wieder ein Schloss oder auch dessen spärliche Reste – es gibt viele neue Eindrücke auf dieser abwechslungsreichen, aber durch die vielen Hügel recht sportlichen Radrunde. Zwei Badeplätze sorgen unterwegs für Entspannung, den richtigen Platz für ein Picknick und natürlich auch für Abkühlung.

Radtour: Der größte Teil dieser Tour verläuft auf dem gut markierten Radweg der kleinen Schlösserrunde. Uns führt das gelbe Haus mit rotem Dach, ein weißes Haus mit rotem Dach markiert die große Schlösserrunde. Gleich am Parkplatz finden wir den ersten Wegweiser, der uns durch das große Metalltor auf das Gelände des noblen **Schlosshotels Burg Schlitz** (1) führt. Wir halten uns links, fahren am Hotel vorbei und passieren auf einem Schotterweg erst die Carolinenkapelle und dann den Nymphenbrunnen. Dann geht es steil bergab und der Schotterweg mündet auf die Straße nach Karsdorf. Unser Wegweiser schickt

TOUREN-STECKBRIEF

Anfahrt: An der B108 am Westufer des Malchiner Sees befindet sich am Gasthof Zum Goldenen Frieden direkt gegenüber der Einfahrt zur Burg Schlitz bei **GPS N 53°42'15.4", E 12°32'55.4"** ein großer Parkplatz.

Fahrradverleih: Verleihstation auf dem Campingplatz in Dahmen. Tagespreis €12, Kinderrad €10.

Charakter: Sportliche Strecke mit einigen Steigungen und teilweise recht hoppeligen Wegen.

Highlights: Kunstpfad, Aussichtspunkt an der Burg Schlitz, Badeplatz in Schorssow, Beobachtungsturm Malchiner See (im Herbst rasten hier Kraniche).

Einkehr: Ziddorfer Mühle, Schlossgaststätte Schorssow.

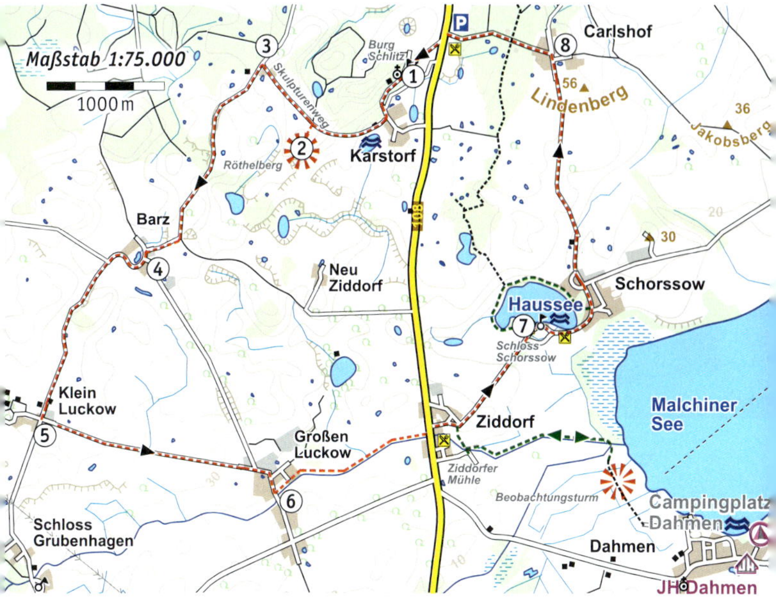

uns nach rechts in einen ziemlich hoppeligen Waldweg. Links sieht man einen Teich mit der ersten kleinen **Badestelle**, die sich aber eher für eine schnelle Erfrischung als zum gemütlichen Bleiben eignet. Da es kräftig bergauf geht, könnte hier die erste Schiebestrecke angesagt sein. Oben angekommen sollte man auf keinen Fall den Abstecher nach links zum **Aussichtspunkt auf dem Röthelberg** ② auslassen. Oft stehen Pferde auf der Weide am Weg. Auf jeden Fall ist der Berg ein zauberhafter Pausenplatz – entweder am Picknicktisch auf der Kuppe oder im Schatten der Bäume auf den Bänken vorne am Hang.

Radelt man von hier aus weiter, zieren die Kunstwerke des **Skulp-**

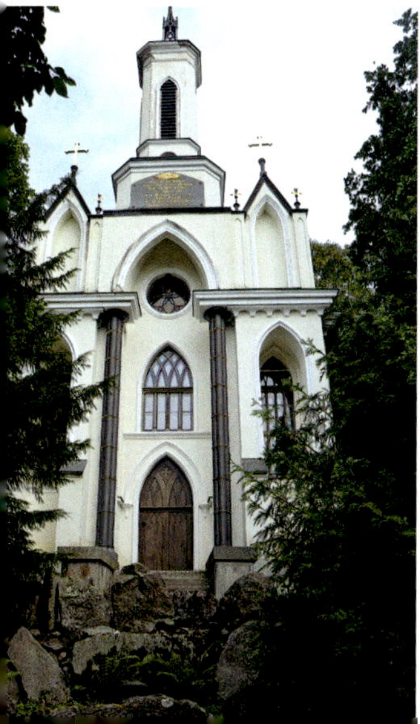

Carolinenkapelle und Nymphenbrunnen im Park von Burg Schlitz

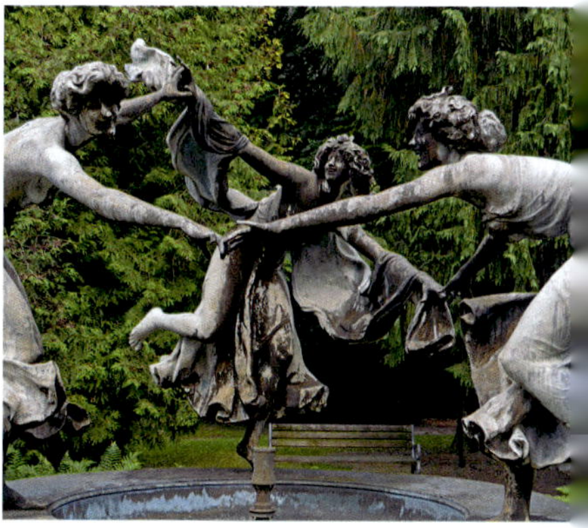

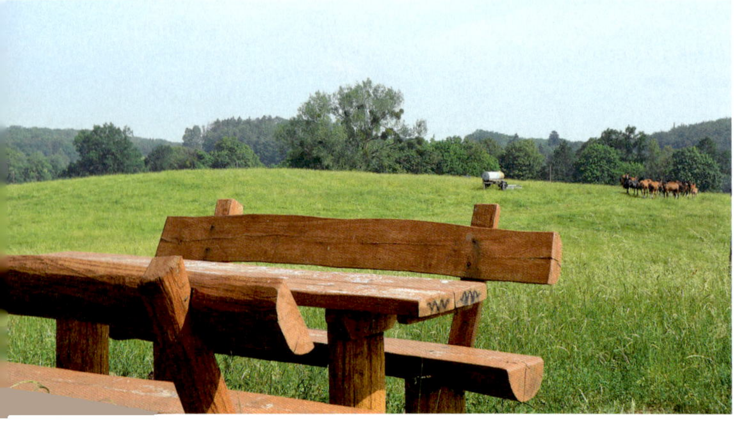

turenwegs den Wegrand, sodass man eigentlich gleich weiter schieben kann, um sie alle zu betrachten. An den Häusern von **Görzhausen** ③ ist der Zauber vorbei und wir fahren links, weiterhin auf recht unebenem Weg, in eine menschenleere Hügellandschaft. Kurz vor dem **Hofgut Barz** ④ wechseln wir auf Kopfsteinpflaster. Am ersten Abzweig geht es, dem Wegweiser mit gelbem Schloss folgend, links und gleich darauf wieder rechts auf einen steinigen Naturweg. Über einen weiteren Hügel radeln wir bis zur Ortseinfahrt von **Klein Luckow**. Die auf vielen Karten markierten Fundamentreste des Klein-Lukower Schlosses lohnen nicht den Abstecher nach rechts.

Bis hierher haben uns die Wegweiser der kleinen Schlösserrunde sicher geführt. In **Klein Luckow** ⑤ verlassen wir den Rundweg und folgen dem weißen Haus des großen Rundwegs nach links in Richtung **Groß Luckow.** Wieder hinauf und hinunter geht es auf angenehmem Weg bis zum Gutshof an der Ortseinfahrt von Groß Luckow. Vorsicht! Hier verlassen wir vorübergehend auch die Trasse der großen Schlösserrunde und biegen im Ort links in den

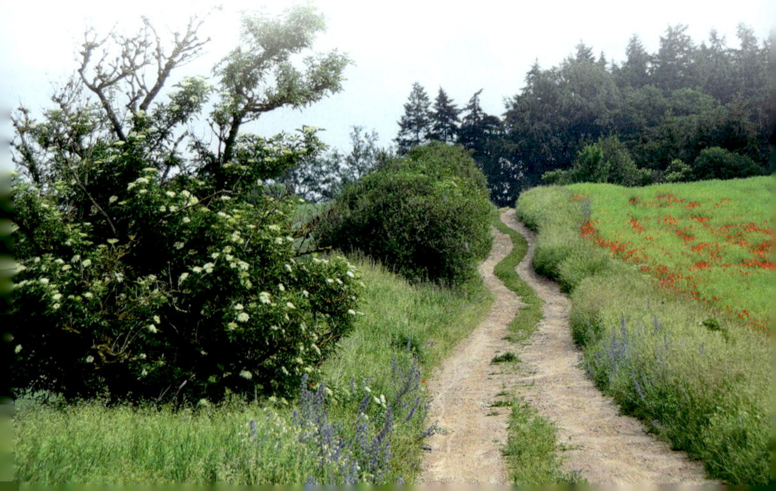

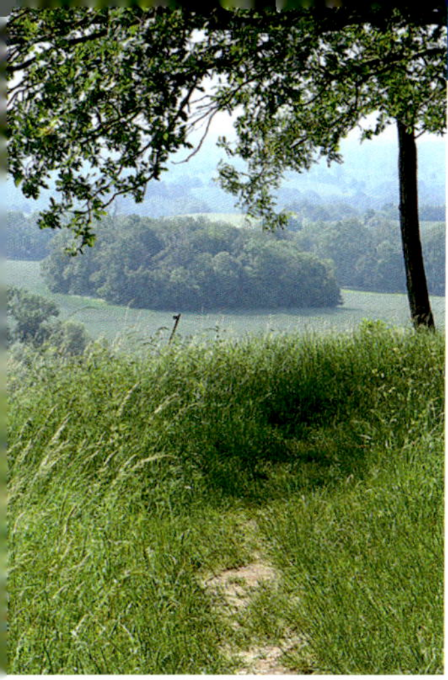

Zum Beobachtungsturm am Malchiner See

Fährt man von Ziddorf hinauf nach Schorssow, biegt hinter den letzten Häusern rechts ein Feldweg zum Holzturm mit Seeblick ab (Schild Beobachtungsturm). Man radelt etwa zwei Kilometer auf einem Feldweg bis dorthin. Kurz vorm Ziel kommt man an eine erste Holzbrücke. Hier geht es rechts weiter bis zur nächsten Brücke. Man kann den Turm jetzt schon sehen und biegt nur noch einmal links ab.

In der Kranichzeit (Ende August bis Anfang November) muss man hier vor 17 Uhr ankommen und darf erst wieder gehen, wenn die Kraniche auf dem Wasser sind. Der Turm ist auch auf etwas kürzerem Weg von Dahmen an der Südspitze des Sees erreichbar.

Fahrradweg nach Dahmen ⑥ ein. Er führt an einem Graben entlang beinahe eben am Feldrand nach **Ziddorf**. Wer hier der Markierung der Schlösserrunde folgt, landet zwischen den LKWs auf der engen, vielbefahrenen Bundesstraße!

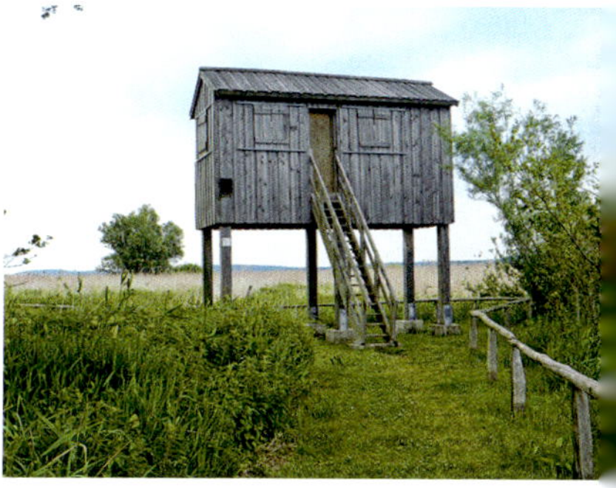

Der Radweg kreuzt dann die B 108. Auf der anderen Straßenseite rechts befindet sich die **Ziddorfer Wassermühle**. Das Café in der Mühle war zuletzt geschlossen. Wer einkehren möchte, muss geradeaus weiter in Richtung **Schorssow** fahren. Hier treffen wir auch wieder auf unsere Schlossmarkierung und radeln auf der ruhigen Straße hinauf zum **Seeschloss Schorssow** ⑦. Vor dem Hotel gibt es ein Café. Eine weitere Alternative findet sich weiter oben im Ort: Auch vor dem einladenden Landhotel Schorssow stehen einige Tische. Direkt gegenüber befindet sich der Zugang zur **Badestelle am Haussee** mit Liegewiese und Steg.

Unser Radweg führt bergauf durch den Ort und am Ortsende geradeaus in Richtung Carlsdorf. Mit dem Kopfsteinpflaster, das uns hier immer wieder erfreut, kommt man am besten zurecht, indem man auf den sandigen Straßenrand ausweicht. In **Carlshof** ⑧ geht es links weg und durch den Wald zurück zum **Parkplatz an der Burg Schlitz**.

Vor dem Seeschloss Schorssow beginnt ein **Fußweg** einmal um den **Haussee**. Hier kann man die Räder stehen lassen und zwischendurch eine Runde zu Fuß drehen. Etwa 30 Minuten braucht man für den Weg um den kleinen See.

Wieso gibt hier so viele Schlösser?
Ein kurzer Blick in Mecklenburgs Geschichte

Ein Schloss oder einen großen Gutshof findet man in Mecklenburg in vielen Dörfern und Städten, und besonders viele davon gibt es in der Mecklenburgischen Schweiz. Einige der alten Gemäuer wurden in den letzten 20 Jahren zu Hotels umgebaut, sodass man nicht lange suchen muss, um einmal in einem richtigen Schloss zu übernachten. Aber woher kommen eigentlich die vielen Schlösser?

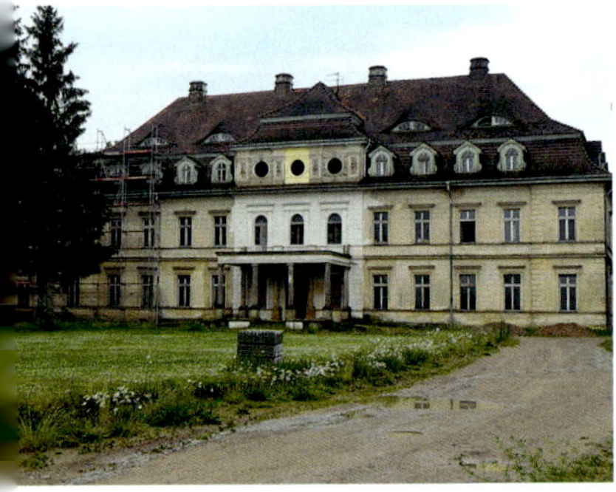

Schloss Vollradsruhe ist nicht im besten Zustand. Hier beginnt man gerade erst mit der Renovierung.

Mecklenburg war und ist bis heute stark landwirtschaftlich geprägt. Hier wurde die im Mittelalter allgemein übliche Form der Bewirtschaftung durch Gutsherren und leibeigene Bauern besonders lange beibehalten. Auch nach Abschaffung der Leibeigenschaft im Jahre 1820 änderte sich an den Machtverhältnissen wenig. Die Hälfte des Landes gehörte dem Fürstentum Mecklenburg, den Rest teilten sich adelige Familien, die im 17. und 18. Jahrhundert eine rege Bautätigkeit entwickelten. Das Herrenhaus oder Schloss wurde im Zentrum der von abhängigen Bauern bewirtschafteten Ländereien erbaut. Viele Gutsherren wirtschafteten seriös und kümmerten sich um das Wohlergehen der Bauern auf ihrem Land. Andere nutzten schamlos ihre Privilegien und führten sich auf wie Tyrannen.

Es gelang den Rittern, Fürsten und Herzögen Mecklenburgs sogar noch, die im Zuge der französischen Revolution entstehenden Unruhen und demokratischen Bestrebungen im Deutschen Reich auszusitzen und ihre Privilegien zu erhalten. Das war 1849. Erst 100 Jahre später, mit dem Ende des zweiten Weltkrieges, wurden die alteingesessenen Familien endgültig entmachtet und enteignet. Ein Teil der alten Gutshäuser wurde 1945 als Symbole des alten Systems abgerissen oder niedergebrannt. Mecklenburg war Teil der sowjetischen Besatzungszone und im Zuge des Umbaus zum sozialistischen Staat wurde das Land erstmals den Bauern zugesprochen und neu verteilt – nur um wenig später erneut zu staatseigenen LPGs zusammengefasst zu werden. Die jetzt leer stehenden, viel zu großen Gutshäuser wurden erst zur Unterbringung von Flüchtlingen genutzt und fanden später Verwendung als Kinder- oder Altersheime oder andere soziale Einrichtungen. Geld zur Instandhaltung war knapp und so verfielen die alten Paläste zusehends. Einige mussten bereits vor der Wende wegen ihres schlechten Zustands geräumt werden, andere standen erst nach der Wiedervereinigung leer und vergammelten.

Die Wasserburg Schloss Ullrichshusen ist heute ein Hotel. Außerdem finden in der historischen Scheune Konzerte im Rahmen der Festspiele Mecklenburg statt.

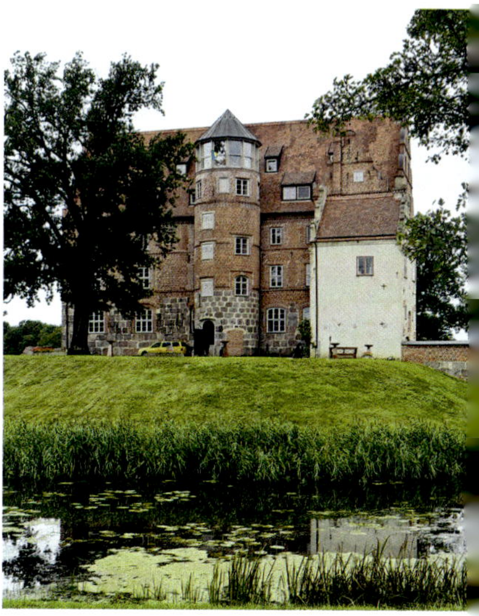

In den letzten 10 bis 20 Jahren haben sich für viele Objekte private Investoren gefunden. Manchmal sind das auch die Nachfahren der ehemals dort ansässigen Familien. Die meisten restaurierten Schlösser wurden zu Hotels ausgebaut. Burg Schlitz ist dabei eine der nobelsten Adressen. Eine Übernachtung im Schloss Schorssow oder auf Burg Stargard bei Neubrandenburg ist auch nicht teurer als ein normales Hotelzimmer in München oder London. Und auf dem Blücherhof kann man in der Herberge vor dem Schloss sogar recht günstig Urlaub machen.

Schloss Basedow ist eines der größten und eindrucksvollsten Schlösser der Region und kann auch besichtigt werden.

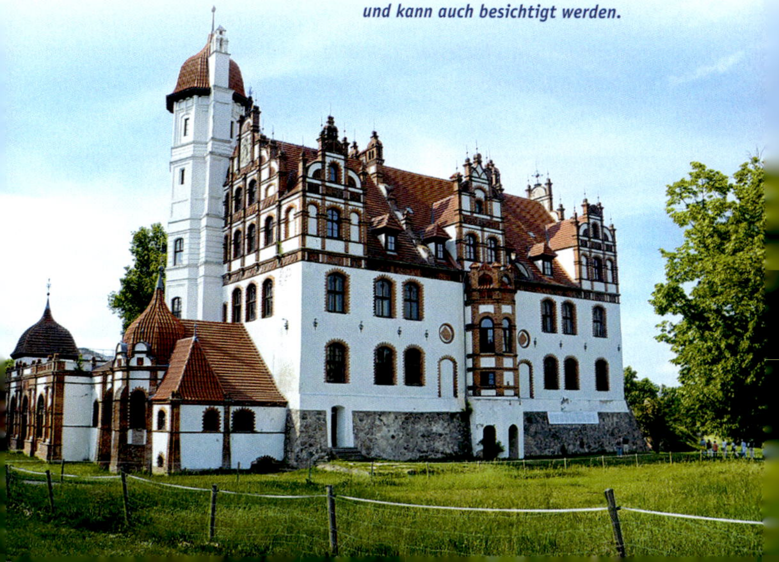

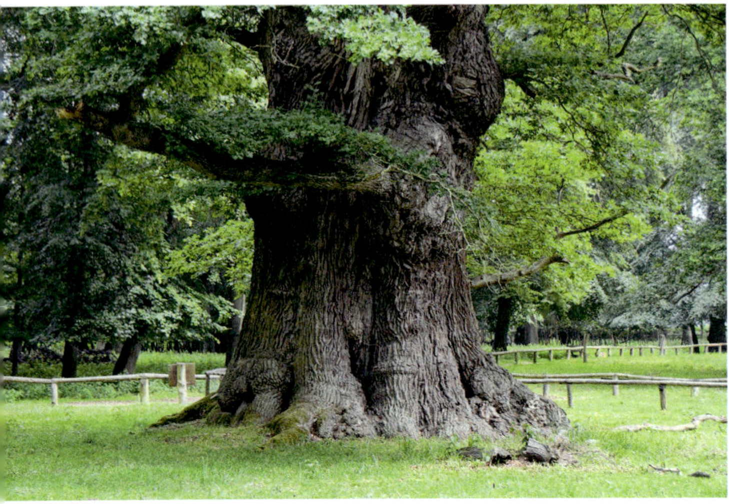

eben

STRECKE 4 km

2 h

ab 4

Tour 42: Die Ivenacker Eichen

Uralte Giganten im Wildgehege

Als die Eichen von Ivenack noch junge Bäume waren, war Mecklenburg vom Volk der Slawen besiedelt. Der Wald bei Ivenack wurde als Weideland genutzt. Man trieb im Sommer das Vieh zum Grasen zwischen die Bäume und im Herbst fraßen sich die Schweine an den Eicheln dicke Bäuche. Junge Bäumchen und Sträucher wurden von hungrigen Mäulern ratzekahl abgemäht. Nur die großen, starken Bäume blieben stehen und hatten Platz, sich zu entwickeln. So sind die Giganten entstanden, die wir heute noch bewundern können. Die älteste Eiche hat in gut 1000 Jahren einen Stammumfang von etwa elf Metern. entwickelt. Um die Landschaft zu erhalten, ist der Park auch heute noch ein »Hudewald«. Die Aufgabe der Gärtner übernimmt ein Rudel Damwild in Eintracht mit einer Gruppe Mufflons und einigen Turopolje-Schweinen.

TOUREN-STECKBRIEF

Anfahrt: Von Stavenhagen auf der B 194 in Richtung Demmin fahren und nach etwa zwei Kilometern die Bundesstraße rechts in Richtung Ivenack verlassen. Noch bevor wir das Schloss und den Ort erreichen liegt links der Straße bei **GPS N 53°42'58.9", E 12°57'07.9"** ein Parkplatz direkt gegenüber dem Eingang zum Wildpark.

Eintritt: €5, mit Baumkronenpfad €9, Kinder 6–14 Jahre €3. Der Park ist ganzjährig geöffnet, der Baumkronenpfad nur von April bis Oktober von 9.30–18 Uhr.

Charakter: Breite Forstwege im Tierpark, geschotterter Fahrweg und Waldpfad am See. Auch gut mit dem Fahr- oder Laufrad befahrbar. Kinderwagentauglich.

Highlights: Wildpark, Ausstellung im Pavillon, Naturlehrpfad, Baumkronenpfad.

Einkehr: Parkcafé im Pavillon.

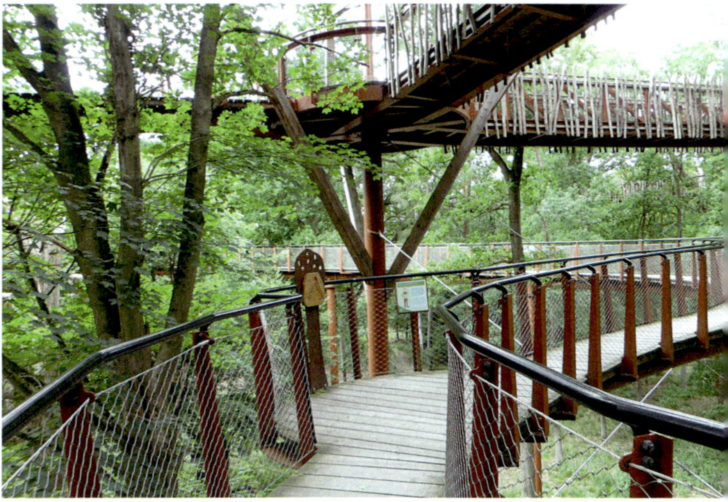

Der Park: Vom Eingang des Wildparks läuft man auf einem breiten Waldweg direkt in den Bereich, in dem die ältesten der Ivenacker Eichen ihre teilweise etwas kahlen Äste in den Himmel strecken. Einige der ganz alten Bäume sind eingezäunt, damit herabfallendes Totholz keine Besucher verletzt. Rechts führt ein Abzweig zu einer Streuobstwiese mit vielen alten Obstsorten.

Dann treffen wir auf den neuen **Baumwipfelpfad**. Ein 400 Meter langer Holzsteg schraubt sich zwischen den Eichen immer weiter in die Höhe und erlaubt ungewöhnliche Blicke in die Baumkronen. Stationen am Weg erklären die Geschichte des Waldes und informieren über seine Bewohner. Der höchste Punkt der Steganlage ist ein 35 Meter hoher Aussichtsturm von dem man weit über den Wald schauen kann.

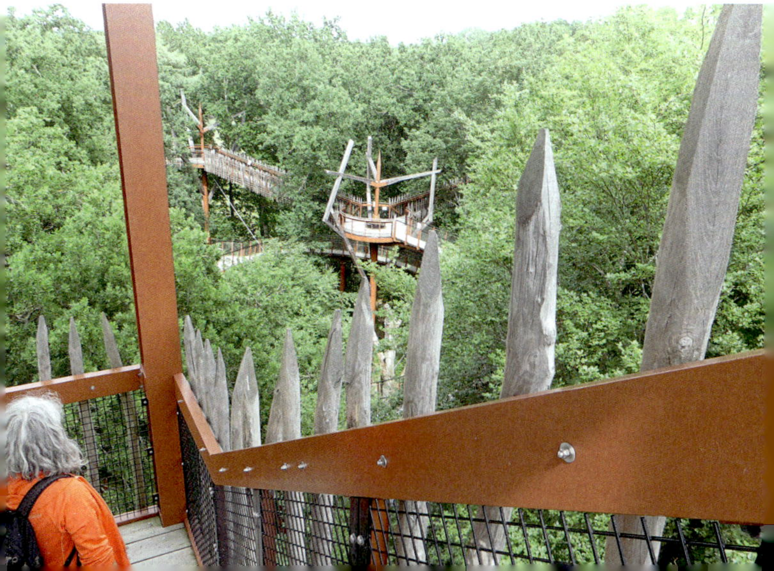

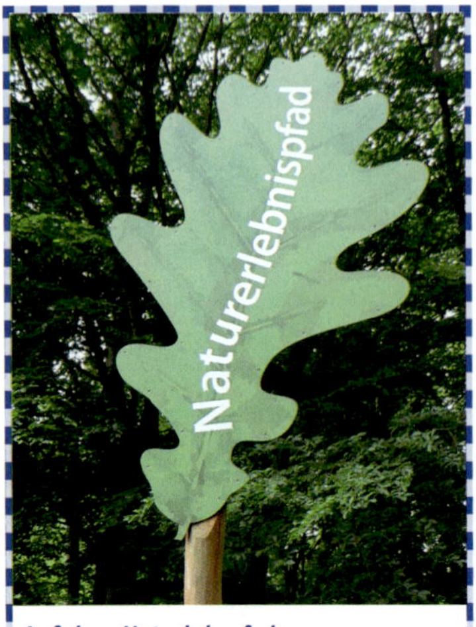

Auf dem Naturlehrpfad

Gehzeit 45 min, 1,4 km, ab 4 Jahre

In der Nähe des Pavillons beginnt ein ungewöhnlich fantasievoll gestalteter Naturlehrpfad mit neun spannenden Stationen, der einmal durch den Park führt. Unterwegs lernen wir reden wie ein Specht, beobachten das Leben in einem toten Baum und Damwild auf den Wiesen im Park. Wir üben das Anschleichen, kochen ein leckeres Pilzgericht und helfen dem Wildschwein auf der Suche nach seiner Leibspeise.

Der Park wird vom Forstamt Stavenhagen betreut. Aktuelle Infos finden Sie unter www.wald-mv.de.

Dort wo man aus den Baumwipfeln hinuntersteigt, informiert eine Station über die unterschiedlichen Eichenarten. Von hier aus ist die nächste Kreuzung mit einer **reetgedeckten Hütte** schon zu sehen.

Wir biegen links ab und stehen wenig später an einem gut restaurierten **orangen Pavillon,** in dem eine schön gestaltete, kindgerechte Ausstellung über die Eiche und die Bewohner des Eichenwaldes zu sehen ist. Kinder können hier in einen riesigen Eichhörnchenkobel klettern und den Vogelstimmen der Frühjahrssinfonie lauschen. Wer gut hinhört, kann später im Wald versuchen, die dort benannten Vögel herauszuhören.

Neben dem Pavillon kann man im **Café** eine Pause machen und vielleicht dabei Rehe beobachten. Der **Futterplatz** des Wildrudels liegt direkt nebenan, sodass sie oft hier anzutreffen sind. Ist kein Hirsch zu sehen, stehen die Chancen für eine Sichtung auch auf dem Naturlehrpfad nicht schlecht, der an der großen Wiese vor dem Pavillon beginnt. Zuerst laufen wir am Ende der Wiese ein Stück in Richtung Lieschengrab, dann folgen wir den Wegweisern des Lehrpfades von Station zu Station.

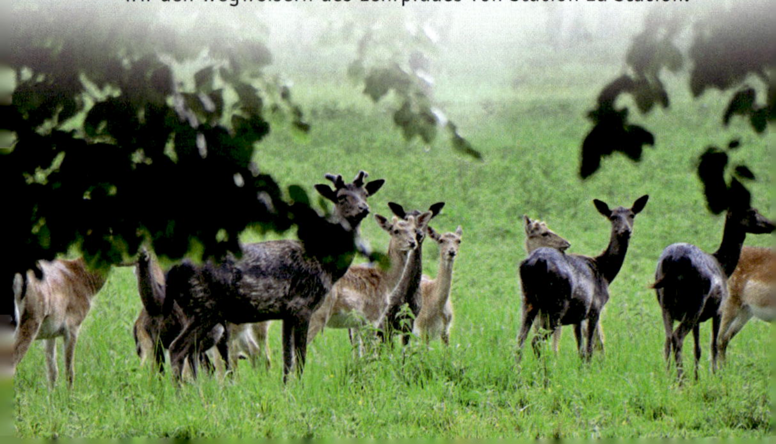

Wer kennt eigentlich den Zilpzalp?
Ein Vogelstimmenspiel im Wald

Hörbeispiele verschiedener Vogelstimmen finden Sie auf der Internetseite des Naturschutzbundes (www.nabu.de). Dort gibt es auch ein Vogeltrainer mit Quizfragen und die NABU-App »Vogelwelt«.

Amsel, Drossel, Fink und Star oder auch noch Rotkehlchen, Meise, Schwalbe, Spatz, Specht oder der Eichelhäher gehören zu den bekanntesten Vögeln in unseren Wäldern und Gärten. Aber wer kennt eigentlich den Zilpzalp? Wer einmal bewusst seinen Ruf wahrgenommen hat, hört ihn plötzlich überall. Das ist kein Wunder, der kaum elf Zentimeter grünlichbraune Zugvogel gehört zu den häufigsten Vögeln in Mitteleuropa. Sein leicht monotones zilp-zalp-zilp-zalp ist auch für Laien deutlich zu erkennen.

Genauso einfach sind nur der Kuckuck oder ein Uhu identifizierbar. Auch das stetige Klopfen des Spechtes lässt sich eindeutig zuordnen. Mit anderen Vogelstimmen ist das deutlich schwieriger. Wer im Müritzeum oder im Waldpavillon an den Ivenacker Eichen die Vogelstimmen genau anhört, kann hinterher das Vogelquiz in den Wald verlegen und versuchen, auf einem Waldspaziergang neben dem klaren Ruf des Zilp Zalp auch die plätschernd leichte Stimme des Rotkehlchens oder das aufgebrachte Schimpfen des Eichelhähers herauszuhören.

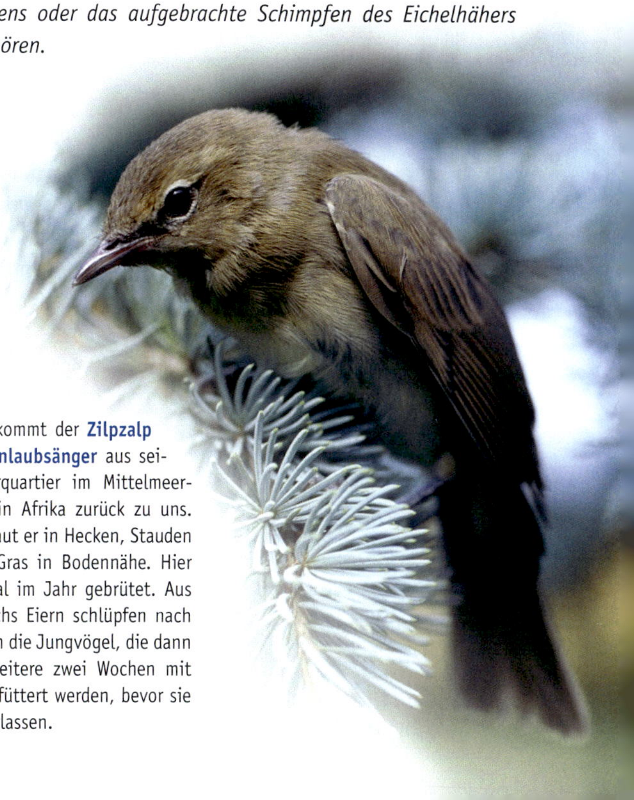

Ende März kommt der **Zilpzalp** oder **Weidenlaubsänger** aus seinem Winterquartier im Mittelmeerraum oder in Afrika zurück zu uns. Sein Nest baut er in Hecken, Stauden und altem Gras in Bodennähe. Hier wird zweimal im Jahr gebrütet. Aus fünf bis sechs Eiern schlüpfen nach zwei Wochen die Jungvögel, die dann auch nur weitere zwei Wochen mit Insekten gefüttert werden, bevor sie das Nest verlassen.

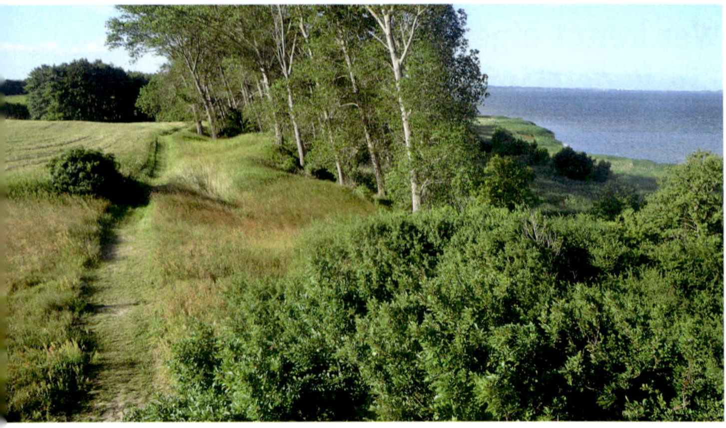

20 m

STRECKE 6,7 km

2 h 15

ab 6

Tour 43: Von Verchen nach Gravelotte

Ein Naturlehrpfad am Hochufer des Kummerower Sees

Am Ostufer des Kummerower Sees führt, von der schönen Badebucht in Verchen zum kleinen Sandstrand beim Naturcamping Gravelotte, ein leicht hügeliger Naturpfad immer am Hochufer des Sees entlang. Mehrere Aussichtspunkte am Wegrand, ein Holzturm mit Blick über den See und ein einsamer Rastplatz an seinem Ufer machen diese kleine Wanderung zu einem besonders schönen Ausflug.

Wanderung: Vom **Parkplatz im Ortszentrum** laufen wir zur **Badestelle** ① am See und wandern dann links am Ufer entlang bis zum Ufersteig. Kurz vor dessen Ende geht es links hinauf auf den Wiesenweg des Naturlehrpfads. Steht unser Auto auf dem kleinen **Parkplatz am Ortsrand** ② folgen wir einfach dem Weg an der Schafweide parallel zum Seeufer bis zu den ersten Infotafeln. Schon auf dem ersten Hügel steht man am **Aussichtsturm** ③,

TOUREN-STECKBRIEF

Anfahrt: Verchen liegt an der Nordspitze des Kummerower Sees und ist am besten von der B 194 über Schönfeld zu erreichen. Im Ortszentrum kurz vor dem Seeufer liegt rechts an der Budenstraße bei **GPS N 53°50'56.5", E 12°54'19.9"** ein großer Parkplatz (€ 4 pro Tag). Eine Hand voll kostenloser Parkplätze finden Sie bei GPS N 53°50'40.6", E 12°54'49.4" am Beginn des Wanderweges am Ortsrand von Verchen.
Läuft man die Tour von Gravelotte beginnt der Weg am Hafen auf dem Gelände des Campingplatzes. Davor gibt es bei **GPS N 53°49'24.6", E 12°54'58.5"** einen kostenpflichtigen Parkplatz.

Zum Einkauf eines Picknicks: Landmarkt Verchen mit regionalen Produkten im Ort.

Charakter: Schmaler, naturbelassener Wiesenweg am Hochufer mit schönen Blicken über den See.

Highlights: Aussichtsturm, Picknick am See, Baden in Verchen und Gravelotte.

Einkehr: Imbiss am Camping Gravelotte und Café Strandmuschel in Verchen.

In der Nähe: Draisinestrecke Dargun.

von dem man einen weiten Blick über die Wasserfläche des Kummerower Sees hat.

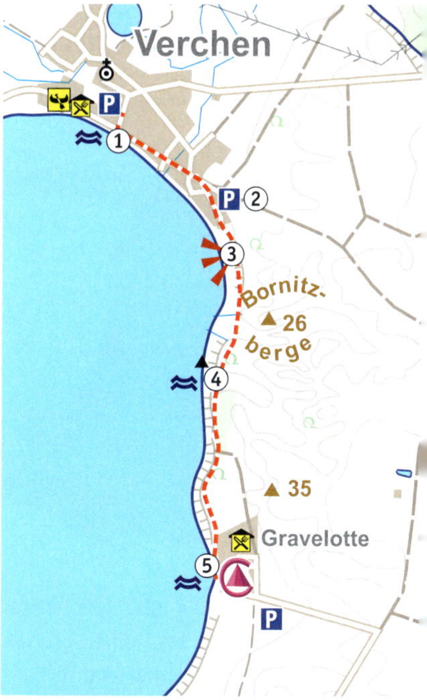

Auf dem nächsten Abschnitt des Wegs kann man besonders gut sehen, aus welcher Richtung der Wind am häufigsten weht. Die großen Bäume am Seeufer neigen sich bedächtig über den Weg. Dann geht es durch einen Wald bis zu einem **Rastplatz mit Holzbänken und Badestelle** ④.

In sanftem Auf und Ab wandern wir am Hochufer weiter. Meist führt der Pfad zwischen großen, alten Bäumen hindurch, aber man kann auch immer wieder weit über den See blicken. Nach drei Kilometern passieren wir dann das **Hotel Gravelotte.** Dahinter folgen zuerst das Hafenbecken und dann der **Badestrand** ⑤, der sich zwar auf dem Gelände des Campingplatzes befindet, aber öffentlich zugänglich ist. Auf dem Campingplatz gibt es auch einen Imbiss.

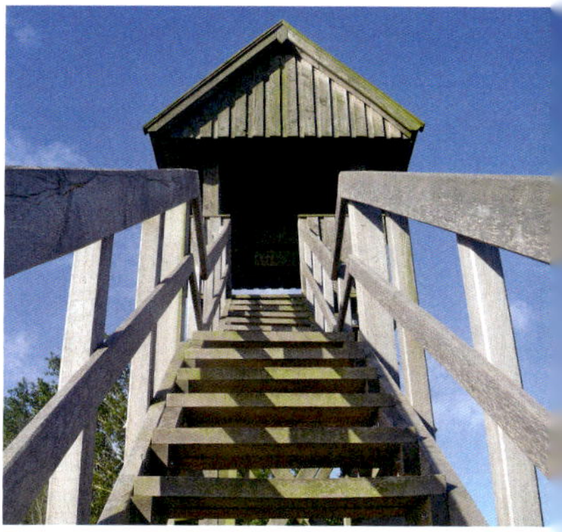

Anschließend kehren wir auf dem vertrauen Weg zurück.

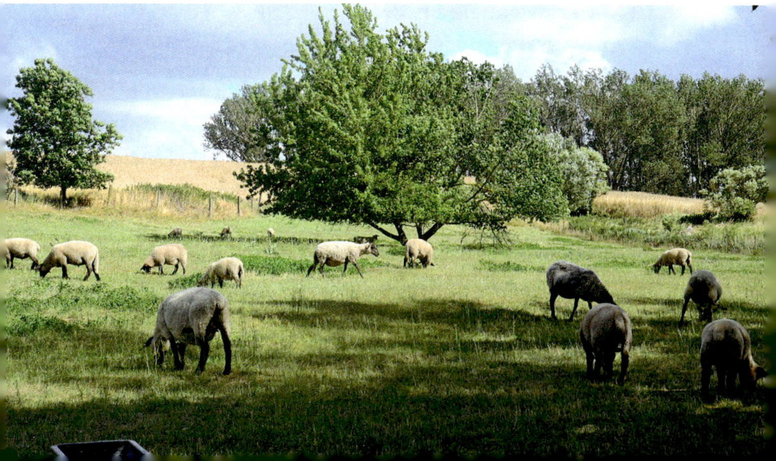

Vom Graureiher zur Rohrdommel

Die große Familie der Reiher

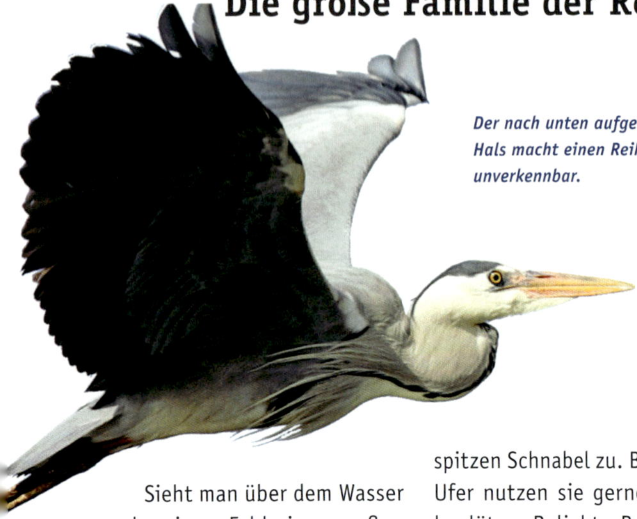

Der nach unten aufgerollte Hals macht einen Reiher im Flug unverkennbar.

Sieht man über dem Wasser oder einem Feld einen großen Vogel fliegen, hat man oft einen Graureiher vor sich. Mit einer Flügelspannweite von ungefähr 1,70 Meter ist er etwa so groß wie ein Storch oder ein Kranich. Spätestens durchs Fernglas ist der Reiher dann eindeutig zu identifizieren: Nur er zieht seinen langen S-förmigen Hals im Flug komplett ein. Der Kopf scheint direkt am Körper zu sitzen und die Beule, die dabei entsteht, verrät sofort, wen man vor sich hat. In Kombination mit den behäbigen, weiten Flügelschlägen wirkt der sonst so elegante Reiher in der Luft fast ein wenig schwerfällig.

Beim Paddeln begegnet man Graureihern oft im Schilf der Uferzone. Sie fressen hauptsächlich Fisch und warten am Seeufer im Flachwasser auf Beute. Entdecken sie etwas, stoßen sie blitzschnell mit dem spitzen Schnabel zu. Bäume am Ufer nutzen sie gerne als Ruheplätze. Beliebte Reihersitzplätze in der Nähe von Brutkolonien erkennt man auch an den weiß bekleckesten Baumblättern. Reiher jagen alleine, brüten aber in Gemeinschaft. Ihre Nester bauen sie aus Reisig und Zweigen in hohen Bäumen in Ufernähe. Drei bis fünf Jungtiere zieht ein Reiherpaar auf. Sie schlüpfen nackt aus dem Ei und werden in den ersten zwei Wochen ständig betreut und warmgehalten. Nach etwa 50 Tagen sind sie dann flügge.

Graureiher ziehen nur teilweise in den Süden, einige überwintern auch hier. Da sie bei der Wahl ihres Lebensraumes recht flexibel sind, findet man Reiher beinahe überall in Europa. Ein See, ein Bach oder ein sauberer Fluss mit flachen Uferzonen reicht aus. Fehlt das Wasser, wandern die Vögel auch über Felder und fangen Mäuse oder Heuschrecken.

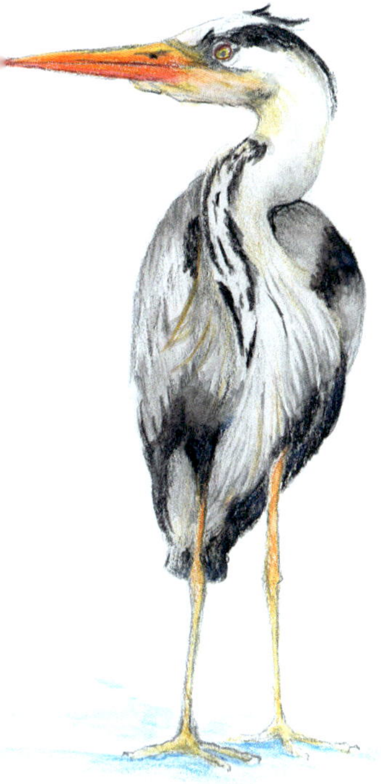

Versteckspiel im Schilf – Die große Rohrdommel

Die Familie der Reiher hat viele Vertreter. Dem Graureiher optisch sehr ähnlich sind zum Beispiel der Silber-, der Seiden- und der Pupurreiher. Ganz anders sieht dagegen die Rohrdommel aus. Sie ist etwas größer als ein Huhn und hat einen kurzen dicken Hals und ebenso kurze Beine. Im Gegensatz zum Graureiher ist sie sehr selten und kommt in Deutschland fast nur noch an den Mecklenburgischen Seen vor.

Rohrdommeln leben und brüten ausschließlich im Schilf und sind perfekt an diesen Lebensraum angepasst. Ihr Gefieder zeigt braun-weiße Längsstreifen. Droht Gefahr, streckt die Rohrdommel den Schnabel gerade in die Luft zur sogenannten Pfahlstellung, sodass sie mit ihren senkrechten Streifen im Schilf praktisch unsichtbar ist.

Rohrdommelmännchen sind echte Machos. Im Frühjahr zur Zeit der Brunft hallen ihre lauten, dumpfen Rufe, die so ähnlich klingen wie ein Nebelhorn, weit über das Schilf. Der Ruf hat dem Vogel auch den Spitznamen »Moorochse« eingebracht. Anders als alle anderen großen Schreitvögel sind Rohrdommeln scheinbar polygam. Ein Männchen paart sich oft mit mehreren Weibchen und beteiligt sich weder am Nestbau noch am Füttern der Jungvögel. Diese verlassen schon nach zwei Wochen das Nest und sind mit acht Wochen komplett selbstständig. Rohrdommeln werden etwa sieben bis zehn Jahre alt.

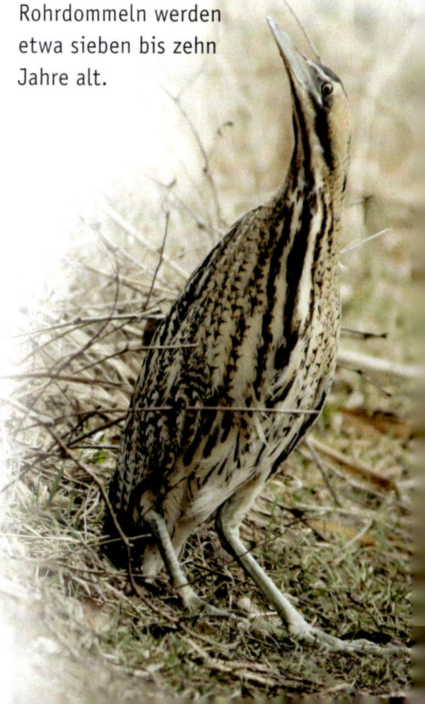

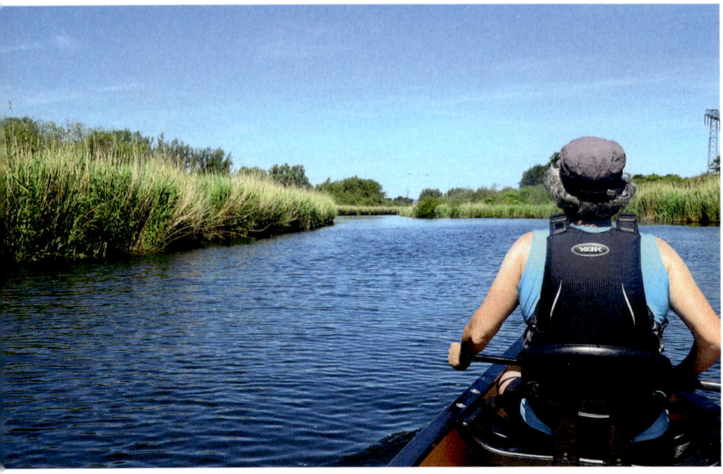

STRECKE 18 km

6 h

ab 6

Tour 44: Auf dem Amazonas des Nordens

Zwei Tage Kanu-Abenteuer auf der Peene

Breit und behäbig windet sich die Peene durch die flache, dünn besiedelte Landschaft zwischen dem Kummerower See und der Ostsee. Ihre Ufer stehen auf weiten Strecken unter Naturschutz und so sind hier viele seltene Tierarten zu Hause. Mit etwas Glück kann man unterwegs einem Biber, Fischotter, See- oder Fischadler, Kranich oder Eisvogel begegnen. Die Fließrichtung des Wassers hat an der Peene mehr mit dem Wind zu tun als mit der Strömung, sodass man den Fluss in beide Richtungen paddeln kann. Wir nutzen das in dieser Tour für ein besonderes Flussabenteuer mit Übernachtung im Zelt auf einem einfachen Wasserwanderrastplatz mitten in der Natur.

TOUREN-STECKBRIEF

Anfahrt: Verchen liegt an der Nordspitze des Kummerower Sees und ist am besten von der B 194 über Schönfeld zu erreichen. Im Ortszentrum kurz vor dem Seeufer liegt rechts an der Budenstraße bei **GPS N 53°50′56.5″, E 12°54′19.9″** ein großer Parkplatz (€ 4 pro Tag). Vom Parkplatz gehen wir zum See und rechts am Ufer entlang zum Kanuverleih.
Kanuverleih: Tagesmiete pro Kanu € 39 – 49. Alternativ ist eine längere Tagestour nach Demmin möglich (16 km) € 39 pro Boot inklusive Rücktransport.
www.abenteuer-peenetal.com
Charakter: Kurze Fahrt in Ufernähe des Kummerower Sees, dann strömungsfrei auf der in beide Richtungen befahrbaren Peene. Schilfbewachsene Ufer mit wenig Möglichkeiten zum Anlegen.
Highlights: Viel unberührte Natur, Tiere beobachten unterwegs, Zelten direkt am Flussufer möglich, Badeplatz.
Unterkunft: Einfacher Biwakplatz am Flussufer, nur Trocken-WC und Wassersäule, etwa € 4 pro Kanu/Zelt.
Alternativ Zimmer oder Ferienwohnung im Landhof Trittelwitz, Reservierung notwendig! www.landhof-trittelwitz.de
Einkehr: Landhof Trittelwitz, etwa 800 Meter vom Biwakplatz entfernt.

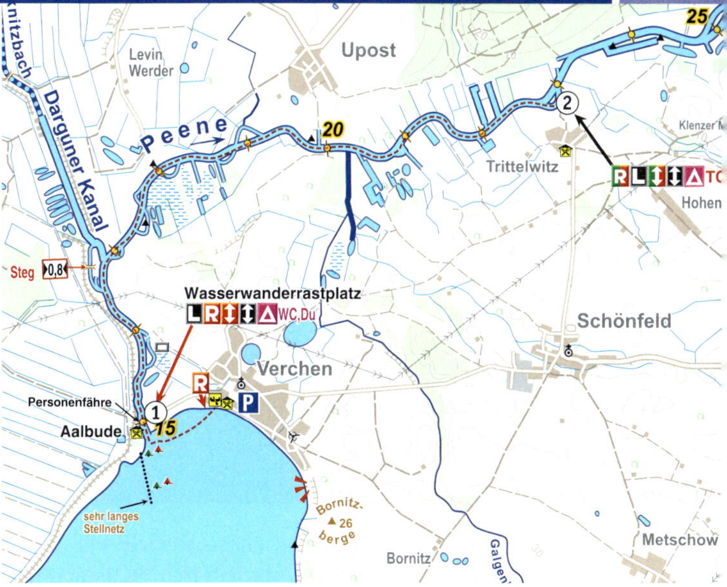

Kanutour: Die Tour beginnt am Kanuverleih in Verchen am Kummerower See, der sich direkt am seichten Badeufer befindet. Von hier aus geht es erst über den flachen Seebereich bei Verchen und dann über die tiefere Fahrrinne für motorisierte Boote in die Peene. Gleich hinter der Einfahrt folgt links der **Gasthof Aalbude** und gegenüber ein **Wasserwanderrastplatz** ①. Wer schon hier zum Essen einkehren möchte, legt rechts an und setzt mit der Fähre zum Gasthof über.

Die Peene fließt auf dieser Tour hauptsächlich durch Sumpfland. Die Ufer sind komplett unbesiedelt und mit Schilf bewachsen, aus dem ab zu ein kahler Baum ragt. Seit das Ufergebiet der Peene unter Naturschutz steht, steigt dort der Grundwasserspiegel.

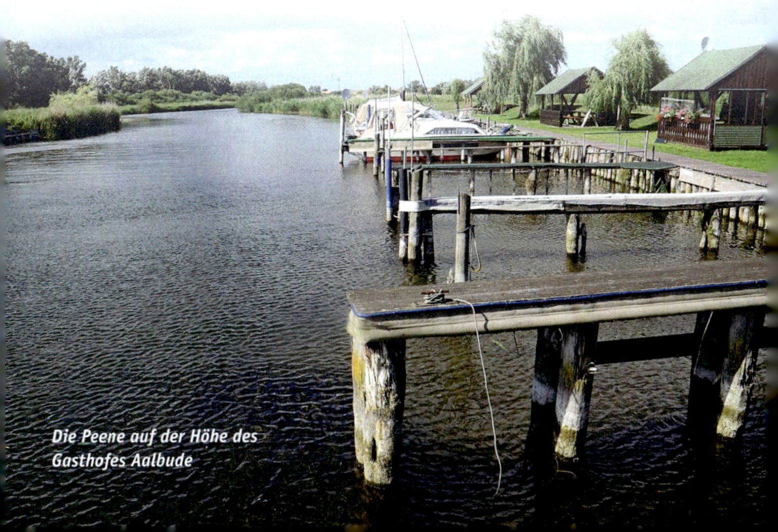

Die Peene auf der Höhe des Gasthofes Aalbude

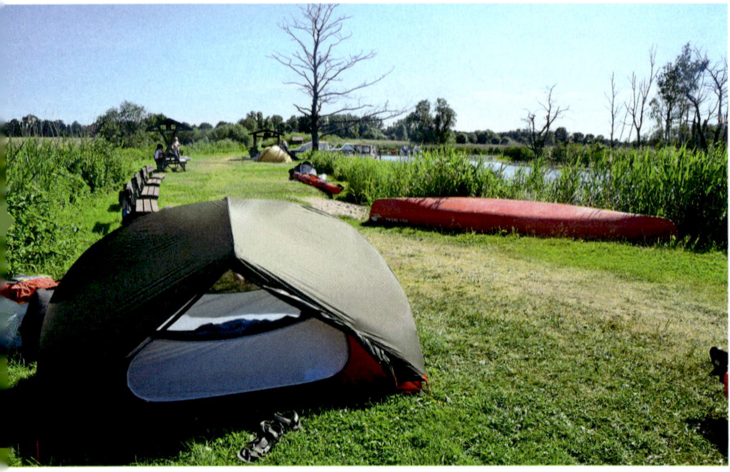

Die Bäume im Uferbereich bekommen nasse Wurzeln und sterben nach und nach ab. Aus dem bewirtschafteten Kulturland wird wieder sumpfige Wildnis und Lebensraum für Reiher, Kranich, Seeadler, Fischadler oder die scheuen Fischotter. Die nackten Äste der kahlen Bäume sind bevorzugter Sitz für Vögel aller Größen. Wir sind schon kurz hinter Aalbude gleich zu Beginn der Paddeltour unserem ersten Seeadler begegnet, der von seinem luftigen Sitz den Fluss beobachtete. Im Schilf direkt neben dem Kanu hört man Teich- und Drosselrohrsänger, die Rapper unter den Singvögeln. Ihr knarzendes Karre-karre kiet-kiet ist nicht besonders melodisch und erstaunlich laut für den kleinen Vogel, der meist irgendwo neben uns in den Schilfrohren schaukelt und nur mit Mühe zu erkennen ist. So gibt es auf den acht Kilometern bis zum **Wasserwanderrastplatz Trittelwitz** für aufmerksame Beobachter viel zu entdecken, auch wenn am Ufer auf den ersten Blick erst einmal vor allem Schilf zu sehen ist.

Abenteuer Peenetal
Wanderfahrt mit Kanu

Wer länger unterwegs sein möchte, kann auf der Peene auch auf Wanderfahrt gehen. Sie ist auf den kompletten 90 Kilometern bis zur Ostsee mit dem Kanu befahrbar und bietet mit Wasserwanderrastplätzen in regelmäßigen Abständen eine gute Infrastruktur. Gut organisierte und betreute Touren auf der Peene finden Sie unter www.abenteuer-flusslandschaft.de. Auch Abenteuer Peenetal bietet die Flussfahrt als Gesamtpaket an. Bei beiden Anbietern kann man aber auch einfach nur ein Kanu mieten und auf eigene Faust lospaddeln.

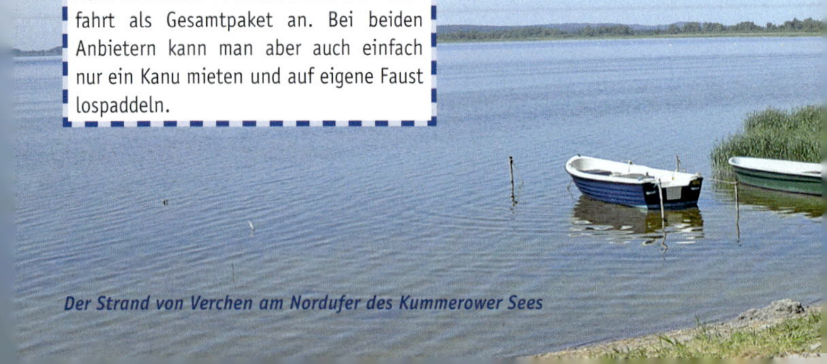

Der Strand von Verchen am Nordufer des Kummerower Sees

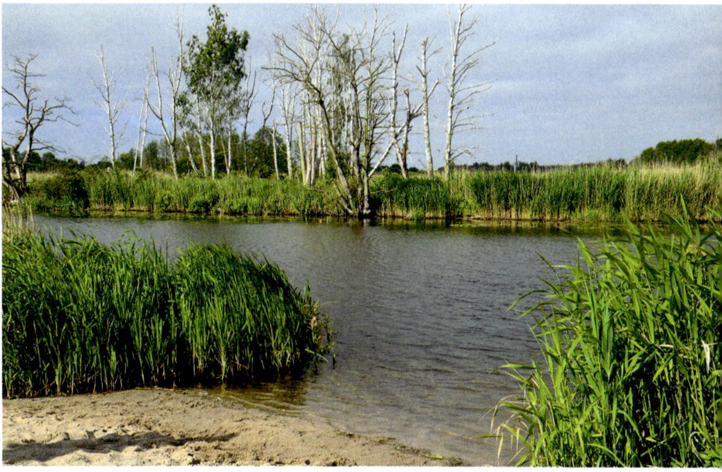

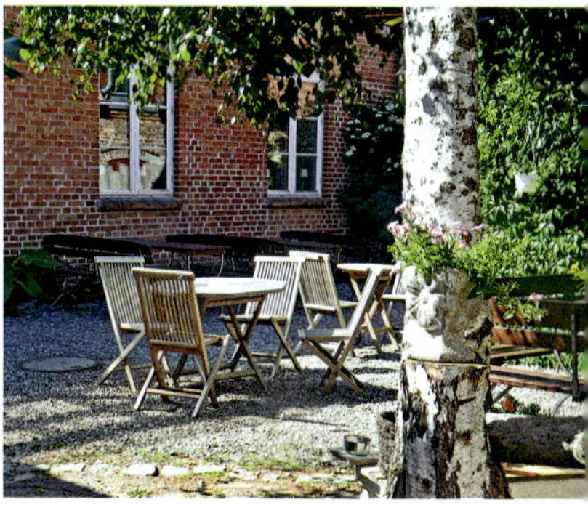

In **Trittelwitz** ② angekommen, findet sich ein Platz für das Zelt direkt am Wasser, daneben ein kleines sandiges Badeufer und zwei überdachte Picknickbänke als Sonnen- oder Regenschutz. Läuft man in Richtung Dorf, kommt man zuerst an der Trockentoilette vorbei und nach 150 Metern steht rechts am Ortseingang eine Wassersäule, an der man gegen den Einwurf einer Euromünze die Trinkwasservorräte auffüllen kann. Gleich das erste Haus links im Ort ist dann der **Landhof Trittelwitz** mit schönem kleinen Biergarten und Zimmern, in denen Sie unterkommen können, wenn Sie nicht zelten möchten. (Gasthof in der Nebensaison geöffnet ab 17 Uhr, im Hochsommer auch am Nachmittag). Die Übernachtungsgebühr €1,50 pro Kanu und €2,50 pro Zelt wird morgens vom Hafenmeister kassiert. Am nächsten Morgen geht es dann auf gleichem Weg zurück. Geübte Kanuten mit größeren Kindern können diese Tour auch ohne Übernachtung in einem Tag paddeln.

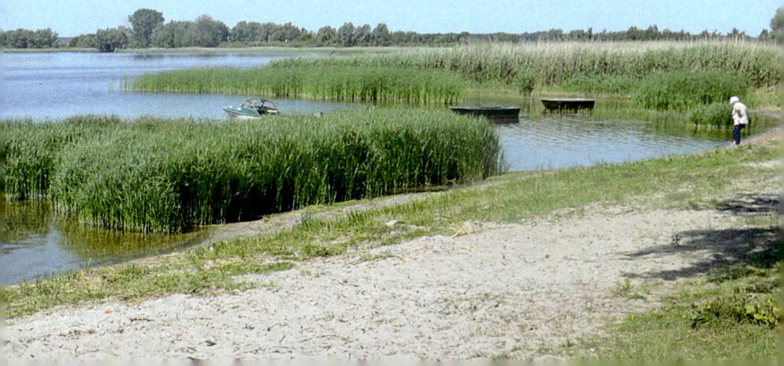

UNTERKUNFT UND ÜBERNACHTUNG

Feriendörfer und Familienhotels

Private Ferienhäuser
und Urlaub auf dem Bauernhof

Familienunterkunft Jugendherberge

Campingplätze

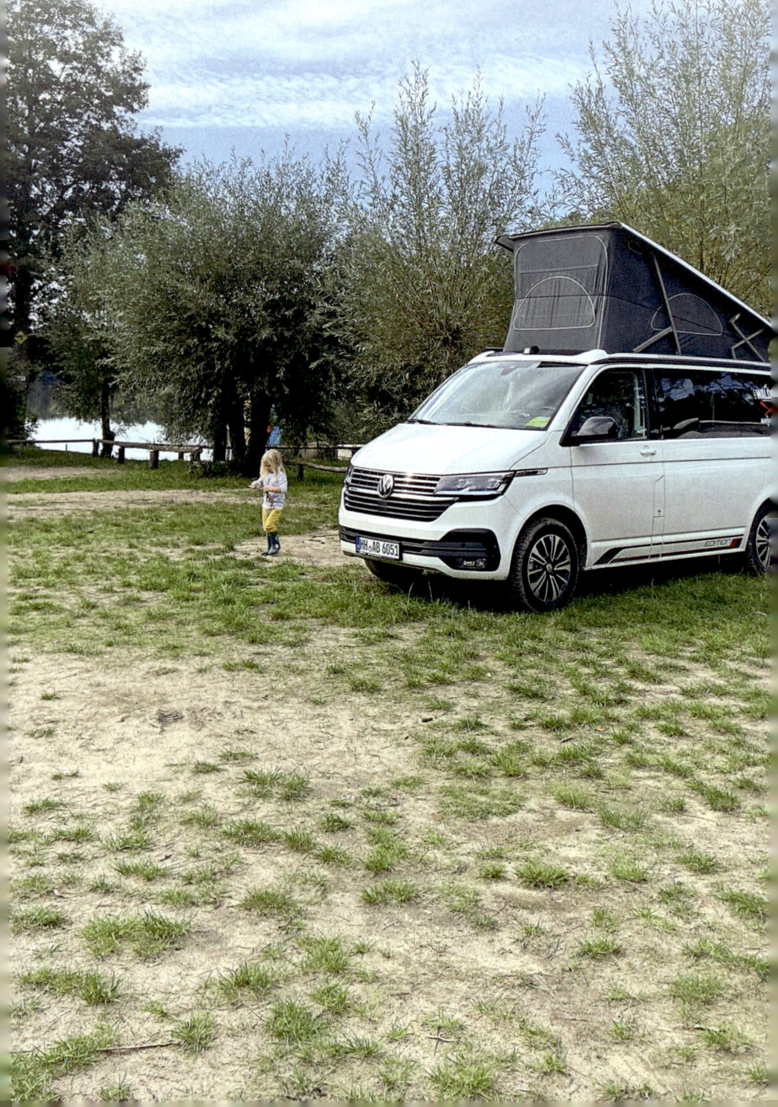

Unterkunft und Übernachtung

Wer mit Kindern auf Reisen geht, braucht ein Domizil mit Raum zum Spielen, Toben und Krach machen. Ein Hotel ist da nicht nur aus Kostengründen die schlechteste Lösung. Viel entspannter erholt man sich im eigenen Häuschen oder Apartment. Ferienhäuser und Ferienwohnungen findet man an den Mecklenburgischen Seen in allen Größen und Komfortstufen. Die Auswahl reicht vom schicken Ferienbungalow über rustikalere Unterkünfte auf Bauern- oder Reiterhöfen bis zur einfachen Hütte auf dem Campingplatz. Besonders geeignet ist die Region auch für Campingfreunde: Über 70 Plätze stehen zur Auswahl – und die meisten liegen direkt am Seeufer.

Feriendörfer und Familienhotels

An der Kleinseenplatte und rund um die Müritz findet man die wenigen Feriendörfer der Region. Einige der Anlagen haben sich auf Familien spezialisiert, sodass hier genau wie auf Campingplätzen viele Kinder zusammen kommen. Oft gibt es dort im Sommer auch ein spezielles Kinderprogramm mit Spielen und Ausflügen, und auch einen Kanu- oder Fahrradverleih, sodass kurze Wege für Entspannung sorgen. Innerhalb der Anlage fahren meist keine Autos, größere Kinder können also auch ohne Gefahr alleine losziehen. Hier finden Sie eine Auswahl an besonders familienfreundlichen Anlagen:

Ferieninsel Tietzowsee
Anlage mit 61 bunten Ferienhäuschen auf einem Inselgrundstück im Tietzowsee bei Zechlinerhütte. Beachvolleyballplätze, Tischtennis, Kinderspielplatz, eigener Badestrand und Bootsverleih auf dem Gelände.
Finnhaus für 4 Personen €341–383 pro Woche (Mindestaufenthalt zwei Nächte), in der Hauptsaison €602 pro Woche. www.tietzowsee.de

Ferienland Luhme
Einfache, ältere Anlage mit rustikalen, einfach eingerichteten Holzbungalows, Zeltwiese und viel Platz für Kinder in auf dem Außengelände. Mit Spielplatz, Trampolin und Tobescheune für Regenwetter. Im Feriendorf sind Katzen, Hühner, Meerschweinchen, Kaninchen, Schildkröten, Schweine, Ziegen und Schafe zu Hause.
Mindestaufendhalt zwei Übernachtungen, ab €65 pro Tag plus Endreiniung. Tel. 033923 71425. www.ferienland-luhme.de

Das stilvolle **Familotel Borchard's Rookhus** steht in besonders schöner Alleinlage am Labussee. Kinderclub und Indianerclaim, Streichelzoo und Ponyreiten sorgen für viel Abwechslung bei den Kids. Hallenbad und Sauna gefallen auch den Erwachsenen. Qualität hat hier aber auch ihren Preis.
Eine Woche Vollpension (all inklusive) im Familienzimmer mit zwei Räumen kostet je nach Saison zwischen €1.048 und €1.230 pro Erwachsenen. Kinderpauschale zwischen €200 und 320 pro Woche, je nach Alter. www.rookhus.de

Ferienpark Heidenholz
Familienfreundlicher Ferienpark am Plauer See mit Ferienhäusern, -wohnungen und Apartments. Kinder können Ponyreiten und Alpakas, Esel,

Ziegen und Meerschweinchen streicheln. Außerdem gibt es einen großen Spielplatz. Wellnessbereich mit Hallenbad im Hotel inklusive. Boots- und Fahrradverleih vor Ort.
Terrassenhaus für 2 bis 4 Personen €79–125 pro Tag.
ferienpark-heidenholz.de

Ferienpark Mirow
Der Ferienpark in Granzow besteht aus vielen, sehr gepflegten, bunten, aber recht eng stehenden Holzhäusern in bester Lage. Er liegt direkt oberhalb des Seeufers des Granzower Möschens nördlich von Mirow. Der Park ist rundum auf Familien eingestellt. Autofreie Wege, mehrere Restaurants, Laden, Badewiese mit Spielplatz, ein sehr guter Fahrradverleih, bei dem es auch allerhand spannende Kinderfahrzeuge gibt, und ein Kanuverleih befinden sich auf dem Gelände. Für Kinder gibt es ein Ferienprogramm, auf die Eltern warten Schwimmbad, Sauna, Wellness und ein Fitnessbereich.
Haus für vier Personen je nach Saison und Haustyp €55–145 pro Tag. Mindestaufenthalt zwei Tage.
www.allseasonparks.de

Müritzparadies Bolter Ufer
Die Anlage des Müritzparadieses zwischen Müritzufer und Bolter Kanal ist überschaubar in der Größe. In acht farbenfrohen Holzhäusern sind Ferienwohnungen untergebracht. Vom Dorfteil »Alte Fahrt« blickt man auf den Bolter Kanal. Durch den zugehörigen Campingplatz geht es zum sandigen, sanft abfallenden Bolter Ufer der Müritz. Zur Anlage gehört eine Sauna, ein Boots- und ein gut ausgestatteter Fahrradverleih. Die Surfmühle auf dem Campingplatz nebenan bietet Surf- und Segelkurse und Wasserabenteuernachmittage für Kinder ab acht Jahren. Die Kleinsten können dort erst einmal schwimmen lernen.
Ferienwohnungen für 4 Personen €36–133 pro Tag, Tel. 039823 2530.
www.mueritz.com

Ferienpark Müritz
Anlage mit hübschen Holzhäusern und Appartments im Hafendorf Rechlin an der südlichen Müritz. Spielplatz, Badestrand, Fahrrad- und Bootsverleih, Restaurant, Kinder-Ferienprogramm. Direkt am Anleger der weißen Flotte.
Haus für 4 Personen je nach Saison und Haustyp €60–165 pro Tag. Mindestaufenthalt je nach Saison.
www.allseasonparks.de

Van der Valk Resort Linstow
Mit Streichelzoo, Ponyhof, Indianertipi und Erlebnisbad hat die Hotel- und Ferienhausanlage für Familien viel zu bieten. Hinter dem großen Hotelgebäude erstreckt sich ein idyllisches Dorf aus lauter reetgedeckten Häuschen in unvergleichlicher Lage: direkt an der Autobahnausfahrt, auf einer platten Wiese. Die Häuser in der östlichsten Anlage stehen gerade einmal 100 Meter von der Autobahn entfernt, vom Hoteleingang sind es immerhin 300 Meter Luflinie.
Ferienhaus ab €84–162 pro Tag.
linstow.vandervalk.de

Robinsonclub Fleesensee
Hier kann man surfen, segeln, tauchen, reiten, Golf und Tennis spielen, Bogenschießen, gut essen und bequem wohnen. Ein eigenes Schwimmbad ist genauso vorhanden wie ein Wellness- und Fitnessbereich. Kinderbetreuung im Roby-Club.
Unterbringung im Familienzimmer mit Vollpension 2 Erwachsene plus 2 Kinder etwa €450–700 pro Tag. Mindestens zwei Nächte.
www.robinson-fleesensee.de

Ferienpark Himmlisch Himmelpfort
Die schön eingerichteten Blockhäuser des Ferienparks Himmlisch Himmelpfort stehen in Seenähe unter Bäumen. Im Preis enthalten sind Fahrräder, ein Kanadier und ein kleines Motorboot (ohne Führerschein fahrbar) pro Haus. Die ganze Anlage wirkt sehr gepflegt und auch Räder, Kanus und Boote sind in gutem Zustand.
Wochenpreis €518–819 je nach Haustyp und Saison.
www.himmlisch-himmelpfort.de

Ferienwohnungen und Ferienhäuser

In vielen Dörfern zwischen den Seen werden auch von Privatleuten Ferienhäuser und -wohnungen vermietet. Man wohnt dann mitten im Dorf oder auch auf einem Hof mitten in der Natur. Die Atmosphäre ist hier sehr viel persönlicher, dafür gibt es meist keine Kinderbetreuung und weniger Spielkameraden. Das Programm bleibt Familiensache. Einige Empfehlungen für Ferienwohnungen auf besonders schönen Höfen nennen wir bei den einzelnen Touren.

Ferienhäuser privater Anbieter sind auch zu finden unter:
www.mueritz.de
www.mueritztourist.de
www.frosch-ferienhaus.de
www.ferien-mv.info
www.privatquartierinfo.de

Ferien auf dem Bauernhof

Wer Anschluss und ein wenig Kinderprogramm sucht, ohne dafür in eine große Feriensiedlung zu ziehen, ist vielleicht auf einem der Ferienbauernhöfe richtig. Meist gibt es dort mehrere Unterkünfte und damit auch weitere Kinder. Es ist genug Platz zum Toben und Kinder sind besonders gern gesehene Gäste. Auf allen Ferienhöfen gibt es auch Tiere. Kinder können hier Schafe, Ziegen, Katzen oder Kaninchen streicheln und fühlen, wie samtig sich die Nase einer Kuh anfühlt. Beim Melken zuschauen, frische Milch probieren, die Tiere füttern oder mit auf den Traktor steigen – so richtige Ferien nach Kinderwünschen eben. Wer gerne reitet, findet auch Ferienwohnungen auf fast allen Reiterhöfen. Einige besonders interessante Höfe sind bereits bei den Regionen erwähnt. Sie finden sie noch einmal unten im Kasten.

Weitere Adressen für Bauernhofferien findet man unter:

Bauernhöfe speziell in Mecklenburg-Vorpommern: **www.auf-nach-mv.de/bauernhof-urlaub**

Privates Portal, bei dem sich Ferienhöfe deutschlandweit eintragen können: **www.bauernhofurlaub.de**

Reiter- und Bauernhöfe in Deutschland mit DLG-Gütezeichen präsentieren sich unter **www.landreise.de**

Klax Indianerdorf
Zwischen Malchiner See, Kölpinsee und der Müritz, inmitten von schönen alten Dörfern entsteht jedes Jahr von Mai bis August auf dem Bio-Bauernhof der Familie Peitz ein Tipidorf. Familien erwartet hier ein umfangreiches Programm und Vollverpflegung mit Biozutaten. In einem Tipi finden bis zu sechs Personen Platz.
klax.de/de/indianerdorf/familienurlaub

Folgende Empfehlungen privater Unterkünfte finden Sie im Tourenteil:

- Pferdehof Zislow .... Seite 34
- Naturdorf Eickhof .... Seite 61
- Kanu Camp Hennig .... Seite 61
- Burg Stargard .... Seite 74
- Pension Fledermaus .... Seite 87
- Töpferhof Granzin .... Seite 122
- Zartwitzer Hütte .... Seite 126
- Biobauernhof Grünow .... Seite 148
- Moguntia Ranch .... Seite 153
- Bioranch Zempow .... Seite 153
- Kossätenhof Behm .... Seite 194
- Zechliner Mühlenhof .... Seite 194
- Blücherhof .... Seite 212

Familienunterkunft Jugendherberge

Längst sind Jugendherbergen nicht mehr die leicht schmuddeligen Unterkünfte, die wir aus unserer Schulzeit in Erinnerung haben. Nicht nur Schülergruppen, auch Familien finden hier eher einfache, aber trotzdem ansprechende Unterkünfte. In einer Jugendherberge haben Kinder viel Platz und keiner murrt, wenn die Junioren sich ordentlich austoben. Meist trifft man auch auf andere Familien. Meldet man sich rechtzeitig an, kann man in allen Herbergen ein eigenes Familienzimmer bekommen – teilweise sogar mit Dusche und WC. In den als Familienherbergen zertifizierten Häusern gibt es außerdem Spielzimmer und Spielbereiche für Kinder in den Außenanlagen. Man kann Spiele leihen und eine Tischtennisplatte oder ein Kicker zählt in Jugendherbergen beinahe zur Grundausstattung. Oft wird sogar Kinderbetreuung angeboten.

Zu festgelegten Terminen gibt es auch Wochenenden mit Familienprogramm, die sich für alle eignen, die Kontakt suchen. Spielkameraden sind hier schnell gefunden, sodass die Kinder ihren Spaß und die Eltern zwischendurch ein wenig Zeit für sich haben.

Zur Übernachtung in einer Jugendherberge braucht man einen gültigen Jugendherbergsausweis. Eine Mitgliedschaft für Familien kostet € 22,50 im Jahr. Eltern zahlen in vielen Herbergen nur den Juniorpreis (ab etwa € 19,90 pro Person). Man kann nur Übernachtung mit Frühstück oder auch Vollpension zu sehr günstigen Preisen buchen. Es gibt auch Familien-Urlaubsangebote.

Ferienland Salem
Mit Billard, Tischfußball, Tischtennis, Sporthalle, Fitnessraum und Kegelbahn sowie einer eigenen Sauna und einem Hochseilgarten ist das Ferienland Salem am Kummerower See für einen abwechslungsreichen Familienurlaub gut ausgestattet. Träger des Hauses ist das Kolping-Familienferienwerk Salem. Untergebracht sind Familien in Zwei- und Dreibettzimmern mit eigenem Bad. Vollpension bekommt man, wie auch in Jugendherbergen zu sehr günstigen Preisen. In den Ferien werden hier Familienfreizeiten angeboten. Auch die Segel-Kanu-Hochseilgartencamps der Kanubasis Mirow finden im Ferienland Salem statt. Zehn der Appartments sind rollstuhlgerecht.
Ferienland Salem, Am Hafen 1, Salem,
Tel. 03994 2340.
www.ferienland-salem.de

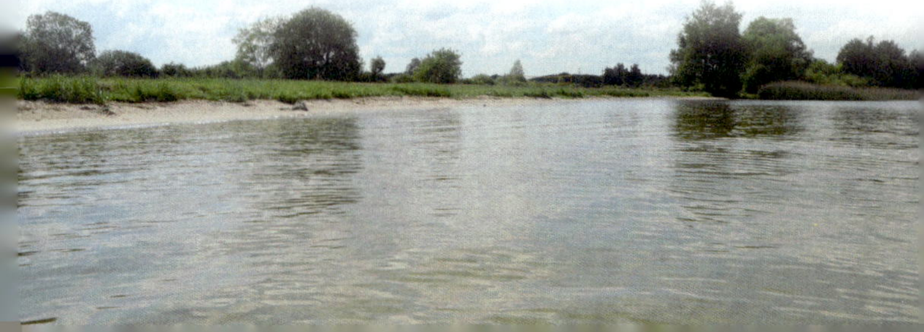

Zertifizierte Familien-Herbergen

Jugendherberge Güstrow
Eine zertifizierte Familienherberge gibt es in der Region der Mecklenburgischen Seen nur in Güstrow. Familien wohnen hier im separaten Familienhaus in Drei- oder Vierbettzimmern mit Waschgelegenheit oder eigenem Bad. Die Jugendherberge befindet sich am Stadtrand von Güstrow am Inselsee mit Badestelle, Beachvolleyballplatz und Tischtennisplatten. **[› Tour 10]**.
Schabernack 70, Güstrow
Tel. 0381 776670
www.jugendherbergen-mv.de

Weitere Jugendherbergen

Die **Jugendherberge Waren** befindet sich in ruhiger Lage am Stadtrand zwischen dem Stadthafen, Warens schönstem Badestrand an der Feisneck und dem Eingang zum Müritz Nationalpark. In dem freundlich bunten Gebäude stehen für Familien Vierbettzimmer mit Etagenbad zur Verfügung. Zwei Zimmer barrierefrei für Rollstuhlfahrer. Volleyball und Tischtennisplätze. Fahrrad- und Bootsverleih.
An der Feisneck 1a, Waren,
Tel. 03991 186900.
www.jugendherbergen-mv.de

Die **Jugendherberge Mirow** befindet sich einige Kilometer vom Ort entfernt. mitten in der Natur auf einem großen Grundstück direkt am Ufer des Mirower Sees und hat eine eigene Solaranlage zur Energieversorgung. Mit Kanubasis, Schaukeln, Tischtennis, Beachvolleyball, Badminton, Streetball und Kicker ist die Anlage üppig ausgestattet. Zeltplatz neben dem Haus. Familienzimmer mit Dusche und WC. Meditationsräume im Haus und ein Lehmofen auf dem Gelände gehören zur weniger üblichen Ausstattung des Hauses. Familienwochenenden und Kanutour im Programm.
An der Clön 2, Mirow,
Tel. 039833 2610.
www.jugendherbergen-mv.de

In einer Jugendstilvilla am Stadtrand residiert die Jugendherberge von **Burg Stargard**. Auf dem großen Gelände stehen Bolz- und Spielplatz, Volleyballplatz, Tischtennisplatten, Liegewiese und Lagerfeuerplatz zur Verfügung. Im Haus kommen eine Sauna, ein Kinoraum, Billard und Kicker hinzu. Alle Zimmer mit Etagenbad. Besuch der Burg Stargard und Reiterferien für Kinder im Programm.
Dewitzer Chaussee 7, Burg Stargard,
Tel. 039603 20207
www.jugendherbergen-mv.de

Das moderne, freundliche Haus der **Jugendherberge Plau** am See liegt zentral an der Einfahrtstraße in den Ort. In zehn Minuten erreicht man zu Fuß den Ortskern. Zweibettzimmer mit Dusche und WC, die Vierbettzimmer haben Etagenbäder. Die mittlere Etage des Hauses ist komplett barrierefrei und somit auch ein gutes Quartier für Rollstuhlfahrer*innen.
Dammstr. 43, Plau am See
Tel. 038735 81591
www.jugendherberge-plauamsee.de

Der ansprechende rote Klinkerbau der **Jugendherberge Malchow** befindet sich am ruhigen Stadtrand. Den Ortskern der netten Kleinstadt erreicht man in gut zehn Minuten zu Fuß. Im Haus gibt es neun Familienzimmer (4er-Zimmer) mit Etagenbad, die untere Etage ist barrierefrei und rollstuhlgerecht. Auf dem Gelände stehen Kicker, Billard, Tischtennis und ein Beachvolleyball-Platz zur Verfügung. Spiele- und Fahrradverleih.
Platz der Freiheit 3, Malchow,
Tel. 039932 14590.
www.jugendherbergen-mecklenburg-vorpommern.de

Das **Kinder- und Jugendhotel Verchen** am Kummerower See ist in sanierten historischen Gebäuden untergebracht und bietet auch familiengerechte Maisonettewohnungen an. Es gibt ein umfangreiches Freizeitprogramm von Bogenschießen bis zur Kanutour.
Kirchstraße 16a, Verchen
Tel. 039994 7930.
www.freizeitspass-verchen.de

Auf dem Campingplatz

Die Mecklenburgische Seenplatte ist eine der wenigen Regionen in Deutschland mit wirklich reizvollen Campingplätzen. Die meisten befinden sich mitten in der Natur und direkt am Wasser – schließlich gibt es hier ja jede Menge davon. Statt der sonst oft in Deutschland üblichen »Schrebergartenanlagen« findet man schöne, naturbelassene Plätze unter hohen Bäumen. Manchmal führt die einzige Zufahrt über einen geschotterten Waldweg und ein Ort ist weit und breit nicht mehr in Sicht. Mit dem Zelt oder einem Wohnmobil nach Mecklenburg zu reisen, ist also eine wirklich gute Idee.

Um mit ihrem Wohnmobil nicht nur die Seenplatte, sondern auch den Rest des Bundeslandes Mecklenburg-Vorpommern zu bereisen, möchten wir Ihnen unsere beiden **Wohnmobilreiseführer** über Mecklenburg-Vorpommern ans Herz legen. Sie sind im WOMO-Verlag erschienen, besprechen auch abgelegene Winkel des Bundeslandes und decken zusätzlich die reizvollen Ziele an der Küste ab. Neben den hier besprochenen Campingplätzen stellen wir in diesen Bücher zusätzlich auch Stellplätze speziell für Wohnmobile vor.

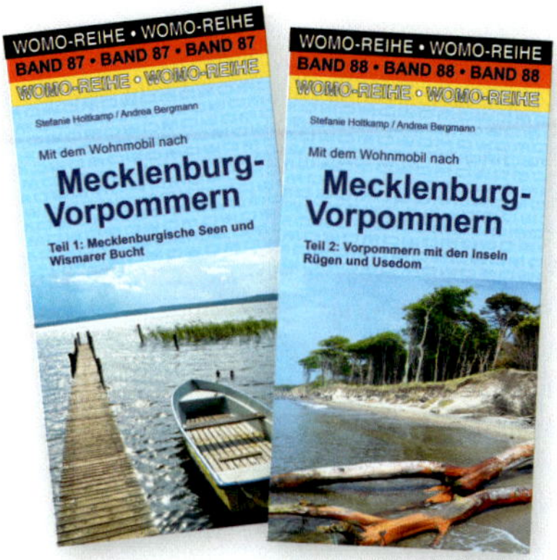

Wer campen will, hat über 70 Campingplätze und zusätzlich jede Menge kleine private Stellplätze für Wohnmobile zur Auswahl. In den Sommerferien und an den besonders beliebten Terminen Pfingsten und Christi Himmelfahrt sollte man trotzdem rechtzeitig reservieren. In der Nebensaison dagegen sind die meisten Campingplätze halb leer und man hat die freie Wahl zwischen den allerschönsten Plätzchen.

Der durchschnittliche sanitäre Standard der Plätze ist gut. Nur auf den ganz kleinen Anlagen sind Duschen und Toiletten manchmal in Containern untergebracht. Aber auch hier ist es meist sauber. Anders als in anderen Regionen Deutschlands ist es in Mecklenburg überall üblich, die warmen Duschen mit Münzen oder Zählern zu betreiben. Die Duschmarken kosten zwischen 50 Cent und € 1 und man kauft sie direkt bei der Anmeldung. Beliebt ist auch das System mit speziellen »Schlüsseln«, auf die bei der Anreise ein Guthaben gebucht wird, mit dem man dann duschen oder Wäsche waschen kann. Ansonsten sind die Campingplätze gut ausgestattet. Brötchenservice am Morgen gibt es überall und meist befindet sich auch ein kleiner Laden oder ein Imbiss auf dem Gelände.

Die meisten Kinder lieben die Atmosphäre auf einem Campingplatz. Hier ist viel Platz zum Toben, sie finden jede Menge Spielgefährten und im Zelt schlafen ist eine aufregende Sache. Nicht alle Eltern teilen diese Meinung. Wer lieber in einem Bett schläft und beim Aufbauen eines Zeltes Tobsuchtsanfälle riskiert, kann auf vielen Plätzen voll ausgestattete Wohnwagen oder Bungalows mieten. Diese Unterkünfte sind preisgünstiger als ein Ferienhaus und verbinden den Komfort einer festen Unterkunft mit der kindgerechten Atmosphäre eines Campingplatzes. Für die Häuschen zahlt man je nach Größe ab €50 pro Nacht. Alle größeren Campingplätze haben feste Unterkünfte im Angebot.

Eine Übernachtung im Zelt kostet für zwei Erwachsene und zwei Kinder (meist bis 14 Jahre) zwischen €20 und €45. Die Preise setzen sich aus einer Stellplatzgebühr für ein Familienzelt, einem Betrag für den PKW und einem weiteren je Person zusammen. Zur besseren Vergleichbarkeit haben wir Stellplatz plus zwei Erwachsene und Auto zusammengefasst. Der niedrigere Preis gehört zur Nebensaison, der Maximalpreis wird in den Sommerferien fällig. Zu den genannten Preisen kommt oft eine Müllgebühr und manchmal auch noch eine Kurtaxe.

Campingplätze an den Mecklenburgischen Seen

Westliche Seenplatte

Sternberger und Goldberger Seen, Plauer See

1 Camping Sternberger Seenland

GPS N 53°42'48.7", E 11°48'44.1"

Am Ortsrand von Sternberg am Ufer des Luckower Sees. Die schönsten Stellplätze befinden sich auf Terrassen, die sich oberhalb des Wassers am ansteigenden Seeufer entlangziehen (Reservierung ab vier Tagen Aufenthalt möglich). Weitere Plätze am Waldrand und auf einer Wiese. Einige Bäume spenden Schatten. Sehr gute Sanitäranlagen. Eigener Badeplatz und mehrere Angelstege. Im Sommer umfangreiches Kinderprogramm von Sport bis Lagerfeuer und Fackelwanderung. Minimarkt, WLAN. Hunde willkommen – es gibt sogar einen Hundestrand und organisierte Hundewanderungen.

Wohnmobilhafen auf einer Wiese vor dem Campingplatz.

Geöffnet April bis Oktober.

Platz inkl. 2 Pers. €26–36, weitere Person €5–9,50, Kinder 3 bis 14 Jahre €2–7. Bungalows und Blockhäuser €60–85,

Tel. 03847 2534.

www.camping-sternberg.de

2 Camping am Krakower See

GPS N 53°40'12.9", E 12°16'22.4"
Ebener, lang gestreckter Platz zwischen einer am Waldrand verlaufenden schmalen Straße und dem Seeufer. Durch viele Zufahrtswege unterteilt und parzelliert. Die Plätze sind eher eng und ein großer Platzbereich ist durch Dauercamper fest verbaut. Wenig Schatten. Zentral gelegener Badeplatz mit Liegewiese, gute Sanitäranlagen. Gaststätte und Brötchenservice am Platz. Schön gelegene Bungalows.
Wenig attraktiver, zwischen Straße und Bäumen eingezwängter Wohnmobilstellplatz vor der Schranke.
Ganzjährig geöffnet.
Familienpaket auf der Zeltwiese inkl. 2 Pers. und 2 Kinder 6 bis 16 Jahre, Auto, Strom € 19 – 24.
Familienpaket Stellplatz € 30 – 38.
Bungalows für 4 Personen ab € 51, Tel. 038457 50774.
campingplatz-krakower-see.de

3 Friesenhof Kukuk

GPS N 53°38'16.4", E 11°55'27.8"
Hier fühlt man sich ein bisschen wie am Ende der Welt. Über eine schmale Straße fährt man zum Ort Kukuk, der aus wenigen Häusern besteht. Mit 70 Stellplätzen direkt am Kleinpritzer See ist auch der Campingplatz Kukuk überschaubar. Eine Handvoll Plätze gibt es auf der Wiese direkt hinter dem Badeplatz, eine größere Zeltwiese im Platzzentrum. Badeplatz mit Sprungturm, Bootsverleih, Lagerfeuerplatz und Spielplatz. Ansonsten findet man hier ein Paradies für Pferdefreunde. An der Zufahrtstraße zum Platz befindet sich der zugehörige Friesenhof. Hier werden nicht nur Friesen gezüchtet, man kann hier auch Reiten, Voltigieren und Kutsche fahren. Für jüngere Kinder sind Ausflüge auf dem geführten Pony möglich.
Ganzjährig geöffnet.
Platz inkl. 2 Pers. € 14,50, weitere Person € 6, Kinder 1 bis 13 Jahre € 3, nur Barzahlung möglich.
Tel. 038485 20432.
www.camping-kukuk.de

4 Camping am Dobbertiner See

GPS N 53°37'08.7", E 12°03'54.5"
Weitgehend naturbelassen mit schattigen und halbschattigen Stellplätzen unter hohen alten Bäumen direkt am Seeufer. Sehr engagiert geführt, ausgestattet mit allem wirklich Notwendigen und liebevoll gestaltet mit fantasievollen Holzskulpturen. Durch die Lage am sanften Hang kann man auch von weiter oben gelegenen Plätzen noch ein bisschen See sehen. Viele Plätze mit dicken Bäumen für Hängematte oder Slackline. Brötchenservice, Feuerstelle mit Feuerschale, eigener Badeplatz und kleiner Spielplatz. Kanu- und Fahrradverleih direkt nebenan.
Ein schmaler Fußweg führt vom Campingplatz am Ufer entlang – in der einen Richtung zur Klosteranlage Dobbertin, in der anderen Richtung findet man kleine Badestellen und romantische Plätzchen für den Sonnenuntergang mit Blick auf die Türme der Klosterkirche. Unser Lieblingsplatz in dieser Region.
Geöffnet April bis Mitte Oktober.
Platz inkl. 2 Pers. € 14,50 – 17,50, weitere Person € 4 – 4,50, Kinder 4 bis 14 Jahre € 3 – 3,50, Bungalows ab € 30 plus Nebenkosten, Tel. 0174 7378937.
www.campingplatz-dobbertin.de

5 Caravancamping Hubert

GPS N 53°36'25.6", E 12°06'18.2"
Kleiner, gepflegter Platz, der ein bisschen wirkt, als sei man im Vorgarten des Besitzers untergekommen. Schöne Plätze mit Sonne oder Schatten, nicht parzelliert. Am Hochufer des vom Campingplatz nicht sichtbaren Goldberger Sees. Etwa 300 Meter zu Fuß zur Badestelle am See.
Geöffnet April bis Oktober.
Platz inkl. 2 Pers. € 11,50, weitere Person € 3,50, Kinder bis 13 Jahre € 2,50, Tel. 038736 169695.
www.camping-hubert.de

6 Camping Garder See

GPS N 53°41'31.6", E 12°03'39.8"
Der Platz ist durch die Straße vom

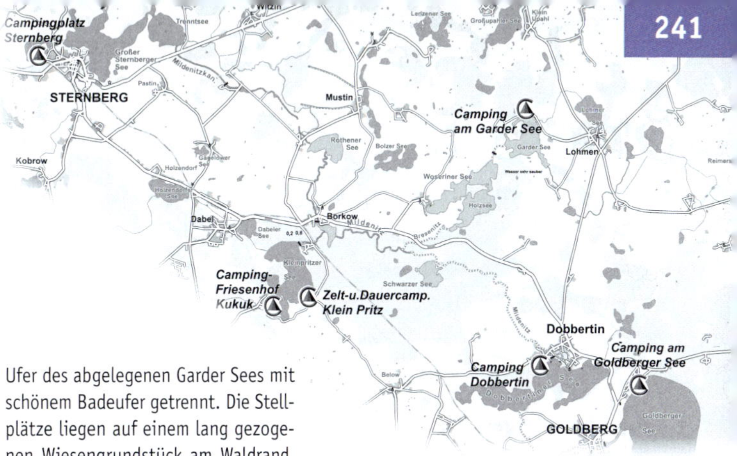

Ufer des abgelegenen Garder Sees mit schönem Badeufer getrennt. Die Stellplätze liegen auf einem lang gezogenen Wiesengrundstück am Waldrand. Ausreichend Schatten, kein Seeblick. Kanu- und SUP-Verleih, Imbiss, Minimarkt, WLAN auf dem ganzen Platz, Bungalows. Zum Badeplatz etwa 300 Meter den Schotterweg in Richtung Garden entlang laufen.
Geöffnet April bis Oktober.
Platz inkl. 2 Pers. €16–17,50, weitere Person €4,60–5, Kinder €2,30–2,50, Tel. 038458 20722. www.campingplatz-gardersee.com

Plauer See

7 Camping am See Alt Schwerin

GPS N 53°31'23.6", E 12°19'06.5"
Der Platz liegt am Nordufer des Sees auf einem schmalen Wiesengrundstück mit wenig Schatten, das sich gut 100 Meter weit am See entlangzieht, sodass fast die Hälfte der 170 Stellplätze direkt am Wasser liegen. Mit einem Wohnmobil kommt man aus Naturschutzgründen nur in der zweiten Reihe oder hinter dem Uferweg unter. Spielplatz, Sportfeld, Kinderanimation in der Hauptsaison, Bootsanleger, flach abfallender Sandstrand und kleine Liegewiese, Restaurant, Brötchenservice und Küche für Zelter. Durch eine Baumreihe geschützte Zeltplätze direkt am Wasser. Was erstmal klingt wie ein echtes Seeidyll, hat nur einen Haken: die gut befahrene Schnellstraße nach Goldberg führt direkt am Platz vorbei und ist nur wenig weiter entfernt, als der See auf der anderen Seite. Man hört sie allerdings erstaunlich wenig.
Geöffnet April bis Oktober.
Komplettpreis inkl. 2 Pers. und 2 Kinder bis 14 Jahre €24,50–39, weitere Person €5–6, Tel. 039932 42073. campingplauersee.de

8 Campingpark Zuruf

GPS N 53°26'18.3", E 12°17'13.8"
Die große, gepflegte Anlage befindet sich auf einem ebenen Seegrundstück etwa drei Kilometer außerhalb des Örtchens Plau am See. Alle Plätze sind mit Hecken eingrenzt und parzelliert, viele schattenfrei. Eine Handvoll Stellplätze befinden sich direkt hinter dem Badeufer. Im Zentrum des Platzes viele Dauercamper. Gute Sanitäranlagen. Badeplatz mit Liegewiese, Boots- und Fahrradverleih, Badmintonplatz und Tischtennisplatten. Spielzelt mit Kinderprogramm in der Sommersaison. WLAN teilweise verfügbar. Minimarkt, Imbiss und Brötchenservice. Guter Ausgangspunkt für die Radtour um den See.
Ganzjährig geöffnet.
Platz inkl. 2 Pers. €20–30, weitere Person €5,80–6,80, Kinder 3 bis 14 Jahre €2,90–3,40, Finnhütten für 4 Pers. ab €36, Tel. 038735 45878. www.campingpark-zuruf.de

9 Wald- und Seeblick Camp

GPS N 53°26'32.7", E 12°18'47.2"
Sehr gepflegter, weitläufiger Platz in Zislow. Viele Dauercamper, die jedoch alle im hinteren Platzbereich stehen. Die Touristenplätze sind großzügig parzelliert und befinden sich auf einer großen Wiese mit einer Handvoll schattenspendender Bäumen direkt am Seeufer. Schöne Zugänge zum See und ein Streifen Liegewiese. Imbiss

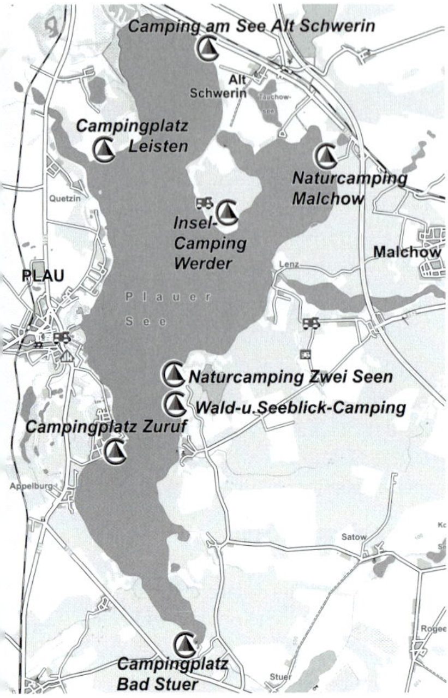

und gut sotierter Laden. Gepflegte Sanitäranlagen. Fahrradverleih und kleiner Bootsverleih auf dem Platz. Schiffsverbindung nach Plau am See, Malchow und Waren.
Ganzjährig geöffnet.
Platz inkl. 2 Pers. €21–34,
Aufpreis für Seeplatz,
weitere Person €3–5,50, Kinder 16 bis 17 Jahre €2–4, Kinder unter 16 Jahre inklusive. Mobilhomes und Ferienhäuschen bis 4 Personen ab €99 pro Tag, Tel. 039924 2002.
www.camp-zislow.de

10 Naturcamping Zwei Seen

GPS N 53°26‘44.9“, E 12°18‘39.3“
Direkt neben dem Wald- und Seeblick Camp gelegen. Das Ufer ist hier aber schattiger und die Stellplätze naturbelassen. Auch hier gibt es Touristenplätze fast direkt am See. Das Seeufer, mit einigen kleinen Sandbuchten und einem Wiesenstreifen mit Bäumen, bleibt über die ganze Seelänge zeltfrei und ist für alle nutzbar. Unten am See viele hohe Bäume und daher viele sehr schattige Stellplätze. Gepflegte Sanitäranlagen, Bootsverleih (Tret- und Paddelboote), eigenes Restaurant und Laden. 30 Minuten WLAN pro Tag kostenlos.
Ganzjährig geöffnet.
Platz inkl. 2 Pers. €20–31,
weitere Person €4,70–7,90,
Kinder 6 bis 15 Jahre €2,50–4,90.
Schöne Blockhäuschen und Safarizelte ab 3 Nächte. Nur Kartenzahlung!
Waldchaussee 2, Zislow,
Tel. 039924 2550.
www.zweiseen.de

11 Naturcamping Malchow

GPS N 53°29‘31.7“, E 12°22‘26.5“
Stellplätze mit perfektem Blick auf den Sonnenuntergang direkt um das Badeufer. Schattige Plätze weiter hinten. Gepflegte Sanitäranlagen, nettes Restaurant und kleiner Laden in der Rezeption, Badeplatz mit seichtem Einstieg und Liegewiese. Direkt am Seeuferradweg. Fahrrad-, SUP- und Floßverleih. Verkehrsgünstig sehr nahe an der Autobahnausfahrt gelegen, was man beim passenden Wind aber auch hören kann. Kostenloses WLAN an der Rezeption.
Ganzjährig geöffnet.
Platz inkl. 2 Pers. €17,30–26,50,
weitere Person €4,90–7,80,
Kinder 2 bis 13 Jahre €2–3,90,
Miet-Wohnwagen für bis zu 5 Personen, Tel. 039932 49907.
www.naturcamping-malchow.de

12 Naturcamp am Jabelschen See

GPS N 53°31‘14.9“, E 12°30‘57.1“
Wenige Kilometer außerhalb von Jabel mitten im Wald und am Ufer des Jabelschen Sees im Naturpark Nossentiner/Schwinzer Heide gelegen. Von der Badestelle blickt man geradewegs auf den Damerower Werder. Stellplätze gibt es oben im Wald und auf der Wiese am See. Zentrales Sanitärhäuschen – nicht mehr ganz neu, aber soweit in gutem Zustand. Gaststätte und Kiosk. Spielplatz, Kanu-, SUP- und Bootsverleih. Einfacher Campingplatz in guter Lage.
Geöffnet März bis Dezember.
Platz inkl. 2 Pers. €24–28, weitere Person €8–9, Kinder 4 bis 13 Jahre €3–4, Tel. 039929 70212.
camping-jabel.de

Rund um die Müritz

13 Camping Kamerun

GPS N 53°30'38.8", E 12°38'58.0"
Großer, üppig ausgestatteter Platz auf großer Wiese. Weitgehend schattenfrei am Müritznordufer gelegen. Laden, Restaurant, Imbiss, großer Badeplatz, Spielplatz, WLAN auf manchen Plätzen. Fahrrad- und Bootsverleih (Motorboote, Ruder- und Tretboote), Segel- und Surfschule. Kinderanimation in der Hauptsaison. Nahe bei Waren und in der Nähe des Hochseilgartens.
Ganzjährig geöffnet.
Platz inkl. 2 Pers. €20,50–34, Aufpreis für Seeplätze, weitere Person €6–10, Kinder 2 bis 13 Jahre €3–5, Mobilheime und Appartments ab €75, Tel. 039991 122406. www.campingpark-kamerun.de

14 Camping Sietower Bucht

GPS N 53°25'55.5", E 12°34'52.9"
Ruhiger Campingplatz in Ortsrandlage. Wiesenplatz systematisch unterteilt mit Hecken und einigen Bäumen. 50 Meter zum öffentlichen Badeplatz und zum Spielplatz. Brötchenservice, WLAN gratis an der Anmeldung. Fischerei in der Nähe.
Geöffnet April bis Mitte Oktober.
Platz inkl. 2 Pers. €15–19, weitere Person €4–5, Kinder 3 bis 15 Jahre €2,50–3, Tel. 039931 52068. www.weicamp.de

15 Müritzcamp am Nitschow

GPS N 53°25'38.4", E 12°36'48.9"
Kleiner ruhiger und einfacher Platz, abgelegen und einsam direkt am Müritzufer. Einige Stellplätze direkt am Wasser, wenig Schatten. Sanitäranlagen etwas einfacher. Spielplatz, Imbiss mit Brötchenservice. Fünf Kilometer auf dem Müritzradweg bis Röbel.
Ganzjährig geöffnet.
Platz inkl. 2 Pers. €15,50, weitere Person €4,50, Kinder bis 14 Jahre €3, Jugend 15 bis 17 Jahre €4, Tel. 039331 52615. www.mueritzcamp-nitschow.de

16 Camping Hirschberg

GPS N 53°25'13.8", E 12°37'31.8"
Wenige Minuten Fahrradweg vom Partner-Camping Nitschow entfernt und in ähnlich ruhiger Lage. Einfache Ausstattung und viele Dauercamper. Einige Plätze direkt am Ufer. Badebereich FKK.
Ganzjährig geöffnet.
Platz inkl. 2 Pers. €15,50, weitere Person €4,50, Kinder bis 14 Jahre €3, Jugend 15 bis 18 Jahre €4, Tel. 039331 50965. mueritzcamp-hirschberg.de

17 Campingplatz Pappelbucht

GPS N 53°23'36.3", E 12°37'21.9"
Der Platz gehört zur Müritztherme und befindet sich am Stadtrand von Röbel, leicht oberhalb der Müritz. Nur Fuß- und Radweg trennen den Campingplatz vom See und dem für Camper kostenlosen Strandbad. Etwa 15 Minuten zu Fuß in die Altstadt, Die Hütte der Müritzfischer steht direkt neben dem Platz. Schöne Stellplätze in Seenähe unter hohen Bäumen. Die Plätze für »Durchreisende« im Eingangsbereich sind weniger attraktiv. Einziger Campingplatz direkt in Röbel und daher immer gut besucht. Wer länger bleiben will, sollte reservieren. Imbiss. Brötchenservice, WLAN. Kanu- und Fahrradverleih am Platz.
Ganzjährig geöffnet.
Platz inkl. 2 Pers. €17, weitere Person €5, Kinder 4 bis 16 Jahre €2, Tel. 039931 59113. www.mueritztherme.com

18 Camping Müritzpark Ludorf

GPS N 53°22'54.5", E 12°41'08.6"
Kleiner, sympathischer Platz direkt am Müritzufer, großer Badebereich mit sanft abfallendem Ufer. Imbiss und Brötchenservice. Einige (sonnige) Plätze direkt am See, schattigere Plätze weiter hinten oder auf der anderen Seite des Bootsanlegers mit langem Holzsteg und Liegeplätzen für Wasserwanderer (Hausboote u.ä.). Ordentliche Sanitäranlagen. Direkt am Müritzuferweg. Fünf Kilometer nach

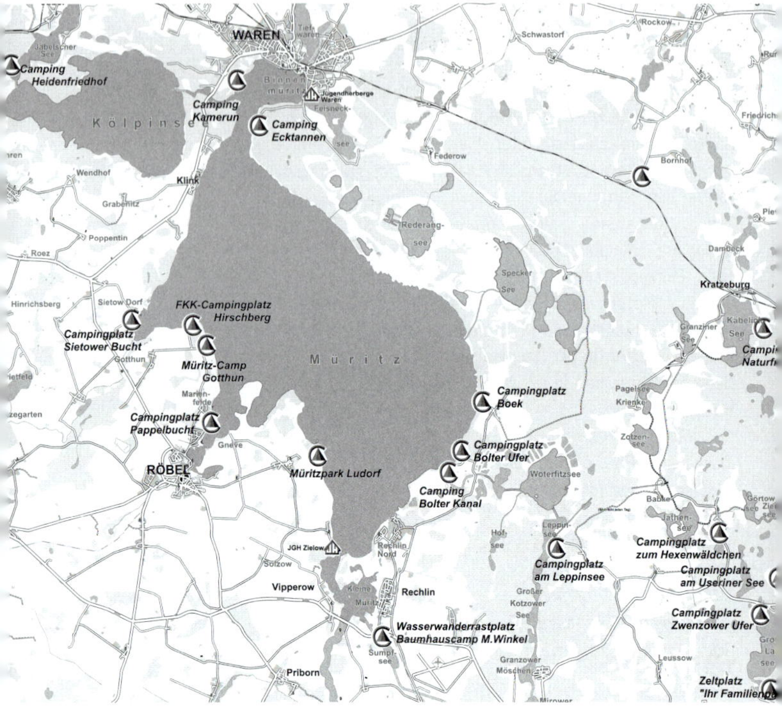

Röbel.
Geöffnet April bis Oktober.
Platz inkl. 2 Pers. € 15,50, weitere Person € 4,50, Kinder bis 14 Jahre € 3, Jugend bis 17 Jahre € 4,
Tel. 039931 51640.
mueritzpark-ludorf.de

19 Camping am Müritzarm

GPS N 53°19'09.7", E 12°41'50.3"
Platte, baumlose Wiese neben der vielbefahrenen Durchgangsstraße nach Mirow. Zwischen Gaarzer Mühle und Müritzarm. Laden und moderne Sanitäranlagen. Gaststätte, Café, Bootsverleih.
Geöffnet April bis Oktober.
Platz inkl. 2 Pers. € 15–17,50, weitere Person € 4–5, Kinder 4 bis 15 Jahre € 3–3,50,
Tel. 0157 733717 07.
www.camping-mueritzarm.de

20 Naturcamping Bolter Kanal

GPS N 53°22'22.5", E 12°45'48.7"
Gehört zur Ferienanlage Müritzparadies mit Ferienhäusern, Bootshafen, Zeltplatz für Wasserwanderer. Restaurant, Laden mit Brötchenservice, Sauna und Bootsverleih. Die Stellplätze befinden sich auf einem mit hohen Laubbäumen bestandenen naturbelassenen und daher stellenweise etwas unebenen Ufergrundstück mit Zugang zu schönem Sandstrand am Müritzufer. Gute Sanitäranlagen. Kanuverleih MüritzKanu in Platznähe. Zur Ferienanlage gehört ein gut ausgestatteter Fahrradverleih (auch Kinderräder und eBikes) und der Anlegeplatz der Müritzfährboote ist in zehn Minuten zu Fuß zu erreichen.
Geöffnet April bis Oktober.
Platz inkl. 2 Pers. € 14–17,40, weitere Person € 4,80–5,70, Kinder 5 bis 16 Jahre € 3–3,60,
Tel. 039823 2530.
www.mueritz-camping.de

21 Camping Bolter Ufer C 15

GPS N 53°22'31.9", E12°46'5.5"
Direkt neben dem Naturcamping Bolter Kanal an einem besonders reizvollen (Sand-)Strandabschnitt mit Sonnenuntergängen wie am Meer. Die Plätze in der ersten Reihe sind von

Dauercampern belegt, die Touristenplätze befinden sich im Kiefernwald dahinter. Gepflegte Sanitäranlagen. Restaurant und kleiner Laden am Platzeingang. Spielplatz und Tischtennisplatten. WLAN gratis. Die Surf- und Segelschule (www.surfmuehle.de) auf dem Platz bietet auch Schwimm-, Surf und Segelkurse sowie Abenteuernachmittage für Kinder an. Sie macht den Camping zum optimalen Quartier für Wassersportler. Erwachsene haben hier die Möglichkeit, den Sportbootführerschein zu machen. Station des Nationalparkbusses, Fahrradverleih und Anleger der weißen Flotte in Platznähe.
Geöffnet April bis Oktober.
Platz inkl. 2 Pers. €18–20, weitere Person €5–5,50, Kinder 2 bis 13 Jahre €3–3,60, Blockhäuser für 4 Personen ab €65 pro Tag. Mietzelte €6–7 pro Person ohne Ausstattung. Tel. 039823 21261.
www.camping-bolter-ufer.de

22 Campingplatz Boek C 16

GPS N 53°23'45.1", E 12°47'13.9"
Interessante Lage direkt am Nationalpark. 160 Plätze auf einer lang gezogenen Wiese im Wald mit schmalem Seezugang an der Spitze. Viele Dauercamper und eine eher etwas einfachere sanitäre Ausstattung. Imbiss, Kiosk, Badestelle mit Surf- und Kanubasis, Spielplatz.
Geöffnet April bis Oktober.
Platz inkl. 2 Pers. €18–20, weitere Person €5–5,50, Kinder 2 bis 13 Jahre €3–3,60, Mietzelt ohne Ausstattung €6–7 pro Person, Tel. 039823 21807.
www.campingplatz-boek.de

23 Camping Ecktannen

GPS N 53°29'57.1", E 12°39'48.3"
Das Besondere ist seine Lage: Mit dem Fahrrad oder dem Bus erreichen Sie in einer knappen Viertelstunde die Altstadt und den Hafen von Waren. In der anderen Richtung kommt man in der gleichen Zeit in die Kernzone des Müritznationalparks um Federow und Schwarzenhof. Die Stellplätze verteilen sich auf einer langgezogenen Waldwiese. Hohe Bäume bieten Schatten, wenn gewünscht. Der See ist zwar vom Platz aus nicht zu sehen, direkt am seitlichen Ausgang streckt sich aber eine großzügige Liegewiese an einer einladenden Badebucht. Gute Sanitäranlagen, ein weitläufiger Spielplatz, Minigolfanlage, Streichelzoo und Fahrradverleih machen den Platz zu einem guten Familiendomizil – deshalb ist er auch meistens gut besucht. Außerdem gibt es Bistro, Minimarkt und Brötchenservice. Animation in der Hauptsaison. Gratis WLAN auf dem Platz. Wohnmobilstellplatz vor der Schranke, auch einige Ferienwohnungen.
Ganzjährig geöffnet.
Platz inkl. 2 Pers. €20–29,50, weitere Person €5,50–8, Jugend 14 bis 17 Jahre €4,50–7, Kinder 3 bis 13 Jahre €3–4, Tel. 03991 668513.
www.camping-ecktannen.de

Müritz Nationalpark

24 Campingplatz Naturfreund

GPS N 53°25'3.3", E 12°57'15.3"
Mitten im Nationalpark und ein Stück entfernt von Kratzeburg am Ufer des Käbelicksees gelegen. Stellplätze auf großer naturbelassener Wiese ohne Seeblick, wenig Schatten. Kanuverleih auf dem Platz. Spielplatz, Kiosk mit Brötchenservice.
Geöffnet Ostern bis Mitte Oktober.
Platz inkl. 2 Pers. €20,50, weitere Person €7, Jugend 12 bis 17 Jahre €6, Kinder 2 bis 11 Jahre €3,50, Tel. 039822 20285.
www.campingplatz-naturfreund.de

25 Camping zur hohlen Eiche

GPS N 53°28'31.9", E 12°52'25.1"
Abgelegene Waldwiese auf einer Lichtung mitten in der Natur in der Nähe des Ortes Klockow am nord-östlichen Rand des Müritz-Nationalparks. 40 befestigte Plätze für Wohnmobile und Caravans und 30 Wiesenplätze für Zelte, Schatten ist eher knapp. Gute Sanitäranlagen. Kleiner Spielplatz mit Planschbecken und Minipool, Fahrradverleih. Die in einer Blockhütte untergebrachte Waldschän-

ke sorgt für Verpflegung, Brötchenservice. Lagerfeuerplatz. Miet-Blockhütten und Mobilheime.
Ganzjährig geöffnet.
Platz inkl. 2 Pers. €14,50–17,50, weitere Person €4,50–5,50, Kinder 3 bis 16 Jahre €3,50–4, Tel. 039921 36900.
www.kleinernaturzeltplatz.de

26 Camping am Leppinsee

GPS N 53°20'50.8, E 12°49'35.9"
Abgelegener Platz der Haveltourist-Kette in schönster Natur auf schattigem Wald-Wiesengelände, teilweise terrassiert am Hang über dem fast motorbootfreien Leppinsee. Nur Anlieger und das Ausflugsboot dürfen hier fahren. Großer Badebereich mit Steg am unteren Platzende, extra Hundestrand, kleiner Spielplatz und Tischtennisplatten. Gute Sanitäranlagen, die sich bei voller Platzbelegung allerdings den Grenzen ihrer Kapazität nähern. Dafür bleibt der Platz selber auch in der absoluten Hochsaison angenehm – die Stellplätze sind großzügig bemessen. Engagierte, sehr nette Betreiber und angenehme Atmosphäre. Optimaler Ausgangsort für Paddelausflüge im Nationalpark [› **Tour 21**]. Die gut ausgestattete Verleihstation »Paddel-Paul« befindet sich direkt nebenan.
Geöffnet April bis Oktober.
Platz inkl. 2 Pers. €16,70–27,70 inkl. Strom, weitere Person €4,70–6,70, Kinder 2 bis 14 Jahre €1,30–4,70, ab 2 Kinder Pauschalpreis, Tel. 03981 24790.
www.haveltourist.de

27 Camping Useriner See

GPS N 53°19'48.7", E 12°57'20.4"
Der Campingplatz gehört ebenfalls zu Haveltourist und verfügt über einen separaten FKK-Teil, schattige Stellplätze im lichten Wald und eine Zeltwiese für Wasserwanderer. Neu ausgestattete Sanitäranlagen sorgen für angenehmen Aufenthalt. Minimarkt, Spielplatz und Bootsverleih sowie ein Badeufer mit Sandboden und langem Steg runden das Angebot ab.
Geöffnet April bis Oktober.
Platz inkl. 2 Pers. €17–32,20 inkl. Strom, weitere Person €5,30–7,90, Kinder 2 bis 14 Jahre €1,80–5,30, ab 2 Kinder Pauschalpreis, Miet- wohnwagen ab €47, Tel. 03981 24790.
www.haveltourist.de

28 Camping Zwenzower Ufer

GPS N 53°19'6.9", E 12°56'37.8"
Überschaubarer Campingplatz mit schönen Seeplätzen für Frühlings- und Herbsttage, an denen jeder Sonnenstrahl willkommen ist und man auf den schattenlosen Wiesenplätzen direkt am Wasser prima steht. Alle Plätze parzelliert, Aufpreis für größere Stellplätze. Sehr gepflegte Sanitäranlagen. Imbiss, Minimarkt, Bootsverleih, Spielplatz. FKK-Badestelle mit Fasssauna.
Geöffnet April bis Oktober.
Platz inkl. 2 Pers. €17,70–32,20 inkl. Strom, weitere Person €5,30–7,90, Kinder 2 bis 14 Jahre €1,80–5,30, ab 2 Kinder Pauschalpreis, Mietwohnwagen ab €49, Tel. 03981 24790.
www.haveltourist.de

29 Camping Hexenwäldchen

GPS N 53°20'49.8", E 12°55'22.5"
Naturnaher Familien- und Wasserwandererplatz mit alternativem Charme. Direkt am Ufer des traumhaft schön gelegenen kleinen Jamelsees, der nur mit Kanus befahren werden darf. Einige Stellplätze im dichten Wald, teilweise am Hang im hinteren Platzbereich. Sonnige Wiese im Zentrum hinter dem Badeplatz. Reservierter Bereich für Wasserwanderer, eine Handvoll Stellplätze für Zelte und Wohnwagen direkt am Seeufer. Sehr schöner Badeplatz und kleiner Streichelzoo mit Hasen und Hühnern, die auf dem Platz spazieren gehen, und Schweinen und Ponys, die auch gestriegelt und versorgt werden dürfen. Optimaler Startplatz für Paddeltouren im Nationalpark [› **Tour 24**]. Kanuverleih zu günstigen Preisen, Fahrradvermietung. Kleine Sauna am Seeufer und seit 2020 kleiner beheizter Außenpool mit Gegenstromanlage, den

man stundenweise zur exklusiven Nutzung mieten kann. Kleiner Laden, Gaststätte »Räucherkate am Hexenwäldchen« in der Nähe. Im Sommer umfangreiches kreatives und naturpädagogisches Familienprogramm von Schnitzkursen über Lagerfeuer mit Stockbrot bis zu Angelworkshops.
Geöffnet April bis Anfang Januar.
Platz inkl. 2 Pers. €21–26, weitere Person €6,30–7,50, Kinder 3 bis 14 Jahre €3,20–3,70, ab 5 Tagen Aufenthalt Kinder kostenlos.
Nur Barzahlung! Tel. 039829 20215.
www.hexenwaeldchen.de

Kleinseenplatte um Mirow

30 Camping Kanustation Mirow

GPS N 53°17'21.6", E 12°47'37.9
Der Kanuverleih bietet für Gruppen die komplette Ausstattung vom Kanu über Zelte, Isomatten und Kocher zum Ausleihen. In zwei alten Doppeldeckerbussen finden (Jugend)gruppen eine originelle Unterkunft. Familien können ihr Zelt im schmalen Waldstück am Ufer des Mirower Sees aufschlagen. Der lebhafte Platz ist aber eher ein Quartier für die Tage um eine Kanutour als ein idyllisches Feriendomizil. Imbiss, Naturlehrpfad.
Geöffnet April bis Oktober.
Platz inkl. 2 Pers. €16,50–24, weitere Person €4,50–7, Jugend 9 bis 14 Jahre €3–4, Kinder 5 bis 8 Jahre €1,50–2,50, Tel. 039833 22098.
www.kanustation.de

31 Waldcamping Zethner See

GPS N 53°12'30.5" E 12°47'18.1"
Waldwiesenplatz eingeklemmt zwischen dem Zethner See und der von Mirow kommenden Straße. 40 Touristenplätze auf einer Wiese mit Schatten spendenden Bäumen. Kleiner Laden, Spielplatz, Lagerfeuerplatz, Grill, Badeufer, einige Mietkanus.
Geöffnet Ostern bis Ende September.
Platz inkl. 2 Pers. €18,50–22,50, weitere Person €4,50–5,50, Kinder 2 bis 15 Jahre €3–4, Tel. 039827 79610.
www.waldcamping-zethner-see.de

32 Camping am Großen Labussee

GPS N 53°11'55.8", E 12°53'26.8"
Am Hochufer des Labussees. Einige Stellplätze direkt über dem Wasser, aber wenig Seeblick durch dichte Büsche und Bäume am Ufer. Neue Sanitäranlagen. Lagerfeuerplatz und Badewiese am oberen Platzende. Mobiler Bäckerwagen.
Ganzjährig geöffnet.
Platz inkl. 2 Pers. €20,50, weitere Person €6, Kinder bis 13 Jahre €1,50, Tel. 039828 20272.
www.camp-am-labussee.de

33 Naturcamping Kanucamp Canow

GPS N 53°12'03.2", E 12°53'52.0"
Kleiner einfacher und naturbelassener Campingplatz mit Badestelle am Labussee. Brötchenservice, kleiner Spielplatz, Lagerfeuerplatz. Einige Kanus zu vermieten. Einkaufsmöglichkeiten etwa ein Kilometer entfernt.
Geöffnet April bis Oktober.
Platz inkl. 2 Pers. €20, weitere Person €6, Kinder 5 bis 15 Jahre €4, Tel. 01523 8769790.
www.kanucamp-canow.de

34 Camping Biber Ferienhof

GPS N 53°12'26.0", E 12°51'40.6"
Große, naturbelassene Wiese am Ufer des Labussees. Restaurant und gut ausgestatteter Hofladen mit Bio-Lebensmitteln, WLAN. Anmeldung und Sanitäranlagen an der Rezeption des Ferienhofs. Häuschen und Schäferwagen als Mietunterkunft. Sauna und Bootsverleih am Ferienhof.
Geöffnet April bis Oktober.
Platz inkl. 2 Pers. €20, weitere Person €7, Kinder 7–14 Jahre €5, Tel. 039827 799888.
www.biberferienhof.de

35 Camping Biber Tours C 24

GPS N 53°12'46.1", E 12°52'55.7"
Einfacher, naturbelassener Platz mitten im Wald, direkt am Nordufer des Großen Labussees. Zufahrt über geschotterten Waldweg. Stellplätze am sanft abfallenden Hang zum Seeufer. Viel Schatten. Gemütliche Bar und

gut ausgestatteter Kanuverleih und Kanukurse. Kiosk und Brötchenservice. Sanitäranlagen eher zweckmäßig und nicht mehr ganz neu. Schöne Miet-Bauwagen für drei bis vier Personen und ein Floß-Hotel.
Ganzjährig geöffnet.
Platz inkl. 2 Pers. €17,50, weitere Person €5, Kinder 3 bis 6 Jahre €1,50, Kinder 7 bis 14 Jahre €2, Tel. 039827 30011.
www.bibertours.de

36 Camping am Mössensee C 25

GPS N 53°13'21.8", E 12°50'21.3"
Großer Platz weitab des nächsten Ortes, Zufahrt zum Teil über einen Sandweg. Stellplätze gibt es oben im lichten Wald und unten am Seeufer auf einer großen naturbelassenen Wiese ohne Schatten. Badeplatz mit Liegewiese, Sandstrand und flachem Einstieg, gut frequentierter Bootswanderplatz. Einladender Eingangsbereich mit Fahrrad- und Gokartverleih sowie Laden und nettem Imbiss. Hier oben befinden sich auch die Sanitäranlagen. Blockhäuser zu vermieten.
Ganzjährig geöffnet.
Platz inkl. 2 Pers. €18,50, weitere Person €5, Kinder bis 6 Jahre €2, Kinder 7 bis 16 Jahre €3, Familien-Pauschale (2 Pers. mit eigenen Kindern) €14 plus Stellplatz. Tel. 039833 22030.
www.naturcamp-moessensee.de

37 Naturcamp am Zotzensee

GPS N 53°14'12.8", E 12°49'37.7"
Mit 80 Stellplätzen leicht überschaubar ist der Platz am Zootzensee (C 42). Viele Wasserwanderer. Badestelle, Kiosk mit Imbiss, Lagerfeuerplatz.
Ganzjährig geöffnet.
Platz inkl. 2 Pers. €17, weitere Person €4,50, Kinder 4 bis 17 Jahre €3, Familienpauschale (2 Pers. mit eigenen Kindern) €13 plus Stellplatz. Nur Barzahlung! Tel. 039833 22274.
naturcamping-zotzensee.de

38 FKK Campingplatz am Rätzsee

GPS N 53°15'07.0", E 12°54'36.0"
Der Platz liegt am Nord-Ostufer des Rätzsees in Alleinlage im Wald, direkt oberhalb der Ausfahrt zur Drossedower Bek. Am See entlang streckt sich das Wiesengelände mit einigen Bäumen und Büschen. Die Zeltplätze befinden sich, wie fast überall, direkt am Seeufer, aber auch von Plätzen für Wohnmobile ist es nicht weit zum Wasser und zum zentral gelegenen Badestrand. WLAN auf dem ganzen Gelände, Minimarkt, Boots- und Fahrradverleih, Spielplatz, Sauna, Mietwohnwagen.

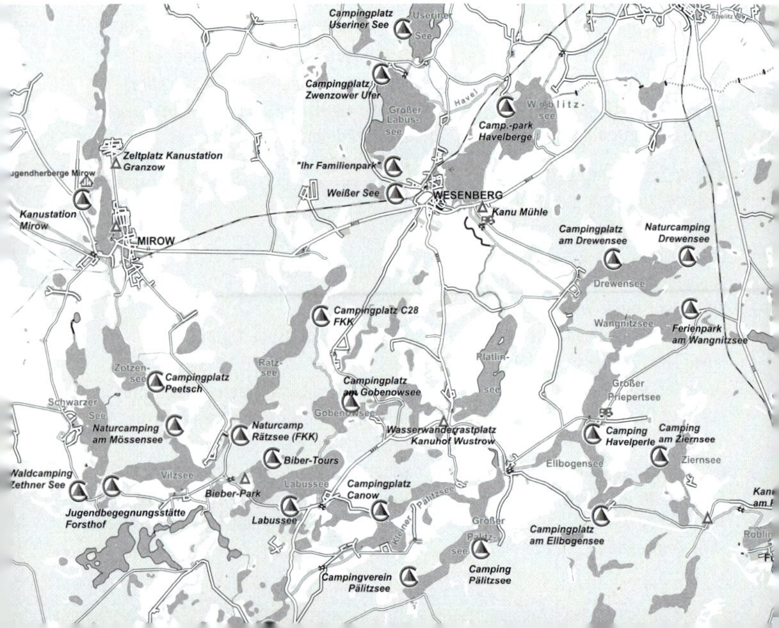

Geöffnet April bis Oktober. Komplettpreis für Familien €22,80–34,50, Tel. 039828 266191. www.raetzsee.de

39 Camping Gobenowsee

GPS N 53°13'38.2", E 12°55'16.8"
Empfehlenswerter, in Alleinlage mitten im Wald gelegener Platz. Schattige Zeltplätze hinter dem bewachsenen Ufer. Für Wohnmobile gibt es sonnige Terrassen mit Seeblick. Kleiner, gut sortierter Laden, schöner kleiner Spielplatz und Feuerstelle. Traumhafter Abend-Sitzplatz auf einer Bank am Kanusteg. Viele Wasserwanderer, da an mehreren schönen Paddelstrecken gelegen. Einige gepflegte Kanus zum Verleih **[› Tour 32 und 33]**. Drei Sanitärhäuschen auf dem lang gezogenen Platz verteilt. Vier Mobilheime.
Geöffnet Ostern bis Mitte Oktober. Platz inkl. 2 Pers. €18–22, weitere Person €4,50–5,50, Kinder bis 14 Jahre €3–3,50, Tel. 039828 20355 www.gobenowsee.m-vp.de

Kleinseenplatte um Wesenberg

40 Camping am Weißen See

GPS N 53°17'3.39", E 12°56'52.4"
Außerhalb von Wesenberg auf einem Hügel über dem Weißen See im Mischwald (viele Kiefern) gelegen. Schattige Plätze und gute Sanitäranlagen. Etwa 15 Minuten Fußweg nach Wesenberg. Vom Platz kein Seeblick. Die große, öffentliche Badestelle mit sanft abfallendem Sandboden unterhalb des Campingplatzes hat man aber schnell erreicht. Spielplatz, Minimarkt, Imbiss.
Geöffnet April bis Oktober. Platz inkl. 2 Pers. €17,70–32,20 inkl. Strom, weitere Person €5,30–7,90, Kinder 2 bis 14 Jahre €1,80–5,30, ab 2 Kinder Pauschalpreis, Miet- wohnwagen ab €47, Tel. 03981 24790. www.haveltourist.de

41 Camping Ihr Familienpark

GPS N 53°17'29.1", E 12°56'49.0"
ist einer der wenigen nicht der Kette Haveltourist angegliederten Plätze um Wesenberg. Liebevoll gestaltet mit sehr vielen Blockhäuschen und einigen Plätzen für Zelte und Wohnmobile direkt an der großen Spiel- und Sportwiese in der Nähe des Seeufers. Seezugang mit Steg. Zeltplätze für Wasserwanderer am Ufer des kleinen Labussees. Boots- und Fahrradverleih.
Geöffnet Mai bis September. Platz inkl. 2 Pers. €16–21, weitere Person €3,50–4,50, Kinder 4 bis 15 Jahre €2,50–3, Tel. 039832 20525 www.ihr-familienpark.de

42 Camping Havelberge

GPS N 53°18'31.4", E 13°00'21.8"
Sozusagen das Flaggschiff der Haveltourist-Kette. Üppig ausgestattet mit Hochseilgarten, Spielplätzen, Bogenschießplatz, Bootsverleih, einem auf einem Hügel gelegenen Restaurant hoch über dem See. Gut ausgestatteter Laden, Kinderclub und Bühnenprogramm in der Hochsaison. Die großzügigen Plätze staffeln sich am Hang, haben aber trotz Hanglage keinen Seeblick, da sie dicht bewachsen sind. Der Platz ist so groß, dass man sich auch mit Lageplan und Straßennamen anfangs verirrt und allein zur Platzsuche ein halbes Stündchen unterwegs ist. Zwischen den Stellplätzen viele Ferienhäuschen. Teilweise recht lange und dazu steile Wege zu den gepflegten und komfortablen Sanitäranlagen, Blockhaussauna. Plätze für Wasserwanderer direkt am See. Viele Mietbungalows. Wohnmobilpark vor dem Platz.
Ganzjährig geöffnet. Platz inkl. 2 Pers. €24,30–40 inkl. Strom, weitere Person €6,10–9,60, Kinder 2 bis 14 Jahre €2,40–6,20, ab 2 Kinder Pauschalpreis, Miet- wohnwagen und Ferienhäuser ab €63, Tel. 03981 24790. www.haveltourist.de

43 Kanu-Mühle Zeltplatz

GPS N 53°16'47.4", E 12°59'8.6"
Kleines, aber sehr nettes Camp für Kanu- und Fahrradwanderer am Kanuverleih Kanu-Mühle. Über eine schwimmende Brücke erreicht man eine Zeltwiese mit ein paar Blockhäusern. Außerdem Ferienwohnungen, drei Bootshäuser mit Terrasse am Wasser. Fahrradverleih, Kanukurse und Sauna. Der Platz ist mit dem Auto nicht befahrbar und daher nur für Zelte geeignet. Kleiner Abenteuerspielplatz, gute Sanitäranlagen und preisgünstiger Imbiss, kleiner Shop, Brötchenservice. Direkt am Havelkanal.
Geöffnet April bis September. Platz inkl. 2 Pers. €16, weitere Person €8, Kinder €6, Tel. 039832 20350. www.kanu-muehle.de

44 Camping am Drewensee

GPS N 53°15'46.5", E 13°03'3.6"
Langgezogener großer Platz in Alleinlage mitten in der Natur und am schilfbewachsenen Ufer des Drewensees. Asphaltierte Zufahrt. Schattige, aber trotzdem helle und großzügig bemessene Stellplätze, schöner Badeplatz mit Steg, Spielplatz, Feuerstelle und große Zeltwiese für Wasserwanderer. Erstklassige Sanitäranlagen, Imbiss, Laden und freundlicher Empfang.
Geöffnet April bis Oktober. Platz inkl. 2 Pers. €17,70–32,20 inkl. Strom, weitere Person €5,30–7,90, Kinder 2 bis 14 Jahre €1,80–5,30, ab zwei Kindern Pauschalpreis, Miet- wohnwagen ab €59, Tel. 03981 24790. www.haveltourist.de

45 Naturcamping Drewensee

GPS N 53°15'44.7", E 13°05'18.8"
Abgelegener Platz im Wald. Zufahrt von der Schnellstraße Neustrelitz – Fürstenberg vom Örtchen Drewen über einen Waldweg. Betreiber der Anlage ist ein Campingverein. Sanitäranlagen etwas einfacher. Stellplätze im lichten Kiefernwald, Badestelle und Bootsverleih.
Geöffnet Mitte April bis Mitte Oktober. Platz inkl. 2 Pers. €16–20, weitere Person €5–6, Kinder 6 bis 13 Jahre €2–3, Tel. 0172 4388063.

46 Ferienpark am Wangnitzsee

GPS N 53°14'51.4", E 13°05'13.8"
Wiese am Seeufer angrenzend an ein ehemaliges Sägewerk. Mit Sand aufgeschüttete Badestelle, neues Haus mit Empfang und Restaurant am Eingang. Bootsverleih, Verleih von Feuerschalen. Der Platz hat seit 2021 neue Betreiber und wird modernisiert. Preise auf Anfrage.
www.ferienpark-wangnitzsee.de

47 Camping Havelperle Priepert

GPS N 53°12'57.2", E 13°02'02.0"
Direkt am Hafen am Ortsrand des 300-Seelen Dörfchens Priepert gelegen. Sehr gepflegte, fast parkartige Anlage. Parzellierte, meist schattige Stellplätze mit Büschen und Bäumen, schattenfreie Wohnmobilwiese. Am Ufer des Ellbogensees. Gute Sanitäranlagen, Imbiss.
Geöffnet April bis September. Platz inkl. 2 Pers. €17–20, Telefon (03 98 28) 26504 www.camping-havelperle.de

48 Naturcamping am Ellbogensee

GPS N 53°11'34.4", E 13°02'13.5"
Der Platz wird von drei Generationen einer holländisch-deutschen Familie geführt und ist auf Familien ausgerichtet. Die Stellplätze verteilen sich im lichten Wald, viel Platz für Kinder, schöner Naturspielplatz mit kleinem Niedrigseilgarten und Badestelle mit Liegewiese. Kanuverleih, Lagerfeuerplatz. Bioladen und Café auf dem Platz.
Geöffnet April bis Oktober. Platz inkl. 2 Pers. €26,25, weitere Person €6,25, Kinder 3 bis 13 Jahre €3,85, Tel. 033093 32173. www.ellbogensee.de

49 Camping am Ziernsee

GPS N 53°12'32.0" E 13°04'23.0"
Langezogener Platz auf einer Wiese am Ufer des Ziernsees. Zufahrt über einen gut geschotterten Waldweg. Viele Dauercamper und eine Hand voll Touristenplätze. Großer Zeltplatz für Wasserwanderer am hintersten

Zipfel des Geländes. Minimarkt, Spielplatz.
Geöffnet April bis Oktober.
Platz inkl. 2 Pers. €16,70–27,70 inkl. Strom, weitere Person €4,70–6,70, Kinder 2 bis 14 Jahre €1,30–4,70, ab 2 Kinder Pauschalpreis, Tel. 03981 24790.
www.haveltourist.de

50 Camping am Großen Pälitzsee

GPS N 53°11'3.8" E 12°58'42.4"
Gepflegter Platz mitten im Wald und am Ufer des Großen Pälitzsees. Mit dem Auto erreichbar über schmale Sträßchen und einen Waldweg. Einige schön gestaffelte Stellplätze am ansteigenden Ufer, wenig Seeblick durch das dicht bewachsene Ufer. Die meisten Touristenplätze befinden sich oberhalb des Sees in einem Wäldchen. Besonders schön sind die Zeltplätze für Wasserwanderer mit Grillplatz, langem Gemeinschaftstisch und Feuerstelle. Mehrere Bootsstege und kleine Badestelle. Moderner zentraler Sanitärblock. Spielplatz, Minimarkt.
Geöffnet April bis Oktober.
Platz inkl. 2 Pers. €16,70–27,70 inkl. Strom, weitere Person €4,70–6,70, Kinder 2 bis 14 Jahre €1,30–4,70, ab 2 Kinder Pauschalpreis, Tel. 03981 24790.
www.haveltourist.de

51 Campingplatz Pälitzsee

GPS N 53°11'48.6", E 12°55'59.0"
Große schattenfreie Wiese in Seenähe, die Plätze näher am Ufer sind von Dauercampern belegt. Zufahrt von Canow über einen Waldweg. Bootsverleih, Spielplatz, Feuerstelle, Bistro und Laden. Teilweise WLAN.
Geöffnet April bis Anfang November.
Platz inkl. 2 Pers. €19,60, weitere Person €4,80, Kinder 4 bis 14 Jahre €2,50. Nur Barzahlung!
Tel. 039828 20220.
www.mecklenburg-tourist.de

Rheinsberger Seen

52 Camping Eckernkoppel

GPS N 53°09'57.2", E 12°52'27.7"
Wiesengrundstück mit hohen Bäumen und vielen halbschattigen Plätzen in Alleinlage im Wald und direkt am Ufer des Tietzowsees. Zwei Badestellen und Zeltwiese für Wasserwanderer. Direkt an der Hausbootroute nach Rheinsberg gelegen, sodass der See gut befahren ist. Schöne Stellplätze, etwas einfachere Sanitäranlagen, Kiosk, Brötchenservice und Kanuverleih am Platz.
Geöffnet März bis Oktober.
Platz inkl. 2 Pers. €14–16,50, weitere Person €4–4,50, Kinder bis 4 Jahre €1–1,50, Kinder 5 bis 16 Jahre €2–3, Tel. 033921 50 941.
www.campingplatz-eckernkoppel.de

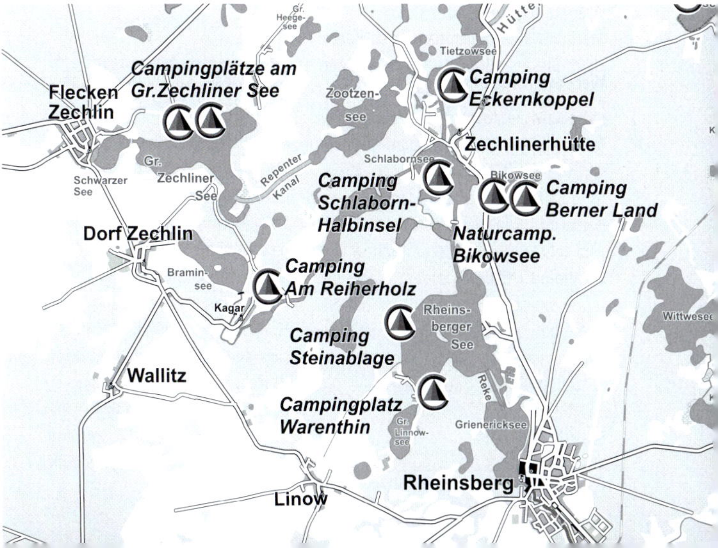

53 Camping Schlabornhalbinsel

GPS N 53°08'58.8", E 12°52'19.4"
Attraktive Alleinlage an der Spitze einer Halbinsel im Schlabornsee. Bootsverleih am Platz und sehr gute Ausgangslage für Paddeltouren. Der Platz ist recht beliebt und war bei unserem Besuch vergleichsweise voll und sehr eng. Die Zelte standen dicht gedrängt. Ordentliche Sanitäranlagen. Imbiss, Brötchenservice, WLAN.
Geöffnet April bis Mitte Oktober.
Platz inkl. 2 Pers. €19–21, weitere Person €5,50–6, Kinder bis 14 Jahre €2,50–3, Tel. 033921 70295.
www.schlabornhalbinsel.de

54 Campingplätze Flecken Zechlin

GPS N 53°09'39.7", E 12°47'33.6"
Das Campinggelände besteht aus zwei Plätzen. Der obere Teil ist eine schattenfreie Wiese oberhalb des Zechliner Sees und liegt ein Stück vom Wasser entfernt. Eine Handvoll Touristenplätze finden sich direkt am schönen Seeufer, hier unten stehen sonst hauptsächlich Dauercamper.
Ganzjährig geöffnet.
Platz inkl. 2 Pers. €15,50–16,50, weitere Person €4,50, Kinder ab 6 Jahre €3, Tel. 033923 71017.
www.camping-fleckenzechlin.com

55 Naturcamp Bikowsee

GPS N 53°08'43.2", E 12°53'17.2"
Schönes Wiesengelände mit hohen alten Laubbäumen direkt am Seeufer des Bikowsees. Seezugang zum Baden über Stege oder an einer kleinen Badestelle. Die Uferwiese liegt am Hang und ist teilweise zu schräg für Zelte, sodass der Platz auch voll belegt noch luftig und großzügig wirkt. Tolle Zeltplätze auf einer Terrasse am Hang mit Seeblick. Weniger reizvoll sind leider die Wohnmobilplätze und die vielen Hütten auf dem Platz, die schon bessere Tage gesehen haben. Einfache aber saubere Sanitäranlagen, Fahrrad- und Bootsverleih, Brötchenservice, gratis WLAN.
Geöffnet Mai bis September.
Tel. 033921 70243.
www.naturcamp-bikowsee.de

56 Camping Berner Land

GPS N 53°08'43.0", E 12°53'24.8"
Direkt neben dem Naturcamping Bikowsee am Hochufer gelegen. Am Ufer schöne schattige Stellplätze mit Seeblick (durch die Bäume). Zugang zum Wasser an einer kleinen Badestelle am oberen Platzende. Ansonsten gepflegter, angenehmer Platz. Sanitäranlagen einfach. Keine Einkaufsmöglichkeiten in der Nähe.
Geöffnet Mitte März bis Mitte Oktober.
Platz inkl. 2 Pers. €23,50, weitere Person €8, Kinder ab 6 Jahre €4,50, Tel. 033921 70283.
www.berner-land.de

57 Camping Steinablage D 100

GPS N 53°07'26.9", E 12°51'23.8"
Vereinscamping in der Einsamkeit mitten im Wald und direkt am Ufer des Rheinsberger Sees. Zufahrt von Rheinsberg oder Zechlinerhütte auf geschottertem Waldweg (gut ausgeschildert). Hauptsächlich Dauercamper. Am Platzrand 30 Touristenplätze unter hohen Bäumen oder auf der Wiese. Kleine Badestelle und neue, aber einfache Sanitäranlagen in einem Containerhaus am Platzrand. Camping naturbelassen, aber teilweise etwas eng.
Geöffnet April bis Oktober.
Platz inkl. 2 Pers. €16, weitere Person €4,50, Kinder bis 16 Jahre €2. Nur Barzahlung!
Tel. 0151 63444362.
www.campingspass.com

58 Camping Warenthin

GPS N 53°06'50.1", E 12°51'48.6"
Kleiner Campingplatz am Ortsrand von Warenthin, im Wald und direkt am Ufer des Rheinsberger Sees gelegen. Badestelle mit Liegewiese und Imbiss und direkt angrenzend ein paar schöne Stellplätze für Zelte auf einer baumgesäumten Uferwiese. Wohnmobile stehen weiter hinten am Hochufer oder im Wald. Einfache Sanitäranlagen. Kanuverleih, Kiosk mit Brötchenservice im Sommer.
Geöffnet Mai bis Anfang Oktober.
Platz inkl. 2 Pers. €17, weitere Person €5, Kinder 4 bis 16 Jahre €3,

Tel. 0173 9384920.
www.campingplatz-warenthin.com

59 Campingplatz am Reiherholz

GPS N 53°08'10.2", E 12°49'02.9"
Gepflegter, kleiner Campingplatz mit persönlicher Atmosphäre. Oberhalb des Örtchens Kagar mitten im Wald gelegen und daher sehr schattig. Viele Dauercamper, Kanuverleih, Gasthof, Brötchenservice. Nicht direkt am See gelegen, aber in zehn Minuten Fußmarsch ist der Badeplatz am Braminsee erreichbar. Mit dem Fahrrad kommt man in zehn Minuten zum vergleichsweise einsamen Badeplatz am großen Zermittensee mit großer Liegewiese und zwei kleinen Buchten. **[› Tour 35]**. Weitere Badeseen in der Umgebung.
Ganzjährig geöffnet.
Platz inkl. 2 Pers. €12,50–15, weitere Person €4–5, Kinder 4 bis 12 Jahre €2–2,50, Einfache Ferienhäuser und Mietwohnwagen ab €25 pro Tag. Tel. 033923 70363.
www.camping-am-reiherholz.de

Fürstenberg und Lychen

60 Campingplatz Am Röblinsee

GPS N 53° 11'13.5", E 13°07'52.0"
Wiesengelände mit einigen großen Bäumen mit Schatten und Sonnenplätzen direkt am baumbestandenen Seeufer. Zwei Stege auf dem Platz, Strandbad direkt nebenan. Einfache, aber weitgehend saubere Sanitäranlagen. Kanuverleih, Lagerfeuerplatz, Brötchenservice, Spielplatz, gratis WLAN. Der Ort Fürstenberg ist zu Fuß oder mit dem Fahrrad erreichbar.
Geöffnet April bis Oktober.
Platz inkl. 2 Pers. €18, weitere Person €6, Kinder bis 14 Jahre €2,50, Tel. 033093 38278.
www.camping-amröblinsee.de

61 Campingplatz Havelblick

GPS N 53°09'25.8", E 13°13'8.5"
Preisgünstiger einfacher Platz an der Havel südlich von Himmelpfort. Hauptsächlich Dauercamper, dazwischen ein paar Lücken für Urlauber und eine Wiese für Wasserwanderer. Kleiner Spielplatz und Kiosk.
Geöffnet Mai bis September.
Platz inkl. 2 Pers. €16, weitere Person €5,50, Kinder 7 bis 16 Jahre €2. Nur Barzahlung! Tel. 0173 2185578.
camping-havelblick.de

62 Campingpark Himmelpfort

GPS N 53°10'05.2", E 13°14'07.7
Gepflegter Platz mit besonderem Flair, preislich leicht über dem Durchschnitt. Die Touristenplätze befinden sich auf einer überschaubaren Wiese, die vom stilvoll gestalteten italienischen Restaurant- und Rezeptionsgebäude zum See hin abfällt. Eine Reihe Plätze in der ersten Reihe vorm See, dahinter leicht erhöht eine Handvoll großzügiger Terrassen mit Seeblick. Der zentral gelegene kleine Spielplatz ist Treffpunkt der Kinder. Langer Steg und direkt nebenan schöne Badestelle.
Bester Sonnenuntergangsblick. Nette, persönliche Betreuung durch das Team. Kanu- und SUP-Verleih, gratis WLAN. Bungalows und Schlaftonnen. Etwa zehn Minuten Fußweg zum Kern des Örtchens Himmelpfort mit Cafés und Schleuse.
Geöffnet April bis September.
Platz inkl. 2 Pers. €30,60–33,60 inkl. Strom und Nebenkosten, weitere Person €11,80, Kinder 3 bis 15 Jahre €4,50. Nur Barzahlung!
Tel. 033089 41238.
zeltplatz-himmelpfort.de

63 Naturcampingpark Rehberge

GPS N 53°13'24.8", E 13°16'55.4"
Großzügige, naturbelassene Plätze in einem lichten Kiefernwald am Ufer des Wurlsees, mit Nachhaltigkeitsanspruch. Moderne Sanitäranlagen. Sandstrand und kleine Badebuchten, Holzspielplatz, gratis WLAN, Bäckerwagen in der Hochsaison. Schöne Miet-Holzhäuschen.
Geöffnet April bis Oktober.
Platz inkl. 2 Pers. €23–28 inkl. Strom, Aufpreis für Seeplätze, weitere Person €6,50–8,50, Kinder 3 bis 15 Jahre €3,50–4, Tel. 0174 1090656
www.siebenseen.de

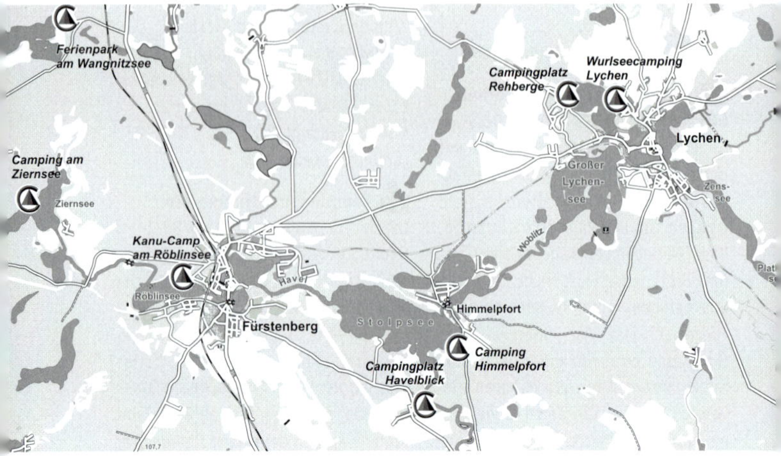

64 Wurlsee Camping Lychen

GPS N 53°13‘13.2“, E 13°18‘15.4“

Plätze für Mobile im Kiefernwald, Zeltwiese direkt am See. Mit Sand aufgeschütteter Badeplatz mit seichtem Einstieg. Viele Dauercamper und etwa 40 Touristenplätze. Moderne Sanitäranlagen, Spielplatz. Neue Miethütten.

Geöffnet April bis Oktober.
Platz inkl. 2 Pers. €19,50–22,50, weitere Person €6,50–7,50, Kinder 6 bis 14 Jahre €3–3,50, Tel. 039888 2509.
www.wurlseecamping-lychen.de

Feldberger Seen

65 Camping am Bauernhof Hof Eichholz

GPS N 53°20‘43.2“, E 13°27‘24.4“

Am Ortsrand von Feldberg, sehr schön auf einer Landzunge zwischen Haussee und Breitem Luzin gelegen. Einige schöne, teilweise terrassierte naturbelassene Plätze auf einer Wiese am See, die in der Sommersaison aber nur mit Reservierung zu bekommen sind. Weitere Plätze mit Seeblick am Hang eines Hügels, gute Sanitäranlagen und Imbiss. Streichelzoo mit Ziegen, Hasen und Enten. Badestelle mit Liegewiese und Spielplatz. Lagerfeuerplatz. Gut sortierter Kanuverleih, Ferienwohnungen und Mobilheime.

Geöffnet März bis Oktober.
Platz inkl. 2 Pers. €25, weitere Person €9,50, Jugend 12 bis 16 Jahre €5,50, Kinder 3 bis 11 Jahre €4, Tel. 039831 21084.
www.campingplatz-feldberg.de

66 Camping am Carwitzer See

GPS N 53°18‘06.4“, E 13°26‘23.3“

Der Platz zieht sich vom Ort in Terrassen zum Seeufer hinunter. Dort gibt es noch eine schattige Zeltwiese und einen sehr angenehmen Badeplatz am Carwitzer See. Ordentliche Sanitäranlagen. Bäckerwagen vormittags im Eingangsbereich. Den besonders reizvollen Ort Carwitz mit Cafés und zwei kleinen Restaurants erreicht man vom Platz mit wenigen Schritten. Mehrere reizvolle Touren **[› Tour 37 bis 40]** kann man direkt vom Zelt aus starten. Gepflegte Kanus für Paddeltouren auf dem stillen Carwitzer See oder in der anderen Richtung über den glasklaren schmalen Luzin bekommt man direkt auf dem Platz. Mobilheime zu Mieten.

Geöffnet Ende April bis September.
Platz inkl. 2 Pers. €20–24,50, weitere Person €6,50–8, Kinder 3 bis 14 Jahre €3–4, Tel. 039831 21160.
campingplatz-carwitz.de

67 Campingplatz Dreetzsee

GPS N 53°16‘59.2“, E 13°25‘48.2“

Ausgedehnter (150 Dauercamper- und 190 Touristenplätze), sehr gepflegter Platz in bester Alleinlage im Wald und direkt am Ufer des Dreetzsees.

Schöne Stellplätze auf der Wiese in Ufernähe und schattige Plätze weiter hinten im Kiefernwald und einige sehr schöne Plätze für Zelte direkt unten am Seeufer. Großer Badestrand mit flach abfallendem Ufer, Liegewiese und Spielplatz. Tip-top saubere und moderne Sanitäranlagen. Einfaches Restaurant und Laden. Tauchbasis von Luzin-Diver, sowie Kanu- und Fahrradverleih. Naturspielplatz, Kinderanimation im Juli und August, WLAN kostenlos. Im Hochsommer ist hier ordentlich was los, in der Nebensaison fühlen sich auch ruhebedürftige Menschen wohl. Sehr guter Ausgangspunkt für [› Tour 38] und zum Paddeln auf den Feldberger Seen.
Geöffnet April bis Oktober.
Platz inkl. 2 Pers. € 20–26,50, weitere Person € 7–8,50, Kinder 4 bis 14 Jahre € 3–4,50, Holzhäuschen ab € 50 pro Tag, Tel. 039889 746. dreetzseecamping.de

Tollensesee

68 Camping Gatsch Eck

GPS N 53°30'53.9", E 13°12'22.5"
Einziger Campingplatz am Tollensesee. Wohnwagen und Wohnmobile stehen auf der Wiese hinter dem einladenden Badestrand, sehr schöne Zeltplätze gibt es weiter vorne unter Bäumen direkt am Ufer. Einfache Sanitäranlagen. Spielplatz, Imbiss am Wasser, Kiosk, netter und hilfsbereiter Platzwart.
Wer Lust auf einen Stadtausflug mit Kaufhäusern und Fußgängerzone hat, kann vom Campingplatz mit dem Boot oder dem Fahrrad nach Neubrandenburg fahren. Das Fährschiff fährt zwei- bis dreimal täglich, mit dem Fahrrad braucht man auf dem Seeuferweg etwa eine halbe Stunde.
Geöffnet April bis Oktober.
Platz inkl. 2 Pers. € 19,60, weitere Person € 5,80, Kinder ab 7 Jahre € 4,30, Tel. 0395 5665152. www.camping-gatsch-eck.de

69 Seeweide Naturcamping

GPS N 53°29'16.5", E 13°05'41.8"
Neuer Campingplatz etwas abseits

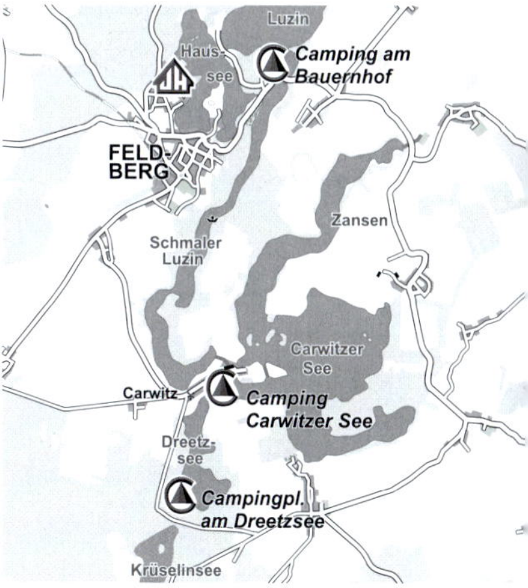

der üblichen Touristenrouten auf einer großen Wiese oberhalb des Großen Stadtsees südlich von Penzlin gelegen. Außenplätze mit Blick über die Wiesen, Zeltwiese, kein Schatten, Spielplatz, Streichelgehege, WLAN, kleiner Laden mit regionalen Produkten. Öffentlicher Badeplatz und weidende Kühe benachbart.
Geöffnet Ostern bis Ende Oktober.
Platz inkl. 2 Pers. € 20–31, weitere Person € 6–8, Kinder 3–13 Jahre € 3–4, Tel. 03962 2578290. www.seeweide.de

Mecklenburgische Schweiz

70 Camping Paradies Dahmen

GPS N 53°39'42.1", E 12°35'08.1"
Netter Camping am Ufer des Malchiner Sees. Schattenplätze unter Bäumen am Platzrand, ansonsten große Wiese mit Seeblickplätzen hinter dem Badestrand, der in der Vorsaison fest in der Hand unzähliger Wildgansfamilien und daher nicht ganz optimal zum Baden mit Kleinkindern ist. Ordentliche Sanitäranlagen. Öffentliches Bad und Gaststätte angrenzend. Boots-, SUP- und Fahrradverleih, Kiosk, Spielplatz, WLAN gratis. 45 Minuten Fußweg zu einem Beobachtungsstand, von dem man im Herbst Kraniche sehen kann. [› Tour 41]
Geöffnet April bis Dezember.
Platz inkl. 2 Pers. € 20–24, weitere Person € 6–7,

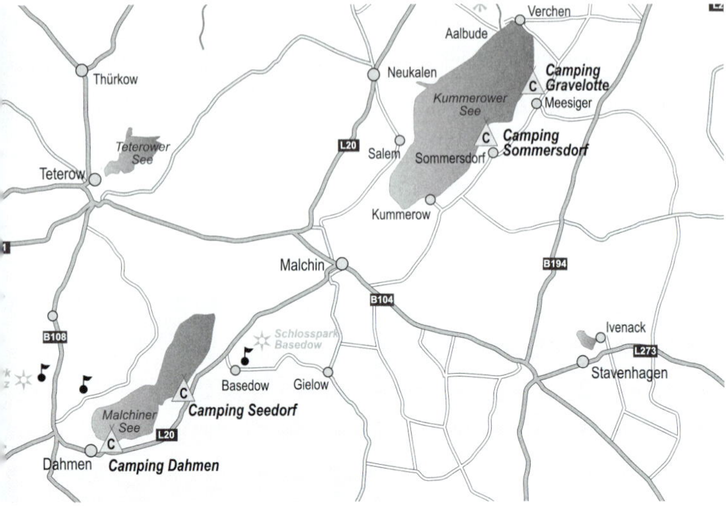

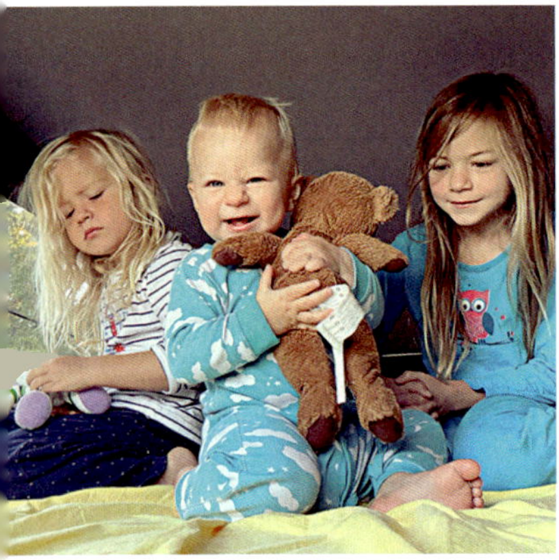

Kinder 3 bis 13 Jahre €0–4,
Tel. 0399 33733753 auch per Whatsapp.
campingparadies-dahmen.de

71 Campingpark Seedorf

GPS N 53°40'49.0", E 12°37'50.1"

Stellplätze auf einer großen, von Bäumen eingerahmten Wiese – ein Stück zurückversetzt vom Malchiner See, der vom Platz nicht zu sehen ist. Kurzer Fußweg zu sanft abfallendem Strand mit Sandboden und angrenzender Liegewiese. Netter Imbiss mit Biergarten und Fernsehraum, Brötchenservice, kleiner Laden. Spielplatz, Bootsverleih, Ferienwohnungen und Bungalows.

Geöffnet April bis Mitte Oktober.
Platz inkl. 2 Pers. €18,40–22,90, weitere Person €5,50–7, Kinder 2–12 Jahre €1–2,50, Tel. 039957 29139.
www.campingpark-seedorf.de

72 Campingpark Sommersdorf

GPS N 53°47'58.0", E 12°52'35.4"

Gepflegter Platz am Ostufer des Kummerower Sees, eigenes Badeufer mit Sandboden und sanft abfallendem Boden. Moderne Sanitäranlagen, wenig Schatten. Bistro, kleiner Laden, Brötchenservice, kleiner Spielplatz. Wohnmobilstellplatz vor der Schranke.

Ganzjährig geöffnet.
Platz inkl. 2 Pers. €21–24, weitere Person €6,50–7,50, Kinder 3 bis 13 Jahre €2–3, Tel. 039952 2973.
www.camping-sommersdorf.de

73 Camping Gravelotte Meesiger

GPS N 53°49'25.3", E 12°54'56.3"

Einfacher, sympatischer Gemeindecampingplatz am Hang. Ordentliche Sanitäranlagen, sehr schöner Badestrand neben einem kleinen Jachthafen. Weitere Plätze mit viel Raum auf der Wiese auf zwei benachbarten Hügeln. Alle Plätze naturbelassen und meist leicht schräg. Sehr günstige Preise.

Geöffnet Mitte April bis Oktober.
Platz inkl. 2 Pers. €11,60, weitere Person €3,50, Kinder 5 bis 14 Jahre €2.
Nur Barzahlung! Tel. 039994 10732.
www.campingplatz-gravelotte.de

Floßvermietung

Tom Sawyer Tours
Tel. 03981 421560
www.tomsawyer-tours.de

Floßbooturlaub, Neustrelitz
Tel. 03981 2443851
www.flossbooturlaub.de

Dein-Floss.de, Wustrow
Tel. 0174 3457404
www.dein-floss.de

Floßverleih TreibGut, Fürstenberg / Havel,
www.flossverleih-treibgut.de

natururlaub-in-mv, Wesenberg
www.flossurlaub-mv.de

Floß-Tours, Userin
auch Kanuverleih
Tel. 03981 204309
www.floss-tours.de

Tante Polly Floßconnection, Strasen
auch Kanuverleih
Tel. 39828 26449
www.tantepolly.de

freecamper - Camping auf dem Wasser, Vipperow
Tel. 039923 71626
www.freecamper.de

Kanustationen

Wanderer-Aktivtour
Borkow, Krakow
Tel. 0170 5543553
www.wanderer-aktivtour.de

Kanu Camp Hennig
Sternberger Burg
Tel. 0171 4517958
www.kanucamp-hennig.de

Naturdorf Eickhof
Tel. 038462 20419
www.naturdorf-eickhof.de

Kanu Connection, Priepert
Tel. 039828 20147
www.priepertsee.de

Kanatu, Priepert
Tel. 039828 26457
www.kanatu.de

Kanuhof Wustrow
Tel. 039828 20083
www.kanuhof-wustrow.de

Kanufarm Am Heegesee Wustrow
Tel. 039828 26902
www.kanufarm.de

Kanumühle, Wesenberg
Tel. 039832 20350
www.kanu-muehle.de

Jahn's Bootsvermietung Wesenberg, Tel. 039832 21163
www.jahns-bootsvermietung.de

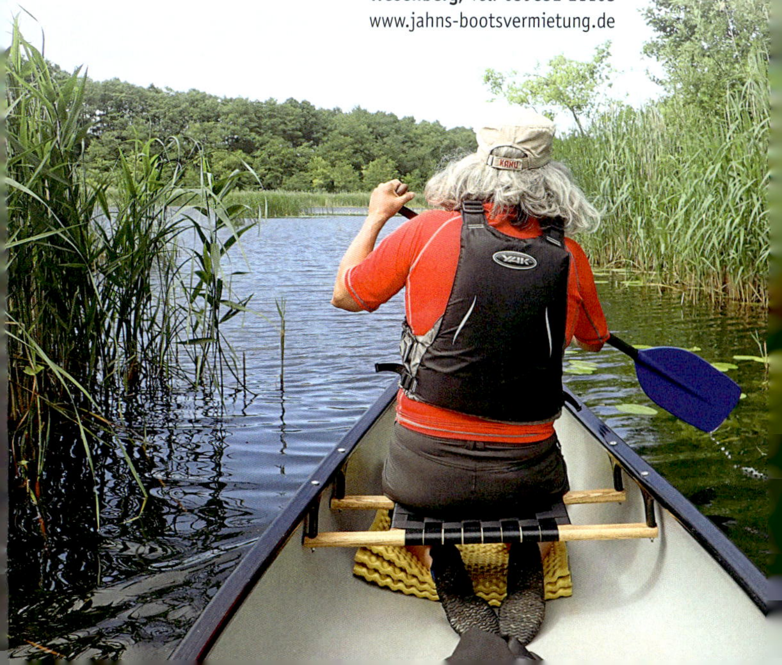

Kanubasis Mirow
Tel. 039923 7160
www.kanubasis.de

Kanustation Mirow
Tel. 039833 22098
www.kanustation.de

Pack und Paddel, Diemitz
Tel. 039833 26727
www.packundpaddel.de

Biber-Tours Diemitzer Schleuse
Tel. 039827 30011
www.bibertours.de

Canu Center Canow
Tel. 039828 20249
www.bootsverleih-canow.de

Kanustation Granzow
Tel. 039833 21800
www.kanustation-granzow.de

Paddel Paul, Schillersdorf
Tel. 039829 20324
www.paddel-paul.de

Zum Hexenwäldchen Blankenförde
Tel. 039829 20215
www.hexenwaeldchen.de

Kormoran Kanutouring Kratzeburg-Granzin
Tel. 039822 29888
www.kormoran-kanutouring.de

Kanu Hecht, Kratzeburg
Tel. 039822 17988
www.kanu-hecht.de

MüritzKanu, Boeker Mühle
Tel. 0160 2900218
www.mueritzkanu.de

Kanustation Rheinsberger Seen
Feriendorf Tietzowsee
Tel. 0172 3487568
www.kanustation-tietzowsee.de

Bootsservice Behnfeld
Zechlinerhütte
Tel. 033921 70650
www.bootsservice-behnfeldt.de

Kanuverleih Rheinsberg
Tel. 033931 2131
www.kanuverleih-rheinsberg.de

Nordlicht Kanu, Feldberg und Flecken Zechlin bei Rheinsberg
Tel. 030 6940130-6
www.nordlicht-kanu.de

Boots-Berg, Feldberg
Tel. 039831 20554
www.boots-berg.de

Bootsverleih Luzinfähre Feldberg, Tel. 0170 3070128
www.luzinfaehre.de

Hausbootcharter

Charterpoint Müritz, Waren
Tel. 03991 165559
www.charterpoint-mueritz.de

Bootscenter Müritz, Röbel
Tel. 039931 15950
www.bootscenter-mueritz.de

le boat, Kleinzerlang
Tel. 06101 8073028
www.leboat.de

Woterfitz – Der Bootsurlaub, Bolter Kanal / Boek
Tel. 039823 21443
www.hausboot-charter-mueritz.de

Lanke Charter, Hafendorf Rheinsberg
Tel. 033931 80329
www.lanke-charter.de

Kuhnle-Tours, Rechlin
Tel. 039823 266-0
www.kuhnle-tours.de

Yachtcharter Römer, Buchholz
Tel. 039823 266-0
www.yachtcharter-roemer.de

Müritz-Yacht-Management, Rechlin
Tel. 039823 29110
www.mueritz-yacht.de

Locaboat Holidays
Tel. 0761 207370
www.locaboat.com

Yachtcharter Schulz
www.bootsurlaub.de

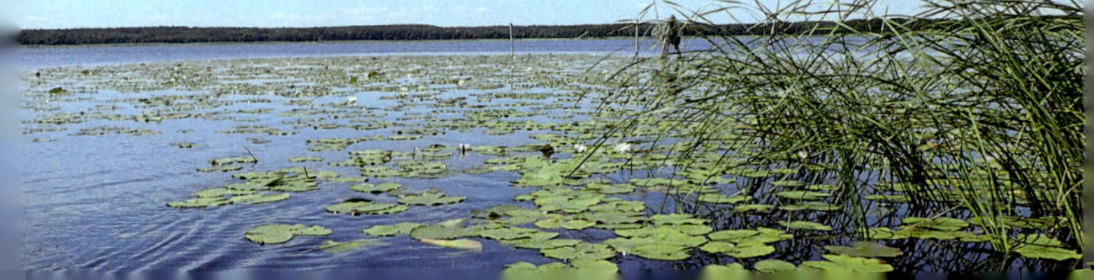

3. Auflage Mai 2021
Naturzeit Reiseverlag
82288 Kottgeisering
www.naturzeit-verlag.de
info@naturzeit-verlag.de

Vertrieb: Geo Center, 70794 Filderstadt

Satz und Gestaltung: Stefanie Holtkamp, Naturzeit Reiseverlag

Druck: Druckerei Louis Hofmann, 96242 Sonnefeld, www.lh-druckerei.de

Illustrationen: Stefanie Holtkamp

Karten: Alle Kanukarten Jübermann Verlag, Wander- und Fahrradkarten auf Basis der Kanukarte des Jübermann Verlages.

GPS: GPX521MV312

Bildnachweis:

Covermotiv: Lisa Edelhäußer

Bildagentur fotolia: S. 119 oben Julius Krämer, S. 119 unten O.M., S. 166 oben K.-U. Häßler, S. 170 unten Jens Klingebiel, S. 183 Eric Isselée, S. 223, S. 227 Joachim Neumann

Bildagentur iStockphotos: S. 40 Evgeni Stefanov, S. 41 Andrew Howe, S. 94, S. 104 oben Frank Leung, S. 95 oben IanCale, S. 95 unten Thomas Takacs, S. 105, S. 105 unten Torsten Karock, S. 118 Kaido Kärner, S. 165 Andy Gehrig, S. 166 Mitte Waltraud Ingerl, S. 166 Ian Sargent, S. 171 oben Denise Bush, S. 182 Liz Leyden, S. 226 Roger Whiteway

Lisa Edelhäußer: Seite 3, 4, 7 oben, 12 unten, 43 unten, 68, 69 unten, 72, 93 oben, 96, 108, 152, 155, 174 oben, 232, 256.

Privat: Seite 10 oben Regina Stockmann, Seite 20, 26, 47 Louise Dümmler

Alle weiteren Fotos: Stefanie Holtkamp

ISBN 978-3-944378-31-2

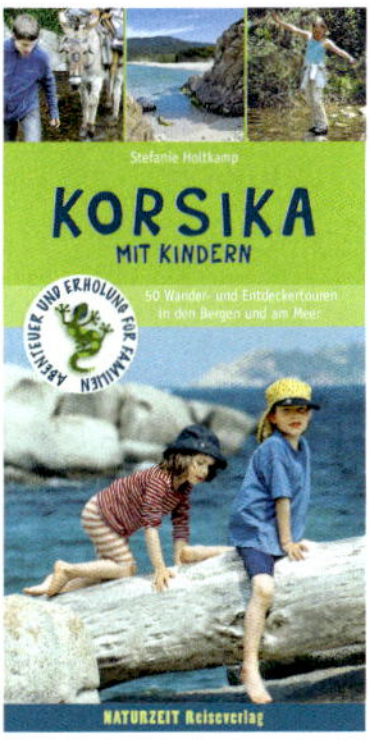

ISBN 978-3-944378-17-6 4. Auflage 2018, **€ 17,90**

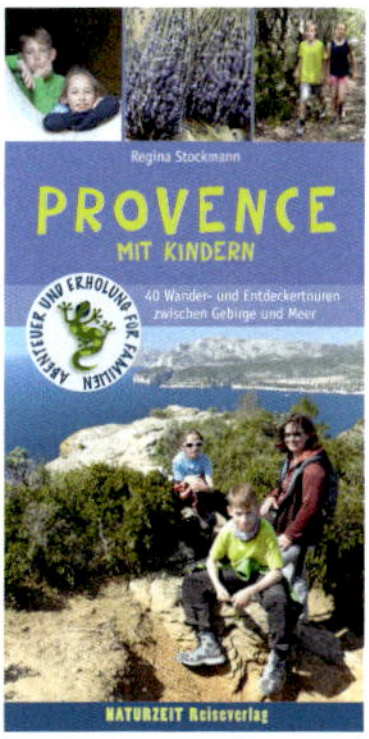

ISBN 978-3-944378-11-4 Auflage 2020, **€ 16,90**

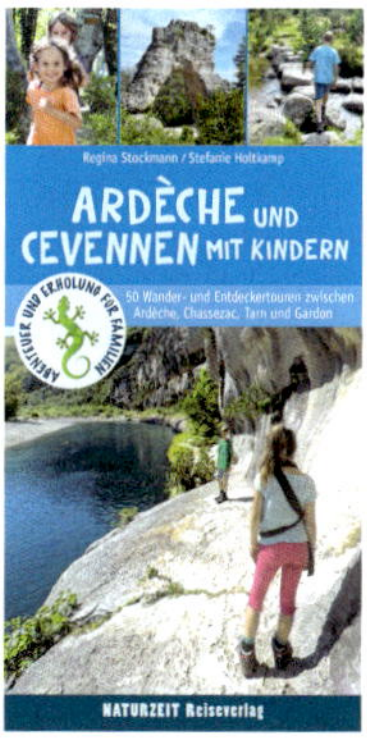

ISBN 978-3-944378-19-0 1. Auflage 2019, **€ 17,90**

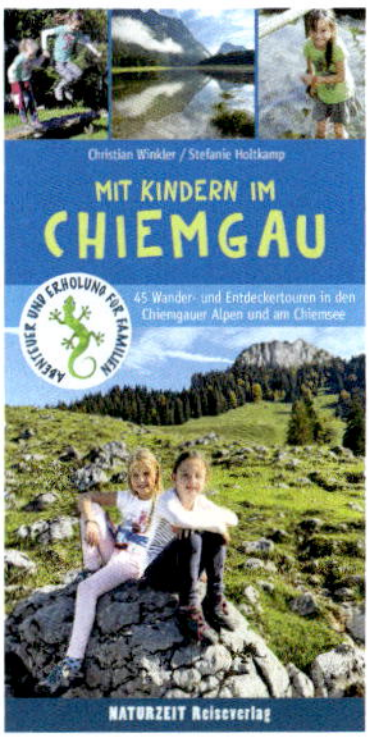

ISBN 978-3-944378-23-7 2. Auflage 2019, **€ 15,90**

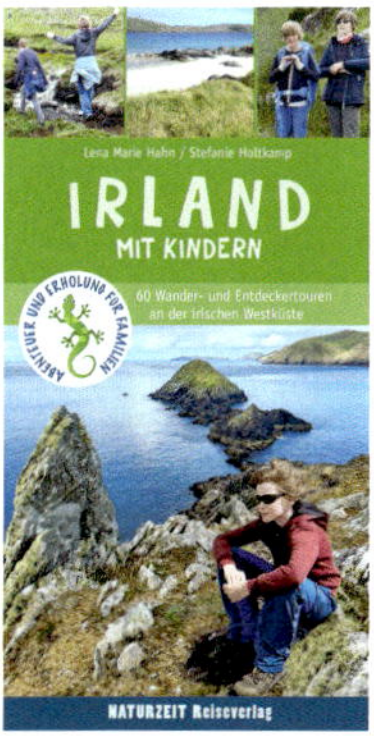

ISBN 978-3-944378-21-3 1. Auflage 2019, **€ 18,90**

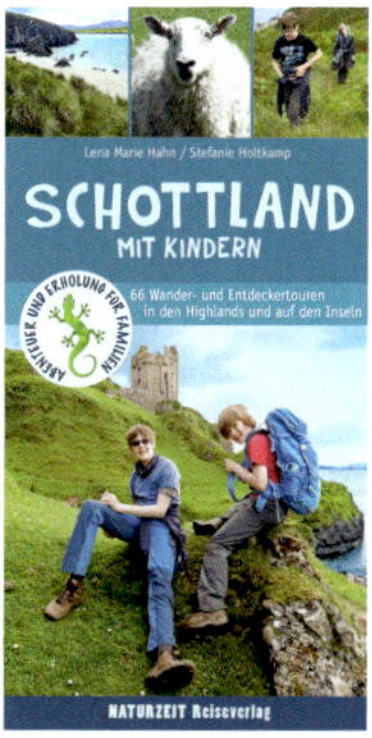

ISBN 978-3-944378-20-6 1. Auflage 2019, **€ 19,90**

Regina Stockmann, Stefanie Holtkamp, Johanna Kraus

Trekkingträume für Familien

Vom Mikroabenteuer zur Trekkingtour

Gemeinsam raus in die Natur. Weit weg vom Lärm der Zivilisation, der Alltagshektik und vom Überfluss. Sich nur noch um elementare Dinge kümmern und ein bisschen langsamer leben. Draußen sein, kleine Abenteuer erleben, Neues entdecken, in die Sterne gucken, näher zusammenrücken und als Familie ganz viel Zeit miteinander verbringen.

Für Outdoor-Anfänger und erfahrene Outdoor-Fans, die vor der Herausforderung stehen, ihr liebstes Hobby mit ihren Kindern zu teilen.

1. Auflage 2020, 384 Seiten, **€ 19,90**
ISBN 978-3944378-25-1

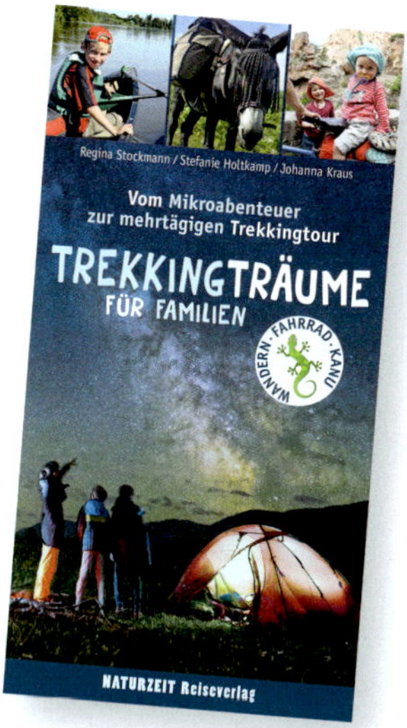

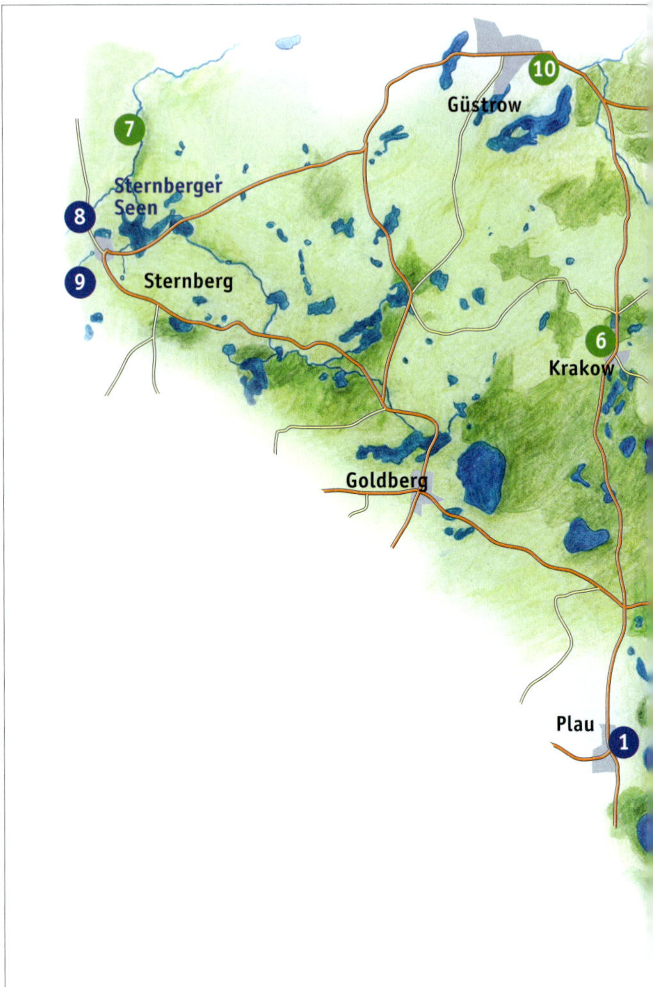

Vom Plauer See nach Sternberg (Seite 28)

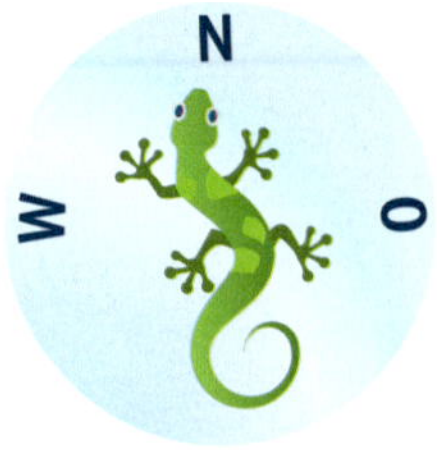

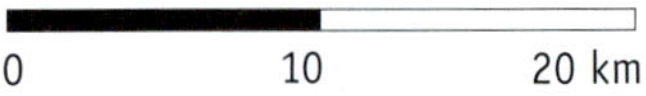